1865

ESSAIS
DE PHILOSOPHIE
ET DE MORALE

—

TOME II

PARIS. — IMPRIMERIE DE CH. LAHURE
Rue de Fleurus, 9

ESSAIS
DE PHILOSOPHIE
ET DE MORALE

PAR

ERNEST BERSOT

TOME SECOND

PARIS
LIBRAIRIE ACADÉMIQUE
DIDIER ET Cie, LIBRAIRES-ÉDITEURS
55, QUAI DES AUGUSTINS, 55

1864
Droit de traduction réservé

DE L'ENSEIGNEMENT

Depuis le jour où les premières Lettres sur l'enseignement ont été publiées, bien des changements se sont accomplis. M. Rouland a rétabli l'enseignement sérieux de l'histoire et l'agrégation spéciale pour cette faculté; M. Duruy a inauguré son ministère en rendant à la philosophie des colléges son nom, son étendue et son agrégation particulière; les fonctionnaires ne seront plus révoqués avant d'avoir été entendus et jugés par un tribunal créé dans le Conseil de l'instruction publique; la bifurcation est reculée à la classe de seconde, et on peut espérer qu'elle reculera plus loin. C'est un grand plaisir, et auquel les plus philosophes ne peuvent être insensibles, de voir ainsi tomber, pièce à pièce, un mauvais régime qui s'était promis d'être immortel.

1863.

LETTRES

sur

L'ENSEIGNEMENT.

PREMIÈRE LETTRE.

ÉTAT DES ÉTUDES.

Mon cher et ancien Collègue,

Je vais dire au public ce que nous nous sommes dit bien des fois. Voici ce que vous demandiez : quelqu'un qui parlât franchement sur l'enseignement, même au risque de déplaire quelquefois à nos amis et de plaire quelquefois à nos ennemis. La situation n'est pas bonne ; mais, puisqu'elle est mauvaise, ce qu'il y a de mieux, c'est de l'avouer et de la corriger. Recevez, je vous prie, amicalement ces lettres, qui vont à vous comme y va souvent mon souvenir.

Chateaubriand a écrit dans ses *Mémoires :* « Il y a toujours, en France, cent contre un à parier qu'une chose quelconque ne durera pas. » J'espère bien qu'il n'y aura pas une exception pour le plan d'études et le baccalauréat actuels. Indépendamment de cette raison, qui suffirait au besoin, il y en a de bonnes, que j'ai l'intention d'expliquer. Les circonstances sont peut-être favorables. Au ministre qui avait institué le nouveau régime a succédé un ministre libre de tout engagement et qui a tenu à le faire comprendre; puis l'expérience a ouvert bien des yeux, et, du vivant même du dernier ministre, il était évident que les choses ne pouvaient pas rester dans cet état. La question de l'enseignement n'est pas de celles où il est permis de répondre : « Il y a quelque chose à faire, » sauf à ne rien faire; il faut se décider, il faut se presser, car il ne s'agit pas de nous, mais de nos enfants, que nous n'avons pas le droit de sacrifier. Je parle sur cette matière, parce que je puis être utile, ayant donné à l'enseignement une vingtaine d'années, ce qu'on m'a permis de lui donner, libre de dire, attaché profondément à l'Université, non pas à toutes les pratiques qu'elle retient de l'habitude ou que la volonté de ses maîtres passagers lui impose, mais à son esprit libéral, qui persiste à travers toutes les épreuves et ne se refuse à aucun progrès. Je parle peut-être avec vivacité, je ne m'en défends pas : j'aime le bon sens; le faux ne fait pas du mal seulement par ses effets propres, il fausse encore les esprits, qui, le voyant établi, s'habituent à croire qu'il est vrai. Je songe aussi qu'il s'agit de ceux qui viendront après nous et feront de ce pays ce qu'ils seront eux-mêmes. Désintéressé de beaucoup de choses, je ne me vanterai jamais d'être désintéressé de celle-là.

I

Le caractère propre du plan d'études de 1852, aujourd'hui en vigueur, est la recherche de l'utile. On a considéré les spécialités dans lesquelles les hommes se partagent, et on veut fournir à toutes ces spécialités. Au lieu donc de viser à une perfection générale de l'esprit, on ne vise qu'à une perfection particulière, on forme le parfait écolier de l'Ecole navale, de l'École forestière, de l'École de Saint-Cyr, de l'École polytechnique, de l'École normale. Comme ces écoles s'ouvrent de bonne heure et qu'elles ont leur programme d'admission, difficile à proportion du nombre des candidats, on a senti qu'on ne saurait y préparer trop tôt et trop fortement. Aussi, en sortant de la classe de quatrième, les élèves doivent entrer dans la voie des lettres ou dans la voie des sciences; c'est ce qu'on appelle d'un nom emprunté à l'industrie et qui sied bien ici, la bifurcation. Dès lors l'enseignement ne voit plus que l'école : aucun écart, aucun excès; on les a prévus dans l'enseignement des lettres, qui, naturellement plus vague, invite les jeunes élèves à regarder à droite et à gauche et à courir le pays ; l'histoire et la philosophie, qui éveillent de ces fantaisies, ont été mises à la raison.

Ce plan est très-bien conçu. La séparation des lettres et des sciences répond à la séparation des aptitudes et des carrières; chacun de ces embranchements mène loin et dessert, chemin faisant, les différentes écoles. Ce que l'enseignement scientifique comporte d'études littéraires, ce que l'enseignement littéraire comporte d'études scientifiques, est bien ménagé; on trouve même appliqué en grand pour la première fois cet excellent principe que, au lieu d'enseigner une science dans toute sa difficulté à un seul âge et à un seul ordre d'esprits, on peut l'enseigner à divers âges et à divers ordres d'esprits à diverses profondeurs. Je le répète, ce plan, comme plan, est très-remarquable ; il pèche dans la pratique : on a supposé des élèves d'une espèce supérieure.

D'abord, pour se décider, au moment de la bifurcation, ils doivent avoir une connaissance bien certaine d'eux-mêmes et de la vie. Un ancien a imaginé qu'Hercule, au commencement de l'adolescence, se trouva à l'entrée de deux chemins, le bon et le mauvais ; que la Volupté et la Vertu vinrent l'inviter à les suivre ; qu'il écouta leurs raisons, réfléchit longtemps et se décida pour le grand parti. C'était bien de le faire choisir à cet âge, qui est une crise; de plus, il savait même alors distinguer entre le bien et le mal, et savait sur quoi il délibérait; enfin, il ne dépendait que de lui, une fois le choix fait, de le suivre toujours, car, pour être bon ou mauvais, il n'y a besoin que de la volonté. Nos enfants, plus précoces, ont à délibérer de meilleure heure, sur des points plus obscurs. Vers treize ans, on les place aussi à l'entrée de deux chemins, celui des lettres et celui des sciences ; des lettres, ils connaissent la grammaire; des sciences, les quatre règles et quelques expériences de physique et de chimie amusante; on leur a dit que par l'un ils seront ingénieurs, médecins, militaires, etc., par l'autre avocats, magistrats, prêtres, et le reste. Or, il n'y a rien de plus certain, comme chacun sait, que les vocations de treize ans Les uns, indifférents sur les agréments ou les ennuis du chemin, ne voient, au bout, qu'un uniforme qui brille; d'autres, plus prudents, se décident sur leur expérience : ils se jettent dans les lettres par dégoût des théories arithmétiques, dans les sciences par dégoût des thèmes et des leçons à réciter. Il est vrai que plusieurs, une fois entrés dans une de ces routes, en sentent les ennuis présents et oublient les anciens ennuis; aussi, les voit-on revenir à la route abandonnée, jusqu'à ce que, par honte de changer, ils restent où cette honte les a surpris.

Donnez-leur la parfaite connaissance de leur aptitude, elle ne suffira pas pour qu'ils choisissent bien ; il ne serait pas mal de leur donner aussi la prévision de l'avenir pour savoir deux choses : s'ils réussiront à entrer dans l'école où ils veulent entrer, et aussi ce qu'il arrivera de la fortune de leur père, qui, changée, pourra changer leurs plans. Que faire de soi, quand, frappant obstinément à une école, on est resté à la porte? Que faire de soi, quand, entré dans une carrière à long stage, des parents ruinés ne peuvent plus vous soutenir? Avec une aptitude générale, rien n'est perdu : on a formé son intelligence, on l'emploie ici, au lieu de l'employer là; mais avec des études exclusives, on n'était propre qu'à la chose que l'événement vous interdit.

Une autre erreur du plan d'études est de supposer l'esprit mathématique beaucoup plus commun qu'il ne l'est. Tout le monde n'est pas mathématicien : il y a dans les mathématiques une abstraction puissante qui effarouche la plupart des esprits. Si tout homme n'est pas mathématicien, tout âge non plus ne l'est pas : il faut du temps avant que l'esprit des enfants, engagé dans les choses individuelles, sépare de ces choses leur essence, pour envisager, à la place des nombres réels et des grandeurs réelles et de leurs relations réelles, les quantités pures et les purs rapports. Quant à l'intérêt que ces sciences présentent, il doit être très-grand quand on est parvenu à un certain point, quand on sent qu'on possède en elles un instrument admirable qui vous ouvre ce monde où tout a été fait avec nombre, avec poids et avec mesure; mais, dans les commencements, on ne devine point cette vertu; les lenteurs nécessaires des démonstrations impatientent; de temps à autre, on voit bien, par plus d'horizon, qu'on a monté, mais la pente est si faible qu'en marchant on ne sent pas qu'on avance. Par ces dégoûts des commencements, ou par les difficultés qui viennent après, il arrive ce qui devait arriver : quelques-uns seulement suivent, et une multitude restent en arrière, incapables de se rattraper dans un enseignement où toutes les vérités s'appuient les unes sur les autres, où on ne peut rien apprendre sans savoir tout ce qu'on a appris.

Comme il a supposé les élèves plus sûrs de leur aptitude, plus prévoyants de l'avenir et plus capables de mathématiques qu'ils ne le sont, le plan d'études les suppose aussi plus raisonnables, moins exclusifs. En imposant aux élèves des études étrangères à leurs spécialités, en les réunissant dans de certains exercices communs après les avoir séparés comme en deux nations, on a pensé qu'ils consentiraient à cette digression, on s'est trompé; cela devait se prévoir et se voit maintenant. Renfermés dans la même classe, sous le même professeur, devant le même travail, les littérateurs restent littérateurs, les scientifiques, scientifiques; autrement ils croiraient perdre leur temps et manquer à la dignité des sciences ou des lettres qu'ils représentent. Par malheur, personne ne profite à ces dédains. La discipline des sciences sert à former le raisonnement des esprits littéraires, et les habitudes littéraires ne sont pas sans quelque utilité : d'abord un homme du monde, quel qu'il soit d'ailleurs, n'ignore pas de certaines choses sans ridicule ; puis les lettres donnent les moyens d'exposer les sciences elles-mêmes, et, enfin, elles préservent l'esprit d'une certaine roideur que l'inflexibilité du raisonnement mathématique risque de lui communiquer.

Voilà, pour ne pas entrer dans les détails, les principaux défauts du plan d'études actuel : il s'adresse à mieux qu'à des enfants et à des jeunes gens, il demande à ceux auxquels il s'applique des qualités rares ou même impossibles ; on leur donne un bel habit, on a oublié de leur prendre mesure. Cela arrive quelquefois en France ; mais d'ordinaire ce sont des rêveurs, on dit, je crois, des idéologues, qui commettent ces bévues ; ici, au contraire, ce sont des hommes positifs, des hommes pratiques ; ce qui console beaucoup les idéologues.

On a d'autres reproches à adresser au plan d'études, quand on lui demande ce qu'il a fait de deux grands enseignements, celui de l'histoire et de la philosophie.

Il y a toutes sortes de bonnes raisons pour recommander l'étude de l'histoire, premièrement la raison que donne Bossuet : « Il serait honteux d'ignorer le genre humain ; » au point de vue de l'éducation, comme moyen de former l'intelligence, elle a une utilité particulière. Une fois entré dans le monde, l'important est qu'on la sache, de quelque façon qu'on l'ait apprise ; au collège, l'important est la façon de l'apprendre. J'ai vu un temps où le professeur faisant une leçon, les élèves la reproduisaient par écrit; on leur enseignait alors, avec les faits, le choix et l'ordre des idées, l'art de la rédaction, l'art du style; ils ajoutaient dans ce temps-là, quand ils étaient de bonne volonté, des lectures, des analyses d'historiens, même des appréciations; ces exercices, continués pendant quatre ou cinq années, me semblaient singulièrement profitables; je me trompais sans doute, puisqu'on les a supprimés. Je me disais que s'il y avait excès quelquefois dans les détails de l'histoire, si le cours de collège tournait quelquefois en cours de Faculté, l'Administration avait des moyens sûrs pour réduire l'enseignement à être ce qu'il devait être; mais on n'a pas corrigé l'excès, on a changé le système. Maintenant, le professeur dicte des sommaires, qu'il fait ensuite réciter; les élèves peuvent se donner carrière dans des narrations ou des parallèles. La narration paraîtra peut-être un double emploi avec la rhétorique, mais j'espère beaucoup dans le parallèle.

Après l'histoire, venons à l'autre enseignement. On débaptise la philosophie, qu'on appelle logique, on invite les jeunes gens à des discussions sur la méthode, puis à la fin, comme application des règles de la méthode, on leur montre la spiritualité de l'âme, l'existence de Dieu, la liberté, la loi morale et la vie future. On aurait pu prendre d'autres questions, on a bien voulu prendre celles-là. En apprenant qu'il y a un Dieu, qu'il y a une conscience morale, que nous sommes des esprits libres, immortels, responsables de nos mauvaises actions, même après la mort, ils apprendront à respecter toute leur vie la méthode. Voilà pour les élèves des lettres; quant aux élèves des sciences, que pourraient-ils faire, je vous prie, de ces idées sur eux-mêmes, sur Dieu et sur l'autre vie? Ils seront bacheliers sans cela. Aux uns ni aux autres on ne dit un mot de l'histoire de la philosophie.

Tel est l'état des choses; parlons-en, mais point en amis ou en ennemis de la philosophie, parlons raison. Comment ose-t-on respecter assez peu ces hautes vérités de religion et de morale pour les placer dans la logique, pour les introduire par cette porte basse et dérobée de la méthode, quand il faudrait, pour les recevoir, ouvrir l'esprit et l'âme toute grande, et les montrer comme les sommets de la science; quand il faudrait imprimer dans les jeunes gens cette pensée qu'il ne s'agit pas là d'analyse ni de synthèse, d'induction ni de déduction, mais de notre dignité, de notre bonheur, de tout l'homme! Comment ne craint-on pas de compromettre ces vérités en les subordonnant à une méthode, quand il est certain qu'elles sont au-dessus de la méthode, qu'elles se forment en nous, non par l'artifice des procédés, mais par le mouvement spontané de l'âme, qui se sent libre dans l'action et avant l'action; immatérielle, quand elle résiste au corps; immortelle, par ses nobles instincts; qui connaît la distinction du bien et du mal par la conscience, la satisfaction intérieure et le remords, l'existence de Dieu par le spectacle du monde et d'elle-même! la philosophie se bornant à forcer les hommes de faire attention pour voir ces vérités en eux, pour les voir telles que la nature les y a gravées de sa puissante main. Si les esprits voués aux études littéraires ont besoin de ces vérités, si, sans elles, ils ne comprennent ni la littérature, qui vit des idées religieuses et morales, ni l'histoire, qui suppose au moins la liberté et la distinction du bien et du mal, ni en un mot rien, où a-t-on vu que les esprits voués aux études scientifiques n'en ont pas besoin? Les jeunes élèves de médecine iront dans les amphithéâtres et dans les hospices, bien pourvus de physique, de chimie, de mécanique; en voyant l'influence des organes sur la pensée et sur le sentiment, ils seront tentés de matérialisme, et personne ne les aura avertis, personne, prévoyant l'objection redoutable, ne l'aura discutée et détruite! Ces savants ne lèveront jamais les yeux de dessus leurs livres, et, en observant le train des choses humaines, ils ne seront jamais tentés de croire que nul être sage et juste ne le conduit? Il n'aura pas été utile qu'un homme exercé, soulevant à l'avance les difficultés qui doivent se soulever d'elles-mêmes un jour, les examinât sincèrement devant eux et y répondît ce que la raison répond pour raffermir la croyance à Dieu? A quoi enfin sert-il de cacher si soigneusement aux jeunes gens, quels qu'ils soient, l'histoire de la philosophie, comme si, dès leur entrée dans le monde, ils ne devaient pas y rencontrer toutes les erreurs, athéisme, panthéisme, fatalisme, matérialisme, communisme, etc., comme si cette innocence d'esprit, si précieusement conservée, devait servir à autre chose qu'à les exposer sans défense à la séduction de doctrines qu'ils admirent pour leur nouveauté, et qui sont seulement vieilles comme le monde! Quelle pitié!

Le public a fait peu d'attention à ces réformes de la philosophie et de l'histoire, parce qu'il a été très-frappé de la bifurcation et très-attentif à en suivre les effets; pourtant, s'il y a quelque chose qui mérite le blâme, c'est cela. Les auteurs du plan d'études ont pu, sans le savoir, se tromper sur les résultats futurs de la bifurcation; mais quand ils portaient la main sur deux enseignements libéraux, ils savaient ce qu'ils faisaient, et étaient sans excuse. Je crains qu'il ne faille appliquer ici le mot de Chamfort sur la Harpe : « C'est un homme qui se sert de ses défauts pour cacher ses vices. »

Le plan d'études, si sévère pour l'histoire et la philosophie, a maintenu, a fortifié la pratique des vers latins et des discours latins. Je ne conteste pas l'utilité des vers latins et des discours latins, je le dis de bonne foi, j'admets même, si on veut, mais sans le croire autant, qu'on peut écrire en latin, vers ou prose; mais à côté de cette question : les vers et les discours latins sont-ils utiles? viennent ces autres questions : à combien sont-ils utiles? et, dans un temps donné d'étude, n'y a-t-il aucun travail plus utile que celui-là? Répondons-y franchement. Sur une cinquantaine d'élèves qui composent une classe, combien y a-t-il d'élèves qui puissent ou qui veuillent profiter en ces genres, et arrive à quelque talent? combien, si de ceux-là on ôte ceux qui se destinent à être professeurs? et on devra les ôter; car enfin l'enseignement n'est pas fait pour le professorat, mais le professorat pour l'enseignement. Cela étant, il ne s'agit plus d'affection ou de rancune pour ou contre certains exercices, et voici toute la question : l'enseignement est-il fait pour le grand nombre ou pour le petit nombre ? Il me semble qu'on ne peut la résoudre que d'une seule manière; pour mon compte, je n'hésite pas. L'enseignement, si on a quelque conscience, doit s'adresser à tous, se préoccuper des esprits ordinaires, qui forment l'immense majorité, prendre par la main les élèves de capacité commune, leur apprendre à marcher, les mener aussi loin que possible; ceux qui ont des ailes voleront. Il ne faut pas s'exagérer l'influence de l'enseignement sur les esprits supérieurs : ceux-là trouvent toujours leur route; quand ils ne se forment pas tout seuls, leur génie original se forme sous les maîtres même qui le contrarient, ils sortent comme Voltaire des écoles des Jésuites.

Je voudrais, pourquoi pas? qu'on donnât à lire de bon latin le temps qu'on met à en faire de mauvais; je voudrais qu'on sortît du collége possédant son antiquité. On discutera tant qu'on voudra contre les anciens, ils ont ce mérite : ils ont rendu les idées simples dans leur forme simple, sans recherche de l'effet. Il y a des classiques dans tous les temps et dans tous les pays, ceux qui, éminents par l'ordre de la composition et la pureté du langage, laissent des modèles sans danger; mais il n'y a d'anciens que là où se rencontre la naïveté; et la naïveté n'est pas plus facile à retrouver dans les lettres que, dans les sciences, l'étonnement. Anciens et classiques sont sans aucun doute les hommes avec qui il convient de faire vivre la jeunesse, si on veut la nourrir de ce qu'il y a de plus sain et lui donner le goût de la simplicité, sans laquelle il n'y a pas de grâce véritable ni dans la vie ni dans les écrits. L'Université l'a toujours voulu; c'est, dans tous les programmes, la partie qui ne change pas; et pourtant les élèves connaissent-ils suffisamment ce qu'on tient à leur faire connaître? Je ne le pense pas, et je dis tout de suite pourquoi : l'explication l'emporte sur la lecture, la grammaire sur l'analyse littéraire. On prend dans un auteur une partie, on ne permet aux élèves que le texte, et ce texte est scrupuleusement interprété à travers une année, morceau à morceau. C'est une excellente étude de langue; mais la grammaire a peu d'attraits pour la plupart de ces jeunes esprits : ils suivent le professeur parce qu'il le faut, et ne sont pas intéressés comme s'ils lisaient tout un ouvrage de suite. Il est vrai que, pour cela, on devrait mettre entre leurs mains les traductions, lire, analyser avec eux les auteurs, noter avec eux les plus beaux passages, leur donner le désir de lire ces passages dans la langue originale, les expliquer devant eux, en leur imprimant le sentiment des beautés étrangères ; leur annoncer qu'il y en a de pareilles dans d'autres ouvrages et d'autres auteurs, où on irait les chercher ; ils prendraient une grande considération pour la littérature, qui est si puissante pour charmer ou pour remuer les esprits, et pour quelques littératures particulières où cette puissance paraît. Disons-le, la lecture des auteurs français ne remplace pas celle-là : notre dix-septième siècle, qui figure principalement dans les classes, est trop sévère pour de tels lecteurs ; ce qui le rend pour nous, plus âgés, inestimable, ce fond sérieux où paraissent constamment les grandes règles du goût et de la vie, ce fond est fait pour effrayer la jeunesse. On l'étonnerait si on l'amenait à croire qu'il y a chez les Latins et les Grecs, chez les Grecs surtout, une multitude d'ouvrages qui l'enchanteraient, qu'ils pourraient lire Homère comme *les Mille et une nuits*, Hérodote comme un roman, Tacite comme une satire contemporaine ; qu'en ouvrant Démosthènes, Eschyle, Sophocle, Euripide, ils auraient des plaisirs d'éloquence et de poésie comme on en a au théâtre ou dans l'assemblée d'une nation libre. Si l'éducation doit apprendre quelque chose, elle doit surtout donner le désir d'apprendre ; si elle doit nourrir l'esprit, elle doit surtout exciter son appétit, lui créer des goûts, lui imprimer un mouvement et qui dure. Que chacun juge l'éducation présente par ces principes. Lettres ou sciences, je vois bien qu'on donne aux jeunes gens une clef pour ouvrir les trésors qu'elles renferment, mais ils n'ont pas envie d'entrer.

On se préoccupe du niveau des études avec grande raison; quel est le moyen de le maintenir? Rendre l'enseignement plus difficile? Non, quoi qu'il semble. Car une fois l'enseignement élevé, il reste à élever les jeunes gens jusqu'à l'enseignement, et c'est là la difficulté : il ne suffit pas de les tirer à soi, il faut qu'ils suivent. Or, il y aura toujours quelques esprits supérieurs qui suivront; mais ce sont des saillies, des éminences, ce n'est pas un niveau; le niveau sera là où le nombre aura monté. Le commun des intelligences sont les intelligences ordinaires; l'esprit a sa taille moyenne comme le corps, et pour chaque âge de la vie; la nature a ses mesures qui ne sont pas les nôtres. Si vous voulez enseigner à quelques-uns, vous êtes libre; si vous voulez enseigner à tous, comme il convient, prenez la moyenne et marchez. A ce compte, dans les lettres et dans les sciences, il y aura quelque chose à sacrifier.

Si on veut aussi se préoccuper un peu du génie de la nation que l'on forme, il n'y a pas à hésiter, on devra donner aux lettres le plus grand nombre et la plus grande place. La France n'est pas déshéritée de l'esprit scientifique : elle a en ce genre des noms à opposer aux noms les plus éclatants des autres pays; mais son génie est surtout littéraire. Esprits singulièrement sociables, nous recherchons les idées qui, comme elles défrayent la conversation d'un salon, défrayent le commerce du monde; nous les rendons claires, intéressantes, acceptables partout, et les lançons ainsi dans la circulation de l'univers.

Quand un jour on réformera ce qui existe, oserai-je recommander un intérêt qui a paru moindre aux chefs de l'Université, celui des professeurs? Ce n'est rien de dire aux élèves : Respectez les professeurs, il faut d'abord les respecter soi-même ; et assurément on ne relève pas beaucoup le professeur de philosophie et le professeur d'histoire, quand on fait de l'un le répétiteur de toutes sortes de choses pour le baccalauréat, de l'autre ce que nous avons vu ; ni les professeurs de tout ordre, quand, au lieu de leur laisser quelque indépendance pour ménager le temps de leur classe, on règle de quart d'heure en quart d'heure ce qui sera donné à chaque exercice, et on les astreint à rendre compte à chaque fois. De plus, en dehors des classes, on les charge de conférences multipliées, qui ôtent aux élèves le temps de travailler par eux-mêmes et aux maîtres la liberté de l'étude ou du repos.

II

Le baccalauréat termine les études ; il ne les termine pas seulement, il les règle ; car l'administration doit évidemment les mettre en rapport l'un avec l'autre, et les élèves, au défaut de l'administration, prendront ce soin. L'histoire du baccalauréat est facile à faire. Voici les deux grands changements qu'il a subis dans l'usage et dans la forme. Dans l'usage, après qu'il eut été longtemps un certificat d'études sérieuses, le gouvernement s'est avisé que ce serait là un bon obstacle pour prévenir l'encombrement des carrières, et l'a placé à la porte de ses écoles pour en défendre l'entrée ; dans la forme, après avoir consisté surtout dans un examen oral, il en est venu à consister surtout dans un examen écrit. Nous avons à considérer ces changements.

C'est une règle constante que, de l'examen écrit et de l'examen oral, il n'y en a jamais qu'un qui soit sérieux : lorsque l'examen écrit est difficile, l'examen oral ne compte pas, et réciproquement; après un grand obstacle franchi, les examinateurs se reprocheraient d'en créer un autre de même force. Or, maintenant c'est l'examen écrit qui est à peu près tout. Deux compositions, l'une de version latine, l'autre de dissertation, latine encore ou française, six heures d'épreuve à tête reposée, priment naturellement une interrogation de trois quarts d'heure. Ainsi, cette encyclopédie des connaissances humaines qu'on appelle baccalauréat ès-lettres se réduit, dans la pratique, à une épreuve de latin, secondairement de français; et comme il faut renoncer à un latin qui ait couleur latine, ou à un français qui ait couleur française, on ne se prend qu'aux plus gros manquements contre la grammaire, aux violations de la syntaxe et surtout de l'orthographe, tout en les déplorant et faisant la part de l'étourderie et de la peur. S'il y a une partie scientifique du baccalauréat littéraire, il y a aussi une convention tacite entre les candidats et les juges, les uns convenant de demander peu, les autres de ne pas répondre davantage, convention qui existe aussi entre les candidats au baccalauréat ès-sciences et les juges de la partie littéraire de l'examen scientifique. C'est la force des choses.

On se récrie sur l'étendue du programme du baccalauréat littéraire, il me semble injustement; car je ne vois pas trop qu'on pût se passer de l'histoire, de la géographie, ni ce qu'on en pourrait retrancher; on a eu l'attention pour les élèves de réduire à peu la philosophie; enfin, la lecture des meilleurs ouvrages, des meilleurs auteurs classiques, est bien placée là; mais de l'étendue du baccalauréat scientifique on ne dit en général rien, tandis qu'il y a des sciences entières ou des parties de sciences qui pouvaient y être admises ou en être exclues librement. Je n'en dirai rien non plus : admirant ce vaste ensemble, et convaincu que la science de nos bacheliers y répond, je désire seulement que, s'il survient quelque cataclysme, on sauve un programme, pour montrer aux générations futures quelle était la force de celle-ci, comme on conserve les pesantes armures des chevaliers pour étonner notre faiblesse.

Le baccalauréat ès sciences est exigé pour les Écoles forestière, militaire, polytechnique, normale, et pour l'École de médecine. Or, il est inférieur aux examens des Écoles normale et polytechnique, pareil aux examens spéciaux des Écoles forestière et militaire. Il semble que, sauf pour l'École normale, où il est le commencement d'une série de grades à prendre, il peut être supprimé pour les Écoles forestière, militaire et polytechnique, comme épreuve moindre ou égale, et que, si ces Écoles regrettent quelques parties de l'examen, elles peuvent bien leur donner dans leur examen d'admission l'importance convenable. Ainsi, chacune se recrutera comme elle l'entendra, le baccalauréat ne sera plus forcé de se conformer aux exigences des écoles, et l'enseignement des collèges suivra sa propre direction, poursuivra son propre but, qui est l'instruction générale, au lieu de dissiper l'encombrement des services publics. Il ne sert même pas toujours à cela. Le baccalauréat étant exigé pour l'École de Saint-Cyr, il fonctionne à sa façon dans les temps ordinaires; mais dès que des besoins surviennent, comme le baccalauréat ne fournit pas assez, de peur que l'école ne reste vide, le ministre de la guerre sollicite l'indulgence pour ses candidats. Ainsi, le gouvernement se préoccupe d'abord de dresser une barrière qu'il se préoccupe ensuite d'abaisser.

Reste l'École de médecine. Je voudrais bien savoir quel rapport il y a entre la médecine et les figures dans l'espace, les courbes usuelles, la trigonométrie, les formules de la physique et de la mécanique mathématiques. La médecine est à la fois une science naturelle et une science morale : elle vit de faits qu'elle analyse et qu'elle classe, dont elle étudie les causes et les lois; de faits physiques, quand elle étudie la machine humaine, les changements qui y surviennent par son propre mouvement; de faits moraux, quand elle étudie les effets du corps sur l'âme et de l'âme sur le corps; soit qu'elle voie dans le cours des idées et des passions un symptôme des affections des organes, ou que, pour expliquer les mouvements qui se passent dans ces organes, il lui faille remonter jusqu'aux idées et aux passions, qui ont là un contre-coup inévitable et un si fort retentissement. La médecine est toute en observation et en induction, nulle part en raisonnement abstrait. Elle n'a donc besoin, comme préparation, que de la science naturelle et de la science morale, et peut ne savoir, en mathématiques, que ce que tout le monde doit savoir. Il est donc bien de demander au médecin futur des connaissances de physique, de chimie, d'histoire naturelle, de cosmographie, et il ne sera pas mal de lui demander quelques connaissances morales, quelques notions de l'esprit et du cœur de l'homme, si on ne veut pas qu'il traite l'homme comme une plante ou comme une bête. Or, pour cela, la littérature ne lui sera pas inutile, la littérature, chose humaine par excellence; et si on pense que la connaissance de l'homme a bien quelque chose à démêler avec la philosophie, il faudra se résigner à la philosophie : au programme actuel, si fort sur la méthode, on ajoutera quelques questions, pour que notre futur médecin apprenne un peu si dans ce corps il n'y a pas un hôte, quel est cet hôte, s'il n'y a pas en lui une raison, une imagination, des sentiments. L'ancien programme avait ces scrupules, que n'a plus le nouveau.

Il faut que le baccalauréat ne soit plus que la preuve d'études bien faites, comme elles peuvent être faites par le grand nombre des esprits. Par ce principe, le baccalauréat ès sciences deviendra raisonnable; le baccalauréat ès lettres, restreignant ses épreuves écrites, se bornera, pour cette part, à la version latine, comme double épreuve de latin et de français, épreuve qui d'ailleurs comptera sans exclure; et si le système de lectures qui me semble être le bon était appliqué dans les classes, les examinateurs auraient le droit d'exiger que les candidats eussent lu les aueurs dont ils parlent, au lieu d'avoir lu Homère et Virgile, par exemple, dans les sommaires des chapitres des manuels composés pour cet usage.

Ici se représente, à propos de l'examen, cette question du niveau, que nous avons rencontrée à propos des études. Pour l'élever, n'y a-t-il qu'à rendre l'examen plus difficile, à fortifier les épreuves, à charger les programmes? Mon Dieu non! L'examen ainsi difficile ne sera abordable qu'à quelques-uns; de là une réclamation universelle, et, chez les examinateurs, avec la conscience d'exiger trop, le regret de sacrifier l'avenir de tant de jeunes gens. De leur côté, les candidats, incapables de préparer sérieusement un tel examen, prendront les expédients; et ce sont ceux-là qui, se présentant en foule, à un moment donné forcent les portes. Demandez le possible, vous l'aurez, en combattant, mais vous l'aurez; demandez plus, vous aurez moins, cela est inévitable. Que les législateurs de l'enseignement se persuadent bien de cette vérité pratique : au delà d'un point, on n'est plus maître; on ne fait plus le niveau, il se fait.

Ne cachons rien; aussi bien tout le monde le sait, professeurs, élèves et parents : avec le système actuel du baccalauréat, voici comment les choses se passent. Dès la classe de troisième, quelquefois avant, un élève se prépare spécialement au baccalauréat. En attendant qu'il apprenne autre chose, il apprend le programme; puis, armé de ce *cicerone*, il va droit devant lui à l'examen; il ne veut voir, ne veut entendre, ne veut faire que ce qui mène là. Ouvrir son esprit, se former un sens droit, embellir son imagination, assurer son goût (je ne parle même pas des sentiments, pour qu'on ne se moque pas de moi), tout cela détourne. Un chemin à faire, tant aujourd'hui, tant demain, cela est clair, on voit où on va, on sait où on est; à mesure que le temps avance, l'impatience prend, on ne marche plus, on court, et, parvenu au fossé qui sépare du but, on se lance, les yeux fermés, en invoquant la chance. Beaucoup tombent au milieu, quelques-uns arrivent à l'autre bord, pour l'édification commune; les victimes s'en retournent, se sèchent et se remettent un peu, puis reprennent leur élan. Que la chance leur soit en aide! Et maintenant qu'ils comptent leurs richesses : au lieu d'un esprit vigoureux par une bonne nourriture bien digérée, par de convenables exercices, une mémoire surmenée; au lieu de science, un programme; au lieu de facultés, des numéros.

Quel est, dans tout cela, le rôle des parents? Les parents, « fort dociles, » perdus dans les détours des programmes et pleins de déférence pour la volonté de leur fils, n'interviennent, quand ils interviennent, qu'avec la plus grande discrétion. S'il y en a qui, par prévoyance de l'avenir, exigent le double diplôme, au moins n'y en a-t-il guère; il leur faudrait, avec les lumières et la fermeté, de la fortune, c'est-à-dire des choses qui ne sont pas à tout le monde. Un des étonnements de ce temps-ci, qui en a beaucoup, est la mansuétude des parents. Ils veulent être aimés; quoi de mieux? mais ils ne savent donc plus que, pour être aimé durablement, il faut être respecté d'abord, et qu'on n'est pas respecté quand on ne maintient pas la part de légitime pouvoir qu'on a reçue; que, pour être aimé toujours, il faut, au besoin, consentir un moment à ne pas l'être. Ce courage convient aux pères; et, puisque par l'entraînement des occupations qui absorbent le père, la conduite des enfants revient souvent à la mère, je dirai qu'il y a peu de spectacles plus touchants que celui d'une mère qui, avide d'être aimée, de complaire à son fils, de satisfaire ses moindres caprices, s'arrête, et voyant évidemment l'intérêt solide de ce fils quelque part où il ne le voit pas lui-même, prend l'autorité, tandis que son cœur saigne en l'exerçant. C'est là de l'héroïsme, un héroïsme que les femmes tenteraient plus souvent si elles songeaient que par les coups du sort elles peuvent à tout instant devenir le chef unique de la famille, héroïsme tôt ou tard reconnu par ceux qui en ont souffert et qui assure l'autorité pour les temps de crise et pour le temps même où on n'a plus le droit de l'exiger. Du reste, il est plus facile qu'on ne croit de prendre un parti, en fait d'éducation et d'instruction : il y a là des principes naturels, faciles à consulter. En éducation, il faut savoir travailler, accepter une discipline, sacrifier un plaisir à un devoir; en instruction, avant les études spéciales, viennent les études générales ; les vocations découvrent l'application. Avec du bon sens et de la bonne volonté, il est encore possible de se reconnaître. Pour la préparation générale, rien de plus simple; quand vient le moment de choisir, comme nous ne sommes plus sous l'ancien régime, et qu'on ne fait plus par ordre des prêtres ou des militaires, on peut délibérer avec son fils, le faire réfléchir, lui permettre d'expérimenter, constater avec lui les résultats, l'inviter à distinguer les désirs réels et les fantaisies, la volonté et la puissance, comparer devant lui les exigences d'une carrière avec la fortune et les secours dont on dispose; puis, enfin, après l'épreuve faite, prendre la responsabilité sur soi et trancher. Il y a dans une délibération ainsi mûrie plus de chances de bien choisir que dans les inspirations mobiles de la jeunesse; et, après tous ces soins, si on a mal choisi, la nature saura bien reprendre ses droits, mettre chacun à sa place.

J'aime la jeunesse, et j'en ai été aimé, peut-être pour cela. Une fois qu'elle est travailleuse et honnête, je lui sais gré d'être vivante, d'être heureuse, et ne lui en veux pas de ce que je vieillis. Aussi, je souffre de voir les expériences qu'on fait sur elle : c'est bien assez des piéges que sa légèreté lui tend; on devrait au moins ne pas la tromper.

Adieu, mon cher et ancien collègue, à bientôt l'histoire détaillée du baccalauréat.

30 janvier 1857.

DEUXIÈME LETTRE.

HISTOIRE DU BACCALAURÉAT.

Vous rappelez-vous cette page où Rabelais raconte comment un procès grandit ? C'est d'abord un sac informe, puis, par les soins des gens de justice, il poussse une tête, une queue, des oreilles, des dents, des pattes et des griffes, spectacle très-réjouissant ! enfin il devient un animal parfait. On pourrait, si on voulait, prendre un plaisir de cette sorte, à propos du baccalauréat. On le montrerait à l'état naissant, ensuite s'organisant peu à peu, jusqu'au présent état, où il semble qu'il ne lui manque plus rien.

I

Le décret impérial du 17 mars 1808, qui constitue l'Université, remet aux Facultés la collation des grades. Le premier grade à prendre, au sortir des classes, est le baccalauréat ès lettres. Pour être admis à l'examen, il faut : 1° être âgé au moins de seize ans ; 2° répondre sur tout ce qu'on enseigne dans les hautes classes des lycées. Cet enseignement comprenait, dans le règlement du 19 septembre 1809, l'explication des auteurs latins et grecs, la rhétorique, l'histoire, et bientôt la philosophie.

L'arrêté du 16 février 1810 exige la condition d'une année de philosophie, soit dans un lycée, soit dans un lieu autorisé, à compter du 1ᵉʳ septembre 1812 ;

en 1811 (15 novembre), le certificat d'études domestiques est admis, mais l'examen de rigueur au chef-lieu.

Dès le commencement, le baccalauréat ès lettres fut la condition de tous les autres grades et de toutes les autres études : baccalauréat ès sciences, examens de droit et de médecine, baccalauréat en théologie. Le baccalauréat ès sciences comprenait les mathématiques élémentaires. Dans les Universités où il n'y avait pas de Facultés, l'examen était fait par des Commissions de fonctionnaires des lycées.

Dans ce temps-là, voici comment les choses se passaient. Muni de son certificat d'études, le candidat se présentait devant la Faculté ou la Commission, qui mettait entre ses mains un auteur expliqué dans les classes, et s'entretenait avec lui des divers objets de ses études. Après avoir travaillé huit ou dix ans, on était naturellement bachelier. C'était l'âge d'or du baccalauréat, l'état d'innocence, ce que nos candidats d'aujourd'hui appelleraient l'époque des bacheliers fainéants. Il faut tout dire : le diplôme ne conférait pas toujours la science. Je trouve la circulaire suivante de M. Siméon, du 19 septembre 1820 : « Monsieur le Recteur, depuis longtemps on se plaignait de la facilité que certaines Facultés des lettres mettaient à la réception des bacheliers, et nous devons avouer que nous avons quelquefois reçu des lettres ou des réclamations d'individus pourvus de ce grade par la voie d'examen, et dont le style et l'orthographe offraient la preuve d'une honteuse ignorance.... » Cela n'arrive plus maintenant.

L'année 1821 apporte des changements considérables. L'arrêté du 13 mars (ministère Siméon) introduit dans le baccalauréat ès lettres les sciences mathématiques et physiques; l'interrogation sera libre jusqu'au 1er octobre 1823, où elle sera obligatoire. A partir de cette même époque, les candidats tireront au sort les numéros des questions sur lesquelles ils devront répondre; en conséquence, ces questions seront réparties en trois tableaux, le premier contenant les auteurs grecs et latins et la rhétorique, le second l'histoire et la géographie, le troisième la philosophie. Ce dernier programme sera en latin, et l'interrogation en latin. Par le règlement du 25 septembre 1821, le baccalauréat ès sciences se scinde en deux : baccalauréat ès sciences mathématiques, comme à l'ordinaire, et baccalauréat ès sciences physiques, pour les candidats qui veulent se livrer aux sciences naturelles et à la médecine.

En 1830 paraît l'épreuve écrite, encore très-modérée. L'arrêté du 9 février (ministère Guernon-Ranville) prescrit que tout candidat au baccalauréat ès lettres sera tenu d'écrire instantanément un morceau en français, soit de sa composition, soit en traduisant un passage d'un auteur classique. La Révolution n'était pas venue assez tôt. Un peu après qu'elle fut venue, l'examen en latin du baccalauréat ès lettres fut supprimé (11 septembre, ministère de Broglie), et remplacé par un examen en français; le programme latin disparut en 1832 (28 septembre, ministère Girod, de l'Ain), et le programme français fut installé à sa place. De philosophie et d'histoire de la philosophie, il comprenait quarante-deux questions.

On va ainsi jusqu'au 15 juillet 1840. L'arrêté de cette date (ministère Cousin) introduit l'épreuve de la version en forme, la rend exclusive et modifie les programmes; il ajoute au programme de philosophie trois questions sur le syllogisme, ses formes et son utilité, au programme de rhétorique des questions sur la littérature en général, particulièrement sur la nature de la poésie, puis, sur l'histoire littéraire, les principales époques de la poésie et de l'éloquence grecque, latine et française, avec les principaux noms qui y ont brillé; il ajoute, pour l'explication, aux auteurs latins et grecs, les auteurs français, voulant que l'explication soit du même genre: parmi ces auteurs, il plaça Pascal, dont il prit les deux premières *Provinciales*, et Voltaire, dont il prit le *Siècle de Louis XIV*, tout entier. L'arrêté excluait aussi des Commissions d'examen le proviseur et le censeur du collége, pour éviter « dans ces temps de défiance, le soupçon d'une partialité involontaire. » Les candidats purent voir avec déplaisir l'introduction de la version latine; mais une circulaire avertissait que les Facultés consultées avaient proposé, les unes deux compositions, les autres trois, les autres quatre, les autres cinq. Ils durent se croire très-heureux.

De 1840 à 1852, il survient des changements dans l'examen et dans les conditions d'admission à l'examen. Les premiers sont significatifs, quoiqu'ils respectent les cadres des programmes; les seconds sont très-graves. Parlons d'abord des changements intérieurs. Un arrêté du 4 janvier 1847 (ministère Salvandy) ordonne que le programme du baccalauréat ès lettres sera immédiatement révisé et réduit, le nouveau programme devant être en vigueur aux vacances de 1848. Il paraît le 15 janvier de l'année 1848. On y remarque principalement la suppression des *Provinciales* et des derniers chapitres du *Siècle de Louis XIV*, où l'auteur raconte les querelles du temps, et d'une question de philosophie, « la vraie méthode philosophique. » Le 25 mars de la même année (ministère Carnot), deux mois après, ces trois choses sont rétablies; bientôt dans l'histoire moderne est introduite la révolution française, jusqu'en 1814. Le 26 novembre 1849 (ministère Parieu), programme qui supprime les trois questions supprimées en janvier 1848 et rétablies en mars. La littérature perd l'histoire littéraire, mais elle passe avant la philosophie. La philosophie perd la partie d'histoire et l'introduction, qui parlait de son importance, elle gagne une question sur le fondement de la propriété et du droit civil. En sciences, malgré des réductions apparentes, il n'y avait de réduit sérieusement que la cosmographie.

Pour les conditions d'admission à l'examen, une ordonnance du 1er janvier 1847 (ministère Salvandy) supprime les Commissions des lettres, composées, comme on sait, de professeurs des lycées. Le 16 novembre 1849 (ministère Parieu), un décret supprime le certificat d'études pour le baccalauréat ès lettres. La loi du 15 mars 1850 maintient cette suppression, et pour le candidat, la permission de choisir la Faculté devant laquelle il se présente.

L'année 1852 est l'ère nouvelle du baccalauréat.

L'arrêté du 9 avril (ministère Fortoul) rétablit le baccalauréat unique pour les sciences; celui du 10 avril dispense les candidats au baccalauréat ès sciences de produire le diplôme de bachelier ès lettres; celui du 5 septembre réorganise le baccalauréat ès sciences; celui du 7 septembre le baccalauréat ès lettres.

Dans les deux baccalauréats, il y a une partie littéraire et une partie scientifique; il y a une épreuve écrite, décisive, et une épreuve orale; l'épreuve écrite comprend, dans les deux cas, une version latine, à quoi s'ajoute une question de science pour le baccalauréat ès sciences, et, pour le baccalauréat ès lettres, une composition française ou latine, au sort. Dans l'épreuve orale, beaucoup de lettres et peu de sciences, ou peu de lettres et des sciences à l'infini. Le diplôme est exigé pour les Écoles polytechnique, militaire et forestière, et pour l'Ecole de médecine. Notons un détail dans l'épreuve orale. La philosophie, sous le nom de logique, se réduit, pour le baccalauréat ès sciences, à quelques notions de logique; dans le baccalauréat ès lettres, elle perd l'histoire de la philosophie et tient tout entière dans trois questions, par un mouvement contraire à celui qui de la petite phrase écrite de l'examen d'autrefois a tiré une version enforme et un discours latin. Plus on compare le double baccalauréat et son étendue à son humble origine, plus on admire l'ordre des choses, qui a employé trois révolutions à faire cela, pour prouver le progrès de l'esprit humain et la perfectibilité indéfinie de l'écolier français.

En fait d'habileté aussi, l'écolier français passe quelquefois les ministres. Pour empêcher la désertion des études à Pâques, un arrêté du 15 juillet 1854, expliqué par un autre arrêté du 24 janvier 1855, interdit l'examen d'avril aux candidats nouveaux. On pensait qu'ils ne se présenteraient qu'au mois d'août suivant; mais ils se présentèrent au mois de décembre précédent, même sans aucune chance, simplement pour n'être plus nouveaux et avoir droit à la session d'avril. Les choses de ce monde tournent parfois autrement qu'on ne croit, et on n'a jamais fini de réparer une maison mal bâtie.

Je voudrais bien savoir ce qu'est devenu l'arrêté du 28 août 1838 qui défendait d'afficher des préparations au baccalauréat.

II

Résignons-nous à voir les choses telles qu'elles sont. Que voulait-on par le baccalauréat ? Peupler les classes et assurer des études sérieuses. Or, les études sérieuses sont abandonnées et les hautes classes désertées précisément pour le baccalauréat. C'est donc parce que nous voulons encore des jeunes gens instruits qu'il ne faut plus vouloir le baccalauréat tel qu'il est.

Pour que l'examen de sciences ou de lettres fût mûrement préparé, on a dû, dès le principe, établir deux prescriptions : la limite d'âge et le certificat d'études.

La limite d'âge a toujours été fixée, mais à seize ans. L'élèvera-t-on jusqu'à dix-sept ou dix-huit ? Premièrement, on ne pourra pas dépasser ce terme, puis, par l'événement, c'est déjà entre dix-sept ou dix-huit ans que la majorité des candidats se présente ; enfin, si la loi accorde la dispense d'âge, comme cela se fait, les demandes afflueront, souvent justes, toujours suffisamment appuyées, et l'exception deviendra la règle.

Le certificat d'études a eu sa valeur tant qu'a duré le prestige de l'autorité universitaire ; mais lorsque cette autorité a été attaquée, lorsque la liberté d'enseignement a été réclamée et qu'en même temps les familles ont moins tenu à de fortes études, pourvu que la carrière de leurs enfants se fît, le certificat des études domestiques s'est multiplié, c'est-à-dire que les parents attestaient comme études régulières faites sous leurs yeux des préparations hâtives, et que l'administration municipale, chargée de vérifier le fait, sans en avoir les moyens, l'attestait à son tour. C'était donc un mensonge légalisé, fâcheux pour la loi, qui était trompée, fâcheux pour les parents, qui consentaient à mentir, fâcheux pour les enfants, qui, pour dernière leçon, recevaient cet exemple.

Les précautions spéciales pour assurer le sérieux du baccalauréat ès lettres sont l'épreuve écrite et d'abord la composition. Sera-t-elle française ou latine? C'est le sort qui en décidera. Rien que cela. Si vous avez la main heureuse, vous serez dispensé de savoir écrire en latin; et, comme les joueurs les plus malheureux ne le sont pas toujours, avec la résolution de courir la chance jusqu'à ce qu'on tire une composition française, on pouvait négliger absolument l'autre et se contenter de pratiquer le français commun avec lequel on se sauve en ce monde. La chance a été ôtée depuis et la composition latine exigée seule; je la retrouverai. Quant aux compositions latines qui affrontent l'examen, Dieu seul sait quelle est, sur ce point, la tolérance des examinateurs; et celles qui sont admises jugent celles qui sont rejetées. La version latine avait semblé autrefois une épreuve suffisante de latin et de français. Quoique plus modérée, cette condition d'une version qui exclut est discutable. Il y a eu de bonnes raisons pour l'établir, il y en a de bonnes pour la lever. Ce sont celles dont je suis frappé pour mon compte. J'ai déjà remarqué, dans ma première lettre, que l'épreuve écrite a, dans le fait, presque entièrement annulé l'épreuve orale : c'est un mal; ensuite, si on considère l'émotion extrême qui, aux examens, saisit tout le monde et surtout certains candidats, il serait juste de leur laisser le moyen de se reprendre dans des explications où le juge serait libre d'insister. Et il n'y aurait pas de mal à spécifier que le texte de la version serait pris chez les auteurs expliqués dans les classes, pour écarter les surprises, pour imprimer chez les élèves l'idée que leur examen ne se fait pas un jour en deux heures, mais chaque jour pendant des années, et les forcer de faire longtemps d'avance attention à des textes qu'ils retrouveront peut-être à l'examen.

Reste l'épreuve orale. On sait par quelles vicissitudes elle a passé : d'abord point de programme, puis un programme court et compréhensif, enfin un programme extrêmement long et détaillé : telle est la progression. Aujourd'hui, le mouvement inverse commence; on verra où il s'arrêtera. On conçoit l'utilité des programmes. Avant qu'ils eussent été proposés pour les classes et pour l'examen, le candidat était perdu dans l'espace, l'examinateur prenait un peu au hasard ou suivant ses prédilections, et le candidat, s'il répondait mal, pouvait toujours accuser l'examinateur d'avoir demandé des choses en dehors des études. Maintenant, les programmes étant arrêtés pour les classes et pour l'examen, et ceux-ci n'étant que ceux-là concentrés ou autrement disposés, le candidat n'a plus à réclamer contre l'examinateur et ne peut accuser que la chance. En fait de détails, on est allé naturellement dans l'excès. En ce moment, comme je disais, on en revient. Le programme du baccalauréat ès sciences, révisé par arrêté du 29 janvier de cette année 1857, laisse plus de latitude à l'examinateur et au candidat. Il est à craindre seulement qu'un même numéro comprenant plusieurs sciences, les candidats n'en sacrifient une ou deux pour se rattraper sur la troisième. Au surplus, les programmes n'ont pas l'importance qu'on peut croire. Tout dépend de l'examinateur, et l'examinateur dépend des circonstances. Tout dépend de l'examinateur: il peut, à propos d'une question d'histoire ou de géographie ou d'une explication latine ou grecque, s'il lui plaît, se contenter de réponses sommaires; il peut, s'il lui plaît, entrer dans le fond et dans les difficultés. De là, avec les mêmes programmes dans toute la France, les réputations différentes des différentes Facultés, les unes réputées indulgentes, les autres sévères. L'examinateur dépend des circonstances, à son tour. A moins d'influences locales, qui tiennent à l'obstination d'un ou de deux professeurs, les Facultés sont plus ou moins exigeantes selon les temps, selon l'état des études, le nombre des candidats, l'opinion attachée aux diplômes et les besoins du service public.

Quant au baccalauréat ès sciences, il n'y a qu'une chose à en faire, c'est de le supprimer pour l'entrée aux Écoles spéciales, qui se recruteront comme elles l'entendront, et inséreront dans leurs programmes d'admission les connaissances qu'elles jugeront utiles, avec la liberté d'y attacher plus ou moins de valeur et de compenser toutes les épreuves dans un jugement général. J'ignore si ceux qui ont introduit la nouveauté que nous combattons se sont bien rendu compte de ce qu'ils faisaient. On exige le baccalauréat ès lettres pour les carrières littéraires, le baccalauréat ès sciences pour les carrières scientifiques. Or, les Écoles spéciales, sauf l'École de droit et l'Ecole normale, pour la partie littéraire, reposant sur les sciences, ont ou des programmes d'admission qui les comprennent ou des cours qui les enseignent. Que fait-on donc quand on interroge, au baccalauréat ès sciences, les candidats à ces écoles? On s'assure qu'ils savent les choses qu'ils auront à dire ou à apprendre ailleurs; on s'assure qu'ils savent, d'une manière quelconque, les choses qu'ils seront forcés de dire ou d'apprendre à fond ailleurs ; car un examen général sans concours n'aura jamais l'exactitude qu'a un examen spécial avec un concours, comme il est établi pour plusieurs écoles ; ni les connaissances d'histoire naturelle, par exemple, qu'on acquiert pour l'examen du baccalauréat ès sciences, ne sont à comparer avec ces mêmes connaissances acquises à l'École de médecine. (Je ne parle plus des mathématiques exigées pour les futurs médecins, ce qui est hors de toute raison.) Il me semble qu'on fait complétement fausse route. Au lieu de demander aux jeunes gens ce qu'on leur redemandera, il faudrait leur demander ce qu'on ne leur redemandera plus. On était dans ces sentiments lorsque, avant les règlements de 1852, sans exiger le baccalauréat ès lettres pour l'admission aux examens de l'École polytechnique et de l'École de Saint-Cyr, on tenait grand compte de ce diplôme aux candidats, et c'était justice. L'administration de ces écoles savait bien qu'elle formerait des mathématiciens, mais elle savait aussi que les études littéraires suivies finissaient là, et que, si on ne les avait pas déjà faites, ce n'était pas là qu'on les ferait

III

Laissons les détails : un caractère que le baccalauréat a pris et ne quitte plus, c'est d'être une encyclopédie. Lorsque le Satan de Milton veut réunir dans le Pandémonium ses anges innombrables, par un miracle il les aplatit ; les auteurs du programme actuel ont fait le même miracle : tout y tient, à condition que chaque chose y soit à peu près rien. Mais enfin, ce tout est un monde ; comment être assuré de le parcourir sans accident? Aussi, à l'approche de l'examen, les familles s'agitent d'une façon extraordinaire. On peut, si on veut, s'amuser de cette course aux recommandations qui se fait alors et de la candeur des parents, qui tous demandent grâce pour la timidité de leurs enfants ; avant le baccalauréat, on ne se doutait pas combien les jeunes Français sont timides ; et je me rappelle le joli mot de M. Damiron, à qui une mère recommandait son fils en excusant sa timidité : « En quoi est-il timide? » On peut encore, si on veut, se fâcher de cette mauvaise leçon donnée aux jeunes gens, à qui on enseigne à compter sur la protection. Mais, quand on se sera amusé à loisir, je proposerai quelques réflexions. Comment s'étonner de l'extrême émotion qui saisit les parents devant un examen, où un premier échec est un préjugé contre leurs fils, et des échecs multipliés une sorte de brevet d'incapacité ; devant la nécessité de continuer encore une année, des années, cette préparation languissante; devant un grade qui n'ouvre rien et qui ferme tout? Un jeune homme a plus d'un examen à passer dans sa vie, et on ne prétend pas supprimer les examens, de peur de donner aux parents une mauvaise journée, mais je voudrais que l'on prît les hommes connus dans les sciences et dans les lettres, et qu'on leur enjoignît de se présenter au baccalauréat, pour voir combien il y en aurait de reçus. Pour moi, si je m'honore d'autres grades, je me félicite tous les jours d'être bachelier.

Sait-on ce qui arrivera? c'est qu'après avoir exagéré le baccalauréat démesurément, on s'arrêtera un beau jour, et qu'on se demandera si c'était bien la peine de se donner tant de peine, si, faisant du grade de bachelier le signe de la science, on n'a pas abandonné la chose pour le signe de la chose; si enfin, gardant le baccalauréat comme le premier grade de l'enseignement, et le réservant à cette carrière, il n'y a pas lieu de laisser chaque carrière se recruter par ses examens. Peut-être, car nous sommes en France, ne faudrait-il pas vivre si longtemps pour voir cette réaction, et je sais des hommes de la plus grande autorité qui pensent que la France n'en mourrait point.

Je termine cette histoire et ces critiques par une pensée. On s'agite trop autour du baccalauréat; il faut se calmer. Le baccalauréat peut faire du bien, il peut faire du mal; il ne peut faire ni tout le bien ni tout le mal dont on le croit capable. Des bacheliers qui ont appris, mais qui ne veulent plus apprendre, ne sont pas une grande fortune pour un pays; on ne va pas loin avec cette première instruction : il reste, après cela, ou bien à se plonger dans les études classiques et à approfondir ce qu'on a effleuré, ou à se jeter dans des études plus présentes, d'histoire, de politique et d'économie politique, pour connaître les affaires et la marche de ce monde, respectant ici et là ceux qui savent véritablement, portant dans la vie privée un agrément sérieux que donne la culture de l'esprit, dans la vie publique la réflexion. Or, de quoi dépend-il qu'on prenne le parti d'étudier après le collége? Cela dépend de l'enseignement du collége même et de l'état de la société où on tombe quand on en sort. L'enseignement a-t-il été tel qu'on ait le goût de la science ou le dégoût? La société estime-t-elle la science ou la néglige-t-elle? Voilà ce qui décide. Quand autour de vous tous les hommes courent au bien-être, à la richesse, il faut se tenir bien ferme pour résister; quand tous les hommes courent à tout ce qui brille, il faut bien du courage pour garder au fond de son cœur la flamme ignorée et solitaire. Mais elle vous réchauffe, et c'est le foyer de ceux qui n'en ont guère d'autre ici-bas, un foyer où habite le repos et que visite quelquefois la poésie.

Vous voyez, mon cher et ancien collègue, qu'en proposant la réforme particulière du baccalauréat, je n'y ai pas une confiance illimitée. Un examen est un accident d'un jour, tandis qu'on respire dix ans l'air d'un collége, et tout le reste de sa vie l'air de la société où on vit. Je ne puis rien sur la société, et la plupart des hommes n'y peuvent rien : elle va par ses lois, elle va par l'action et la réaction, comme l'Océan par le flux et le reflux ; du moins nous pouvons quelque chose sur le collége. Je désire que ma prochaine lettre, où je vous donnerai l'histoire des plans d'études, serve à cela.

28 février 1857.

TROISIÈME LETTRE.

HISTOIRE DES PLANS D'ÉTUDES.

J'entreprends une sorte d'histoire des variations des plans d'études. Elle sera ce que la feront ceux qui la liront : pour les uns des détails de collége, pour les autres un chapitre négligé de l'histoire de France. Les Français y sont ce qu'ils sont partout : dès qu'ils ont planté un arbre, vite ils l'arrachent, et chez eux, quand la politique change, tout change; or elle change quelquefois. On peut donc voir ici le caractère national perpétuel, et, dans un espace de cinquante années, l'esprit des temps, le travail de l'opinion, les tendances des gouvernements, leurs sympathies et leurs antipathies, les alliances naturelles de certains enseignements avec certaines formes politiques, tout cela naïvement accusé, dans un pays où il faut une révolution pour relever la cloche et une autre révolution pour rétablir le tambour. Les gouvernements partent d'une idée qu'ils regardent comme entièrement vraie, et qui ne l'est qu'à moitié. Ils croient que tenir l'enseignement, c'est tenir tout. Ils comptent sans la nature humaine, qui ne se laisse pas faire comme on veut, et sans la société, qui dérange bien des choses dans les éducations, surtout dans les éducations artificielles. Comptez les gouvernements qui se sont succédé chez nous depuis soixante ans ; ils ont élevé des générations pour leurs successeurs. Ce qui est incontestable, c'est qu'entre les enseignements, plusieurs ont un caractère dont ne s'accommodent pas tous les régimes : telles sont la philosophie et l'histoire. Quant aux sciences, elles annoncent une société dont l'activité se tourne vers la terre, des intérêts nouveaux, une puissance nouvelle, et toutes les fois que la société ancienne revient, elle ne les voit pas avec plaisir ; suspectes, comme sortant de la révolution, elles sont refoulées avec elle et reviennent avec elle, jusqu'à ce qu'on s'aperçoive qu'elles ne sont pas la révolution, mais un de ses instincts, et qu'en flattant celui-là, on la distrait des autres.

I

Jusqu'à la création de l'Université, au règlement de 1809, les lettres et les sciences sont séparées. La Convention (25 février 1795) décrète l'établissement d'*Écoles centrales*, pour l'enseignement des sciences, des lettres et des arts. Les arts professionnels disparurent bientôt. L'enseignement consiste en cours publics ; il est divisé en trois sections : la première, pour les enfants de douze ans accomplis, comprend les langues anciennes, au besoin les langues vivantes, l'histoire naturelle et le dessin ; la deuxième, pour les enfants de quatorze ans, les éléments des mathématiques, de la physique et de la chimie ; la troisième, pour les élèves de seize ans, la grammaire générale, les belles-lettres, l'histoire et la législation. On remarquera les sciences placées assez singulièrement dans les deux années de quatorze à seize, entre les cours de lettres, avant et après. Ces écoles s'organisèrent très-difficilement : privées de pensionnats, en forme de cours de Faculté, sans discipline scolaire, ne prenant les enfants qu'à douze ans et les classant par l'âge, non par le progrès, elles ne remplaçaient pas les anciens colléges. Le Directoire tâcha de les vivifier : il annonça (17 novembre 1797) qu'il ne promettait de places et d'avancement qu'à ceux qui fréquenteraient l'une des Écoles centrales et qui y enverraient leurs enfants; il y jeta toute une population de candidats. Si elles n'avaient pas donné ce qu'on en attendait, elles avaient du moins fait connaître davantage les sciences exactes et les sciences d'observation. L'*Ecole centrale des travaux publics* (créée en septembre 1794, depuis *École polytechnique*), avait, de son côté, servi la même cause. « On lui doit, dit Fourcroy en 1802, les grandes études faites en mathématiques, le goût si répandu de cette science, et la formation d'une foule d'écoles où on les enseigne aujourd'hui. » A côté des Écoles centrales, il y avait une institution organisée en collége : c'était le *Prytanée français*. Il fut décrété sous le Consulat, le 22 mars 1800. Le Prytanée ne recevait que des boursiers, enfants de militaires. En voici le régime, et l'origine de la bifurcation. Deux sections, la première d'enfants au-dessous de douze ans, réunis dans une éducation commune. A l'entrée de la seconde section, les élèves destinés à la carrière militaire, distingués ainsi par leur choix, le choix de leurs parents et de leurs maîtres, se séparent. Les élèves destinés à la carrière civile sont distribués en quatre classes, dont deux d'humanités (latin, grec, histoire), la troisième de rhétorique, et la quatrième de philosophie. Dans la classe de philosophie, ils sont formés à l'art de raisonner par les principes de la dialectique; pour donner à leur jugement une plus grande exactitude, ils ajoutent à ces exercices un cours de géométrie élémentaire. Les élèves destinés à la carrière militaire sont partagés dans l'ordre de leurs progrès, en trois classes au moins : la physique, la chimie, l'astronomie étant enseignées dans la dernière, avec des applications à l'art militaire. Les élèves des sections civile et militaire étudient en commun l'allemand, l'anglais; les élèves de la section militaire reçoivent à part des leçons d'armes et de danse. La danse était un privilége, et les élèves des lettres étaient sacrifiés.

Le 1ᵉʳ mai 1802 est présentée une loi générale sur l'instruction publique, portant création d'un lycée au moins par arrondissement de tribunal d'appel. Le temps était aux sciences. Aussi le rapport de Fourcroy fait une critique amère des études de l'ancien régime. « La seconde année de cette philosophie des colléges, consacrée à la physique, n'en portait presque que le nom. Quinze ans avant la suppression des Universités, à peine y avait-on ébauché un véritable enseignement de mathématiques et de géométrie. Six mois tout au plus étaient accordés à ces sciences, qui auraient dû occuper trois ou quatre années de la jeunesse. Sur trois ou quatre cents écoliers, il s'en trouvait quelquefois deux ou trois dont l'application et l'intelligence, ou dont une disposition particulière favorisaient assez les progrès pour leur faire tirer quelques profits de cette étude, et pour décider leur goût. Au lieu d'un cours de physique et d'histoire naturelle, un démonstrateur ambulant venait montrer quelques phénomènes électriques ou magnétiques, quelques expériences dans le vide, la circulation du sang dans le mésentère d'une grenouille, le spectacle du grossissement de quelques objets par le microscope. Là se bornait l'étude de la nature dans les colléges; et l'on décorait ces séances de quelques heures du nom de physique, parce que, quelques mois auparavant, on avait dicté des cahiers de théories et d'explications, qui n'étaient que des mots vides de sens pour la majorité des élèves. Je n'ai point chargé le tableau; j'ai dit ce que j'ai vu, ce que plusieurs de ceux qui m'écoutent ont vu comme moi. »

Le plan d'études de 1802 inaugure dans l'instruction publique la bifurcation essayée au Prytanée. L'arrêté du 10 décembre en organise le système. Les études sont communes jusqu'à la cinquième inclusivement; on y apprend le latin et les quatre règles de l'arithmétique; après la cinquième la séparation se fait. Le cours littéraire comprend six classes, de la sixième à la rhétorique; le cours scientifique six classes, de la quatrième aux mathématiques transcendantes, qui durent encore deux ans. Mais les six années, littéraires et scientifiques, peuvent être parcourues en trois. Dans le cours littéraire, on voit latin et français, avec les exercices actuels (le grec ne paraît pas encore), l'histoire et la géographie. Dans le cours scientifique, les mathématiques tout le temps, puis successivement les éléments des sciences naturelles, les unes et les autres pour l'utilité industrielle, le levé des plans et le tracé des cartes géographiques. L'opinion se prononça fortement contre cet envahissement des mathématiques, comme le constate l'exposé des motifs de la loi de 1806, qui méditait un autre système.

Avec l'Université tout change. Déjà loin de ses premières études mathématiques, Napoléon n'envisageait plus les lettres et les sciences que comme des puissances égales de l'esprit humain et les futurs ornements de son règne. Dans le règlement de 1809 (complété bientôt) les élèves commencent les mathématiques en même temps que les humanités, pour continuer les deux jusqu'à la fin Auparavant, c'était en quatrième que les lettres et les sciences se séparaient; c'est en troisième qu'elles se réunissent. Le cours d'études se divise en sept années, deux de grammaire, deux d'humanités (le grec commence), une de rhétorique, une de philosophie, une de mathématiques spéciales. Il fut entendu qu'un élève n'entrerait dans une classe de lettres que s'ils avait les mathématiques correspondantes, « parce que c'est principalement par la réunion de ces deux genres d'instruction, portés chacun au degré convenable, que les lycées doivent se distinguer des autres établissements. » (14 juin 1811.)

Cette union est ébranlée par la Restauration. On devine de quel côté elle inclinera. Un arrêté de 1814 (28 septembre) recule jusqu'à la seconde l'étude des mathématiques, laissant une seule leçon de sciences naturelles aux élèves de troisième, de seconde et de rhétorique. Bientôt (30 septembre 1815, ministère de l'abbé de Montesquiou) le cours de mathématiques est rejeté en dehors des heures ordinaires des classes, pour être placé où il pourra, et mettre les élèves en état de suivre la leçon de sciences naturelles. Deux actes de 1821 (ordonnance du 27 février et arrêté du 5 septembre, ministère Corbière) rejettent les sciences tout à la fin, dans deux années de philosophie. Je me trompe, on dictait en quatrième et en troisième des thèmes sur l'histoire naturelle. Les élèves pouvaient, s'ils renonçaient aux grades, après la quatrième, passer directement en philosophie. Cela était net; mais il paraît qu'il y eut des réclamations. Dès la même année (10 novembre), la leçon unique de sciences naturelles est rétablie, et, le cours de philosophie étant réduit à la première année, les sciences prennent l'autre tout entière.

En 1826, les lettres et les sciences s'allient de nouveau (16 septembre) à partir de la seconde; on revient au régime de 1814. M. de Frayssinous en disait le motif : « Les dispositions du statut dernier, relatives à l'enseignement des sciences physiques et mathématiques n'ont obtenu jusqu'à présent que des résultats incomplets. » De la seconde, elles passent à la troisième, au commencement de 1830 (3 avril, ministère Guernon-Ranville); en 1833 (ministère Guizot), elles montent encore dans la quatrième, l'histoire naturelle occupant déjà les deux classes précédentes.

En 1840, l'harmonie des lettres et des sciences est de nouveau troublée. Préoccupé de la perfection de l'esprit, qui veut toutes les études en leur temps, M. Cousin reporte les sciences dans la philosophie, à laquelle il aurait voulu donner deux années, les élèves de philosophie étant répartis en deux cours, l'un plus fort, l'autre plus faible, selon leur besoin. Le plan était simple, mais les nécessités se firent sentir, on craignit pour les Écoles spéciales. Il fallut donc, pour ceux qui le voudraient, rétablir d'une façon quelconque les conférences préparatoires de sciences, depuis la quatrième, et organiser, à côté du cours de philosophie, un autre cours moins élevé.

L'arrêté de 1841 (14 septembre, ministère Villemain) rend les conférences obligatoires à partir de la troisième; l'arrêté de 1847 (5 mars, ministère Salvandy) les rend obligatoires à partir de la quatrième; et nous voilà, par un tour, revenus à 1833, comme en 1826, par un autre tour, nous étions revenus à 1814. MM. de Salvandy, Vaulabelle et Lanjuinais, reprenant l'idée de M. de Vatimesnil, autorisent un enseignement spécial, pour l'industrie et le commerce, auxquels ils ajoutent les Écoles, et avec des programmes de trois années, qui sont les programmes de la section scientifique actuelle. Ce sont peut-être les mêmes savants qui ont aidé ces différents ministres.

En 1852 (10 avril) paraît le système d'études que l'on sait et qui nous régit.

Résumons cette histoire. En 1802, séparation des lettres et des sciences; en 1809, égalité; de 1814 à 1821, primauté des lettres; en 1826, retour à l'égalité; en 1840, retour à l'inégalité, par la primauté des lettres, mais aussitôt, rentrée détournée des sciences; en 1852, divorce complet, comme en 1802. Le cercle est révolu. Fontenelle avait raison de dire : « Les sottises des pères sont perdues pour les enfants. »

Voulez-vous suivre plus aisément encore les courants de la politique, suivez les chances par lesquelles la philosophie et l'histoire ont passé. A partir du plan d'études de 1812, qui ne mentionne pas la philosophie, et des règlements de l'Université, qui l'établissent dans tous les lycées, mais comme exercice de dialectique, sa fortune n'est-elle pas exactement celle du libéralisme ? Il n'y a qu'à citer quelques dates. 1821 (ministère Corbière), elle sera enseignée en latin ; en 1829 (ministère de M. de Vatimesnil, qu'on retrouve à l'origine de toutes les mesures libérales), le retour à l'enseignement en français est annoncé; même année (ministère Montbel), l'enseignement en latin est maintenu et fortifié par l'argumentation latine ; 1830 (11 septembre), l'enseignement et l'argumentation en latin supprimés, la dissertation latine maintenue, le prix d'honneur passant à la dissertation française; 1832, le programme latin du baccalauréat remplacé par le programme français; 1849 (ministère

Parieu), histoire de la philosophie supprimée; 1852 (ministère Fortoul), la philosophie appelée logique et réduite à trois questions.

Pour l'histoire, qui, en 1802, avait une place honnête, le fondateur de l'Université ne paraît pas avoir voulu lui donner un trop grand essor. En 1809, après l'histoire sainte enseignée en cinquième, tout ce qu'on trouve est une recommandation aux professeurs de lettres, en troisième et en seconde, de diriger les lectures de leurs élèves de manière à leur donner les principales notions de l'histoire; 1814, elle est régulièrement enseignée, répartie de la sixième à la rhétorique inclusivement, et confiée, dans plusieurs colléges, dès la quatrième, à un professeur spécial; 1820, sous le ministère Siméon et l'influence de M. de Corbière, président du Conseil de l'Université, une circulaire détermine la direction à suivre : « Le but de l'enseignement de l'histoire est surtout moral. Le professeur d'histoire ancienne s'appliquera spécialement à faire chérir aux élèves le gouvernement monarchique sous lequel ils ont le bonheur de vivre. Le professeur d'histoire moderne, qui s'occupe principalement de l'histoire de France, s'attachera à fortifier de plus en plus, dans le cœur des élèves, les sentiments d'amour pour la dynastie régnante, et de reconnaissance pour les institutions dont la France lui est redevable. » Les gouvernements se suivent et se ressemblent quelquefois. Un catéchisme de 1811, seul prescrit pour toute l'étendue de l'Empire, appliquant le précepte : « Tes père et mère honoreras » à l'Empereur, mettait entre les devoirs de respect, d'obéissance, d'amour, « les tributs et le service militaire, » afin de vivre longuement. En 1821 l'histoire disparaît de la rhétorique, de la seconde en 1826; elle s'arrête, comme on voit, de bonne heure, et n'est préoccupée que de l'histoire de l'Église ; point de rédactions écrites : des résumés appris par cœur; 1829 (ministère Vatimesnil), elle est retranchée dans les classes inférieures et portée dans les hautes classes : dans les classes inférieures « les esprits ne sont pas assez mûrs pour tirer de cette étude tout le fruit désirable. » Le cours dut ne se terminer qu'après la classe de rhétorique, où le professeur s'attacherait particulièrement à faire connaître le génie et l'influence de la France; 1830 (3 avril, ministère Guernon-Ranville), elle va de la cinquième à la rhétorique inclusivement; 1833 (ministère Guizot), elle est enseignée dans toutes les classes, à partir de la sixième et par un professeur spécial; 1848 (ministère Carnot et Vaulabelle), l'histoire moderne est portée jusqu'en 1814; 1852, point de rédactions écrites : des résumés appris par cœur.

II

Qu'y a-t-il de nouveau dans le plan actuel d'études ? Le ministre qui le propose annonce qu'il revient au système de 1802, du Consulat, et que l'enseignement est rajeuni. Rajeuni en effet, car il lui ôte cinquante ans. Je crains qu'au lieu d'un rajeunissement, ce ne soit qu'un retour de jeunesse; et il y en a de bien dangereux.

Cela dit, examinons le plan d'études en lui-même. Il est jugé par quelques principes que je rappellerai ici.

1° Il paraît admis par tout le monde qu'un homme qui a reçu une éducation doit savoir un peu des lettres et un peu des sciences, afin de s'intéresser à toutes les choses de l'esprit. Il faut qu'au théâtre il ne soit pas étranger; il faut aussi qu'à propos des merveilles de l'industrie, de la vapeur, de la lumière, de l'électricité, il soit capable de suivre une explication au moins jusqu'au point où elle se perd dans les formules. Les journaux et les revues ont fait cette double part.

2° Il est moins généralement admis, mais c'est une vérité d'observation constante chez tous les hommes qui se sont occupés d'enseignement, que, sauf des vocations particulières, exclusives, les meilleurs esprits ne sont pas ceux qui ont pratiqué seulement les lettres ou seulement les sciences, mais ceux qui ont pratiqué les deux. Pourquoi? La gymnastique le sait. Un seul exercice n'exerce pas assez; aussi, quand elle forme des jeunes gens, elle en exige l'effort et l'effort varié; elle ne donne pas la force ou la souplesse à un membre pour servir dans une occasion prévue, elle donne ce qui vaut mieux, une vigueur et une habileté qui suffiront à tout. On devra donc tenir au double enseignement scientifique et littéraire, si on tient à la perfection de l'esprit humain; on devra y tenir même pour l'application, pour la pratique, où l'intelligence ne gâte rien.

En réfléchissant sur les systèmes d'instruction, il m'est souvent revenu à la mémoire cette scène de Molière, dans son *Malade imaginaire*, que tout le monde connaît, mais que je demande la permission de redonner ici :

Toinette. Que diantre faites-vous de ce bras-là?

Argan. Comment?

Toinette. Voilà un bras que je me ferais couper tout à l'heure, si j'étais que de vous.

Argan. Et pourquoi?

Toinette. Ne voyez-vous pas qu'il tire à soi toute

la nourriture, et qu'il empêche ce côté-là de profiter?

Argan. Oui; mais j'ai besoin de mon bras.

Toinette. Vous avez là aussi un œil droit que je me ferais crever si j'étais à votre place.

Argan. Crever un œil?

Toinette. Ne voyez-vous pas qu'il incommode l'autre, et lui dérobe sa nourriture? Croyez-moi, faites-vous le crever au plus tôt; vous en verrez plus clair de l'œil gauche.

Argan. Cela n'est pas pressé.

Béralde. Voilà un médecin vraiment qui paraît fort habile.

Argan. Oui; mais il y va un peu bien vite.

Béralde. Tous les grands médecins sont comme cela.

Argan. Me couper un bras et me crever un œil, afin que l'autre se porte mieux! J'aime bien mieux qu'il ne se porte pas si bien. La belle opération de me rendre borgne et manchot!

Nous avons de notre temps, comme du temps de Molière, de grands médecins, et qui nous conseillent de nous crever un œil pour fortifier l'autre; seulement, voici la différence. Les nôtres s'accordent tous sur un point, c'est qu'il faut crever un œil; mais les uns veulent crever l'œil droit, les autres veulent crever l'œil gauche, et nous, nous sommes plus dociles qu'Argan : nous nous laissons crever l'œil que la mode veut, pour ne pas être ridicules. Résigné à l'être, je tiens à la fois pour le gauche et pour le droit : on n'a pas trop de ses deux yeux pour bien voir en ce monde.

3° Il est sage de proportionner l'instruction aux enfants qui la reçoivent, d'attendre, pour s'adresser à une faculté, qu'elle soit éveillée : mémoire, imagination, raisonnement; aussi, il faudra apporter une discrétion extrême dans la répartition des objets de l'enseignement selon les âges, se conformant exactement à la nature, qu'on ne force jamais sans en être puni. Tirera-t-on de là que les sciences, s'adressant au raisonnement, doivent être placées à la fin des études, avec la philosophie? Non, si on fait la réflexion suivante. Dans les sciences mathématiques, il est permis d'aller plus ou moins loin, et de prendre ou de négliger plusieurs parties. Dans les sciences de faits, il y a plusieurs profondeurs : l'une très-reculée, où on ne descend que par une grande entreprise, les autres moins sévères, et demandant de moins en moins d'efforts, jusqu'à la surface, qui est éclairée de la lumière commune. Tout le monde ne peut pas toutes choses : tel âge et tel esprit va jusqu'ici, tel autre jusque-là; on peut entrer sans être de force à aller jusqu'au fond. Pourquoi donc, au lieu de tenir une science cachée jusqu'à ce qu'on puisse la découvrir en entier, ne pas en donner diverses vues, à chaque vue l'esprit se rappelant les précédentes, mais voyant enchaînées certaines choses auparavant éparses, et désirant connaître encore davantage?

4° Les sciences sont une chose excellente; mais il y a quelque chose qui vaut encore mieux : l'intelligence qui a fait les sciences et les perfectionne chaque jour. Voyons donc comment on a entendu l'enseignement nouveau.

On interdit de définir ce qui est simple, de démontrer ce qui est évident, de chercher des démonstrations subtiles, au lieu de se contenter de démonstrations naturelles : c'est bien; on intéresse les élèves en leur découvrant les applications des vérités qu'ils ont apprises et même les mettant à l'œuvre, comme pour le levé des plans et le nivellement : c'est bien encore ; mais, pour le reste, entendons-nous. Il y a deux choses dans une science : le corps et l'esprit. Le corps, ce sont les faits et les vérités ; l'esprit, c'est la faculté qui embrasse toutes ces vérités, s'y reconnaît, pour se rendre compte de celles qui existent et en trouver d'autres. Vous pourriez savoir tous les faits de l'histoire, toutes les vérités de la philosophie, toutes les propositions de la géométrie, que vous n'auriez l'esprit ni de l'histoire, ni de la philosophie, ni des mathématiques : pour la philosophie, le sentiment des problèmes et la méthode ; pour l'histoire, la pénétration ; pour les mathématiques, la logique qui enchaîne la dernière proposition à la première, le scrupule pour se rendre perpétuellement raison, la patience d'aller pas à pas, la puissance d'abstraire et de généraliser, l'habileté des constructions, qui rendent les démonstrations plus faciles, l'adresse à résoudre les problèmes. Il y a pareillement les affaires et l'esprit des affaires, la guerre et l'esprit de la guerre, la médecine et le tact du praticien, qui voit, qui devine, qui applique avec discernement. Franchement, sans cet esprit, qu'est-ce que la science, qu'est-ce que l'art? ou plutôt y a-t-il une science et un art? Il ne s'agit pas de former des génies, on le sait, il s'agit de former des hommes ; mais les génies sont des hommes d'abord : ils ont des facultés plus puissantes que les nôtres, mais ce sont nos facultés ; ils ont une vue plus perçante que la nôtre, mais ils voient avec nos yeux. Sans prétendre à leur rang, on peut toujours développer en soi les qualités qui les élèvent, et, en attendant que le génie vienne, il n'est pas mal de se servir de l'esprit qu'on a. Le père de Pascal ne prévoyait pas ce que son fils serait un jour, mais il l'élevait pour être tout ce qu'il pourrait être : » Sa principale maxime, dans cette éducation, dit Mme Périer, était de tenir toujours cet enfant au-dessus de son ouvrage. » Et c'est en effet là tout le secret. Celui qui est engagé dans son ouvrage est un manœuvre ; celui qui est au-dessus de son ouvrage fait cela et il est capable de faire autre chose ; il y est à la façon dont l'âme est dans le corps, mouvant un membre, mais comme de haut, restant à elle-même, dominant son opération, exécutant cela avec une force qui peut plus, mesure le mouvement qu'elle donne et le porte où il lui plaît. Vous donc, comme le père de Pascal, tenez toujours l'enfant au-dessus de son ouvrage ; cet enfant saura ce que les autres savent, et il aura ce que les autres n'ont pas : d'abord la raison de ce qu'il fait, puis la liberté d'un esprit vigoureux qui ne s'emploie tout entier nulle part, et s'exerce partout à faire plus. L'esprit n'est pas un magasin, c'est un instrument.

Je reviens à ma question.

Comment, dans le plan d'études actuel, a-t-on entendu l'enseignement des mathématiques ? Est-ce comme un exercice puissant, une école excellente de raisonnement, ou comme une série de questions à épuiser pour les réciter à la porte des Écoles ? Je demande si les examinateurs des Écoles ont pour instructions de retourner les esprits en tous sens pour s'assurer qu'ils savent ce qu'ils disent, qu'ils possèdent les mathématiques par raison, et ne s'en sont pas tenus à la lettre ? Je demande si les professeurs de mathématiques des collèges, formés par l'art ancien et nourris des anciens préjugés, trouvent leurs élèves disposés à les suivre dans la discussion des méthodes, dans la solution des problèmes curieux, ou si, toutes les fois qu'ils les invitent à ces travaux, ils ne trouvent pas des auditeurs distraits ou mal disposés pour tout ce qui n'est pas expressément spécifié au programme? En attirant fortement l'attention des élèves sur l'avantage des mathématiques pour l'entrée dans les services publics et pour la pratique matérielle, en détournant leur attention de cet autre côté qui regarde la perfection de l'esprit, que fait-on? Je vous le demande, mais on vous l'a dit : « des bêtes utiles. » Tout le monde cherchait ce mot; M. Saint-Marc Girardin l'a trouvé : un mot fâcheux dont vous ne pourrez plus vous défaire.

Tout enseignement mal fait est mauvais, particulièrement l'enseignement des mathématiques. Ce n'est pas une science indifférente, c'est une discipline; quand un esprit a passé par elle, il garde un pli. Si la science a été bien enseignée, en sorte que l'élève fût perpétuellement actif, se rendît toujours compte, et des principes et des conséquences, il sort de là vigoureux; si la science a été mal enseignée, si l'élève a été perpétuellement passif, apprenant un à un les théorèmes, ne s'interrogeant pas, ne comparant pas, ne jugeant pas, il sort de là avec la plus triste habitude, l'habitude de répéter un raisonnement sans raisonner. Ce sera donc un très-pauvre personnage, mais, je l'avoue, très-commode à gouverner; car on lui donnera, pendant le reste de sa vie, des raisonnements tout faits où on mettra ce qu'on voudra sans qu'il y regarde, et qu'il répétera docilement et fièrement. Ensuite, rendez-le religieux, comme vous l'avez rendu mathématicien : dispensez-le de penser quand il prie, qu'il récite avec ferveur des formules, ce sera un homme cela.

Selon les principes que je viens de rappeler et qui avaient longtemps dirigé l'instruction publique avant les découvertes de ces dernières années, on aurait un plan d'études naturel.

On pourrait commencer l'étude des sciences avec l'étude des langues. D'abord les classifications de l'histoire naturelle, pour lesquelles les enfants sont merveilleux et qui occupent leurs promenades; des calculs et des mesures, qu'ils tiennent à faire avec précision, les mesures motivant de plus des excursions et un travail en plein air, à quoi tous les objets fournissent : la hauteur d'un arbre, l'étendue d'un champ ou d'une pièce d'eau, etc.; plus tard, les théories les plus essentielles de l'arithmétique, la géométrie plane surtout, et les commencements de l'algèbre, accompagnés des principales notions des sciences naturelles. Arrivés en philosophie, les élèves destinés au grade de bachelier ès-lettres reverraient toutes ces matières, tandis que les autres, destinés aux Écoles, iraient plus au fond et plus avant, selon la pratique du cours de mathématiques élémentaires. Une année, deux pour les moins forts, les prépareraient à l'École de Saint-Cyr; quelques-uns pousseraient jusqu'au cours de mathématiques spéciales, en vue de l'École polytechnique et de l'École normale scientifique. Et quelque chose qu'on fasse, on s'attacherait à former l'esprit.

Le succès des grandes choses dépend souvent de l'observation des petites. Je vais vous donner le même plan d'études dans deux colléges, par exemple un enseignement scientifique dans les classes de troisième, seconde et rhétorique; ce plan sera excellent ici, là détestable. Et pourquoi? Tout dépend de la mesure. Dans tel collège le professeur, voyant à quels jeunes cerveaux il a affaire, qu'il s'agit d'une simple initiation aux sciences et que rien n'est pressé, s'en tiendra aux éléments, aux notions générales les plus accessibles; dans tel autre, le professeur, de plus haut vol, prétendra épuiser la matière, montrer le fin des sciences. Ne sait-on pas quelle différence il y a, à programme égal, entre un cours d'histoire et un cours d'histoire, entre un cours de philosophie et un cours de philosophie; ne sait-on pas comment deux maîtres différents appliquent aux mêmes questions un enseignement de collége ou un enseignement de Faculté? Le plan d'études est quelque chose, le programme est davantage, l'esprit est tout : car c'est lui qui met la mesure. Joseph de Maistre, l'oracle, a inventé, entre autres, cette idée bizarre, pour concilier les lois générales du monde avec l'efficacité des prières. Suivant lui, il y a, pour une année, une quantité de pluie fixée irrévocablement; mais où et comment tombera-t-elle? Voilà ce qui est incertain et libre, et ce que les prières déterminent. C'est peu de chose, pense-t-on; oui, relativement à Dieu, mais, relativement à nous, c'est différent; ce qui importe ici est justement la façon dont l'eau se distribue, et, selon qu'elle tombe dans un endroit ou dans un autre, qu'elle tombe à gouttes ou à flots, elle humecte ou elle détrempe, elle arrose ou elle noie. Il en est ainsi de l'instruction. La quantité de science étant fixée pour l'ensemble des classes, l'important est la distribution, la mesure, par laquelle les esprits sont arrosés ou noyés.

Voilà pour les sciences; voici pour les lettres.

La version latine est un très-bon exercice. Cette nécessité de s'attacher à un auteur, de pénétrer sa pensée dans chaque phrase et de la suivre en confrontant toutes les phrases les unes avec les autres, cette nécessité donne à l'intelligence une forte logique. Il y a de plus ici le travail de la forme, qui est très-précieux. Dans l'effort pour interpréter fidèlement un auteur sans rien lui ôter, sans lui prêter rien, pour traduire et le sens, et, ce qui est autant que le sens, le mouvement, la couleur, l'harmonie, la langue s'assouplit singulièrement et trouve des forces qu'elle ignorait. J'ajoute qu'en général les textes des versions sont intéressants et peuvent prêter à toutes sortes d'explications par lesquelles un professeur instruit captive les élèves.

Le discours français, quand on donne seulement le sujet et quelques notions d'histoire qui s'y rapportent, sert à trouver les idées et les sentiments qui conviennent à une situation particulière, et à les rendre ; il peut être utile, pourvu que le professeur donne aux élèves la haine de la déclamation, l'amour de la vérité, et mette souvent sous leurs yeux les discours réels que fournit l'histoire. Ce qu'on appelle, dans les classes, amplification, cette matière où le professeur dicte toutes les idées du sujet et quelquefois commence les phrases, l'élève n'ayant plus qu'à amplifier la matière donnée, et achever dans le plus beau langage les phrases commencées, ce travail, pour le moins n'est pas profitable, et il risque d'être dangereux : il enfle l'esprit et le style ; ce qui n'est point bon ! Je consens qu'on amplifie, pourvu que dans une classe qui viendra ensuite, on apprenne à resserrer. Mais j'oublie que dans les pensions de demoiselles, on leur donne maintenant des prix de style, et qu'il est juste que les hommes aient encore plus de style. On devra, ce me semble, goûter des compositions sur des sujets familiers aux élèves, où ils mettraient leurs observations, leurs impressions, leurs sentiments, leurs fantaisies, où en un mot, ils se mettraient eux-mêmes, s'habituant à comparer ce qu'ils disent avec ce qu'ils sentent, essayant diverses formes pour le rendre mieux.

Pour le discours latin et les vers latins, je n'ai pas changé d'avis depuis ma première lettre, parce que je ne pense pas que rien ait changé depuis ce temps. Assurément, il n'est point méprisable de savoir une langue étrangère, et un ancien disait bien que celui qui savait trois langues avait trois âmes. J'accorderai donc qu'on peut penser et écrire en latin; je reconnaîtrai avec plaisir que plusieurs des plus élégants esprits de notre temps ont passé par ces exercices; mais après que nous nous serons entendus sur les mérites de la chose, je dirai seulement : Faites qu'on la fasse. Pour mon compte, je maintiens, sur expérience, que, pour l'immense majorité des élèves, ce travail est rebutant, qu'ils y échappent par tous les moyens possibles, et que l'immense majorité de ceux qui l'acceptent y a peu de profit. Au point où ils peuvent atteindre, ils en sont réduits à penser en français avec beaucoup de peine, pour traduire cela avec beaucoup de peine en latin, et, dans cette gêne extrême de penser et d'écrire, ils pensent et écrivent par à peu près. Leur latin est un recueil d'expressions et de tours qui assiègent leur mémoire et se battent aux portes pour se placer; d'ailleurs, ces expressions et ces tours sont de tous les auteurs, de toutes les dates, et, tandis qu'ils notent ce qui partout les a le plus frappés, comme étant le plus éloigné de l'habitude, le courant uni de la langue, c'est-à-dire la langue même leur échappe; ils font comme nous faisons quand nous allons à l'étranger, croyant qu'il suffit de crier pour nous faire entendre, et que nous parlons anglais ou allemand quand nous parlons un mauvais français. Il va sans dire que le sujet donné n'est qu'une occasion de produire son éloquence, que le souci du vrai et du faux est assez léger en cette affaire, et que les jeunes gens sont là à la meilleure école qui se puisse pour apprendre à parler à vide. Je reste convaincu que les vers latins et les discours latins sont les seuls exercices qui rebutent la plupart des élèves des lettres, et qui empêchent la fusion entre les élèves des lettres et les élèves des sciences; que les uns et les autres s'intéresseraient aux lectures, aux analyses, aux compositions françaises sur des sujets qui leur seraient familiers, aux critiques des auteurs anciens, lus, pour le courant, dans des traductions, expliqués dans les plus beaux passages. Les traductions sont une bonne chose, surtout comme les font les professeurs de l'Université. J'admire la circulaire de 1812, qui, les proscrivant, ajoute : « Leur fidélité même est un tort, et leur élégance les condamne. »

La langue et la littérature grecques me semblent de beaucoup supérieurse à la langue et à la littérature latines, mais elles sont de beucoup plus difficiles à lire : on y est, paesque toute sa vie, écolier et commençant. En outre, le latin est plus nécessaire à connaître : il a longtemps été la langue des savants, la langue internationale; origine des idiomes méridionaux, il en facilite extrêmement l'étude, et, origine du français, il l'explique à ceux qui le parlent. Par toutes ces raisons, le latin doit avoir une place considérable dans les études, bien au delà du grec. Qu'on maintienne donc l'explication des auteurs grecs et qu'on aille aussi loin que possible; mais qu'on renonce au thème grec, comme on a renoncé au discours grec et aux vers grecs, qu'on n'aurait pas manqué d'introduire si c'eût été possible.

L'histoire est partout à sa place, depuis les classes de grammaire jusqu'à la classe de rhétorique comprise. Il faudrait enseigner l'essentiel, les faits généraux et ceux des faits particuliers que tout le monde doit connaître; on animerait cet enseignement par des lectures; on donnerait aux élèves l'esprit historique par des analyses des meilleurs historiens de notre temps, qui en a de premier ordre; on les habituerait au grand art de la rédaction, simple, claire, vive, teinte de la couleur et du sentiment des choses racontées; à la fin, on les conduirait sur les hauteurs, pour leur montrer le spectacle étonnant de ce monde et le sens de ses agitations, et pour leur donner la bonne volonté, à qui seule la paix a été promise; enfin, si on voulait accorder à la philosophie du collége la place qui lui revient et l'y maintenir, elle ne serait ni une logique sans intérêt, ni une métaphysique subtile : solide, essentielle, elle serait un cours de spiritualisme, enseignant la spiritualité de l'âme, la liberté, l'immortalité, le devoir, le droit, Dieu et la Providence, défendant ces vérités contre les doctrines qui les nient ou les compromettent. Pendant un temps il a été de mode d'accuser la philosophie des colléges : on eût dit que le panthéisme était partout; c'était quand on réclamait la liberté d'enseignement. Maintenant que la liberté d'enseignement est acquise, il n'y a plus qu'à être juste, et cela se fait chaque jour; bien des préjugés sont tombés chez les esprits sincères : on apprend qui nous sommes en voyant qui sont nos ennemis.

J'avouerai ici une pensée qui m'a toujours préoccupé. Je désirerais, faisant attention à la nature des enfants, qu'en leur enseignant les langues, on tâchât qu'ils fussent moins passifs qu'ils ne le sont. Une grammaire est ennuyeuse à apprendre, elle est attrayante à faire, et les enfants la feront toutes les fois qu'un professeur voudra bien leur préparer le travail, les mettre sur la voie, les inviter à faire attention à une forme et à une autre, à en chercher les raisons. J'ai vu, pour mon compte, dans ces recherches, des classes entières de jeunes enfants montrer une ardeur inimaginable. L'explication étant l'occasion de ces découvertes, le thème serait l'occasion de les appliquer; les esprits s'habitueraient ainsi à l'analyse des langues; puis, avec les règles, ils apporteraient là uniquement les expressions et les tours qu'ils ont rencontrés. Il n'y aurait dans tout cela que deux victimes, la grammaire et le dictionnaire; mais les enfants ont été assez longtemps victimes, et j'en ai plus de pitié.

Ce principe, de rendre les élèves plus actifs dans la classe, de les mettre de moitié dans l'enseignement, n'est pas seulement pour les classes inférieures; il devrait être mis en vigueur jusqu'à la fin. Les enfants ne s'intéressent bien qu'à ce qu'ils font eux-mêmes, et le meilleur professeur est celui qui les met le mieux en œuvre. La classe la mieux faite est celle qui ressemble le moins à un cours de Faculté et le plus à une de ces promenades ou à un de ces voyages où un maître plein d'autorité, de science, de discrétion et de bonté pour la jeunesse, éveille sa curiosité, lui enseigne à voir, à chercher, à trouver, essaye dans toutes les circonstances son jugement et le rectifie, n'imposant point à ces mobiles esprits la roideur des exercices militaires, mais se pliant à leurs mouvements pour les former. L'intérêt donné à l'enseignement est encore la meilleure discipline, et, quand un maître a associé son souvenir à celui des premiers travaux d'une intelligence qui s'ouvre et sent qu'elle se forme, il ne doit pas craindre que ce souvenir s'efface. Entre le travail rebutant et le travail attrayant de Fourier, qui consiste à ne faire que ce qu'on veut, et, quand on le veut, à ne rien faire, il y a un milieu, le travail obligatoire, accepté comme moyen d'apprendre ce qu'on désire connaître. Pour que le travail soit bon, il n'est pas nécessaire d'y mettre de l'ennui.

Voilà le système d'études qui me semble préférable, et par les objets d'études et par la manière de les étudier. Sauf quelques sacrifices, comme le temps en demande toujours, ce n'est rien de nouveau : l'Université n'a qu'à revenir à elle-même. Qu'elle y revienne aussi en se proposant uniquement la meilleure éducation possible et attendant le reste.

Depuis quelque temps l'Administration de l'Université paraît très-préoccupée du chiffre des élèves des collèges. Tout est bien quand la raison vient d'abord et le nombre après; mais le nombre sans la raison n'est rien d'estimable. On est toujours sûr de l'avoir quand on flatte la passion du jour, sans regarder si elle est raisonnable ou déraisonnable, et qu'on est prêt à changer avec elle. Dans un temps où les carrières sont encombrées, où le soin de placer ses enfants, pour qu'ils vivent, préoccupe si justement les parents, où tant de regards sont tournés vers les écoles et les professions de l'industrie, on a entendu proclamer que le nouveau plan d'études menait tout droit là, et on y a couru ; mais les années se passent, les enfants grandissent, les difficultés restent, l'opinion s'émeut, et vous risquez de souffrir de deux adversaires : les libres précepteurs que je demande (le péril de ce côté n'est pas urgent), et les industriels, ceux qui font le bien et le mal mieux que vous, qui aimez trop le succès pour ne sacrifier qu'à la raison, et vous estimez trop, Dieu merci, pour faire de vos établissements une exploitation. Que gagnez-vous à détruire les Écoles préparatoires, si vous ne devez les détruire qu'en les remplaçant, comme vous avez fait pour le baccalauréat? Le caractère de l'École préparatoire est de développer les facultés utiles pour l'examen, dans la proportion où l'examen les demande et dans un temps limité; elle reçoit beaucoup de candidats attardés, dont les études ont été imparfaites et qui, voulant arriver à une destination vite et à tout prix, ayant besoin de réparer promptement ce qui leur manque, ont besoin aussi d'un traitement particulier. L'enseignement public prend son temps. Comme la nature met des années à former un homme, il met des années à former un esprit, qui, étant d'abord cela, devient ensuite par là même l'esprit d'un élève de l'École polytechnique ou de l'École normale, ou de Saint-Cyr ou de toute autre. Quoi que fassent les colléges, ils ne tiendront jamais lieu des Écoles préparatoires : ils n'ont pas, ils n'en peuvent pas avoir l'allure. S'ils devenaient un jour des Écoles préparatoires, celles-ci n'auraient qu'une chose à faire : ce serait de devenir des colléges, et on verrait, à la longue, qui y gagnerait. Laissant ces ambitions mesquines, ces jalousies, qui ne lui conviennent point, que l'Université envisage seulement ce qu'elle se doit à elle-même et aux familles qui lui confient leurs enfants, et aux enfants qui lui sont confiés. Si elle tient au nombre, elle aura même le nombre; car, après des aventures plus ou moins heureuses, les parents déroutés retournent infailliblement à une institution ouverte, sérieuse et désintéressée, qui agit sous le contrôle et la garantie publique et les délivre de la responsabilité. Ou je me trompe fort, ou les Écoles du Gouvernement, qui ont pu être flattées qu'on travaillât en vue d'elles dans les colléges, en sont bien revenues. On entend des confidences curieuses; il paraîtrait que ce qui a le plus souffert du plan tout scientifique des études, ce sont les sciences. L'Université, de retour aux vrais principes, aura cette douceur d'y trouver encore son profit.

L'enseignement n'est pas tout dans les colléges. On aurait un plan d'études excellent, qu'il y aurait encore d'autres soins à prendre. Je n'en dirai qu'un mot, mais je le dirai.

L'Administration supérieure classe depuis longtemps les colléges par la richesse; ce n'est une bonne manière de classer ni les hommes ni les colléges. Le principal dans un établissement est l'esprit qui y domine. Cet esprit est-il bon ou mauvais? Y a-t-il dans l'autorité cette puissance durable qu'on obtient quand, désirant l'affection, mais méprisant la popularité, on s'attache au bien? Y a-t-il, avec les soins généraux, l'attention aux caractères et aux besoins particuliers des élèves, l'action personnelle qui remplace l'action de la famille? Y a-t-il chez les élèves le respect, la confiance? Cela vaut qu'on y regarde. L'instruction est une chose, les qualités administratives en sont une autre : elles sont un mélange de fermeté, de douceur, de connaissance morale, de mesure et de tact, qui se trouve bien rarement, et qui est pourtant bien essentiel quand on veut conduire des enfants ou des hommes. L'Université est un corps naturellement savant où ces autres qualités devraient être très-encouragées. Nécessaires chez les fonctionnaires de tous les degrés, elles le sont au plus haut point dans la classe des fonctionnaires qui sont toujours en contact avec les élèves, j'entends les maîtres d'études. Ceux chez qui on les aurait trouvées, on leur ouvrirait, en récompense, l'administration. Je vois bien qu'on leur demande des grades, mais je ne vois pas qu'on leur donne pour cela du temps et du profit. Où en est l'ordonnance du 17 août 1853, qui veut qu'après six ans les maîtres d'études soient licenciés ès lettres ou ès sciences, sous peine de n'être plus maîtres d'études? Quel heureux moyen de recruter ce corps indispensable et de disputer des sujets à l'industrie! Qu'on y songe; toute cette matière de l'administration est de la plus grande conséquence. La plupart des pères et surtout des mères connaissent peu la répartition des objets d'enseignement dans les classes; mais quand ils confient leurs enfants à une maison, ils s'informent quel y est l'esprit, quel y est l'air; ils demandent pour conduire leurs fils des mains plus fermes que les leurs, non pas plus rudes, et que ces fils retrouvent là où ils vont un peu de la famille qu'ils ont quittée.

Veut-on achever de bien faire, veut-on ajouter à l'estime de l'enseignement public par la dignité du corps qui le représente? Voici une réclamation juste. L'Université n'est pas la première administration venue. Indépendamment des services, respectables partout, les professeurs ont des titres et des grades, difficiles à obtenir. Ces titres et ces grades donnent des droits. Aussi on conçoit l'Instruction du 19 janvier 1821 sur la juridiction de l'Université envers ses membres : « Deux règles sont fondamentales en cette matière. La première veut que nul ne soit condamné qu'il n'ait été entendu; la deuxième, que toute accusation soit éclaircie, soit à charge, soit à décharge. Signé Corbière, Cuvier, Sylvestre de Sacy, Guéneau de Mussy, abbé Eliçagaray, abbé Nicolle, Rendu, Poisson. » Le ministre était alors M. Siméon. Un professeur qui ne pouvait être suspendu ou révoqué qu'après un jugement en forme devant le Conseil académique ou le Conseil de l'Université, sentait qu'il était quelque chose, et empruntait de là une grande considération. Attaché à des fonctions qui usent un homme, il consentait à s'user, certain d'atteindre une retraite, pour laquelle d'ailleurs il versait chaque année la vingtième partie de son traitement. Depuis, le jugement a été supprimé, et la volonté du ministre suffit pour le destituer, sans préjudice des événements politiques, qui apportent de nouvelles clauses au contrat. J'ai beau réfléchir sur la puissance des ministres et des révolutions, je n'en connais pas qui puissent enlever sans jugement, à un homme qui fait son devoir, le prix des grades obtenus, le fruit de vingt ans, de trente ans de services, et l'épargne de ces années. Un corps sans droits n'est pas un corps.

J'entends dire qu'on ne voudra peut-être pas détruire ce qui est, parce qu'il y aurait de la honte à changer tout si vite; nous craignons d'avoir l'air d'être légers, et on tient à sa réputation. Allons, voilà qui est bien, nous allons devenir constants; mais on ne le croira pas, et on dira de nous ce qu'on a dit de la Fortune, qui ne serait pas aussi inconstante si, pour changer, elle ne restait quelque fois en place. Changeons donc encore une fois, et plus après. Notez qu'à ce coup nous nous déciderons sur expérience. Expérience de quatre ans! répondra-t-on. Oui, de quatre ans; mais d'abord quatre ans sont quelque chose en France; puis les auteurs du nouveau système n'en avaient pas demandé davantage pour le voir fonctionner complétement et le juger à l'œuvre.

Il est jugé. Je le savais quand j'ai écrit ma première lettre, qui, sans cela, aurait passé inaperçue. La sensation qu'ont faite, dès les premiers jours, les articles de journaux qui ne paraissent pas s'entendre sur le reste, le retentissement qu'ils ont eu dans les départements, ont mis au jour ce qui était caché. On a refusé là l'occasion d'une belle enquête publique et qui commençait bien. Elle se poursuit dans le particulier par les incertitudes, les craintes des familles, par les vocations flottantes des enfants, les inaptitudes, les déceptions, le jeu des examens, le jugement de chaque jour sur soi-même. La note officielle, qui prétendait rassurer les familles en affirmant la perpétuité du système, cette note n'a pas réussi à donner de la consistance à quelque chose qui se dissout. On s'est obstiné à n'y voir que les améliorations promises, comme une porte entr'ouverte par où toutes les réformes peuvent passer. L'Université est comme le reste du public, elle espère ces réformes, et elle comprend que c'est son salut, car pour qu'un régime dure, il est bon de croire qu'il peut se corriger.

14 mars 1857.

QUATRIÈME LETTRE.

LES RÉFORMES.

Ma dernière lettre était de 1857; voilà cinq ans écoulées; on ne dira pas que je suis impatient ni importun; on a le temps de faire bien des choses en France, en cinq ans. En a-t-on fait beaucoup pour l'instruction publique? Quelques petites, très-peu d'autres, mais significatives, parce qu'elles annoncent que la vie revient. Je placerai en première ligne la restauration de l'Ecole normale, cette grande École, humiliée dans de mauvais jours. Une autre restauration importante est celle de l'agrégation spéciale d'histoire. On se tromperait, vous le savez, si on ne voyait là qu'une réforme intérieure, et qui n'aurait d'intérêt que pour le corps enseignant : elle vaut la peine qu'on y insiste. L'Université n'est pas la France, mais la France se sert de l'Université pour élever ses générations et préparer l'avenir qu'elle a en vue; aussi certains changements qu'elle y apporte sont d'un intérêt public.

L'agrégation d'histoire date, vous vous le rappelez, de la révolution de 1830; à ce moment, la politique se réconciliait avec l'histoire. Elles ne sont pas toujours amies et cela se conçoit : tandis que la politique se propose de fixer le pays à un certain gouvernement, d'appliquer l'intelligence du pays à la méditation des mérites de ce gouvernement, l'histoire agrandit l'horizon; elle montre la nature de la société, le cours des choses humaines, elle montre à une nation son passé et son instinct, qui lui a fait traverser plusieurs formes et pourrait bien lui faire dépasser encore la forme présente ; c'est un grand enseignement libéral. Le gouvernement de juillet n'en a pas eu peur ; tout le temps qu'il a duré, l'enseignement de l'histoire s'est donné pleine carrière, on peut même dire qu'il s'était trop étendu, que, dans le concours d'agrégation et dans les colléges, il avait plus d'une fois excédé la sage mesure, substituant l'érudition à l'instruction générale, seule nécessaire en ces lieux-là. La république, sortie, pour une part, des récits de la révolution française, qui avaient enflammé l'air où l'on vivait, ne pouvait être que favorable à l'histoire. Le gouvernement qui vint après voulut modérer l'activité des esprits : il fondit toutes les agrégations en une seule et réforma à fond l'enseignement des colléges. Précédemment, le professeur faisait une leçon, que les élèves rédigeaient, en y ajoutant leurs lectures ; désormais, les professeurs durent dicter des sommaires, qui seraient appris par cœur, et l'intelligence des élèves dut être exercée par la composition de narrations et de parallèles ; l'histoire devenait matière à rhétorique. Tel était le programme. Fut-il suivi, et combien de temps fut-il suivi ? C'est ce qu'il est malaisé de dire : il est plus facile de changer les programmes que de changer les hommes et les choses. La narration et le parallèle tombèrent vite en mépris, le sommaire s'allongea, s'émancipa, la leçon revint, la rédaction revint, il ne manquait plus que de voir revenir l'agrégation spéciale, et c'est ce que nous venons de voir. Il faut reconnaître que les événements actuels n'ont pas nui à ce retour en grâce. La politique, qui a la force, peut se dispenser de parler, mais, quand elle veut bien parler, il faut qu'elle parle d'histoire, pour confondre ses adversaires et se justifier elle-même, car c'est là son terrain; elle prétend naturellement avoir le sens pratique et faire ce qui se ferait de soi-même, seulement avec plus de peine, si elle n'y mettait pas un peu la main. Quels que soient les accidents extérieurs qui ont aidé au retour du vrai enseignement historique, j'avoue que j'aime beaucoup cette petite révolution, qui s'est faite toute seule, sans bruit, par la force des mœurs, révolution peu française, qui, pour cela peut-être, durera.

Rien jusqu'ici n'a été changé pour la philosophie, qui s'appelle encore la logique et exerce les écoliers au baccalauréat. Je veux féliciter ceux qui ont si durement persécuté la philosophie universitaire et à qui on a voulu plaire en la mettant dans l'état où elle est; ils ont vraiment bien réussi : ils l'ont chassée des colléges, et, dès qu'elle a été dehors, elle s'est donné de l'air et de l'espace et elle a fait assez parler d'elle. Ils ont repoussé un rationalisme respectueux, un libre spiritualisme; j'imagine qu'ils s'en accommoderaient maintenant; et ce terrible panthéisme, dont l'ombre les épouvantait, qu'en disent-ils aujourd'hui qu'ils l'ont vu en personne? N'en craignent-ils rien pour de jeunes esprits qui, au sortir d'une logique vide, entrent dans le monde, affamés, avec le goût du brillant et du grand? L'ancienne philosophie des colléges ne feignait pas d'ignorer les systèmes qui courent le monde, elle avertissait les jeunes gens de cette rencontre et les préparait à la soutenir, elle les habituait à voir les problèmes, à les bien poser, à les bien conduire, à estimer le sens commun tout ce qu'il vaut; or on a supprimé l'ancienne philosophie, avec elle la forte préparation qu'elle donnait aux intelligences et, par une négligence impardonnable, on a oublié de supprimer les systèmes et les problèmes.

C'est à cette situation qu'il s'agirait peut-être d'aviser. En attendant, la philosophie des colléges reprend d'elle-même son premier chemin et de jour en jour son enseignement devient plus sérieux ; le mouvement naturel qui s'est accompli dans l'enseignement de l'histoire s'accomplit aussi là ; d'ici à peu il ne manquera à cette philosophie que son nom, du temps et des élèves. On fera bien de lui rendre dromptement son nom, de terminer une triste plaisanterie qui a duré dix ans, dix ans de trop. On fera bien aussi de lui rendre le temps dont elle a besoin, celui qui lui suffisait autrefois. Des élèves, elle n'en aura point, tant qu'elle sera ce qu'on a voulu qu'elle fût, une préparation au baccalauréat, car, parmi les écoliers, les uns prendront le grade à la fin de la rhétorique, et ceux qui seront refusés préféreront les maisons spéciales où tout marche tout droit à l'examen. Ai-je besoin d'ajouter que, lorsque les classes de philosophie auront des élèves, il faudra leur assurer des professeurs et recomposer, par l'agrégation de philosophie, un personnel qu'on a si misérablement dispersé.

Nous demandons ces réformes, bien entendu, si le baccalauréat le permet, car c'est à lui que tout se rapporte : il est le centre et la fin des choses. Comme par le passé, il continue à dévorer les études Lorsque le professeur tente de le perdre de vue, ses élèves ne le suivent plus, et le rappellent aux nécessités de l'examen, ou même ils traversent les classes, présents de corps, absents d'esprit, absorbés dans la lecture du manuel. J'en ai connu qui, par cet exercice répété pendant plusieurs années, étaient parvenus à un rare degré de perfection : ils pouvaient vous citer à point nommé la page où il est dit que Dieu existe, le paragraphe où il est parlé d'une distinction entre le bien et le mal, ils répondaient avec la même conviction, pour l'avoir vu dans le livre, que l'homme est composé d'une âme et d'un corps et qu'il y a soixante et tant de corps simples dans la nature. J'ajoute qu'il y a des manuels de plusieurs auteurs, et, quand on les désigne, on les désigne par les noms de ces auteurs; mais, quand on dit : le manuel, sans rien de plus, sans nommer personne, tout le monde entend : c'est le manuel par excellence, le manuel du baccalauréat, ou plutôt le baccalauréat lui-même, comme les candidats l'appellent par un diminutif rapide et un petit nom d'amitié. Là est renfermée la science universelle, mais sans aucun de ses périls, sans la vaine curiosité, sans la critique indiscrète, sans les angoisses du doute, sans les tristesses de la négation et même sans l'orgueil, qui accompagne infailliblement la science, comme chacun sait ; car ceux qui possèdent ce livre restent modestes, la science ne les enfle pas. Tel est le livre qui a eu l'unique fortune de former plusieurs générations et qui, gardant le double mérite de rester le même en suivant toutes les révolutions des programmes, a obtenu, dans le cours de sa carrière, l'honneur de trente-trois éditions. Cet honneur lui suffisait peut-être, mais il ne nous suffisait pas, et nous avons tenu à lui rendre ce public témoignage.

Le système des études avec bifurcation des sciences et des lettres, à partir de classe de troisième, ce système vit encore, mais il est condamné. L'opinion a trouvé déraisonnable et barbare de forcer des enfants à choisir entre les sciences et les lettres, quand ils ne savent ni ce que c'est que lettres, ni ce que c'est que sciences, de les forcer à treize ans de faire des vœux éternels; elle s'est soulevée aussi contre l'incroyable entreprise de couper l'esprit humain en deux, tandis qu'il faudrait, s'il y en avait deux, travailler de toute sa puissance à en faire un seul; enfin, on commence à le comprendre, la littérature, l'histoire, la philosophie, les sciences sont nées pour quelque chose de mieux que de créer des bacheliers ou des ingénieurs et de défrayer des concours d'écoliers; elles sont de grands emplois de l'esprit humain, et la perfection à laquelle on les porte classe à des rangs plus ou moins hauts les hommes et les nations.

La population qui afflue dans les établissements de l'État ne doit pas faire illusion sur la bonté du système et l'approbation dont il jouit. Supposons que, pour conduire au diplôme officiel, aux écoles officielles, les parents, dans leur embarras, ne voient actuellement rien de mieux que les établissements officiels, il n'est pas certain que cette croyance persiste. S'il y a des corporations habiles, décidées à servir le siècle selon son goût pourvu qu'il vienne à elles, elles pourraient bien, à un moment donné, faire à l'Université une sérieuse concurrence et la tenir en échec sur un terrain étroit, qui n'est pas bon et qui n'est pas le sien. Qu'elle ne sacrifie pas, je l'en supplie, son intérêt solide au succès qui aveugle. Il y a dans la vie des institutions diverses sortes de crises, des crises d'adversité, et d'autres, celles-là plus dangereuses, que j'ai entendu appeler (c'était, il y a quelques années, à propos des finances), des crises de prospérité. Pour viser au durable, il ne faut pas se tromper là-dessus.

Je serais inquiet pour l'Université si elle n'avait

d'autres titres à la faveur publique que ces services douteux ; heureusement elle les relève par l'esprit qu'elle y apporte, elle corrige, en y mettant la main, les systèmes qu'on lui impose. J'ai cité la réforme accomplie pour l'histoire, la réforme inévitable de la philosophie ; quoi qu'elle enseigne, elle ne peut l'enseigner qu'à sa façon. Heureusement aussi, elle se recommande à tout le monde pour des qualités qui la rendent justement populaire. Le professeur sort, en général, des classes laborieuses, pauvre lui-même, avec le goût d'une existence honorable et souvent de grandes obligations de famille, avec le sentiment d'indépendance que donnent les grades, avec le sentiment de dignité personnelle, le désir du bien public et l'esprit libéral que donne l'instruction, attaché sans fanatisme à un corps qui ne se propose pas de gouverner, mais d'éclairer, qui, n'ayant pas la discipline absolue et les ambitions de certains corps, ne communique à aucun de ses membres aucune puissance, rien qu'une part de l'estime commune, et le laisse faire sa position propre par sa propre valeur. Voilà les hommes auxquels les pères de famille confient volontiers leurs fils, parce que ces hommes sont semblables à eux. On comprend que l'Université ne se donne pas aisément. Pour la gagner, il faut qu'on travaille à la fois pour les individus, pour le corps et pour la société ; pour les individus en les respectant et en reconnaissant leurs services, pour le corps en soutenant sa considération, pour la société, en représentant l'esprit libéral ; à son honneur il n'y a rien de bon pour elle que ce qui est bon pour le pays. Aussi on la voit, dans les temps les plus divers, rester fidèle à elle-même, continuer d'être tout ce qu'elle est et de vouloir tout ce qu'elle veut

Je termine ici ces Lettres. Dieu sait que je ne les ai écrites par aucun désir de faire du bruit, ni par aucun esprit d'opposition systématique; il est honteux d'apporter des préoccupations personnelles dans de pareils sujets. Je consens volontiers qu'on les oublie, pourvu que le bien se fasse; il me sera permis seulement de me rappeler à moi-même que j'ai dans cette circonstance défendu la vérité, et que j'ai employé à cela un jour d'une vie devenue inutile.

4 Avril 1862.

DU

ROLE DE LA FAMILLE

DANS L'ÉDUCATION[1].

. . . .
. . . .

M. Janet n'est pas partisan de la théorie communiste, qui enlève les enfants aux parents pour les remettre à l'État; il les laisse au père et à la mère, et il laisse à chacun son rôle dans cette éducation. Le père imprime aux enfants les deux idées essentielles de la règle et du devoir. L'enfant doit savoir supporter la règle, qu'il rencontrera partout dans la vie; il doit aussi savoir obéir au devoir, car en l'absence de la loi intérieure, sa conscience le suivra partout. Ce que le père obtient par l'autorité et par la raison, la mère l'obtient par l'attrait et par la tendresse; souvent elle tempère les exigences de l'autorité elle-même, mesurant la force du père à la faiblesse de l'enfant, et plaidant pour la nature et la liberté. Ou, pour mieux parler, le père et la mère font tous les deux dans leur âme ce mélange d'énergie et de douceur, s'ils songent à la fois à leur amour et à l'intérêt des enfants qu'ils gouvernent.

On a bien des fois agité la question s'il valait mieux

---

1. *La Famille*, par M. Paul Janet, ouvrage couronné par l'Institut. — *Du rôle de la famille dans l'éducation*, par M. Prevost-Paradol; ouvrage couronné par l'Institut.

conduire les enfants par la sévérité ou la douceur. Je relisais dernièrement les *Adelphes* de Térence dans la traduction si française de M. Eugène Fallex, ces deux frères élevés, l'un par un père tyrannique, l'autre par un oncle débonnaire, et qui tournent également mal. Vraiment il en devait être ainsi, et il est difficile de voir quel autre dénoûment on pourrait maintenant donner. La facilité des parents invite les enfants à se permettre toute licence : ils seraient bien bons de se contraindre lorsque ceux qui doivent les arrêter se font les complaisants serviteurs de tous leurs plaisirs ; quant à la sévérité à outrance, les effets en sont douteux : l'enfant ne voit plus dans son père qu'un maître, « son ennemi ; » alors, ou bien il échappera par la ruse, avec cette merveilleuse habileté que la nature a donnée aux écoliers contre la discipline, ou il cédera pour un temps et renfermera son amertume dans son cœur, en attendant la délivrance. Nous défions qu'on se tire de là. On oublie, en cette affaire, quelque chose qui est tout, l'exemple. Pour avoir le droit d'imposer aux enfants leur devoir, il faut d'abord faire le sien. Quel que soit le système de gouvernement intérieur, lorsque des enfants rencontrent dans leurs parents les vertus qui inspirent le respect : le travail, la sagesse, l'ordre, l'honneur, la justice, la bonté, ils en reçoivent une impression profonde et s'en pénètrent à leur insu ; et, quel que soit aussi le système de gouvernement intérieur, la paresse, l'inconsistance, le désordre, l'indélicatesse, l'improbité, l'égoïsme, feront sur ces jeunes âmes leur effet certain.

Une fois que les parents seront ce qu'ils doivent être, faut-il qu'ils préfèrent agir par sévérité ou par indulgence ? Il n'y a pas ici de règle universelle, il n'y a qu'à agir différemment selon les caractères différents. Mais enfin, s'il fallait prendre un parti? Je ne suis pas de ce temps-ci, mais il me semble que l'impression principale que les parents doivent faire dans l'âme de leurs enfants est le respect. Il est dû à la sagesse plus grande, à la vertu plus exercée, au devoir accompli, et à part de cela, il est dû à la dignité mystérieuse du père et de la mère, qui nous ont donné l'être après Dieu et avec Dieu, et ont reçu de lui une délégation de sa providence. Quand on est investi de cette magistrature, on n'a pas le droit de la laisser s'avilir ou périr entre ses mains, et je ne vois pas ce qu'on a appris aux enfants si on ne leur a pas appris le respect, ni où ils en prendront l'idée s'ils ne l'ont pas prise dans la famille.

Dans l'éducation des enfants, les parents doivent sans cesse se répéter le mot de César, et croire qu'ils n'ont rien fait tant qu'il leur reste quelque chose à faire. On voit quelquefois des parents qui recommencent leur éducation, pour conduire ou suivre celle de leurs enfants. Cela ne se peut pas toujours, car en supposant l'intelligence nécessaire à ce second apprentissage, plus difficile que le premier, il faut encore le loisir, si rare, et, avant d'instruire ses enfants, il faut les nourrir; mais quand ces conditions se rencontrent, il est certain qu'une telle éducation porte de beaux fruits. Le respect pour cette constante supériorité, la reconnaissance pour tant de soins volontaires, la pénétration des principes et des sentiments d'une âme dans l'autre âme, le monde qui passe sous les yeux chaque jour peu à peu expliqué, l'expérience ménagée par une tendre main, pour épargner la rude expérience de la vie, la jouissance des progrès de toute sorte sentis et rapportés à quelqu'un qu'on aime : il y a là une force qui certainement agira. Et le courage recevra sa récompense ; mais il l'a déjà dans la douceur du devoir sérieusement accompli : il n'y a pas de privations qui ne soient payées par une caresse ; et si la destinée, qui se joue de nous, enlève l'élève ou le maître, il y a pour le maître qui survit ou qui meurt la consolation de n'avoir pas perdu un seul sourire d'un enfant.

Nous savons que les parents ne gardent pas toujours avec les enfants l'égalité d'humeur, et que, dans l'impatience de les voir devenir parfaits, ils les gourmandent avec trop peu de mesure. Quel est alors le devoir des enfants? Le sage Socrate l'a enseigné à ses fils dans une page admirable :

« La mère fait encore plus pour eux ; elle porte avec peine le fardeau qui la met en danger de la vie, elle nourrit de sa propre substance l'enfant qui est encore dans son sein ; elle le met au jour enfin avec de cruelles douleurs ; elle l'allaite et lui donne tous ses soins, sans qu'aucun bienfait reçu puisse déjà l'attacher à lui. Il ne connaît pas même encore celle qui lui prodigue tant de témoignages de sa tendresse, il ne peut même faire connaître ses propres besoins ; mais elle cherche à deviner ce qui lui convient, ce qui peut lui plaire ; elle ne cesse de se tourmenter nuit et jour, sans prévoir quelle reconnaissance elle recevra de tant de peines. Il ne suffit pas de nourrir les enfants : dès que l'âge semble leur permettre de recevoir quelque instruction, leurs parents s'empressent de leur enseigner ce qu'ils savent et ce qui pourra leur être utile un jour. Connaissent-ils quelqu'un plus capable qu'eux de les instruire, ils les envoient recevoir ses leçons, et ne regrettent aucune dépense pour leur donner la meilleure éducation qu'ils puissent leur procurer. — Je veux, répondit le jeune homme, que ma mère ait fait tout ce que vous dites, et même beaucoup plus encore, mais elle est d'un caractère si difficile, qu'on ne peut supporter son humeur. Elle dit, en vérité, des choses si dures, qu'au prix de la vie on ne se résoudrait pas à les entendre. — Et combien, depuis ton enfance, ne lui as-tu pas causé de désagréments plus insupportables encore ! Combien tes cris ne lui ont-ils pas fait passer de mauvaises nuits ! Combien tes actions, tes paroles ne l'ont-elles pas tourmentée pendant le jour! et elle l'a supporté. Ne parlons que de tes maladies, que de chagrins ne lui ont-elles pas causés !... Ne sais-tu pas que ta mère, quoi qu'elle puisse te dire, est bien loin de te vouloir du mal ? Ne sais-tu pas qu'elle ne veut à personne autant de bien qu'à toi ? Eh bien, tu as donc une tendre mère, qui, dans tes maladies, prend de toi des soins assidus, qui néglige sa santé pour te rendre la tienne, qui tremble que tu ne manques de quelque chose, qui demande pour toi les bienfaits du ciel dans les prières qu'elle adresse aux dieux, qui leur fait pour toi chaque jour des offrandes : et tu la traites de cruelle mère! Si tu ne peux la supporter, seras-tu capable de vivre parmi les hommes ? Ne seras-tu jamais obligé de plaire à personne, de suivre personne, d'obéir à personne? — Si tu es sage, mon fils, tu prieras les dieux de te pardonner tes offenses envers ta mère : crains qu'ils ne te poursuivent comme un ingrat et ne te refusent tous leurs bienfaits.... »

L'éducation du fils et de la fille diffère et est traitée à part. Le fils doit être un jour un homme ; M. Janet veut pour lui la vie du collége, où il apprend ce qui lui servira plus tard : l'obéissance à la discipline, le travail, la justice, l'émulation, la sincérité et la loyauté, la patience, le courage, l'amitié, la vie en un mot, où chacun se fait sa place par lui-même, mais il veut le collége tempéré par la famille où l'âme se détend et s'abandonne. Un jour le jeune homme sort de la maison, pressé par la nécessité d'une carrière, d'ailleurs poussé par le désir de l'indépendance et la curiosité de la vie. Il y a là un moment de séparation cruelle pour les parents, le moment qui arrive pour les filles lors du mariage. Le plus grand sacrifice que ceux qui aiment puissent faire, c'est de permettre qu'on soit heureux par d'autres que par eux. « Voilà donc, dit M. Janet, le jeune homme livré au monde; mais il ne sait pas ce que c'est que le monde; et il se tromperait s'il espérait trouver en dehors de lui-même et de la famille un principe de force et de vertu. Le monde, c'est le vide : il est glacé, il est indifférent, il ne vous connaît pas; il vous prend comme des jouets, il vous offre ses plaisirs, ses tentations, ses abîmes; si vous succombez, il vous dévore, et il continue à marcher, à courir, à danser sur vos tombeaux. » Il y aura sans doute plus d'une faute commise, et notre jeune homme achètera peut-être cher son expérience, mais rien n'est perdu s'il a conservé deux sentiments, l'honneur et l'esprit de famille. « Qu'est-ce que l'honneur ? C'est un principe qui nous détermine à faire les actions qui nous relèvent à nos propres yeux et à éviter celles qui nous abaissent. Qu'est-ce que l'esprit de famille? C'est un mélange de crainte affectueuse pour le père, de tendresse craintive pour la mère, de respect pour tous les deux, d'admiration pour leurs vertus, de volontaire aveuglement pour leurs travers, de reconnaissance pour leurs bienfaits, de compassion pour leurs souffrances, de pitié pour leurs sacrifices. »

La fille a une autre destinée et une autre éducation. Pour elle, l'éducation à l'ombre, sous l'œil de la mère, si nécessaire à tout âge, à l'âge surtout où le cœur s'ouvre et l'imagination s'éveille. L'éducation parfaite ménage en elle trois sortes de qualités, les qualités physiques, les qualités de l'esprit, et les qualités du cœur. Il faut posséder la beauté sans orgueil et se résigner à la laideur, faisant valoir l'une et rachetant l'autre par des mérites plus solides qui arrêtent l'envie et la raillerie. Le soin de la parure n'est par lui-même ni bon ni mauvais. Il est mauvais quand il tourne au luxe, il est bon quand il donne lieu de former le goût, qui est un sentiment de l'art et une convenance délicate. Or le goût, pour une jeune fille, exigera toujours la simplicité.

Quant à l'esprit, il n'y a pas de mal sans doute à le vouloir élégant et orné, avec cette juste mesure que Fénelon a admirablement dit : « Apprenez-leur qu'il doit y avoir pour leur sexe une pudeur sur la science presque aussi délicate que celle qui inspire l'horreur du vice. » La culture et le sentiment des beaux-arts sont bien de mise ici. Mais la principale science d'une femme sera toujours le monde; c'est là ce qu'elle doit aussi toujours apprendre, démêlant la vérité sous l'apparence, et jugeant, à chaque fois, ce qu'il faut accorder à l'usage et ce qu'il est permis de donner à la liberté.

Pour les qualités morales enfin, il en est une qui fait le charme particulier de la jeune fille, c'est l'innocence : « Ce que j'aime dans une jeune fille, dit M. Janet, c'est cette belle tranquillité, qui, sachant un peu, ne veut pas savoir davantage, et qui attend paisiblement et en riant que la vie et le cœur lui révèlent insensiblement leurs secrets. » La participation aux soins du ménage est l'apprentissage nécessaire de la jeune fille à son rôle futur, en même temps que le travail, surtout le travail utile, est un excellent conseiller. Quant au monde, l'innocence en jouit sans péril, et l'usage discret la prépare insensiblement à devenir « la compagne agréable d'un galant homme. » M. Janet cite beaucoup dans ce chapitre délicat ; il donne volontiers l'expérience des autres, mais alors même le choix lui appartient, et il a raison de prendre pour guide une femme distinguée, Mme de Rémusat.

La famille est fort en honneur parmi nous, mais il me semble que ce temps de croyances équivoques ne lui est guère favorable. Nombre de pères, d'ailleurs très-généreux dans les dépenses que l'éducation de leurs enfants exige, leur donnent tout, sauf des principes ; s'ils recommandent qu'on leur en donne, ce sont d'autres principes que les leurs ; tant est grande leur humilité, ils ne veulent pas de fils qui leur ressemblent, et ils s'imaginent que des croyances que leur indifférence nie, des maximes que leur conduite dément, auront toute puissance pour leur faire des sujets accomplis ! Dès qu'ils ne communiquent pas à leurs fils leur foi philosophique, politique et morale, qu'ont-ils donc à leur apprendre que l'art de faire fortune ? un art qui de nos jours, quand on est résigné à se ruiner, s'apprend tout seul. Aussi sainte et aussi aimable que soit la famille, il est bon de rappeler qu'elle n'est pas le tout de l'homme : il y a de plus dans l'homme le citoyen et le membre de la grande communauté humaine. Qu'il entre dans la famille, mais non pour s'y enfermer, pour échapper aux travaux des hommes. La politique est un de ces travaux ; quand un homme l'a bravement fait, il a bonne grâce à se présenter devant sa femme et ses enfants, qui estiment ces mâles occupations ; s'il a des fils, et qui grandissent, il leur communique ses principes, ses sentiments, son expérience, les enflammant pour la défense des grands intérêts, marchant avec eux tant que sa vigueur dure ; puis, quand elle le trahit, les invitant à prendre l'œuvre où il la laisse et à continuer leur père.

M. Prevost-Paradol insiste sur un sujet que M. Janet a touché en passant, la question de l'éducation publique et de l'éducation privée.

L'éducation privée a des défauts. L'infériorité du personnel enseignant est inévitable ; l'enfant ne passe pas, chaque année, d'un maître à un autre, réveillé par la nouveauté, s'essayant au contact d'un autre esprit, subissant tour à tour des influences nouvelles, sous lesquelles son originalité subsiste, trouvant peut-être une fois un esprit qui le révèle à lui-même. L'instruction scientifique est difficile dans une maison qui n'a pas les ressources des grands établissements pour les expériences ; l'émulation manque, et, comme elle viendra nécessairement un jour dans le monde, elle n'apprend pas à l'avance à se tempérer, à se garantir de l'envie. L'éducation morale compense-t-elle ces inconvénients ? C'est mal connaître le monde que de croire que, plus d'une fois, dans la famille, l'enfant ne devinera, ne verra ni des maux ni des fautes. Si, au contraire, la famille est parfaite, elle est trop éloignée de la grande famille humaine pour que l'inévitable passage de l'une à l'autre ne soit pas accompagné de découragement et de périls. A l'éducation religieuse que l'enfant reçoit là, en admettant qu'elle ne soit pas compromise par les paroles et par les actions, il manque, dans les maisons les plus pieuses, l'exemple du doute et le sentiment de la tolérance. L'éducation du caractère n'y est pas si assurée qu'on le répète : il faut dans les parents une habileté singulière pour ménager leur autorité et la garder intacte dans l'épreuve de tous les jours. Enfin, il y a quelque chose que la famille la mieux constituée ne peut donner : « Si habile et si heureuse qu'on puisse supposer la famille dans l'éducation du caractère, je ne vois, autour de l'enfant qu'elle élève, que des maîtres et des inférieurs. Il ne peut regarder qu'au-dessus de lui ou au-dessous de lui ; je ne vois personne à ses côtés. Obéir et commander ne font pas tout l'homme, quoi qu'on en dise ; il est bien loin de la perfection celui qui manque de l'intelligence et de la pratique de l'égalité. Nous vivons dans un temps et dans un pays où, grâce au légitime orgueil de tout le monde, quiconque ne sait pas vivre avec des égaux ne sait vivre avec personne. »

L'éducation publique, à son tour, a des défauts, d'abord quelque chose de dur et de farouche : « Il est, le plus souvent, facile de reconnaître celui qui a traversé une éducation publique exclusive, sans avoir été, comme dit le poète philosophe, caressé ni apprivoisé par personne. » Elle sépare trop la science et la connaissance de la vie, elle fait à l'étude des mots une part si grande, que l'étude des choses se trouve considérablement réduite ; elle enferme les enfants dans un monde abstrait ou dans un monde mort. Si la justice y est cultivée, elle l'est plus que la charité ; l'indulgence mutuelle et la pitié y sont inconnues : « Le sentiment exclusif de la défense personnelle et du droit donne à la vie de collège quelque chose de la dureté des civilisations antiques; » l'indifférence religieuse, sans le contre-poids de la famille, est le fruit ordinaire de la liberté de conscience, qui règne là et qui doit y régner. Il y a donc besoin d'une influence qui, en respectant l'action utile de l'éducation publique, la tempère. « Il n'est point de système d'éducation publique si imparfait, que l'intervention constante de la famille n'en puisse atténuer les défauts et en développer les avantages; il n'en est point de si admirable qui puisse se passer de la famille. » C'est à elle à épier la vocation de l'enfant, à lui inspirer le goût des bons livres, à lui enseigner le monde, son temps et son pays, à lui montrer les applications des sciences, à éveiller en lui le goût des arts, dans la liberté des congés et des voyages des vacances. C'est à elle aussi à diriger l'éducation morale de l'enfant, à le pénétrer, par les instructions et les exemples, de ces trois vérités essentielles : que le monde nous impose le travail plus étroitement que le collége, et sous des peines plus dures; que notre devoir est indépendant de celui d'autrui et ne repose point sur la réciprocité; que la fortune a une grande influence sur les affaires humaines et une instabilité merveilleuse.

Ainsi voilà la famille appelée au secours de l'éducation publique; mais ce secours n'est pas toujours ce qu'il peut être, parce que la famille n'est pas toujours ce qu'elle doit être. M. Prevost-Paradol ne regarde pas comme un milieu excellent pour le sentiment religieux des maisons où des parents font élever scrupuleusement des enfants dans des croyances qu'ils ne partagent point et dans des sentiments qu'ils délaissent; et il lance contre certains pères de famille un jugement d'une véritable éloquence.

Pour l'éducation du caractère, qui peut mieux que la famille le surveiller et le travailler avec cette préoccupation constante de ce qu'il faut pour le bonheur de la vie? « Apprendre à l'enfant à supporter avec douceur les défauts d'autrui, par la conscience toujours présente de ses propres défauts et par une vue élevée de l'imperfection humaine, voilà le devoir de la famille. » Elle le remplira sans peine en faisant découvrir à l'enfant, par des exemples plutôt que par des paroles, la cause ordinairement excusable des défauts du prochain. Elle lui inspirera l'honneur, lui apprendra la politesse qui pacifie la société et ennoblit la vie publique, mais sans leçons prématurées, en leur temps; elle n'ira pas le dépouiller par force de sa timidité :

« Il est une timidité charmante, fille d'une modestie sincère, qui vient du respect d'autrui et d'une conscience exagérée de notre propre faiblesse, et qui communique à toutes les actions et à toutes les paroles de celui qu'elle possède une inquiétude pleine de grâce. Il est une autre timidité qui naît d'un orgueil soupçonneux et d'un soin exagéré de notre propre dignité. On redoute d'être mal compris et mal jugé; on se garde de donner prise à l'opinion d'autrui, et l'on se tait par orgueil comme d'autres parlent par vanité. Aucune de ces timidités n'est dangereuse, si on n'y mêle point en les combattant le découragement ou l'amertume, si on les livre avec douceur aux effets de l'expérience et du temps. »

Enfin, pour l'éducation physique, elle sera vaillante avec des exercices variés : marche, nage, escrime, équitation, travail à quelque métier, tout ce qui développe la force, la grâce et l'habileté du corps.

Si, en définitive, ni l'éducation privée, ni l'éducation publique exclusives ne sont irréprochables ; si l'éducation publique, avec ses défauts, a des avantages si grands qu'il faut en profiter en tempérant ses inconvénients par l'action des parents, il est bon que le collége ne laisse pas tout à faire à la famille, et qu'il lui emprunte tout ce qu'il pourra lui emprunter.

D'abord, il initiera davantage les enfants à la connaissance du monde où ils vivront. M. Prevost-Paradol se demande comment l'étude de l'antiquité en est venue à être regardée par beaucoup de personnes comme inutile ou dangereuse, et il l'explique par deux graves erreurs.

« C'est d'abord de n'entendre par étude de l'antiquité que l'étude des langues anciennes. Du moyen on a fait la fin, et la connaissance approfondie de ces langues est devenue le seul but de dix années d'étude. Comme ce but même n'est pas atteint, ce n'est pas sans fondement qu'on accuse l'éducation publique de faire perdre son temps à la jeunesse. L'erreur des méthodes correspond à la chimère et à la vanité de l'objet qu'on se propose. Le discours latin, les vers latins, cette pompe vide, ne contribuent pas seulement à faire prendre en mépris au public les occupations de la jeunesse et l'étude de l'antiquité, qui couvre de son nom ces stériles amusements de la mémoire et de la patience ; on ne peut se dissimuler que l'explication étendue des chefs-d'œuvre antiques, que leur interprétation littérale et élégante, que leur commentaire surtout, qui devrait les embrasser tout entiers, les pénétrer à fond, en rendre raison à la jeunesse et les faire admirer avec une pleine lumière, se trouvent restreints et réduits par l'inintelligente et impuissante imitation de leur forme, par la prétentieuse et disparate reproduction de leur langage, semé par lambeaux dans ces tissus de plagiats où se complaisent trop souvent la puérile vanité de l'écolier et le lourd pédantisme du maître. »

L'autre cause de la défiance du public est qu'en expliquant l'antiquité aux jeunes gens, on ne leur représente pas perpétuellement les différences entre la société antique et nos sociétés, pour leur faire comprendre que si le courage, l'émulation, le dévouement au pays sont partout des choses excellentes, l'usage de ces vertus n'est pas partout le même, que l'ambition de gouvernement universel qui possédait Athènes et Rome n'est plus possible dans le monde moderne, où toutes les nations se tiennent les unes les autres en équilibre, et que les institutions de Sparte, par exemple, qui était un camp, ne vont pas avec la liberté et le droit. L'habitude de la lecture ajouterait encore à cette connaissance du monde que donne l'étude éclairée de l'antiquité. Mais les souvenirs que donne M. Prevost-Paradol ne lui rappellent rien de tel. « Que de fois on entend faire à l'écolier qui demande la permission de lire, comme on dit au collège, cette inintelligente réponse : Relisez vos *devoirs* et repassez vos *leçons*. » Qu'arrive-t-il alors? L'oppression amène la fraude. L'atlas s'étale devant l'écolier, et derrière la large feuille de l'atlas à demi soulevée se dévorent, en dépit de toute surveillance, le roman à bon marché, le drame et le vaudeville. Ce fléau des lectures niaises ou dangereuses ne disparaîtra qu'avec le préjugé qui fait écarter les bonnes. » De mon temps, il y a déjà longtemps, du temps de M. Prevost-Paradol, il y a quelques années, il en était ainsi; j'aime à croire qu'aujourd'hui cela n'est plus vrai. Notre auteur demande de plus des promenades dans les musées et les principales fabriques. L'esprit formé, il songe au caractère : il voudrait qu'on habituât les enfants à la bienfaisance, à la pratiquer eux-mêmes. « La bienfaisance est mal comprise, si on n'y voit que le soulagement du pauvre, si l'amélioration de celui qui l'exerce est négligée. Faire doublement le bien de l'humanité, adoucir la condition d'un homme en élevant l'âme d'un autre, voilà la grandeur particulière de la bienfaisance, voilà ce qui la rend digne de figurer au premier rang dans l'éducation de la jeunesse. » Il réclame pour qu'on abolisse au collége le combat singulier, la domination de la force, et qu'on veille sur les opprimés, pour prévenir les violences et leur épargner la triste nécessité de demander secours. Il tient à la politesse des maîtres aux élèves, des élèves aux maîtres, des élèves entre eux : « Une fois polis entre eux, ils le seront pour tout le monde et pour toujours. » Il tient à des cours spacieuses et ombragées, à des promenades qui soient de vraies promenades. Il ne lui déplairait pas de voir dans l'intérieur des colléges un petit atelier de travaux ingénieux et peu fatigants. Si on le laissait faire, il finirait par rendre ce temps de l'éducation agréable ou tolérable, et il ôterait aux élèves du collége un des plus vifs plaisirs qu'ils puissent ressentir, le plaisir de le quitter.

Voilà, en substance, le livre de M. Prevost-Paradol; il est de la veine de celui de M. Janet sur la famille, vrai, simple, d'une remarquable forme, un très-bon livre, et aimable, ce qui ne gâte rien. Nous n'avons plus à ajouter que quelques réflexions.

Pourquoi l'auteur n'a-t-il pas parlé de l'éducation

des filles ? Il pense peut-être qu'elle revient tout entière à la famille ; mais là même il nous aurait donné quelques utiles conseils. J'ai dit, dans les précédentes pages, un seul mot de cette question, ne voulant pas y entrer, parce qu'elle serait l'objet d'un volume ; on peut toujours signaler le progrès que le siècle a apporté ici. L'éducation des femmes était autrefois négligée, elle est régularisée maintenant : une jeune fille fait ses classes, une demoiselle de seize ans fait sa rhétorique, une demoiselle de dix-sept ans sa philosophie ; bien auparavant elles composent. Si cette éducation réussit, nous verrons de belles choses ; mais il est à croire qu'elle ne réussira pas et que les femmes, occupées par des sentiments profonds, continueront, sous l'impulsion de ces sentiments, à écrire à ceux qui en sont l'objet ces simples lettres qui vont au cœur. Quant à l'éducation morale, des manières et du caractère, je sais à Paris une pension du grand genre, où une fois la semaine se donne un thé que sert chacune des pensionnaires à tour de rôle. Celle-ci joue à la maîtresse de maison, le reste à la dame qui va dans le monde ; on s'exerce au naturel. J'imagine qu'on parle du dernier bal, de la pièce nouvelle ou du roman nouveau, et qu'on dit un peu de mal les unes des autres, pour donner à la chose un air de vérité.

Sur l'éducation des garçons, on aura remarqué que M. Prevost-Paradol est très-dégagé du lieu commun ; il m'a fait réfléchir sur quelques points qui valent d'être discutés librement. On répète, dans les discours de distribution des prix, que le collége est l'image de la vie ; si j'ai fait quelque discours de cette espèce, j'ai dû le dire certainement ; à l'examen cela est moins sûr. Voici d'abord ce qui me semble toujours vrai de la vie de collége : on y apprend à compter sur soi ; la famille est une eau qui vous porte ; ici il faut toujours nager, sous peine d'aller au fond. Ce principe forme l'intelligence et le caractère : pour l'intelligence, c'est la nécessité sentie du travail ; pour le caractère, la nécessité sentie aussi de faire sa place dans ce petit monde, en luttant et en cédant, par l'observation du pays où on se trouve, par un mélange de courage et de résignation qui servira toute la vie. Enfin on apprend, comme l'a remarqué notre auteur, l'égalité. Mais cela noté, notons pareillement le reste. La grande vertu du collége est la camaraderie, qui comprend la solidarité entre élèves et la haine du maître ; avec celle-là, on peut se passer des autres vertus, on peut même se les permettre, et c'est très-bien, mais peut-être n'est-ce pas assez : plus tard, du moins, il y aura besoin de quelque chose de plus, qu'il ne serait pas mal de commencer à avoir de bonne heure, de peur que, quittant à un moment cette Opposition de collége, on ne se trouve tout à coup un mérite sans emploi. — La force joue, dans cette société, un grand rôle : elle vide les querelles et fait des supériorités ; dans le monde, les choses ne se font pas ainsi : en attendant que les mœurs anglaises ou corses nous viennent, les différends ne se terminent pas avec cette simplicité. — Au collége on juge carrément les gens et les choses ; dans le monde, tout n'est que nuances. Ainsi, dans la provision que les écoliers emportent du collége, il y a, avec la science et les qualités du lieu, un certain nombre d'idées fausses et une certaine rudesse, compromettantes dans le pays où on va. Il n'est donc pas absolument vrai que le collége soit l'image et l'apprentissage de la vie. Je ne parle pas de la protection, qui ne peut rien là, et qui peut beaucoup, comme on sait, dans le monde, parce que je ne vois pas la nécessité de former nos enfants trop vite à cette allure et qu'il paraît qu'ils la prennent assez bien tout seuls.

Le plus clair que les jeunes gens emportent de l'éducation publique, c'est le sentiment de l'honneur. Or l'honneur est une belle chose, mais il est surtout négatif, il ordonne surtout de s'abstenir; puis il ne règle guère que les rapports sociaux; enfin il a, dans chaque temps, dans chaque pays, dans chaque corps, ses règles, qui ne sont pas toujours les règles de l'honnêteté pure : il ordonne de payer ses dettes, mais il ne défend pas d'en faire et de les faire payer par une famille que l'on ruine. Il faut donc d'autres principes, qui suppléent aux imperfections de celui-là, et qui maintiennent la volonté, en attendant que la raison soit mûre, alors que les croyances du jeune âge sont ébranlées ou détruites.

La famille peut et doit donner ces principes; les donne-t-elle, en effet? Généralement, voici quelle est en France l'éducation religieuse et morale de la famille. D'abord l'éducation religieuse. Le père, peu préoccupé de ces questions, en parlant peu, s'il en parle, le faisant ou librement ou avec une convenance transparente, pratiquant peu ou point; la mère, dans une vie très-occupée, faisant à la dévotion sa part; les pratiques imposées par elle aux filles toujours, aux garçons jusqu'à un certain âge; un temps réservé à son influence, le temps de la première communion, le père sachant qu'il y a des nécessités sociales et que le grand mysticisme de ces jours-là ne durera point; plus tard, les enfants regardant autour d'eux pour comparer la place que le sentiment religieux tient dans leur cœur avec la place qu'il tient dans le monde, la fille le modérant pour l'accommoder au milieu où elle vit, le fils respirant l'air sceptique du siècle, et enchanté de faire l'homme en pensant comme on pense, presque toujours passant de la ferveur à l'indifférence ou au mépris. En fait d'éducation morale, les enfants n'ont d'ordinaire que de bons conseils; et je veux qu'ils n'aient pas de mauvais exemples; mais les conseils ne suffisent pas, et les exemples n'agissent pas s'ils ne font une puissante impression; or, pour cela, il faut autre chose que l'honnêteté négative et banale, il faut une discipline égale, une ferme tenue, une habitude de raison, de courage, de bonté, le respect mutuel des parents, la juste autorité sur les enfants, la dignité du dedans et la considération du dehors, tout un ordre qui, comme l'ordre du monde, se sent et vous pénètre; rien enfin ne manquera si la famille a été frappée une fois rudement, et si les enfants ont vu, outre les vertus de chaque jour, les vertus des temps difficiles. Mais je me trompe, il manquera encore ce qui se trouve dans les maisons où un fils s'exerce, sous l'œil et la main de son père, à faire son métier d'homme, soit qu'il s'agisse d'une fonction ou de l'administration de sa fortune ou de l'action politique, et, au défaut des deux premiers travaux, car on n'hérite pas toujours d'une fonction ni d'une fortune, le troisième au moins, l'action politique, où il y a place pour la tradition, pour l'exemple, le conseil, où il y a pour les plus humbles, s'ils le veulent, de la grandeur.

Dites-nous donc maintenant quelle est l'influence possible des parents sur les enfants, quand ils n'entrent presque point ni dans leur existence religieuse, ni dans leur existence morale? Et dites-nous s'il y a, la plupart du temps, en France, quelque chose de plus que cela?

Alors, comment se fait l'éducation? Elle se fait, dans la famille, par les réflexions tacites des enfants sur ce qu'ils voient et qu'ils entendent; dans le monde, par ses propos et ses spectacles, par les romans et le théâtre, ces conseillers non suspects, ces précieux initiateurs à la vie. Ces maîtres sont-ils sûrs?

Je ne sais pas si le théâtre est l'image du monde, mais les jeunes filles que le théâtre représente ont un caractère assez curieux. Ce ne sont point des personnes ignorantes de la vie et timides dans leurs paroles, timides dans leurs actions; promptes à la résolution et à la répartie, elles vous tranchent dans le vif d'une situation délicate, connaissent le vice d'alentour et leur vertu, et s'expliquent sur tout cela avec les hommes qui les admirent. Ce ne sont plus précisément des jeunes filles, mais d'honnêtes garçons; je crois qu'elles y perdent. Les pères ne sont pas, au théâtre, tout à fait à leur avantage : on ne représente guère plus que les hommes d'argent, qu'on prend plaisir à maltraiter. Et je trouve qu'on a tort. Il est vrai qu'ils volent, mais ils volent en bons pères de famille, pour apporter à leurs petits; à l'intérieur, ils ne sont pas tyrans; ils sont beaucoup mieux que les anciens pères : ils ne font plus de morale, ils ne maudissent plus, ils sont les camarades de leurs fils, entendent la plaisanterie et ont de l'esprit. Si Harpagon et Cléanthe revenaient au monde, si Cléanthe se trouvait devant son père, qui lui prête à usure et le nantit d'objets de bric-à-brac, ils riraient bien tous les deux. « N'as-tu pas honte, dirait le père, de te ruiner si niaisement? — Et toi, mon père, n'as-tu pas honte de donner à ton fils des valeurs qui n'ont pas cours? Ne sais-tu pas que les guitares ont horriblement baissé et que les lézards empaillés ne sont plus cotés à la Bourse, parce que les apothicaires eux-mêmes n'en veulent plus? — Toi, mon fils? reprendrait le père; non, tu n'es pas mon fils : de ma vie je n'aurais emprunté à 25 pour 100. Va! tu ne seras jamais qu'un actionnaire des docks.. » Lisant, ces jours-ci, une comédie nouvelle, à grand succès, j'avais plaisir à voir un père abandonné de sa femme, se donner à l'éducation d'un fils qui va avoir vingt ans bientôt et dont l'affection le récompense. Je fus un peu déconcerté en voyant le fils annoncer à son père, à brûle-pourpoint, qu'il se marie; mais le rare est la réponse du père, qui lui demande « en son langage » s'il a « l'expérience de ces écueils contre lesquels on risque de briser le bonheur des autres; » ce qui signifie que, s'il n'a pas mené la vie de garçon, il risque de rendre sa femme malheureuse. Le fils le rassure, en lui rappelant les mémoires de robes qu'il a payés, et l'excellent père, tranquille maintenant, donne de grand cœur son consentement au mariage. Ce sont les pièces morales.

Les romans en vogue ne sont pas de ces romans d'autrefois, où on perdait tant de temps à s'aimer avant de se le dire, puis à se combattre après se l'être dit, pour souffrir éternellement d'une faute ou en mourir. Nous avons simplifié tout cela : la littérature réaliste a fait justice de ces préjugés de la morale et du sentiment, et nous a ramenés à l'état de nature. Bénis soient ces romanciers! Ils apprennent le vrai de la vie à ceux qui y entrent. Ils ont seulement le tort de ne pas tout dire : outre leur réalité, il y en a une autre. La vie sans le rêve, sans le sentiment, sans la poésie, sans le sacrifice, n'est pas la vie; ce sont par eux-mêmes des plaisirs qui donnent le prix aux autres et leur survivent.

Après avoir cherché ce qui peut assurer le jeune homme dans le bien, je ne trouve que ceci : le respect pour le père et l'affection pour la mère. J'ai parlé de l'impression que fait sur l'âme du fils l'exemple de son père ; je dirai quelque chose de l'autre influence.

Qui pense à lui sans cesse? qui ressent ses peines et ses joies plus vivement que lui-même, tremblant et priant pour son bonheur? qui, s'il était malade, veillerait à son lit jour et nuit ; s'il était malade au loin, traverserait les terres et les mers ; s'il était disgracié, infirme, le soignerait avec amour ; s'il mourait, serait frappé à mort? Comptez combien de fois ce cœur bat : aux premiers tressaillements de l'enfant, à son premier cri, dans les maladies et les mille accidents qui font de sa vie un miracle perpétuel, dans les longues années de l'éducation, aux signes qui, annonçant l'intelligence et le caractère, présagent l'avenir, à cette séparation où il se détache de sa mère une seconde fois, cette fois non plus pour entrer dans la vie et dans l'amour de la famille, mais dans le monde, dans l'inconnu. Comme elle voudrait arrêter le temps ou le dévorer! Étonnez-vous ensuite qu'à des moments ce cœur se fatigue de battre, qu'il ait des tristesses profondes, de grands découragements, et qu'il demande à Dieu son repos. Il y a bien des merveilles dans l'univers, mais le chef-d'œuvre de la création est encore le cœur d'une mère. On comprend cette affection au premier âge, et plus tard, par la comparaison, ou quand on ressent quelque chose de pareil ; mais l'âge qui la comprend le moins est la jeunesse qui, avide de liberté, ombrageuse, pleine d'une confiance superbe et d'une haute estime pour sa dignité d'homme, avec le naïf égoïsme de l'instinct, et avec ce quelque chose de brutal qui accompagne le sentiment de la force naissante, passe à côté de ces délicatesses sans les voir, ou passe au travers et les blesse, de par le droit au plaisir. Heureux le jeune homme qui rend à sa mère les contentements et les caresses qu'il en a reçus! Et puisse-t-il, un jour, soutenir la vieillesse de celle qui a soutenu ses premiers pas!

1856-1857.

DE L'INSTRUCTION PRIMAIRE.

I

La question de l'instruction primaire revient de temps en temps : le concours ouvert entre les instituteurs par le ministre de l'instruction publique et le jugement de la commission sur les Mémoires présentés marquent un de ces retours. Nous demandons la permission de présenter aux lecteurs, sur ce sujet, quelques réflexions inspirées par des lectures sérieuses, par des informations précises et un sincère amour du bien public. Nous dirons d'abord un mot de deux questions particulières que la question générale renferme, à savoir l'obligation et la gratuité de l'enseignement.

Convient-il que l'instruction primaire soit obligatoire ? Je crains d'avoir là-dessus une de ces opinions qui ne contentent guère personne que celui qui les a. Voici le principe, qui me paraît incontestable. Le père de famille doit la première instruction à ses enfants, comme il leur doit les autres choses nécessaires à la vie. Quelle que soit l'autorité paternelle, elle n'est sacrée que lorsqu'elle est respectable : les parents n'ont pas le droit de compromettre l'existence physique de leurs enfants par de mauvais traitements ou par un travail excessif dans les manufactures; ils n'ont pas plus le droit de compromettre leur existence morale en les tenant dans l'ignorance absolue, qui en fera des mineurs éternels ; ainsi l'État interviendrait pour rendre l'instruction obligatoire, je suis convaincu que cette intervention serait parfaitement juste. Mais convient-il qu'il intervienne ? C'est une autre question. Pour la résoudre, il suffit de considérer si une telle mesure est nécessaire, si les parents refusent, en général, d'envoyer leurs enfants dans les écoles ; ce qui n'est pas ; ou si l'incurie de ceux qui négligent ce devoir résiste à tous les moyens d'influence ; ce qui n'est pas davantage, car les classes indigentes, seules capables de cette incurie, donnent prise sur elles par bien des côtés. N'essayons donc point de faire par des lois ce que les mœurs font toutes seules, et plus doucement et plus efficacement que les lois, et ne troublons point par un zèle inopportun leur progrès naturel. On ne sait pas d'ailleurs à quelles difficultés vous expose l'application d'une pareille loi, ce qu'il y aura aisément d'odieux dans l'emploi de la force, ce qu'il y aura même de juste dans la réclamation des parents contre tel maître en qui ils n'ont pas confiance, contre telle école laïque ou religieuse dont l'enseignement blesse leurs idées, leur semble un piége, et que vous leur imposez sans leur laisser un choix. Mille choses vont parce que les pères se sentent libres, qui n'iraient plus s'ils se sentaient contraints. L'autorité paternelle est ombrageuse ; l'autorité publique fera bien de ne pas l'inquiéter sans nécessité, et, hors les cas d'urgence où la vie d'une créature est en danger, de laisser agir des influences moins suspectes. En un mot, entre le père et l'enfant point de gendarme.

La proportion des enfants qui ne reçoivent pas d'éducation est-elle forte ? Assurément. Dans la quatrième édition de *l'Ouvrière*, M. Jules Simon a considérablement étendu le chapitre de l'instruction : il a donné toute une statistique très-intéressante de l'instruction primaire en France, où je trouve, pour les enfants sans aucune éducation, un chiffre approchant de 880,000 ! En comparant ce chiffre à celui de la population de la France, c'est à peu près un quarantième. Songez maintenant, pour les enfants qui vont à l'école, à ceux qui n'ont pas d'intelligence ou d'ardeur, à ceux qui la désertent six mois de l'année pour les travaux des champs (ils sont sans nombre), à ceux qui ne lisent ou n'écrivent pas assez couramment pour se servir de cette faculté et la perdent faute d'usage, vous ne serez plus étonnés qu'à l'âge du tirage au sort, la proportion des illettrés s'élève presque au tiers.

Le mal est donc incontestable, et il importe de le combattre ; mais avant d'en venir à cette mesure extrême de l'obligation, il y a trois mesures préalables qui se présentent : connaître tous les enfants qui ne vont pas à l'école, agir sur les parents pour qu'ils les y envoient, ouvrir l'école gratuite à ceux qu'on y enverra. Or, connaît-on bien les enfants qui ne vont pas à l'école ? Non. Il est vrai que le ministre de l'instruction publique demande qu'on les lui indique, et sur les feuilles de renseignements que les instituteurs ont à remplir, il y a une colonne destinée à celui-là ; mais la réponse, facile dans les campagnes, où tout le monde se connaît, est moins facile dans les villes. L'instituteur ne peut donc répondre qu'au hasard, et pour avoir là-dessus quelque chose de certain, il faudrait que les municipalités elles-mêmes fissent un recensement. Par malheur, elles ne le font pas toutes, et je sais telle commune de plus de 30,000 âmes qui ne pourrait pas dire combien elle renferme d'enfants qui ne reçoivent aucune espèce d'instruction.

Quant aux moyens d'agir sur les parents pour qu'ils envoient les enfants à l'école, on les trouvera, quand on réfléchira que ces parents sont dans la classe indigente, que cette indigence met à la discrétion des municipalités, des Sociétés et des personnes charitables; ces trois influences n'auront qu'à se concerter. Enfin, pour la gratuité accordée à ces enfants qu'on envoie à l'école, il est facile de l'assurer. Lorsqu'on aura épuisé les moyens que nous venons d'indiquer pour obtenir l'instruction de tous les enfants, nous trouverons bien que l'on recoure à l'obligation, mais pas avant.

Le principe de la gratuité de l'enseignement est difficile à soutenir, car enfin l'éducation des enfants est bien une fonction de la famille, et la société ne doit se charger de cette fonction que si la famille n'a pas les moyens de la remplir. Il n'est bon pour personne d'être dispensé de son devoir, et quand on invite les citoyens à faire remplir leur devoir par l'Etat, on les invite au communisme, qui n'est utile ni aux citoyens ni à l'Etat. La gratuité s'est introduite dans beaucoup d'endroits par une voie détournée, celle des congrégations de Frères, fondées pour donner l'instruction primaire gratuite. Lorsqu'une commune a appelé ces Frères comme instituteurs, elle a accepté leur principe; et lorsqu'elle a possédé en même temps des instituteurs laïques, elle a étendu la gratuité aux écoles laïques, pour ne pas faire la distinction, toujours si mal vue en France, de la population aisée et de la population indigente, et ne pas mettre malgré elles dans cette dernière classe les familles pieuses qui préfèrent l'enseignement des Frères par des motifs religieux. Une circulaire du ministre de l'instruction publique (décembre 1861) met un terme à cette situation contrainte. Elle établit justement que l'instruction donnée par les Frères n'est pas gratuite, puisqu'ils sont payés par les communes; elle leur permet de ne rien recevoir des familles, mais elle permet aux communes de s'indemniser de leurs frais, en percevant pour leur propre compte la rétribution scolaire, sauf à exempter de cette rétribution ceux qu'elles jugeront incapables de la fournir. Désormais, si l'on se conforme à l'esprit de cette circulaire, au lieu que les écoles laïques soient sur le pied des écoles religieuses, les écoles religieuses seront sur le pied des écoles laïques; et s'il n'y a pas de besoin sans secours, il n'y aura pas non plus de secours sans besoin.

II

Ces points une fois débattus de l'obligation et de la gratuité, nous dirons l'état actuel de l'instruction primaire, en remontant à ses états antérieurs, jusqu'à la loi du 28 juin 1833, à laquelle elle doit son existence; nous dirons aussi ce qui nous paraît devoir être réformé. On comprend pourquoi nous n'allons pas au delà de la loi de 1833. Il y a avant elle des vœux, des projets, des mesures de détail, les éléments, si l'on veut, de ce qui sera plus tard; mais la loi de 1833 a organisé l'instruction primaire. Elle décrète que chaque commune, ou seule ou autorisée à se réunir avec d'autres, sera tenue d'entretenir au moins une école et d'en faire les frais, soit sur son budget ordinaire, soit sur une contribution extraordinaire de 3 centimes; en cas d'insuffisance des ressources locales, elle recourt au département qui pourra s'imposer 2 centimes additionnels; et enfin, en cas d'insuffisance des ressources du département, elle recourt au budget. La même loi définit la matière de l'enseignement et crée le personnel des instituteurs recrutés dans les écoles normales. On n'a pas changé cela, mais on a changé à peu près tout le reste; nous représenterons la nature et le sens de ces changements.

Je viens de relire plusieurs fois avec un vif sentiment de plaisir cette loi de 1833, préparée par M. Guizot, et les instructions ministérielles qui l'accompagnent. Voilà bien une grande pensée, et, dans l'application, voilà bien l'esprit politique, qui sait « agir et attendre. » On ne craignit pas d'agir, et il est extrêmement intéressant d'étudier les mesures prises par la loi pour assurer les fondations d'écoles, les résistances qu'elle rencontrait dans la parcimonie locale et les actes d'autorité auxquels se résolut le gouvernement. La première année, sur 37 187 communes, il n'y en eut pas moins de 15 122 dont les conseils ne prirent aucune délibération pour voter les fonds nécessaires, par crainte de se rendre impopulaires, et 20 961 communes durent être imposées d'office; dix ans après, 25 000 communes résistaient encore; enfin la mauvaise volonté a été vaincue. C'est un honneur à un gouvernement de braver l'impopularité pour faire le bien du peuple; cette action ne doit pas faire oublier les fautes qu'il a pu commettre, mais ces fautes ne doivent pas non plus faire oublier cette action, et, dans le jugement que la postérité rendra sur lui, elle le défendra.

L'histoire de l'instruction primaire depuis trente ans est facile à tracer. Elle est en faveur depuis 1830 jusqu'en 1848, où cette faveur est au plus haut; la réaction politique qui survient la menace et la frappe deux fois en 1850, rudement en janvier, dans une loi transitoire, plus doucement par la loi du 15 mars, meilleure que les circonstances où elle est née. Le décret de 1852, développé par la loi de 1854, la met entièrement dans la main des préfets. Elle y est encore, mais un peu moins serrée, et on l'invite à remuer, ce qu'elle fait discrètement. Cela dit, parcourons les détails, et suivons-y le contre-coup de ces révolutions.

D'abord on a vu le niveau de l'enseignement monter ou baisser suivant les époques : à partir de 1850, il a baissé ; il tend insensiblement à remonter. Les écoles normales primaires, un moment suspectes, quand les instituteurs l'étaient, se sont relevées avec eux ; mais où en sont les écoles primaires supérieures ? La loi de 1833 imposait aux chefs-lieux de département et aux communes dont la population excède 6000 âmes d'établir une de ces écoles. Une circulaire marque leur caractère : destinées à combler une évidente lacune, elles doivent poser les bases de l'instruction intermédiaire, elles ne doivent pas rester au-dessous du besoin des populations industrielles, et on les encourage à dépasser le minimum assigné par la loi. La loi de 1850, préoccupée de limiter l'instruction, dégage les communes de l'obligation qui leur était imposée, et par ce temps d'immense développement de l'industrie, on a vu cette sorte d'enseignement, exilé des écoles primaires, se réfugier dans les lycées, où le peuple ne va pas le chercher. Le département de Seine-et-Oise, par exemple, qui enveloppe de tous côtés l'industrie parisienne, n'entretient pas une seule école primaire supérieure.

Les autorités préposées à la surveillance des écoles primaires ont varié. La loi de 1833 crée deux comités :

le comité local, par une commune ou une réunion de communes et le comité d'arrondissement. Le comité local se compose du maire, du curé et d'un ou plusieurs notables ; dans le comité d'arrondissement entrent plusieurs fonctionnaires, désignés par leurs fonctions ou par le ministre, des membres du conseil général ou du conseil d'arrondissement, ou des notables choisis par le conseil. Des ordonnances de 1835 et 1837 ont ajouté à ces autorités des inspecteurs et sous-inspecteurs de l'instruction primaire ; les premiers seuls subsistent. Depuis 1850, les comités d'arrondissement disparaissent ; il ne reste que deux ordres de délégués, nommés pour la plupart par le conseil départemental de l'instruction publique. La délégation communale peut rappeler en quelque mesure le comité local. Quant à la délégation cantonale, elle semble ne différer du comité d'arrondissement que par l'étendue de la circonscription, et en cela elle paraît plus propre à inspecter les écoles, qu'elle touche de plus près ; mais souvent elle en est encore bien éloignée, et il est très-difficile de rencontrer des hommes qui aient à la fois instruction, aisance et loisir pour inspecter régulièrement une certaine étendue du pays ; puis ce n'est pas seulement entre l'ancien et le nouveau comité une différence de territoire : l'un a du pouvoir, l'autre n'en a pas ; or les hommes sérieux n'aiment pas à s'agiter, ils aiment à agir. Par suite de ces défauts, la délégation cantonale a langui et ne fonctionne plus que par places.

Venons aux instituteurs communaux. Et d'abord, qui les nomme ? Dans la loi de 1833, les conseils municipaux, après avoir pris l'avis du comité local, présentent les candidats au comité d'arrondissement, qui les nomme. Institués par le ministre de l'instruction publique, cette institution les rend inamovibles, et ils ne peuvent plus alors perdre leur place que par démission ou jugement. La nomination passe successivement aux conseils municipaux (1850), aux recteurs (1852) et aux préfets (1854). L'institution ministérielle a disparu en 1852. Une condition nouvelle de stage a été imposée par la loi du 31 décembre 1853, qui crée les instituteurs suppléants : nul ne peut être nommé définitivement instituteur avant d'avoir exercé trois ans ces fonctions et avant l'âge de vingt-quatre ans.

On sait comment les instituteurs sont nommés ; il reste à savoir qui les punit et les révoque. Voici la législation décrétée par la loi de 1833. Une faute est-elle signalée, le comité local avertit l'instituteur, et d'ordinaire cet avertissement suffit ; sinon le comité local rédige une plainte devant le comité d'arrondissement. Le comité d'arrondissement se constitue en tribunal, nomme un de ses membres pour instruire l'affaire, cite l'instituteur, l'entend, juge en assemblée, qui ne peut être moins de cinq membres, et si la condamnation est prononcée, en même temps qu'elle est signifiée à l'instituteur, elle lui fait connaître qu'il a le droit de se pourvoir devant le ministre de l'instruction publique. — La loi du 11 janvier 1850, tout en gardant cette juridiction, en crée une autre à côté, celle du préfet, qui réprimande et suspend les instituteurs. Elle laisse encore subsister quelques mesures protectrices. Le préfet ne peut suspendre l'instituteur pendant plus de six mois ; s'il le révoque, il doit prendre d'abord l'avis du comité d'arrondissement, et l'instituteur révoqué conserve le pourvoi devant le ministre de l'instruction publique. La loi, plus équitable, du 15 mars de la même année, donne au seul conseil de département les attributions judiciaires; elle exige même la plainte du recteur ou du procureur général, et transporte le pourvoi devant le conseil supérieur de l'instruction publique. Le décret du 9 mars 1852, qui confère au gouvernement le droit de nommer et révoquer tous les fonctionnaires de l'instruction publique, n'a pas, il va sans dire, stipulé de nouvelles garanties pour les instituteurs. Avec la loi du 14 juin 1854, tout se simplifie: les instituteurs sont dans la dépendance absolue des préfets.

On en est là; il est permis d'espérer qu'on n'y sera pas toujours. Les instituteurs n'éveillent plus aucun soupçon, ils ne sauraient inspirer la plus légère crainte à l'autorité la plus ombrageuse; le moment est bon pour abandonner un régime qui ne peut être qu'un régime d'exception, pour revenir aux principes de la justice naturelle. La Restauration les avait ouvertement reconnus [1]. On les retrouvera dans la circulaire que M. Guizot adressait aux recteurs le 21 mars 1834 :

« Deux règles surtout doivent être observées :

« La première veut que nul ne soit condamné qu'il n'ait été entendu; la seconde, que toute accusation soit éclaircie à charge ou à décharge.

« Premièrement, la raison et l'équité demandent que nul ne soit exposé à subir aucune peine sans qu'il ait été averti suffisamment de l'inculpation dont il est l'objet, et qu'il ait été mis à portée de se défendre par tous les moyens qui sont en son pouvoir.

« La seconde règle n'est pas moins conforme à ce que demande l'équité naturelle et un honorable esprit de corps. Toute plainte sérieuse doit être examinée, toute imputation doit être vérifiée. »

---

1. Voir plus haut, p. 65.

Singulier pays que la France! On vient de voir les garanties accumulées pour protéger l'existence du plus humble fonctionnaire ; eh bien! du jour au lendemain, toutes ces garanties ont été supprimées, et les plus hauts fonctionnaires sont tombés dans le même état : grands et petits ont été égaux devant l'omnipotence de l'autorité, qui a le droit de les destituer quand il lui plaît, sans jugement ; car tel est l'effet du décret du 9 mars 1852. Aujourd'hui la loi subsiste encore, mais les esprits sont changés : on s'effraye de voir la destinée de tant d'hommes à la merci de quelques-uns, qui peuvent errer, car ils sont hommes ; on recommence à désirer que nul ne soit condamné sans avoir été entendu, sans avoir été jugé par un tribunal indépendant, et s'il arrive qu'un fonctionnaire soit frappé, on est disposé à oublier le délit qui lui est propre pour n'envisager que la condition commune qui a été faite à tous les fonctionnaires et la rigueur de cette condition.

Pour finir sur cette question des autorités préposées à l'instruction primaire, voici exactement ce qui est. L'instruction primaire n'est soumise au ministère de l'instruction publique qu'en ce qui regarde les méthodes d'enseignement ; pour tout le reste, elle est soumise aux préfets. Il y a dans chaque département, à la tête de l'instruction primaire, un fonctionnaire, mixte comme elle, l'inspecteur d'académie ; ce fonctionnaire, qui appartient à l'instruction publique et a autorité sur tous les ordres d'enseignement, dépend du recteur ; mais, en ce qui regarde l'instruction primaire, il agit avec le préfet, qui, dans des circonstances graves, doit prendre son avis ; c'est à lui qu'aboutissent les rapports des inspecteurs primaires d'arrondissement et des délégations cantonales. L'instruction rimaire souffre-t-elle beaucoup de ce régime? Je le dirai franchement, je ne le pense pas. Les préfets ont bien pu, dans des jours de réaction, maltraiter l'instruction et les instituteurs ; mais ces jours semblent être passés, et on imagine difficilement un administrateur, qui, mis à la tête d'un grand service, ne s'y intéresse pas et ne songe pas à l'améliorer ; je suis donc persuadé qu'ils ont fait énormément pour ce service et sont prêts à faire encore ; d'ailleurs il faudrait bien peu connaître les choses humaines pour ne pas deviner que l'inspecteur d'académie, naturellement ami de l'instruction primaire, et qui est du métier, a toute action sur elle : l'influence est où est la compétence. Toutefois cette condition de l'instruction primaire n'est pas satisfaisante pour la raison. Il va de soi que cette instruction est une branche de l'instruction générale, comme on l'avait toujours compris avant les derniers décrets ; et ces décrets, ceux du 11 janvier 1850 et du 9 mars 1852, ne paraissent plus maintenant que des lois de circonstance, que la circonstance doit emporter.

Nous savons pourquoi les instituteurs subissent ces variations de fortune. Ils ne les connaîtraient point si on ne considérait en eux que ce qu'ils sont, d'humbles maîtres de l'enfance ; mais on oublie cela pour songer qu'ils sont 30 000 ; qu'ils donnent à un parti un correspondant dans chaque commune et un correspondant instruit, ayant évidemment de l'influence sur les gens qui ne le sont pas. Comme cette situation est un avantage, elle est aussi un danger, car tous les partis ont l'œil sur eux, tentent de les employer à leur bénéfice, sont tendres ou durs à leur égard, selon leurs craintes ou leurs espérances ; elle est un danger surtout sous un régime de suffrage universel. Aussi, depuis la révolution de 1848, ils ont senti le contre-coup de toutes les agitations politiques : le premier gouvernement républicain leur a déclaré ses sympathies, les différents partis ont cherché à pratiquer des intelligences parmi eux, la réaction les a intimidés, et le gouvernement actuel, qui a commencé par les intimider aussi, leur montre maintenant des retours favorables. On aura accompli un grand progrès le jour où on voudra bien ne plus envisager dans les instituteurs des agents politiques propres à guider les électeurs dans une circonstance donnée, mais des maîtres qui instruisent des enfants et tâchent de préparer des hommes à l'avenir. Pour parler d'abord des instituteurs, c'est leur intérêt : des faveurs payées au moment par des complaisances un peu chères et expiées plus tard par de fâcheuses disgrâces ne font pas une existence bien enviable. L'intérêt de la société s'accommode encore moins de cet état de choses : elle a droit d'exiger qu'on pense un peu à elle, et on n'y pense pas.

III

J'arrive à la rétribution des instituteurs. Elle est fixée, par la loi de 1833, à un minimum de 200 fr., auquel s'ajoute la rétribution scolaire ; la loi du 15 mars 1850 accorde un traitement supplémentaire à ceux dont les appointements ne montent pas à 600 fr. ; le décret de 1853 permet, sur la proposition du recteur (du préfet, à partir du 15 mars 1854), d'accorder au dixième des instituteurs une gratification annuelle qui porte leur traitement complet à 700 fr. après cinq ans, à 800 fr. après dix ans. Un décret du 19 avril 1862 accorde le traitement de 700 fr. à tous les instituteurs qui ont cinq ans d'exercice ;

le vingtième des instituteurs pourra recevoir 800 fr. après dix ans de service, et 900 fr. après quinze ans. On sait que, de plus, l'instituteur est ordinairement secrétaire de la mairie, et que, dans un grand nombre de paroisses, il est clerc laïc. Ces fonctions ajoutent quelque chose à son revenu réglementaire.

La condition des instituteurs hors de service a beaucoup varié. Une ordonnance du 14 février 1830 enjoint au ministre de préparer un règlement sur les pensions de retraite applicable à ces fonctionnaires. La loi de 1833 abandonne cette idée et crée seulement pour eux des Caisses d'épargne particulières où ils verseront un vingtième de leur traitement fixe. Pauvre ressource assurément! La loi du 15 mars 1850 substitue à ces Caisses d'épargne une Caisse de retraite; mais le règlement nécessaire n'est pas fait; enfin la loi du 9 juin 1853 sur les pensions civiles liquide les Caisses d'épargne et assimile la retraite des instituteurs à celle des autres fonctionnaires. La loi exige, comme ailleurs, pour la retraite, soixante ans d'âge, trente ans de service, et stipule que la retraite ne dépassera pas les deux tiers du traitement moyen des six dernières années. D'après cela, un instituteur qui serait entré en fonctions en 1854, et qui aurait dans les six dernières années un traitement de 800 fr., recevrait, en 1884, une retraite de 400 fr., et de 530 fr. en 1894, ce qui est quelque chose sans être beaucoup. Une situation tout autrement fâcheuse est celle de l'instituteur entré en fonctions longtemps avant cette loi, qui ne fait pas entrer dans la liquidation de la retraite les sommes versées par lui à la Caisse d'épargne. Un instituteur qui daterait de 1833, qui serait retraité en 1863, favorisé de 800 fr. de traitement dans les six dernières années, pourrait bien toucher 90 fr. de retraite. C'est la misère assurée. Et encore y a-t-il quelqu'un de moins bien traité : les institutrices, à qui aucun minimum n'est garanti, et ces courageuses directrices des salles d'asile, qui, avec un minimum légal de 250 fr. ou un traitement moyen entre 300 fr. et 400 fr., préparent la recrue des écoles primaires.

Revenons au traitement annuel. L'instituteur, outre qu'il est cela, est presque partout attaché à la mairie comme secrétaire et à l'église comme chantre ou même comme sacristain. Nous mettrons, si l'on veut, ensemble les fonctions d'instituteur et de secrétaire de la mairie ; elles se conviennent : elles supposent une instruction supérieure à celle de la plupart des habitants d'une campagne et donnent une certaine dignité à l'homme qui les remplit ; en fait, il est presque partout le seul capable de bien tenir les registres de l'état civil ; quant à certaines fonctions qu'il exerce à l'église, elles sont par trop subalternes.

En permettant à l'instituteur d'être tant de personnages à la fois, on lui a permis de se créer une situation bien malaisée à tenir. Comment ne serait-il pas difficile d'être trois hommes, quand il est déjà assez difficile d'en être un seul ! On se fait de lui une bien grande idée si l'on suppose qu'il prendra les sentiments convenables aux emplois qu'il exercera et des sentiments contraires dans des emplois contraires, comme ceux que nous venons de dire : qu'il sera entièrement et uniquement chantre ou sacristain à l'église, secrétaire à la mairie, instituteur à l'école, sans se souvenir qu'il est ailleurs autre chose, sans que son humilité soit trop fière ni sa fierté trop humble. Vraiment, rien que cela ! Et quelle autre difficulté s'élève pour lui s'il arrive que le maire et le curé soient en désaccord! Quelle idée on se fait de ce simple instituteur, si on suppose que, placé entre deux autorités qui se combattent, qui veulent naturellement entraîner l'univers dans leur lutte, lui, dépendant des deux, restera sans faute ce qu'il doit être et contentera chacun de ses supérieurs sans que l'autre soit mécontent. J'oubliais un troisième maître, le public des parents, toujours engagé fortement dans ces querelles, et qu'il aura à contenter en même temps que les deux autres.

Mais si un tel homme existait, cet homme serait une merveille, et il ne nous en faut pas une, il nous en faut 30 000, je crois. Il sera sage de n'y pas compter, et par conséquent de créer à l'instituteur une situation simple. Qu'il soit instituteur communal et secrétaire de la mairie; indemnisez-le des autres emplois : point de service équivoque, point de domesticité. Une fois établi dans cette position nette, inculquez-lui les sentiments qui lui conviennent. Représentant de l'État, mais à un humble degré, il doit respecter ses supérieurs et se respecter lui-même; et si la commune est troublée par des rivalités, comme il ne peut respecter ses supérieurs en prenant parti contre l'un d'eux ni se respecter soi-même en servant les passions de l'autre, il s'enfermera dans sa fonction et s'y maintiendra irréprochable.

IV

L'éducation donnée dans les écoles primaires est-elle tout ce qu'elle peut-être? C'est un nouveau point à examiner. J'entends partout répéter que celui qui tient en main l'éducation du peuple, tient en main l'avenir du pays; pour mon compte, je n'admets cela, comme beaucoup d'autres choses, qu'après explication. Supposez en effet que cette éducation soit très-large, qu'elle forme sérieusement l'intelligence, cultive tous les sentiments du cœur, crée de fortes habitudes et qu'elle soit conforme à l'esprit du pays, en sorte que les enfants, quand ils sortent le soir de l'école et quand ils en sortent définitivement, ne changent pas d'air, pour ainsi dire, je garantis la puissance de l'éducation ; mais en est-il ainsi aujourd'hui ? Des leçons de lecture, d'écriture, de grammaire, de calcul, voilà la part de l'intelligence ; pour le cœur, l'instruction religieuse, par le catéchisme et l'histoire sainte. En ce qui concerne l'intelligence, on vient de voir le régime ordinaire ; si l'on veut ajouter un mot d'histoire et de géographie, ou d'histoire naturelle, ou arpenter le jardin de l'école, il faut une permission spéciale du conseil qui siége au chef-lieu du département. J'espère que, dans la pratique, il n'en va pas toujours ainsi, que le maître ose davantage ; autrement il faudrait penser que l'immense majorité des Français sortent de l'école sans se figurer la forme du globe qu'ils habitent, de ses continents et de ses mers, vont courir la France sans connaître quelles montagnes la bornent, quels fleuves l'arrosent, quels chemins de fer la traversent, qui elle a pour voisins ; ils seraient destinés à être un jour électeurs, peuple souverain, sans rien connaître du passé de cette nation dont ils doivent régler les destinées.

Eh ! grand Dieu ! je ne veux pas en faire des savants ; mais le pur nécessaire ici va plus loin qu'on ne dit ; et puis, il ne suffit pas que l'enfant sache lire, il faut qu'il ait envie de lire, il faut exciter sa curiosité, lui créer un intérêt, un goût, qu'il emporte de l'école le désir de s'instruire, et qu'il ne se représente pas toute sa vie l'instruction sous le visage ingrat de la grammaire.

Je viens à un point plus délicat. L'éducation donnée aux enfants dans les écoles primaires porte au plus haut degré le caractère religieux. On peut attendre beaucoup d'un tel enseignement bien donné et bien reçu ; mais il faut songer aussi que l'enfant ne trouve guère, hors de l'école, la confirmation des leçons qu'il y a entendues ; songer au peu de foi qu'il y a dans les classes ouvrières des villes et des campagnes, chez les hommes surtout, que les garçons imitent de préférence ! Combien donc il est à craindre que foi et morale ne tombent en même temps ! combien il est utile à côté de l'instruction religieuse, qui appuie la morale sur le dogme, de placer une instruction morale plus libre qui, à propos de tous les sujets, recommande les lois de la conscience et de l'honneur, et en célèbre les plus beaux exemples ; de placer près des principes surnaturels qui règlent la volonté, les principes naturels qui ont le même effet ; d'exciter enfin dans le cœur des enfants, par de fortes paroles, par de beaux récits, par la pratique de chaque jour, les bons mouvements de cet instinct qui peut-être sera le seul guide de leur vie dans les doutes et les révoltes de leur esprit.

V

Je me résume. Voici, en choses à conserver ou à améliorer, ce que je crois qui entre dans un bon état de l'instruction primaire : Instruction libre, gratuite pour les seuls indigents ; constatation des enfants qui ne reçoivent aucun enseignement et efforts combinés des comités, des sociétés charitables et des conseils municipaux, pour les envoyer aux écoles ; retour à l'ancienne loi pour la création d'écoles primaires supérieures ; l'instruction primaire rendue aux recteurs ; influence permise aux comités locaux et cantonaux ; retour aux jugements pour la discipline, avec la première instance au conseil départemental et le pourvoi devant le conseil supérieur ; interdiction aux instituteurs de certains emplois subalternes ; élévation de traitement ; élévation de la retraite pour les instituteurs saisis au milieu de leur carrière par la loi sur les pensions civiles ; élévation du niveau de l'instruction des écoles normales et des examens ; enfin recommandations adressées aux instituteurs pour donner à l'enseignement plus d'intérêt, de vie et d'action.

L'instruction populaire rencontre encore beaucoup d'indifférents en France, elle rencontre même quelques ennemis. Plusieurs personnes du plus grand esprit, par haine des demi-savants, qui font, comme on sait, tout le mal en ce monde, craignent que le peuple n'apprenne à lire et à écrire, et, de peur qu'il ne pense mal, ils prendraient la peine de penser pour lui. L'auteur de *Lady Tartufe* avait probablement trouvé de ces personnes dans le monde ; aussi son des Tourbières, qui fait la bête dans un salon pour y être agréé, dit hardiment : « D'après un relevé statistique que j'ai vu, que j'ai vu, mesdames, de mes deux yeux vu, il a été constaté que tous les condamnés pour faux en écriture savaient écrire tous plus ou moins bien. » Il y a plus d'un des Tourbières naïf.

Je ne crois pas, on l'a vu, que l'on fasse rendre à l'enseignement primaire tout ce qu'il peut rendre ; mais je n'attache pas à cette question l'importance que l'on pourrait croire ; l'enseignement est bon parce qu'il est l'enseignement. L'instruction est une dignité.

Un homme qui a de l'instruction est plus homme que s'il n'en avait pas; il le sent; si ce sentiment ne détruit pas le mal en lui, il donne de la force au bien contre le mal, et en vérité, il n'y a pas de pouvoir au monde qui puisse autre chose. La dernière statistique criminelle donne là-dessus un renseignement à méditer. Sur 1000 accusés jugés contradictoirement en 1857, 786 étaient complétement illettrés ou savaient seulement lire et écrire imparfaitement[1].

L'instruction populaire est un de ces intérêts essentiels, par lesquels il semble juste de mesurer la profondeur de l'affection qu'un gouvernement porte au pays qu'il gouverne. Nommons d'un mot ce soin de l'instruction primaire : c'est un des soins de l'avenir. On trouve souvent dans les contrats de bail une expression simple et pleine de sens, que le Code leur a même empruntée. Celui qui loue pour un temps une propriété s'engage à l'administrer « en bon père de famille, » c'est-à-dire à la conserver et à l'améliorer, pour la remettre dans cet état à son successeur; on trouve aussi dans les pays de vignobles, dans la Gironde, par exemple, une autre expression énergique et contraire à celle-là : des fermiers dont le contrat tire à sa fin « taillent la vigne à mort; » ils la taillent de sorte qu'elle produit abondamment dans une année et meurt après. Il me semble que ce sont là les deux formes éternelles de la politique. Tel gouvernement administre en bon père de famille, tel autre taille à mort; tout gouvernement a à choisir d'être l'un ou l'autre.

---

1. Voir la brochure : *L'Instruction populaire et le Suffrage universel.*

DISCOURS.

DISCOURS PRONONCÉ A LA DISTRIBUTION DES PRIX DU LYCÉE DE VERSAILLES, LE 11 AOUT 1848.

Messieurs,

Le moment n'est pas aux dissertations ingénieuses. Pardonnez-moi donc si ce discours est sérieux, comme les événements devant lesquels il a été écrit, et laissez-moi vous proposer les pressants conseils qu'ils nous donnent. Puissent ces conseils se présenter parfois à vous dans les circonstances difficiles, et emprunter quelque force à l'affection que vous m'avez si constamment témoignée pendant cette année que nous avons passée ensemble, agités par les mêmes pensées et par les mêmes émotions.

D'abord, défendez-vous de penser légèrement. La jeunesse aime ce qui brille, elle a des adorations pour tous les systèmes. Comment, en effet, ne pas être séduit ? A leur naissance, ils sont pleins de promesses charmantes ; ils nous ouvrent un monde où le ciel est toujours pur, la société toujours paisible, la vie toujours aimable ; c'est dans un perpétuel printemps une fête perpétuelle, un univers enchanté. Laissez grandir ces idées, laissez-les descendre dans la rue, elles cheminent à travers la poudre et le sang. On les caressait d'abord, maintenant elles déchirent ; elles souriaient autrefois, maintenant elles font pleurer. On ne joue pas avec les idées ; ce jeu-là est trop cher. Si quelqu'un, devant les massacres de juin, garde encore sa verve d'utopies, je le félicite de son courage, je ne m'en sens point un pareil; et quand une idée se présentera à moi, je lui demanderai ce qu'elle est, d'où elle vient, où elle va; si elle est amie ou ennemie du bon sens, si elle vient du pays des rêves ou de la réalité, si elle va à la paix ou à la guerre. Dans un cas, je suis à elle corps et âme; dans l'autre, je m'acharne à sa poursuite, et j'engage dans ce duel ma santé, mon repos, ma fortune, ma vie. Ce doit être un moment terrible, celui où un homme égaré, mourant les armes à la main, s'aperçoit tout à coup qu'il s'est trompé, quand il n'est plus temps de retourner sur ses pas, et quand il se sent percé déjà par la lumière impitoyable qui brille au delà de ce monde, à la confusion des pensées menteuses et des actes violents. Certes, je ne voudrais pas être cet homme, mais surtout je ne voudrais pas être l'homme qui a égaré celui-là.

Nobles enfants de l'Université, qui avez scellé sa parole de votre sang, et vous, jeune Malher, qui êtes pour cette ville et pour ce Lycée une douleur particulière, à votre tour, vous êtes nos maîtres; nous humilions notre enseignement devant votre enseignement sublime, assez fiers de vous avoir formés, et sûrs que vous ne nous avez pas désavoués au moment de l'épreuve.

Vous aussi, songez que vous êtes devant le monde nos témoins et nos juges. Vous rencontrerez plus d'une fois de dures accusations contre l'Université. Dans un temps où la propriété et la famille sont la publique inquiétude, on lui reprochera de mépriser la famille et la propriété. Ne nous défendez pas; faites mieux, vivez en élèves de l'Université : honorez dans toutes vos paroles et dans tous vos actes ce qu'elle-même honore ; respectez ces institutions qui ne sont pas d'une certaine forme de gouvernement, naissant avec elle et mourant avec elle, mais de tous les gouvernements, de tous les temps, de tous les lieux, fondements de toute société, immuables comme la nature humaine, éternels comme la pensée de Dieu, principes sacrés de vie qu'au soir des révolutions on retrouve entiers sous les ruines, quand un peuple n'est pas condamné. Non, ils ne périront pas en France ; non, nous ne sommes pas condamnés encore ; la vérité d'hier est la vérité d'aujourd'hui, la vérité de demain ; mais songez qu'elle veut être recueillie par des mains pures, qu'elle réclame un culte désintéressé. Il ne s'agit pas de vous, de votre fortune, de votre bien-être, qui appartiennent au hasard : il s'agit de la patrie, qui vaut mieux qu'un citoyen, de la justice, qui vaut mieux que tous les hommes ensemble. Voilà votre rôle dans le monde ; vous en aurez fait ici l'apprentissage.

Vous rougirez peut-être de plaider cette grande cause, la trouvant gâtée déjà par ces courtisans infatigables de l'opinion, avocats vendus à toutes les causes populaires, qui leur rapportent du profit ou du bruit. Que ne gâteraient-ils pas ? Ils ont pris Dieu lui-même sous leur protection, par une singulière insolence, et vous rendraient athées, si on pouvait l'être. Mais pourtant il ne faut pas se taire, et il est bon que, de temps à autre, les gens convaincus parlent, avec cet accent de l'honnêteté qui ne se prend bien que dans le pays.

Vous le savez, une doctrine audacieuse prétend fonder une nouvelle société où les vieux principes sur lesquels la société a jusqu'ici vécu n'entreront point. Connaissez-la et sachez la combattre. Je laisse cette doctrine enfantine qui fait de l'humanité une sorte de monastère où chacun travaille suivant son plaisir et mange suivant son besoin ; je laisse aussi ce partage violent des terres, dont on ne parle plus. La doctrine nouvelle se présente autrement. Frappé de voir un petit nombre d'hommes qui possèdent et un grand nombre qui ne possèdent pas, on veut que tous puissent posséder un jour, et l'on absorbe peu à peu la fortune des particuliers au profit de l'État, pour que de là elle se répande sur chaque citoyen en proportion de son travail ; on repousse la violence, on accepte la famille, on professe même le respect de la propriété : on ne la viole que provisoirement, on ne la détruit que pour la reconstruire ensuite sur un principe plus équitable. Voilà sous quel jour la nouvelle doctrine se présente ; elle séduit, elle paraît l'avénement de la justice et de la fraternité sur la terre.

Fort bien ; mais on la défie de maintenir l'héritage ; puis, dans ce vaste atelier, on peut s'effrayer sans doute du pouvoir de ce maître unique qui distribue l'ouvrage et le salaire, et on cherche en vain la liberté, qui a bien son prix. Tels sont les éternels écueils contre lesquels échouera cette gigantesque réforme. Quiconque aimera à être lui-même, quiconque aimera à suivre son génie, goûtera peu dans l'industrie ce régime absolu, et la France libre ne s'en accommodera certainement pas, car la liberté ne tue point la liberté. On se défiera justement de tous les juges officiels jusqu'à ce qu'ils soient infaillibles, et on leur préférera ce concours immense devant le public, où chacun se juge lui-même par son activité et son habileté.

Quant à l'héritage, il restera pour notre honneur. Ce qui relève le travail de l'homme, c'est qu'il travaille pour d'autres que pour lui, c'est que sa peine a un autre objet que la satisfaction des plaisirs et des besoins du corps, c'est qu'il voit plus loin que cette vie. En vain vous le couvrirez de richesses; si elles doivent périr avec lui, il sera misérable parmi tous vos trésors, et il les échangera contre la petite épargne qui lui survit, pour soutenir sa famille. Voilà le sens sacré de l'héritage. On rira de ces paroles dans un certain monde où l'on parle beaucoup de besoins, jamais de sentiments; mais elles seront comprises dans cette enceinte par les parents qui se privent pour leurs fils, et par les fils, qui, pour récompense, apportent à leurs parents une couronne de feuillage.

Parce qu'il y a des hommes qui ne possèdent pas, ce n'est pas une raison de supprimer la propriété, mais une raison de vouloir qu'elle se multiplie, qu'elle soit accessible à tous les efforts. La révolution de 1789 trouva les grades supérieurs de l'armée et de l'Eglise aux mains des nobles. Que fit-elle? Elle respecta les grades et supprima le privilége. Elle ne décréta pas que tout soldat serait simple soldat, tout prêtre simple prêtre; elle promit tout à la discipline, au génie et à la vertu. Et notre révolution dernière, qu'a-t-elle fait encore? A-t-elle incendié la Chambre des députés, parce que la seule fortune y avait ses entrées? Elle y a convoqué le talent. Lorsqu'on me prêche le petit nombre des élus, je ne supprime pas le ciel, j'en ouvre les portes.

On vous proposera le bonheur tout fait, en sorte que vous n'ayez rien à y mettre du vôtre, et qu'il suffise de vous laisser porter au courant. Entre les mains des penseurs habiles de notre époque, le bonheur est devenu une chose tout extérieure, une ville où l'on se fait naturaliser, une maison où l'on entre et d'où l'on sort. Que parle-t-on de vertu et de vice, de bons et de méchants, d'un Dieu qui attend les hommes dans un autre monde pour les récompenser et les punir? Préjugés d'enfance, vestiges de la barbarie d'un autre âge, manie tolérable chez les vieillards, mais que la jeune humanité ne connaît plus. Là où chacun a toutes choses à souhait, il n'y a plus de jaloux, plus de méchants, le dévouement est inutile, le sacrifice une absurdité. Aimable pays où la vertu est à si bon marché ! Ce pays-là ne connaît-il pas la guerre civile? Ah ! j'y cours. Là aussi plus de vaines terreurs d'une vie future et d'un souverain juge : cette vie est tout et Dieu n'est rien. Mais les maladies et la mort ! On les supprime.

Nous avons ri des innovations fantastiques d'un réformateur : de l'Océan sucré, des moustiques caressants, des léopards coursiers dociles, et il est permis d'en rire : mais on a vu là souvent de la folie ; il fallait y voir de la logique : jamais cet homme bizarre n'a mieux raisonné que quand il a déraisonné. Oui, si l'unique but de l'homme est le bonheur, et si son unique existence est sur la terre, il faut absolument une autre terre que celle-ci. Tant qu'il y aura des éléments indisciplinés, des sécheresses, des inondations, des volcans, des naufrages, des incendies, des tremblements de terre, tant qu'il y aura des animaux malfaisants et des maladies, tant qu'il faudra mourir, l'homme ne sera pas heureux. Quand on supprime les hautes croyances spiritualistes et le courage qui triomphe de la douleur, quand on abolit l'espérance, on doit supprimer la douleur, et répandre à grands flots la joie dans l'univers transformé.

Il est juste d'enrichir la terre quand on appauvrit l'âme ; et quand on a dépouillé l'âme de ses plus nobles instincts, il ne coûte guère d'ôter à l'eau son amertume et à un insecte son venin. Pour vous, tant que le monde restera ce qu'il est, restez ce que vous êtes, et, en attendant que le bonheur soit dans les choses extérieures, rappelez-vous bien qu'il est au dedans de vous, si vous le voulez : dans la discipline et le désintéressement, et aussi dans cette sagesse d'une raison sûre d'elle-même et de la vérité. Vous auriez beau travailler votre esprit pendant l'éternité, vous n'inventeriez pas un bonheur nouveau : il sera toujours dans le travail, dans la possession des fruits que le travail rapporte, dans les soins de la famille, dans l'amour de la patrie et de l'humanité, enfin dans le devoir, dont on ne nous parle plus et qui a bien vieilli, oui, dans le devoir qui donne le bonheur qu'il méprise.

Dieu soit loué! la civilisation a vaincu. On rêvait, à sa place, une sorte de société sauvage qu'il eût fallu fuir au delà des mers et jusque dans la mort. Mais c'est peu d'avoir vaincu une fois, si l'on ne sait assurer la victoire et prévenir de nouveaux combats.

Messieurs, oublions des ressentiments légitimes, et ne songeons au passé que pour préserver l'avenir. La justice fera son devoir : elle sera terrible à la perversité, douce à l'égarement; mais quand la justice aura fait son devoir, le nôtre commencera, le devoir de tous les hommes qui pensent et qui ont un cœur : après la vengeance, la raison viendra pour empêcher le retour de pareilles fureurs. Ce ne sont pas les hommes qu'il faut détruire, ce sont les chimères, et contre elles la force ne peut rien.

Tant qu'il restera dans la société une iniquité flagrante, ces chimères vivront. Le monde fantastique est notre refuge contre le monde réel qui nous blesse, le rêve du mieux dans le mal, l'espoir dans la misère. Faibles esprits que nous sommes, incapables de saisir la vérité, nous embrassons son ombre. Comptez-vous sur la violence pour ouvrir les yeux à ces hommes trompés? Vain remède! Vous ajouterez la douleur à la douleur, vous aigrirez les colères, vous irriterez les imaginations excitées, et les chasserez avec plus de force hors de la réalité; vous envenimerez la fièvre fatale des utopies; vous sèmerez la révolte et l'extermination. Lorsqu'un malade dévoré par la soif voit dans son délire des sources fraîches où il se désaltère, le guérirez-vous en le brûlant? Connaissez plutôt les misères qui vous avoisinent, ayez-en pitié, car il y en a de cruelles; cherchez de bonne foi le secret de les adoucir; soyez prêts aux sacrifices que la raison commandera; faites-nous une société qui ne répudie aucun de ses enfants, qui ait de la force pour les faibles, des encouragements pour la bonne volonté, du pain pour qui le gagne ou ne peut le gagner, des honneurs pour qui les mérite; et alors ne craignez plus le retour de sanglantes chimères; ne craignez plus que les hommes rêvent : il n'y a pas de rêve qui vaille cette réalité. Que la violence périsse et que la sagesse vive pour sauver la France. Croyez-le bien, on ne détruit pas une injustice par une injustice contraire, mais par la justice.

Laissez-moi vous louer, mères et sœurs de nos élèves, ministres aimables de la charité, vous que l'on trouve partout où il y a une infortune à soulager, une douleur à consoler, vous qui avez porté à tant de pauvres familles de l'argent, des habits, du pain et les saintes espérances, vous nous enseignez notre devoir. Tandis que la triste politique armait contre nous les classes souffrantes, vous adoucissiez leurs ressentiments : vous leur appreniez qu'il n'y a pas dans la société française une classe qui fatalement languit et meurt dans la misère, et, infiniment au-dessus, une classe privilégiée qui ignore celle-là ou n'en prend nul souci ; mais que chez ces heureux on gémit de leurs maux, que chez ces oisifs on travaille pour les soutenir, que chez ces délicats on se prive pour leur procurer quelque bien-être, et que pour ces égoïstes le plaisir d'avoir n'est souvent que le plaisir de donner. Où nous faisions deux peuples, vous en faisiez un seul. Soyez contentes, votre vertu a produit ses fruits. La douceur du peuple qui, maître tout-puissant au 24 février, n'a pas abusé de sa victoire, est un souvenir de votre douceur, et jusque dans cette guerre barbare des jours de juin, ce qu'il y a eu de retenue encore, de respect des biens et de la vie des hommes, parmi des atrocités à jamais détestables, est à vous pour une bonne part. Vous pensiez secourir des malheureux : vous sauviez vos pères, vos maris, vos frères et vos enfants. Que ce soit votre chère récompense !

Régler sa pensée est nécessaire, régler sa vie ne l'est pas moins sans doute. Or, voici un art de vivre dont vous trouverez autour de vous bien des maîtres et des modèles : saluer les forts, insulter les faibles, deviner le soleil levant, prévoir les éclipses, ménager les journaux, courtiser l'opinion du jour sans se tromper de date, gouverner toutes ses paroles et tous ses actes sur cette règle, nager dans le courant, chercher d'où le vent souffle et lui ouvrir ses ailes. C'est un bel art ; mais les faibles de la veille sont parfois les forts du lendemain ; il faut bien distinguer dans l'opinion du jour l'opinion du matin et du soir ; cette mer où l'on nage a des courants contraires, et le vent tourne à tout moment. Consultez l'expérience de soixante années, ou sans chercher si loin, consultez l'expérience des six mois qui viennent de s'écouler, la faveur publique a-t-elle assez montré son inconstance? prenant les hommes et les quittant aussitôt, les élevant aux nues pour les laisser tomber misérablement, toujours excessive dans ses enthousiasmes et dans ses colères. Poursuivez l'opinion, si vous voulez, mais sachez d'abord saisir l'oiseau qui vole et le nuage qui passe.

A quoi se fier désormais? Vous avez vu les hommes dont l'habileté tenait en respect l'ancienne Europe abattus. Les peuples, travaillés par le désir de la liberté, attendaient leur mort pour se remuer, ajournaient toutes leurs espérances; et voilà que le coup le plus imprévu les renverse; il s'est levé une tempête qui a ruiné ou ébranlé tous les trônes, ouvert les portes des chancelleries, et dispersé leurs papiers mystérieux. Dans le pays classique de la diplomatie, on en a entendu l'oraison funèbre; un ministre a prononcé un mot bien vrai, à la confusion des habiles : « Ce ne sont plus les ministres, c'est le temps qui gouverne. »

Voyez donc quel parti vous prendrez. Si vous vous sentez assez forts pour arrêter le temps, on n'a rien à vous dire; sinon, essayez d'une habileté toute neuve : l'honnêteté. Pendant que tant de gens se donnent un mal infini pour deviner la route de la fortune, interrogeant, avançant, retournant sur leurs pas, vous, allez devant vous. Peut-être n'arriverez-vous pas si vite, mais une fois arrivés, vous ne serez pas chassés aisément. Ce sera toujours une triste condition de faire grande figure dans sa jeunesse pour tomber ensuite à tout jamais dans le néant, dévoré par les regrets. L'ordre veut la jeunesse laborieuse, l'âge mûr honoré, la vieillesse réjouie par la conscience d'une vie utilement employée. Ce qui n'est pas cela, croyez-le bien, est rien ou peu de chose. Il n'y a point d'assurance contre les révolutions, et ceux que le seul caprice a élevés sont perdus sans retour; mais si on destitue les hommes intelligents et honnêtes, on ne destitue pas l'honnêteté et l'intelligence; et ceux qui possèdent ces appuis-là se retrouvent bientôt debout, après qu'est passé le premier flot des ambitions impatientes.

Et songez-y bien, il ne s'agit pas d'une honnêteté nouvelle qui n'ait cours que dans les républiques, et soit partout ailleurs importune; il s'agit de la vieille honnêteté, de celle que depuis votre enfance, on pratique sous vos yeux dans vos familles, de celle que vous-mêmes pratiquez ici dans cette société du collége, où il y a devant les égoïstes et les dissimulés les jeunes gens de cœur et d'honneur. On n'entend que propos de personnes qui se récrient sur l'excellence de la République et sur notre indignité; ils mettent ce gouvernement si haut et nous si bas, que nous devrions y renoncer par humilité et l'ajourner au temps où nos vertus seront mûres. Chez quelques-uns c'est un artifice politique qui a son prix; chez d'autres une secrète complaisance pour leurs faiblesses: chrétiens suspects qui accusent les commandements de Dieu d'être impraticables, pour pouvoir pécher en conscience.

Pour beaucoup de gens encore un républicain est un Spartiate de Lycurgue, ou un Romain du bon temps. Le républicain classique doit avoir la rusticité de Caton, adorer le brouet noir, mépriser profondément l'élégance, et traiter les beaux-arts en ennemis de la vertu. On se le représente volontiers, comme le stoïcien antique, debout sur un roc, la barbe hérissée et le poing tendu. De là des imitations très-amusantes de ce type original : d'honnêtes gens qui se font républicains d'après l'antique, et d'autres honnêtes gens qui les prennent au mot. J'ai le malheur de n'en pas être. Je ne prends pas précisément l'incivilité pour du civisme; le brouet noir me tente peu, après l'exemple de cet érudit qui en essaya la recette et s'empoisonna ; j'admire Lycurgue, mais j'aimerais mieux vivre avec Périclès ; et s'il fallait, pour être digne de la République, lui sacrifier la poésie et les arts, je choisirais d'être un peu moins républicain et un peu plus homme.

Voilà les simples conseils que je vous avais annoncés : penser sagement, agir honnêtement. Ils sont bien vieux, mais l'âge ne leur a pas enlevé leur vertu. Convaincu de leur puissance pour votre bonheur, que je désire bien vivement, et défiant de mon autorité, je les mets sous la protection de tout ce qui est éminent, de tout ce qui vous aime dans cette assemblée, sous la protection de tous vos maîtres. Vous n'oublierez pas ces conseils, vous ne nous oublierez pas non plus en vous séparant de nous, car vous ne savez jamais combien nous nous donnons de peine pour obtenir de vous un souvenir.

Pardonnez-moi d'avoir plus d'une fois attristé cette fête ; mais hélas ! cette année, toutes nos joies sont corrompues, et nous portons le deuil de nos victoires. Je vous ai traités, comme vous le méritez, en auditeurs raisonnables. Notre jeunesse française, il y a deux mois, combattait à côté des vieillards ; il y a six mois, elle s'approchait des vainqueurs pour les désarmer, au nom de l'espérance, qui est votre grâce et votre force. Allez maintenant oublier, parmi les affections de la famille, qu'il y a dans le monde des enfants d'un même père qui se haïssent et qui se déchirent, et soyez plus sages que nous. Nous avons écrit sur nos drapeaux le beau mot de fraternité, et nous l'avons criblé de balles; vous, gravez-le au plus profond de vos cœurs.

DISCOURS PRONONCÉ SUR LA TOMBE DE GUILLEMIN LE 25 AVRIL 1853.

Je ne viens pas dire mes regrets : il n'y a dans cet événement qu'une douleur, devant laquelle toutes les autres sont faibles ; mais il convient d'honorer les meilleurs d'entre nous qui partent, et c'est faire plaisir à notre Guillemin de consoler par quelques paroles amies ceux dont il emporte le dernier bonheur.

Guillemin est né à Versailles le 12 mai 1833. Il n'avait pas encore vingt ans. Il vit de bonne heure autour de lui ce que peut le travail de chaque jour pour soutenir et honorer la pauvreté. Dès l'âge de cinq ans, sa famille le confiait, pour quelques commencements d'éducation, à l'Institution Raphaël-Laugier; il y fut bientôt, non pas un élève, mais un fils de plus. A partir de 1843, il suivit les cours du Collège ; il y marqua d'abord, et désormais, dans toutes ses classes, il fut le premier. Malgré les offres brillantes qui ne manquent point aux élèves distingués, jamais ni lui ni ses parents ne voulurent entendre à ce qu'il abandonnât ni l'Institution ni le

Collège qui l'avaient adopté ; il ne les quitta qu'à l'achèvement de ses études.

Pendant ces dix années, vous le savez, vous qui avez été ses maîtres, dites si une seule fois vous avez dû lui parler moins doucement que d'ordinaire ; vous qui avez été ses camarades, dites si une seule fois il vous a adressé un mot moins obligeant ou refusé un service ; il prenait sur son repos du jour et de la nuit pour aider plusieurs d'entre vous. Il grandissait parmi nous, comme l'enfant de la maison, il croissait en toutes sortes de qualités excellentes ; nous étions fiers de lui, lorsque, à la fin de chaque année, il était chargé de couronnes, couronnes vertes du Collége, couronnes dorées du Concours général ; il n'avait pas le moindre mouvement d'orgueil, il en était seulement heureux pour ses parents et pour ses maîtres ; si quelqu'une lui échappait, il n'en souffrait pas, il applaudissait de bon cœur au succès des autres, les autres, à leur tour, lui faisaient un triomphe, et nul ne pensait avoir perdu une couronne quand il la voyait entre ses mains. Il y avait autour de lui un parfum d'honnêteté ; j'ai vu, je m'en souviens bien, quand il rendait mes leçons, les jeunes gens les plus distraits et les plus railleurs écouter comme religieusement cette parole loyale et ferme, pénétrée d'enthousiasme pour tout ce qui est bon. A dix-huit ans, il avait l'autorité, et il ne s'en doutait pas. Le bon goût aussi, qui ne se forme chez la plupart qu'à force d'étude, il l'avait naturellement, il le tenait de sa droiture essentielle, qui d'elle-même, en toute rencontre, allait au vrai. Il réunissait dans un tout exquis les qualités de ses parents : la probité, le courage, la déférence, la modestie, le sentiment du devoir, la reconnaissance, l'ouverture d'intelligence et de cœur, toutes les délicatesses, l'esprit qui joue, meilleur que celui qui déchire, la gaieté qui vient de la paix avec soi-même, et par-dessus tout cela, un naturel qui, comme une eau pure, laissait paraître ce fond, sans le montrer. Il ne recevait du dehors que ce qui était sain : son âme avait ce tempérament qui ne prend pas le poison. En le voyant, on voyait la candeur et la douceur même, mais on sentait bientôt que, si on eût essayé de lui faire faire quelque chose de mal, cette douceur fût devenue une opiniâtreté inébranlable. Il était de cette race des justes qui conserve le monde, perpétuellement troublé par la ruse et par la force.

Ayons le courage de rappeler ce qu'il était dans la famille. Ses parents, dans leur effusion, rendaient de lui ce témoignage : « Il y a d'aussi bons fils, il n'y en a pas de meilleur. » Il était resté enfant avec eux, faisant de leur volonté la sienne, réjouissant la maison par sa bonne humeur ; il ne se trouvait bien que là. Aussi tout l'ordre du ménage était réglé sur ses études ; et, pendant dix ans, tandis que, entre sa bibliothèque pleine de ses livres de prix, et quelques fleurs qu'il cultivait, il était à ses devoirs, dans la chambre voisine, séparée par une mince cloison ; on remuait à peine et on ne parlait pas, pour respecter le travail du fils. Saintes privations qui serez plus regrettées que les joies !

Il fallut un jour changer cette existence. Il avait pris en se jouant ses premiers grades, et, au premier concours, il avait été reçu le troisième de la section des lettres à l'École normale. Il n'a fait qu'y paraître, assez pour avoir des amis. Sérieux, au fond, à tout âge, de tout âge aussi il avait été attiré vers l'enseignement. Et c'était sa vocation véritable. Il eût été un maître distingué, modeste, dévoué, plein d'affection pour la jeunesse et de facile autorité ; il eût goûté de plus en plus une carrière qui ordonne à ceux qui l'embrassent de cultiver sans cesse leur esprit et de régler leur vie ; il aurait éprouvé qu'en invitant les jeunes gens au bien on devient soi-même meilleur ; et si Dieu nous l'eût laissé, du pas dont il marchait dans la bonne voie, il fût allé loin, il eût fait fleurir parmi nous la sagesse aimable.

Il a été, dans la maladie comme dans la santé, courageux pour lui-même, préoccupé du mal qu'il donnait aux autres, reconnaissant des moindres attentions, cachant ce qu'il pensait de son état, pour ménager l'inquiétude de ses parents, et, quand on lui parlait de projets pour l'avenir, se contentant de les écarter d'un mot. Aucune douleur ne lui était insupportable, dès qu'elle était soignée par les mains des siens et d'une vieille et fidèle amie. Dans cette cruelle épreuve de cinq mois, son corps seul avait dépéri, son esprit et son cœur étaient entiers. On se relevait pour lui faire des lectures, qu'il voulut profitables jusqu'à la fin. L'un lui rapportait les premières fleurs des champs, pour réjouir par un peu de printemps sa triste chambre de malade, et l'autre au déclin du jour, la crainte dans le cœur, lui chantait les meilleures de nos chansons ; elle le berçait encore une fois. Il s'est endormi comme son innocente sœur ; mais il ne laisse pas quelqu'un pour consoler ceux qui veillent.

On ne s'habitue pas à voir mourir la jeunesse. Mais puisque cela est, vous le voyez, jeunes gens qui vous pressez autour des restes de votre ami, à tout événement résolvez de vivre comme il a vécu. Il a cru au bien, croyez au bien comme lui ; gardez fidèlement comme lui la générosité de cœur; comme lui, respectez en vous la jeunesse. Nous nous tournons vers vous quand le monde nous manque; vous du moins ne nous manquez pas. Et si vous étiez tentés de penser que le bien est une illusion, considérez cette foule attristée. Un enfant de vingt ans, qui, pendant quelques années qu'il nous a été montré, a été simplement bon camarade, bon écolier, bon fils : voilà le deuil d'une ville. Il ne s'est donc pas trompé, et nous tous qui l'avons formé à plaisir, nous ne l'avons pas trompé non plus.

Il ne se peut pas que Dieu se moque de ce respect et de cette douleur; Dieu ne récompense pas ainsi une vie d'efforts pour lui plaire. Lui qui ménage aux germes des plantes la pluie et la chaleur, il sauvera sans doute ces germes plus précieux des vertus, pour les faire croître sous un autre soleil; sa main, qui a frappé un coup si cruel, cette main a fait les attaches solides qui lient les parents aux enfants; après que ceux qui s'aiment auront été dispersés par les vents de ce monde, elle saura bien les retrouver, et réunir en un lieu sûr de pauvres cœurs brisés.

Il faut finir, il faut se séparer; je recule, sans y penser, ce moment. Que la terre et le ciel, à qui nous remettons notre brave enfant, lui soient charitables : que la terre couvre son corps de ses plus douces fleurs; que Dieu comble de contentement son âme immortelle! Toi qui nous as aimés, et que nous avons aimé aussi, sans prévoir la peine que tu nous ferais un jour, âme charmante, Guillemin, adieu!

I

CORRESPONDANCE DE VOLTAIRE[1].

Ces deux volumes contiennent plus de douze cents lettres entièrement inédites. Ces lettres sont bien de Voltaire : ceux qui le connaissent le reconnaîtront. Un savant amateur d'autographes, M. l'intendant de Cayrol, ancien député, les a recueillies[2] pendant vingt ans ; il a confié le soin de les publier à M. A. François, ancien conseiller d'État, « habile traducteur des comédies de Plaute, connu lui-même, dit M. Villemain, par différents essais de fine et judicieuse critique sur la littérature et le théâtre de notre temps. » M. François a imprimé ces lettres avec le plus grand soin, a éclairé quelques passages par des notes exactes et sobres, a mis en tête un avertissement où il explique l'origine des manuscrits et marque le caractère des lettres nouvelles et de l'homme qui les a écrites. Défiant de son autorité, il a voulu mettre cette publication sous le patronage de l'Académie française, qui lui a exprimé, par l'organe de son secrétaire perpé-

---

1. *Lettres inédites de Voltaire*, recueillies par M. de Cayrol, publiées par M. François, maître des requêtes au conseil d'État, avec une préface de M. Saint-Marc Girardin. Deux volumes in 8.

2. La plupart des manuscrits viennent des successions de la Harpe, de l'ambassadeur Falkener, de Ruault, secrétaire de Condorcet, de Talma, du libraire Renouard, du portefeuille de feu Beuchot, communiqué par son gendre M. Barbier, bibliothécaire du Louvre, quelques lettres ont été données par M. Chasles, de l'Académie des sciences, M. Parent-Réal, M. le professeur Spiers, et M. Gaulheur, de Genève.

tuel, l'intérêt qu'elle y prenait, et il a demandé à M. Saint-Marc Girardin une préface que les lecteurs des *Débats* ont vue dans le courant du mois de juin dernier. Voilà donc deux volumes qui viennent bien recommandés, et on ne s'aventure pas beaucoup en les recommandant à son tour. L'auteur de l'avertissement et l'auteur de la préface ont le bon goût de ne pas nous annoncer que les lettres inédites de Voltaire sont plus précieuses que toutes les lettres connues et qu'elles révèlent un Voltaire tout nouveau; ils les mettent simplement à côté des anciennes, pour les compléter, pour prendre place, à leur date, dans la *Correspondance générale*; et ils ont raison. Les lettres inédites ne sont rien de plus et rien de moins que les lettres publiées; elles nous donnent le même Voltaire, celui dont on ne se lasse jamais.

Nous devons remercier M. de Cayrol et M. François de nous avoir procuré les lettres et la préface des lettres. On retrouve dans cette préface ce qui plaît dans le livre : la raison discrète, l'ironie insensible, le ton mesuré, la clarté parfaite, et ce style qu'on a si bien défini un style qui montre tout sans se faire voir. Mais ce n'est pas seulement une œuvre de littérature; c'est une défense de Voltaire et un signe du temps. Nous sommes plusieurs qui sommes suspects quand nous louons les philosophes et surtout celui-là; mais voici quelqu'un qui n'est ni athée ni révolutionnaire probablement et qui loue tout haut un homme ailleurs maudit; il signale dans Voltaire « ce génie vif et souple, cette raison à la fois ardente et juste, cette activité merveilleuse qui faisaient sa force. » « Son génie, dit-il, est applicable et appliqué à tout avec succès et avec grâce. Le don de réussir et de faire servir l'agrément de l'esprit aux plus sérieux desseins de la raison humaine, il l'a eu jusqu'à la fin de sa vie et l'a aussi dès le commencement. » Voltaire n'aime pas seulement les lettres, il les fait respecter en sa personne, prenant l'égalité avec les grands, imposant aux commis par son titre de gentilhomme de la chambre, méprisant les titres qui ne peuvent pas lui servir, voyant dans la fortune ce qu'elle donne, l'indépendance et la puissance. Aussi M. Saint-Marc Girardin le félicite d'avoir fait fortune et le loue d'avoir employé cette fortune pour donner libre carrière à la hardiesse de sa pensée et pour faire le bien autour de lui ; il le trouve bienfaisant et généreux, « disposé, dès sa jeunesse, à servir ses amis, à soulager la misère des hommes de lettres, dût-il même faire des ingrats, et il en a fait beaucoup. » Voltaire, selon lui, avait vraiment du cœur, il était sensible aux infortunes privées, ce qu'il montre si vivement à la mort de son amie, ce qu'il montre toute sa vie, prenant la défense des opprimés, désirant ardemment le bonheur des hommes et louant avec effusion ceux qui y travaillent, Louis XVI et Turgot; il avait même le sentiment de la nature, qu'on va moins chercher chez lui, et qu'il exprime avec vérité.

Je résume les éloges que la préface contient, mais je ne résiste pas au plaisir de citer en entier une page dont Voltaire aurait été charmé : « Il n'est pas toujours permis aux hommes de parti, et surtout aux chefs de parti, de se livrer à leurs bons sentiments; le soin des circonstances et des personnes les maîtrise; ils font tous plus ou moins comme Agamemnon, qui, pour rester chef de la Grèce, sacrifia sa fille Iphigénie. Voltaire a bien fait aussi quelques sacrifices à son parti; il a souvent loué des sots qui prenaient la cocarde de la philosophie, et cela devait

coûter à son goût et à sa malice naturelle. Mais il n'a jamais sacrifié les bonnes et grandes opinions, même à la faveur des salons et du public. Je ne parle pas ici de la défense de Calas et de Sirven. Il était alors avec l'opinion publique; il la dirigeait; il n'y résistait pas. Mais quand vint le chancelier Maupeou et la réforme de la vénalité des charges et de tant d'autres abus judiciaires, Voltaire prit cette réforme au sérieux et se déclara un des partisans de Maupeou contre les parlements. Il est vrai qu'il n'aimait pas les parlements et qu'il trouvait dans cette occasion le plaisir auquel il est si difficile de résister, de soutenir les maximes qu'on aime contre les hommes qu'on n'aime pas. Cependant il savait bien que Paris criait contre la suppression du parlement. Paris avait raison de crier contre le chancelier Maupeou, qui n'avait réformé la justice que pour détruire le parlement, et qui essayait de faire le bien pour mieux réussir dans le mal. *Dum consulitur veritati, corrumpitur libertas*, a dit Tacite de ces réformes qui détruisent les abus pour détruire du même coup les garanties, et qui donnent à la vérité et à la justice pour un moment ce qu'elles ôtent à la liberté pour toujours.... »
On voit que M. Saint-Marc Girardin fait hardiment l'éloge de Voltaire; voilà, grâce à Dieu, un modéré compromis. Nous le remercions de cette préface : en même temps qu'elle corrigera des erreurs répandues, elle fâchera un certain parti violent. C'est un petit plaisir, mais qui n'est pas à dédaigner pour ceux qui, par ce temps-ci, n'en ont pas beaucoup d'autres.

Il faut espérer que le vrai Voltaire l'emportera enfin sur le Voltaire apocryphe. On nous a donné dernièrement encore sur sa vie et sur sa mort des inventions fantastiques, qui seraient inexcusables si elles n'étaient faites pour l'édification. Le peu que j'en ai aperçu m'a persuadé que nous sommes en ce genre très-supérieurs à nos pères et que nous avons tout perfectionné. Lisez, par exemple, la *Vie politique, littéraire et morale de Voltaire*, par Lepan, publiée par la *Société catholique des bons livres* en 1825, vous y trouverez le jugement qui suit : « De tous les faits qui ont été rapportés on doit conclure qu'Arouet de Voltaire fut mauvais fils, mauvais citoyen, ami faux, envieux, flatteur, ingrat, calomniateur, intéressé, intrigant, peu délicat, vindicatif, ambitieux de places, d'honneurs et de dignités, hypocrite, avare, intolérant, méchant, inhumain, despote, violent. » Le lecteur ajoute :

Au demeurant, le meilleur fils du monde.

J'étais prévenu contre ce Lepan, qu'on m'avait représenté comme l'ancêtre de nos Nicolardot; mais j'avais tort. Il est vrai que Lepan est un peu prompt dans de certaines accusations : ainsi il accuse Voltaire d'être mauvais citoyen, parce que Voltaire n'aimait pas à payer des impôts et s'était établi sur des terres libres; il cumule aussi les crimes dans une même affaire : Voltaire est ingrat, vindicatif, intolérant, méchant, tout cela à la fois pour sa conduite à l'égard des jésuites; enfin, tout ce qu'il donne comme preuve ne prouve pas, mais il a l'intention de donner des preuves; il a lu Voltaire, même il lui rend justice quelquefois, il lui reconnaît beaucoup d'esprit, et en somme il dit peu d'injures. Quand on le voit reprocher à Voltaire d'avoir été *peu délicat*, on ne peut s'empêcher de sourire de cette bénignité, et on songe à toutes les épithètes plus colorées dont ses continuateurs ont enrichi la langue de la polémique religieuse.

Voltaire s'est fait des ennemis qui ne lui pardonneront pas ; mais il s'y était résigné, et ne comptait sur eux ni dans cette vie ni dans l'autre ; aussi, après avoir fait restituer à quelques gentilshommes leur bien enlevé par des jésuites, il écrivait : « J'avoue que les jésuites me damneront ; mais Dieu, qui n'est ni jésuite, ni janséniste, ni calviniste, ni anabaptiste, ni papiste, me sauvera. » (8 déc. 1760.)

Personne n'est plus facile à saisir que Voltaire. Il n'a eu toute sa vie qu'une seule idée, faire triompher la raison, et il a tout subordonné à cette idée ; il a discipliné, pour les mener à la guerre, la philosophie, la science, l'histoire, le roman, la comédie et la tragédie, la prose et les vers : il les a disciplinés à l'excès, car enfin il n'est pas permis de composer une tragédie pour la préface ou les notes, pour appuyer la réforme judiciaire ou maltraiter le péché originel ; tout ce qu'il écrit sent le combat. On l'accuse d'être léger ; il faudrait peut-être l'accuser d'être trop sérieux. Il a beaucoup ri dans sa vie, il se couchait tous les soirs dans l'espérance de voir quelque sottise nouvelle le lendemain ; mais, s'il riait des sottises des hommes, il s'indignait de leurs injustices, et, quand il rendait ridicules les idées d'où ces injustices procèdent, ce n'était pas un jeu, c'était la tactique réfléchie d'une haine mortelle dans un pays où le ridicule tue. Il trouve qu'il est bien difficile de *débarbariser* le monde ; mais enfin il ne se décourage pas : « J'espère, dit-il, qu'un jour je ferai aimer la vérité » (26 juin 1756), et quelques années après (10 novembre 1768), il écrit : « La révolution s'opère insensiblement dans les esprits, malgré les cris du fanatisme. La lumière vient par cent trous qu'il sera impossible de boucher. » Il se rendait, dix ans avant sa mort, ce témoignage : « Je mourrai avec les trois vertus théologales qui font ma consolation : la foi que j'ai à la raison humaine, laquelle commence à se développer dans le monde ; l'espérance que des ministres hardis et sages détruiront enfin des usages aussi ridicules que dangereux ; et la charité, qui me fait gémir sur mon prochain, plaindre ses chaînes et souhaiter sa délivrance. » Quand il la vit arriver, il ressentit des transports dont la forte expression nous touche maintenant encore : « Nous voilà dans le siècle d'or jusqu'au cou (3 avril 1776). Il est temps de songer à vivre. »

M. Granier de Cassagnac, très-ami des idées neuves, et qui, pour cela sans doute, change d'idées de temps en temps, a découvert un beau matin que Voltaire n'avait servi en rien à la révolution française ; il n'est même pas impossible qu'il ait convaincu quelques personnes, tant un certain air de savoir impose à la foule qui ne sait pas. C'est avec cette même autorité qu'il a soutenu que l'esclavage est légitime et très-profitable aux esclaves. On ne se doutait pas, avant ce temps-ci, combien de choses on peut faire avec la parole.

Entendons-nous bien, Voltaire n'est pas un démocrate : il n'avait ni les idées ni la langue qu'il faut pour cela. La foule a des ignorances qui le confondent, des entraînements qui l'effrayent, des contradictions qui le déroutent ; le bien et le mal y sont pareillement violents, s'y mêlent et s'y combattent comme les éléments dans la nature ; il croit que la vérité, surtout la vérité morale, est placée dans une espèce de milieu où les esprits modérés, maîtres d'eux-mêmes et d'un sens délicat, peuvent seuls la saisir ; on conçoit les répugnances que sa raison éprouve pour le gouvernement de la foule. Il n'a pas non plus le style propre à la gouverner. Quand on parle au peuple, il faut le ton affirmatif, car il ne conçoit pas le doute ; il faut un grand appareil logique, car il ne voit qu'un principe à la fois ; il faut beaucoup de sentiment, car il a l'instinct honnête ; il faut de grandes images, car il est pris par les sens ; avec lui, il s'agit moins de frapper juste que de frapper fort ; dans les objets qui doivent être exposés à une multitude, il faut de fortes proportions, des contours saillants, un caractère simple et prononcé, point de délicatesses qui seraient perdues. On a inventé, à l'adresse du peuple, le style métaphysique, le style gigantesque et le style prophétique, qui ont réussi. Il s'indigne plutôt qu'il ne rit : il prend volontiers tout mal au tragique et sait qu'il a assez de force matérielle pour le faire cesser. Pour rire des idées et des institutions absurdes, il faut distinguer les nuances du mal, contempler d'un œil plus calme le train du monde et la nature humaine, qui amènent les choses les plus bizarres, avoir grande confiance dans l'esprit et croire qu'en définitive c'est la plus grande force qui soit ici-bas.

On voit combien peu Voltaire était appelé à être un démocrate, et sur ce point il ressemble entièrement à Montesquieu, qui n'a pas non plus épargné les duretés à la multitude. Si tous les deux vivaient encore, il n'est pas sûr qu'ils fussent corrigés, mais ils se diraient peut-être, dans un sentiment plus humain : « Après tout, les êtres qui composent cette foule ont une âme comme nous, une âme capable d'intelligence et de vertu, qui en donne souvent de bien grands signes ; ce sont des enfants ignorants, légers, souvent cruels, qu'il ne faut pas gâter en les flattant, mais qu'il faut aimer, même quand ils nous font du mal, pour en faire des hommes. »

Prenons donc Voltaire pour ce qu'il est; ce n'est pas un démocrate, c'est un libéral : il croit à une vérité, à un droit, à une liberté, à une dignité naturelle, auxquels le monde doit venir de plus en plus. En considérant comment les progrès passés s'étaient accomplis, il lui parut qu'à « la longue le petit nombre gouverne le grand, » et que même un seul homme, un roi ou un ministre philosophe, menent en un moment bien loin des nations entières. Dès lors son public était trouvé : il écrivit à l'adresse de la bourgeoisie, de l'aristocratie et des souverains.

Voilà donc Voltaire à l'œuvre pour captiver les grands. Il a toute espèce de séductions : Frédéric (quand ils sont bien ensemble) est Marc-Aurèle, le Salomon, l'Alexandre du Nord; Catherine, la Sémiramis du Nord; Richelieu, souverain sur les théâtres ou général d'armée, est Pollion ou Mon héros; Fleury,

> Le vieillard vénérable à qui les destinées
> Ont donné de Nestor les heureuses années ;

Choiseul, Barmécide; Turgot, Sully; Maupeou, Minos; madame de Saint-Julien, Papillon philosophe; madame de Rochefort, madame Dix-huit ans, puis madame Dix-neuf ans, sans plus. On sent que, lorsqu'on veut avoir les rois, on ne doit pas compter trop rigoureusement avec de tels personnages. Voltaire dut donc plus d'une fois exagérer l'éloge, donner beaucoup pour peu, afin d'obtenir plus, ne pas tout voir, au besoin paraître dupe, servir et les rois et ceux qui les servent, flatter quelques faiblesses, ne pas regarder de trop près à de certaines personnes et à de certaines choses; il se compromettait avec les puissants, mais il les compromettait. Bref, il vainquit, pour le profit de la raison et de l'humanité. Il ne s'agissait pas d'une révolution, mais de créer l'opinion, l'instrument de toutes les révolutions. Or, on se trouvait là enfermé dans un cercle : pour créer l'opinion, il fallait la liberté de parler; pour obtenir la liberté de parler, il fallait l'opinion. Voltaire conçut un plan hardi : il mit dans la conspiration les souverains de l'Europe, qui, naturellement, ne pouvaient être qu'à la tête; il leur donna un public, et désormais, parlant et agissant, ils furent toujours en scène pour plaire à ce public, qui les charmait et les subjuguait; ce fut entre eux une émulation perpétuelle pour un applaudissement de l'opinion, pour un mot d'éloge de celui qui la conduisait. Il écrivait en 1765 (il avait alors soixante et onze ans) : « J'ai trois ou quatre rois que je mitonne. Comme je suis fort jeune, il est bon d'avoir des amis solides pour le reste de sa vie. »

Il a bien fait de faire cela, et après lui on ferait mal de faire comme lui. D'abord, la philosophie est émancipée : elle perdrait plus en demandant qu'elle ne gagnerait en obtenant; puis il s'agit moins de convertir les puissances que l'opinion elle-même, qui, après plusieurs expériences, est fort désorientée. Il n'y a nulle part de doute sur les grandes vérités politiques et sociales que prêchait Voltaire; les vérités de détail sont moins évidentes : elles supposent beaucoup d'expérience, de réflexion et de mesure, elles veulent ce qui manquait aux esprits d'alors et qu'il sera toujours difficile de trouver dans des collections d'hommes, toujours entraînées par de violents courants. Le public n'est plus ce que le dix-huitième siècle imaginait : la raison universelle, indéfectible, la sagesse impeccable, possédant tous les principes et tous les faits, et appliquant les principes aux faits, pour résoudre immédiatement toutes les questions par une intuition surnaturelle et un raisonnement sans erreur. Il sait sûrement certaines choses, les choses premières, et ignore les autres ; il doute de la plupart ; il se trompe s'il décide trop tôt ; il est à chaque moment moins avancé que quelqu'un des hommes qui, obstiné sur un problème, par beaucoup de recherches, de méditations et de peines, l'a mûri ; et c'est cette science d'un individu qui, gagnant peu à peu du terrain, finit par pénétrer la majorité des esprits.

Quoi qu'il en soit, quand l'opinion naquit, elle eut d'abord une force prodigieuse : n'ayant encore rien fait, elle se regarda comme infaillible, elle se divinisa elle-même, elle s'adora. A part l'habileté, ce fut un singulier bonheur pour Voltaire d'avoir eu en sa faveur un tel préjugé.

Un autre bonheur qu'il eut, fut de naître au milieu d'une nation créée exprès pour seconder des entreprises comme la sienne. Il y a mille choses fâcheuses à dire du Français : il n'a aucune forme qui lui soit propre, il les traverse toutes successivement et n'en garde aucune ; ce qu'il déteste le plus, c'est la méthode dans la vie ; il est né pour ne pas être calviniste ni janséniste ; il n'a goûté de la Réforme que l'indépendance, n'entendant pas qu'elle nuisît aux plaisirs ; il a admiré la grandeur de Port-Royal comme une belle chose, sans être tenté de l'imiter ; l'idée la plus bizarre qui ait pu entrer dans la tête d'un parti politique, c'est de transformer les Français en Spartiates ou en Romains : ils emportent la liberté comme dans un assaut, ils ne se résignent pas à veiller pour la garder. Mais, quand on a bien maudit tous leurs défauts, il reste une nation qui a un admirable entrain et force les autres d'être sages ou de déraisonner avec elle. Voltaire comprit quelle puissance on a quand on a dans sa main une nation pareille; comme Napoléon, il s'en servit pour conquérir le monde; plus heureux que lui, il la garda jusqu'à sa mort.

Il est vrai que pendant tout ce temps il ne se reposa point et se fit toujours nouveau, pour plaire à cette nation changeante; mais, à part son génie, il eut aussi de merveilleuses habiletés. Ainsi, il ne mettait son nom à aucun de ses ouvrages, ce qui lui permettait de les nier s'ils réussissaient mal ou risquaient de le compromettre. Ses dénégations sont une des choses les plus amusantes que ses lettres renferment : il faut voir comme il traite l'auteur de ces œuvres dangereuses. Le soupçonner, lui, d'avoir eu de telles pensées et publié de pareils écrits ! « Je ne veux point choquer d'aussi grands seigneurs que les préjugés. » (1752.) « Je n'ai point fait l'*Ingénu*, écrit-il à d'Alembert; je ne l'aurais jamais fait. J'ai l'innocence de la colombe et je veux avoir la prudence du serpent. Les honnêtes gens ne peuvent combattre qu'en se cachant derrière les haies. » Par cet art, il déroutait la police, couvrait sa personne, agaçait ses adversaires et piquait la curiosité du public, qui, charmé de deviner l'auteur, se faisait son complice. Quand il démentait ouvertement quelque ouvrage, il s'amusait un peu : « J'ai vu dans le *Whitehall Evening-Post*, du 7 octobre 1769, n° 3668, une prétendue lettre de moi à Sa Majesté le roi de Prusse : cette lettre est bien sotte; cependant je ne l'ai point écrite. »

Au milieu des entraînements contraires du public, il n'était dupe de rien, pas même de ses propres tragédies. Il appelait nos tragédies des conversations en vers; il voulait qu'elles fussent des passions parlantes, que toute scène fut un combat. Il écrivait (28 mars 1740) à Gresset :

> Je vois presque partout de ces infortunées,
> A des pleurs éternels par l'auteur condamnées,
> Avec leur confidente exhalant leurs douleurs,
> Et, cinq actes entiers, répétant leurs malheurs;
> Des absurdes tyrans, brutaux dans leurs tendresses,
> Des courtisans polis cajolant leurs maîtresses,
> Un hymen proposé fait, défait et conclu,
> Cent lieux communs usés d'amour et de vertu :
> Le tout en vers pillés, en couplets à la glace,
> Cousus sans harmonie et récités sans grâce.

Il eut le mérite d'introduire Shakspeare auprès des Français. Ce ne fut pas sa faute s'ils s'enthousiasmèrent à leur façon, jusqu'à mépriser nos grands tragiques et le bon sens avec eux. Il fallut qu'il rappelât le public violemment, et il le fit dans sa lettre à l'Académie, qui est injuste, mais proportionnée à des esprits mobiles. Nous trouvons dans les *Lettres inédites* une lettre adressée à Necker à cette occasion, qui marque bien dans quel sentiment il fit cette démarche :

« Grand homme vous-même, monsieur; je ne consentirai jamais que Shakspeare en soit un si redoutable pour la France qu'on lui immole Corneille et Racine. Je suis assez comme ceux qu'on appelle les insurgents d'Amérique; je ne veux point être l'esclave des Anglais. Je n'ai écrit à l'Académie cette lettre dont vous me faites l'honneur de me parler, que pour me justifier d'avoir été le premier panégyriste en France de la littérature anglaise. Ce n'est pas ma faute si on a abusé des louanges que j'avais données aux bons auteurs de ce pays-là et si on a voulu me casser la tête avec l'encensoir même dont je m'étais servi pour les honorer. Ma lettre était d'un bon Français qui combattait pour sa patrie et qui ne voulait point que Paris fût subjugué par Londres. » (6 octobre 1776.)

Veut-on de la raison exquise? En voici, dans une lettre du 22 décembre 1766, à un M. Daquin, qui lui prêtait une opinion bizarre : « Vous citez M. de Chamberlan, auquel vous prétendez que j'ai écrit que tous les hommes sont nés avec une égale portion d'intelligence. Dieu me préserve d'avoir jamais écrit cette fausseté! J'ai, dès l'âge de douze ans senti et pensé tout le contraire. Je devinais dès lors le nombre prodigieux de choses pour lesquelles je n'avais aucun talent. J'ai connu que mes organes n'étaient pas disposés à aller bien loin dans les mathématiques. J'ai éprouvé que je n'avais nulle disposition pour la musique. Dieu a dit à chaque homme : Tu pourras aller jusque-là, et tu n'iras pas plus loin. J'avais quelque ouverture pour apprendre les langues de l'Europe, aucune pour les orientales; *non omnia possumus omnes.* Dieu a donné la voix aux rossignols et l'odorat aux chiens, encore y a-t-il des chiens qui n'en ont pas. Quelle extravagance d'imaginer que chaque homme aurait pu être un Newton! Ah! monsieur! vous avez été autrefois de mes amis, ne m'attribuez pas la plus grande des impertinences. » (22 déc. 1766.)

Il a de vives expressions qui ne font tout leur effet qu'en réfléchissant : « Je me cache quand je vois mourir la jeunesse; je suis alors honteux d'être en vie. — On s'égare en vains désirs jusqu'au moment de sa mort. — Je combats depuis quatre-vingts ans la nature en l'admirant. » Et ceci : « Pigale a sculpté mon squelette, mais il ne m'a pas guéri; il ne fait durer que du marbre; mais un plus grand maître que lui se joue de nos corps et de nos âmes et vous pulvérise tout cela. » (19 juillet 1770.) Dans cette correspondance inédite de Voltaire, comme dans la correspondance connue, comme dans les quatre-vingts volumes de ses œuvres, il n'y a ni un paradoxe ni une phrase.

Il y a dans les *Lettres inédites* des pages excellentes sur toutes sortes de sujets, sur les plus grands; eh bien! une de celles que je recueille avec le plus de plaisir est celle-ci, qui est sur un sujet bien humble. Il écrit à M. Tronchin, à Lyon (29 juillet 1757) : « J'ai une grâce à vous demander; c'est pour les Pichon. Ces Pichon sont une race de femmes de chambre et de domestiques transplantée à Paris par madame Denis et consorts. Madame Pichon vient de mourir à Paris et laisse des petits Pichon. J'ai dit qu'on m'envoyât un Pichon de dix ans pour l'élever : aussitôt un Pichon est parti pour Lyon. Ce pauvre petit arrive je ne sais comment; il est à la garde de Dieu. Je vous prie de le prendre sous la vôtre. Cet enfant est ou va être transporté de Paris à Lyon par le coche ou par la charrette. Comment le savoir? Où le trouver? J'apprends par madame Pichon des Délices que ce petit est au panier de la diligence. Pour Dieu, daignez vous en informer; envoyez-le moi de panier en panier, vous ferez une bonne œuvre. J'aime mieux élever un Pichon que de servir un roi, fût-ce le roi des Vandales. » Quelques mois après, l'enfant tombe malade. Voltaire écrit au docteur Tronchin une lettre pleine de renseignements sur la maladie et les effets du traitement commencé : « J'entre dans tous les détails; je voudrais sauver ce petit garçon. Qu'ordonnez-vous? »

On voit ce que fut Voltaire. Nous n'ignorons pas combien ce nom est mal famé. Pour beaucoup de dévots encore, il signifie un ennemi acharné des religions, quelqu'un qui veut « écraser l'infâme; » pour les démocrates, un courtisan; pour les hommes de pouvoir, un révolutionnaire; pour les littérateurs, l'auteur de la *Henriade;* pour les hommes moraux, l'auteur d'un roman et d'un poéme dangereux; pour toutes sortes de lecteurs, un personnage vaniteux, capricieux, ennemi sans pitié. Nous n'avons pas l'intention d'opposer à ce Voltaire peu flatté un Voltaire de fantaisie, de lui attribuer l'égalité d'humeur, la retenue, la patience, l'indulgence, le respect de toutes les choses respectables, l'âme du stoïcien, enfin de faire de lui un modèle de toutes les vertus, sans compter la difficulté de présenter à la fois aux républicains un républicain, aux conservateurs un conservateur de toutes choses; il est lui-même, il est Voltaire : l'homme de France qui a eu le plus d'esprit; un auteur et un poete, race irritable! un héritier de la veine gauloise, en tout temps fort libre, moins encore chez lui que chez d'autres, à qui on ne le reproche point; l'ardent apôtre de la justice, qui a puni par des coups bien rudes les bien grands excès du catholicisme, la Saint-Barthélemy et l'Inquisition; un grand cœur plein de la passion de l'humanité; dans ses relations privées, un bon homme sans faste de bonté, mais qui savait se défendre et pouvait dire de lui-même, à la fin de sa vie (1774) : « Je n'ai jamais succombé sous mes ennemis, et je n'ai jamais manqué à mes amis. »

Voilà Voltaire; et qu'est-ce qu'un voltairien? Ce que serait Voltaire dans notre temps de tolérance générale. Un voltairien est un homme qui aime assez à voir clair en toutes choses; en religion et en philosophie, il ne croit volontiers que ce qu'il comprend, et il consent à ignorer; il estime plus la pratique que la spéculation, simplifie la morale comme la doctrine, et la veut tourner aux vertus utiles; il aime une politique tempérée, qui préserve la liberté naturelle, la liberté de la conscience, de la parole et de la personne, retranche le plus possible de mal, procure le plus possible de bien, et met au premier rang des biens la justice; dans les arts, il goûte par-dessus tout la mesure et la vérité; il déteste mortellement l'hypocrisie, le fanatisme et le mauvais goût; il ne se borne pas à les détester, il les combat à outrance.

Je me propose de chercher ce que nous avons de Voltaire et ce qu'il pourrait nous donner encore. Commençons par l'avouer, si ce siècle se rattache à un philosophe, c'est à J. J. Rousseau. Prenez toutes les grandes influences de ce siècle : Chateaubriand, Mme de Staël, M. de Lamartine, Lamennais, George Sand, vous y trouvez l'inspiration de Rousseau, le spiritualisme, l'élan religieux, les grandes aspirations, le sérieux et même la tristesse. Paul-Louis Courier, qui fut populaire un moment, se rattachait à Voltaire; mais il n'était pas assez naïf, il avait dans sa manière trop d'érudition et d'artifice, et quelque chose de difficile, qui est la seule chose que ses imitateurs aient attrapée de lui. Béranger riait franc et conservait la tradition voltairienne, si, parlant au peuple, qui en masse veut un culte, sa muse devenant grave, il n'eût prêché le culte de Napoléon. On s'explique cette influence de Rousseau. Il a, il est vrai, de graves défauts et dans sa morale et dans sa politique. Comme la nature du sentiment est de prétendre se gouverner lui-même, s'épurer par sa propre vertu, remplacer le devoir par l'élan, il veut cela dans Rousseau, et prenant conseil de cet esprit paradoxal, il ne se refuse à aucune aventure; pour la politique, non plus, Rousseau n'a vraiment rien proposé de praticable. Mais enfin, quel qu'il soit, il est, par plusieurs endroits, supérieur à Voltaire. S'il ne dirige pas bien l'âme, il s'occupe de la diriger, de l'élever : il lui propose une perfection invisible à atteindre, le travail, le sacrifice en vue de cette perfection; il ne croit pas que ce soit assez pour l'homme de ne pas nuire aux hommes, même de les servir, il croit qu'après leur avoir rendu ce que nous leur devons, il y a quelque chose que nous nous devons à nous-mêmes, à notre dignité, à notre nature spirituelle et immortelle; à la vie sociale il ajoute la vie intérieure, et passionne les âmes pour elle; d'une sensibilité exquise, toujours inquiet, toujours agité par des désirs et des regrets, tourmenté par le rêve d'une perfection idéale, s'étudiant et se dévorant lui-même, il a peint cette vie de l'âme en traits de feu. En politique, moins sûr que Voltaire, il a une vue plus lointaine : il a découvert la force qui travaille les sociétés modernes, cette force de la démocratie que M. de Tocqueville a montrée à l'œuvre aux États-Unis et dont M. de Montalembert, dans son récent livre[1], signalait sincèrement le progrès jusque dans cette Angleterre où elle paraissait limitée pour toujours. Voilà ce dont notre génération a été frappée, et ce qui l'a donnée à Rousseau. Eh bien! malgré cela, malgré cette influence si forte, notre siècle appartient à Voltaire par quelque chose de plus fort. On a beau trouver des hommes qui soient, en de certains points, égaux ou supérieurs à Voltaire, quand on a énuméré les qualités par lesquelles tous les autres l'égalent ou le surpassent, il lui reste la lu-

---

1. *De l'avenir politique de l'Angleterre.* 1 vol. in-18.

mière. Les Grecs étaient épris de la lumière physique et lui faisaient en mourant de touchants adieux ; nous qui n'avons pas leur éther limpide, nous sommes épris de la lumière intellectuelle : notre esprit s'y reconnaît, s'y meut librement et s'y réjouit, il se débat et souffre dans les ténèbres, il s'agite jusqu'à ce qu'il arrive au jour ; c'est là le fond éternel de l'esprit français, qui a paru une fois à nu dans un homme, celui dont nous parlons ici. En voyant l'aspect divers que présentent nos générations successives, il ne faut donc pas se laisser tromper : c'est comme une médaille plusieurs fois refrappée à des types différents ; elle a porté plusieurs empreintes et porte en ce moment celle de Rousseau; mais le métal reste le même, et ce métal c'est celui dont l'esprit de Voltaire fut formé.

Laissez cet instinct de notre raison, et prenez l'ensemble de nos croyances, nous semblons assez loin de Voltaire; mais examinez. Entendons-nous mieux que lui ce que c'est que la création; comment le corps et l'âme sont unis; comment la liberté reste entière sous les influences qui la pressent? Savons-nous mieux que lui si nous avons été et ce que nous avons été avant notre existence présente et ce que sera notre existence future? Voilà bien des choses que nous ignorons, et je compte qu'on enregistrera cet aveu comme un témoignage de plus de l'orgueil des philosophes. Maintenant recueillez ce qu'il y a de plus constant dans les innombrables écrits de notre auteur, la croyance à Dieu, à la liberté, à la morale; fortifiez la distinction de l'âme et du corps et la conviction de l'immortalité, vous avez la philosophie de Voltaire, et avec elle la philosophie de l'immense majorité des Français de tous les temps et du nôtre.

Dans ce pays on ne perd pas terre volontiers; si quelqu'un s'aventure dans les espaces, on le regarde, mais on ne le suit pas; on tient plus à voir clair dans sa fortune qu'à l'augmenter; même on consent qu'elle diminue, pour le plaisir de rejeter les pièces fausses; plusieurs, par de tels scrupules, l'ont réduite à bien peu.

Notre philosophie étant ce qu'elle est, avons-nous fait ce que Voltaire n'a pas fait, avons-nous accordé la raison et la foi? Oui, si on définit la foi la croyance absolue aux vérités de la raison, ou la raison l'intelligence des vérités de la foi. Dans le premier cas, il est certain que toute idée réfléchie peut engendrer cette croyance entière; dans le second cas, la raison comprend ou ne comprend pas les dogmes révélés, mais elle n'a pas de dogmes à elle, et par conséquent ne répugne à rien. De quelque manière aussi qu'on définisse la raison et la foi, il est certain qu'elles ont des vérités communes : Dieu, la distinction du bien et du mal, la liberté, l'autre vie; mais quand on prend la raison et la foi dans leur nature propre et dans leur vigueur, l'une procédant par autorité d'en haut, l'autre par réflexion personnelle; quand on consent aussi à comparer toutes leurs croyances, alors les difficultés s'élèvent. Les désirs de conciliation sont louables, il est honorable de vouloir la paix de l'esprit humain; mais si on aime la paix sans tenir au rôle de pacificateur, si on veut être sincère avec soi-même et avec les autres, laisser de côté les phrases, les conventions, les sous-entendus et les malentendus, on en vient à dire de la raison et de la foi ce que Retz disait des droits des peuples et des rois : qu'ils ne s'accordent jamais si bien que dans le silence. La raison et la foi répondent à des instincts différents de l'humanité. Il y a des esprits avides de lumière que l'autorité ne contente point ; il y a des âmes faites pour le sentiment et l'action, qui, trouvant une doctrine existante, s'y établissent et lui empruntent ce qu'elle a d'utile pour la vie ; si la philosophie régnait seule, elles ne recevraient la philosophie que comme autorité. Que chacune donc de ces puissances, fidèle à soi-même, travaille chez soi, en présence de l'autre, décidée à la respecter et à profiter par son exemple : la raison se rappelant que la pensée n'est pas le tout de l'homme, et que même dans l'ordre de la pensée, il y a besoin de croire plus qu'on ne sait ; la foi se rappelant à son tour qu'elle n'a rien à gagner à soulever contre soi la vérité naturelle.

Pour le fond de l'esprit et l'ensemble des croyances, nous ne sommes donc pas si loin de Voltaire que nous semblons ; mais sur plusieurs points nous n'en sommes pas non plus si près que nous pensons, et il peut nous rendre quelques services.

Nos pères, instruits par lui, avaient vécu sur un certain nombre d'idées simples comme celles-ci : il n'y a qu'une raison et qu'une morale ; la fin ne justifie pas les moyens ; il n'est pas permis de violenter la conscience ; l'homme est naturellement libre : si à un moment il l'est, il doit le rester ; s'il ne l'est plus, il doit le redevenir ; les sociétés et les gouvernements n'existent que pour lui, pour le rendre meilleur, et plus heureux ; l'État n'est pas dans l'Église ; l'Église ne peut rien sur les dissidents que les persuader ; le moyen âge, qui a méconnu ces principes, est mauvais ; ce qui est resté du moyen âge dans les temps modernes est mauvais ; s'il a existé autrefois, il faut le condamner ; s'il subsiste encore, il faut le corriger. Par ces quelques idées, nos pères jugeaient tout promptement : c'était en eux comme un instinct. Il y a des choses qu'ils n'ont jamais comprises, comme les mérites de l'Inquisition. Pour nous, nous comprenons tout, nous avons tout expliqué et justifié. J'ose croire que nous ne ferons pas mal d'en revenir à un jugement plus grossier, à une appréciation plus brutale, si nous voulons qu'il y ait encore une distinction entre le vrai et le faux, entre le bien et le mal. On sait comme tout le monde que, pour instruire un procès, il faut tenir compte des temps, des lieux, des idées, des mœurs, etc.; qu'un auto-da-fé en cette année serait autrement monstrueux qu'un auto-da-fé au treizième siècle; mais, après qu'on a fait la part des circonstances, il faut que la loi ait son tour, qu'on l'entende et qu'elle parle fermement, pour maintenir son autorité entière. Il est sans doute regrettable de s'être montré trop sévère pour un fidèle de la Ligue, pour un fanatique de 1572 ou un ministre de Louis XIV en 1685 : il est toujours fâcheux de faire tort à un homme; mais il est bien plus fâcheux de faire tort à la justice, et c'est ce que nous faisons.

Un autre caractère de ce temps, c'est qu'on disserte beaucoup. Voltaire ne dissertait pas; il parlait à son public comme on parle entre gens qui sont d'accord, comme parlerait l'évidence. Le sens commun se montre et se moque de ceux qui ne le reconnaissent pas, or, la raison de Voltaire n'était que la raison naturelle réduite au plus clair, sans affectation d'étendue et de profondeur, jugeant toutes choses par quelques principes manifestes. Disserter en certains cas, c'est laisser croire qu'on a besoin de faire ses preuves; Voltaire s'en garda bien. Nous ne prétendons pas qu'après lui on pût sur tous les points continuer comme lui. Dans la philosophie, dans la politique, dans l'art, partout, les quelques principes universels qu'il avait pris en main avaient prévalu ; on voulut sortir des éléments, on fit des questions, et la science commença, et la dissertation avec la science. Nous en sommes encore là, et personne de sensé ne s'en plaint : lorsque les problèmes sérieux se pressent, on ne verrait pas avec plaisir dans des matières si graves une légèreté inconvenante ; mais il me semble que nous ne distinguons pas assez le clair de l'obscur et que nous dissertons trop souvent où nous devrions juger. Depuis qu'il a plu à M. de Maistre, pour combattre le voltairianisme, de prendre le ton de Voltaire, et qu'on le lui a laissé prendre, le combat a changé de face : la paradoxe a attaqué et le bon sens s'est défendu ; on a vu nier la certitude naturelle, la philosophie et la liberté de conscience, célébrer les institutions du moyen âge, le gouvernement absolu, soutenir l'esclavage, la théocratie, l'Inquisition, l'observation obligatoire du dimanche et la primauté du mariage religieux sur le mariage civil ; les plus honnêtes gens du monde et d'un grand mérite ont eu la bonté de discuter des assertions qu'il fallait siffler. Nous avons fait la raison trop humble. Je ne dis pas qu'on puisse, quand on veut, railler à la façon de Voltaire, mais on peut toujours mépriser.

Avec la raison de Voltaire, on fera bien aussi de prendre sa langue. Quand on a ôté l'harmonie de Fénelon, la couleur de Rousseau, la flamme de Pascal, il reste la clarté, il reste le style de Voltaire. Les autres qualités frappent, avertissent le lecteur et se font reconnaître ; la clarté est insensible, comme l'air où nous vivons plongés. Les autres qualités sont individuelles, appartiennent à un esprit, point à l'autre ; la clarté est l'intelligence, elle est la qualité de l'esprit humain. On se réjouit lorsque, après un brouillard qui confond tout, les objets se distinguent, prennent leur véritable forme et leur être propre; on se réjouit aussi lorsqu'une idée qui était en nous s'éclaircit, lorsque, après des obscurités, le jour se fait dans notre pensée, que la vraie nature et les vraies raisons des choses nous apparaissent dans leur ordre naturel. L'esprit français a le besoin de s'entendre avec lui-même et avec les autres, de se rendre compte; il consent à ne pas aller loin, pourvu qu'il sache à chaque moment au juste où il en est. Travaillé de ce besoin, il s'est fait une langue claire, limpide, régulière, où les mots se succèdent dans l'ordre logique des idées, en sorte que le lecteur n'a rien à deviner, rien à attendre, et, quelque part qu'il s'arrête, comprend toujours exactement ce qui a été dit; une langue de bonne foi, qui ne trompe point. Or, il y a une autre langue que celle de Voltaire, mais la langue française éternelle, c'est celle-là. Ce n'est pas assurément celle de certains artistes qui fleurissent de nos jours. Voletant où les maîtres ont volé, ils s'ébattent dans le style : à chaque page, toutes les couleurs s'y mêlent comme dans un kaléidoscope; toutes les harmonies, comme dans une symphonie fantastique; toutes les phrases sont travaillées comme un échiquier chinois. Ils ont inventé le chatoiement, les dissonances; ils ont, comme ils disent, *fouillé* la langue; ils s'appellent des ciseleurs. Vous concevez quel air a, près de ce français nouveau, l'ancien français, tout simple et naïf, qui ne voulait que bien faire voir la pensée, ne prétendant ni plus ni moins que cette pensée même, la suivant dans tous ses mouvements, s'élevant et descendant avec elle, égal aux plus grandes, les respectant assez pour ne pas les couvrir de son propre éclat et se respectant assez lui-même pour ne pas surfaire la valeur d'une pensée médiocre et pour ne pas parler à vide. J'imagine que Voltaire aurait traité ces artistes comme il convient : il aurait fait passer son *Pauvre Diable* chez ces convulsionnaires de la langue, au sortir des convulsionnaires de Saint-Médard. C'est, je crois, à propos de leurs ancêtres qu'il écrivait (1736) : « Pardonnez-leur de danser toujours, parce qu'ils ne peuvent pas marcher droit. »

Dirai-je un autre service que Voltaire peut nous rendre? il allége la vie. Il est permis, ce semble, de le recommander par là à notre génération attristée. Des choses que nous n'avons plus soutenaient nos pères du dix-huitième siècle : ils avaient une passion, des espérances et des goûts. La passion était la passion du bien-être public; l'espérance, l'espérance de le voir prochainement réalisé, de leur vivant; les goûts, le goût de l'esprit et celui de la galanterie. Ils étaient frappés, ils étaient abattus, mais ils se relevaient; après le premier moment de désespoir, ils se remettaient vite à vivre, comme les oiseaux mouillés par l'orage sèchent leurs ailes au soleil, puis volent et chantent; où d'autres auraient été submergés sûrement, ils surnageaient par leur légèreté. Ils ont traversé ainsi les temps les plus terribles, dépouillés et dispersés par toute la terre ou enfermés dans les prisons, jouant jusqu'au pied de l'échafaud. Pour nous, qu'avons-nous retenu de leur caractère? Nous n'avons plus leur passion du bien-être public ni leur espérance; ceux qui, après les mécomptes de ces soixante-dix années, espèrent encore, n'espèrent pas pour eux, persuadés que le progrès est infiniment lent, interrompu de temps à autre par des cataclysmes comme il y en a eu dans la création physique, et que d'ailleurs la parfaite sagesse et le parfait bonheur ne sont point de ce monde. Les goûts de nos pères ont aussi disparu : nous n'avons certainement pas l'amour qu'ils avaient pour les lettres ; on ne fait plus de tragédies, même au collége, et il n'y a que les vieillards qui fassent de petits vers. La galanterie, ce jeu délicat de l'esprit, est remplacée par le plaisir facile, la passion, le grave mariage, ou la conversation entre hommes à moins de frais. Nous sommes sérieux, il faut le dire : détachés de bien des affections qui nous ont trompés, nous avons conçu pour la famille un amour ardent, âpre, admirablement pur et fort, source de joies profondes mais inquiètes, et de profondes douleurs, après lesquelles on ne fait plus que languir et s'anéantir.

En recommandant la lecture de Voltaire, je distingue et avoue mes préférences. S'il fallait sacrifier quelque chose de lui, je donnerais les tragédies et les comédies pour garder les petits vers; s'il fallait sacrifier encore quelque chose, je donnerais plutôt les histoires, toutes charmantes qu'elles sont, que les romans; si on ne me permettait de garder qu'un seul ouvrage, je me ferais beaucoup prier, j'aurais des scrupules et des regrets infinis; mais enfin il y a une chose que je ne me déciderais jamais à livrer, c'est la correspondance. Pour ceux qui cherchent un intérêt dramatique, voici une guerre de soixante ans, conduite avec un courage et une tactique merveilleuse, par un général admirable, demeuré vainqueur. Si, outre la tactique, ils s'intéressent à l'objet de la guerre, l'objet est assez grand : c'est la guerre de la tolérance et de l'humanité. Pour ceux qui recherchent l'histoire, voici un homme qui a vécu près d'un siècle, a assisté à tous les événements importants, les a notés et caractérisés au passage. Pour ceux qui recherchent l'art, il est ici prodigieux. Il me semble que nos Français n'ont de supérieurs en aucun genre; mais où ils sont uniques, c'est dans l'art difficile des riens élégants. Dans les autres compositions, il y a un fond qui soutient, une matière qui fournit; ici la main est tout, par conséquent l'homme est tout; du même talent dont ils façonnent un bijou, ils façonnent une de ces compositions légères de substance, mais d'un travail exquis, comme les bulles de savon qui se tiennent en l'air et où se meuvent toutes les couleurs de la lumière; c'est quelque chose d'impalpable et d'impondérable, un souffle emprisonné dans une vapeur. Voltaire est maître dans cet art. Un homme de talent pouvait composer ses pièces de théâtre et ses épîtres; quelques vérités de bon sens développées admirablement font tous les frais de sa philosophie; dans l'histoire, il a des qualités qui peuvent se trouver chez d'autres : l'intelligence, la clarté, la rapidité, l'intérêt; ses petits vers, ses pamphlets et sa correspondance sont lui-même, ne sont qu'à lui. Quel génie se joue dans ces poésies, et ces plaisanteries et ces lettres immortelles! Or, tout ce qu'on admire dans les deux premières se retrouve dans les lettres avec une inépuisable abondance : vers faciles, railleries charmantes à propos de tous les personnages et de tous les événements qui ont passé, dans ce siècle agité, devant cet esprit curieux. Faites plus, retranchez de la correspondance de Voltaire ces agréments, elle sera encore la correspondance qu'on lit sans pouvoir la quitter, qu'on n'a pas égalée et qu'on n'égalera pas; l'art qu'elle renferme sera entier. Ce qu'il peut se succéder, pendant plus de soixante ans, d'amours, de haines, de plaisirs, de douleurs, de colères, dans une âme singulièrement impressionnable et mobile, est exprimé là au vif, comme sur la figure d'un enfant, chaque sentiment entier occupant toute l'âme, comme s'il devait durer éternellement, puis effacé tout à coup par un autre, qui fera le même effet et durera autant; variété inépuisable des sujets qui passent sous cette plume légère; séductions d'un esprit enchanteur qui veut plaire et invente pour plaire les tours les plus délicats, toujours aimable, toujours nouveau. Tout cela forme un des spectacles les plus attrayants qu'on puisse avoir en ce monde. Et la grâce plus sévère est aussi là : elle est dans le bon sens perpétuel de cette ferme raison et dans le dévouement du noble cœur qui, au lieu de se rassasier de sa propre gloire, se tourmentait pour toutes les injustices de cet univers et trouvait, pour exprimer son tourment, une éloquence meilleure encore que l'esprit.

Nous ne nous faisons pas illusion : il y a quelque chose qui empêchera toujours Voltaire d'être populaire, nous ne disons pas seulement dans le peuple, mais dans la foule des lecteurs : il se contente d'être parfait sans vous avertir; il ne s'annonce pas. Mettant à part les hommes vraiment éloquents qui, à de certains moments, se laissent emporter par le sujet et emportent les auditeurs avec eux, mettant, dis-je, ceux-là à part, il y a par ce monde tout un art de prendre le lecteur, qui n'a rien de commun avec l'art même. Voulez-vous le voir à nu, un peu plus ou un peu moins grossier, il est, dans les livres, une disposition matérielle, l'usage des italiques et des points, la distribution des alinéa et des chapitres; dans le débit, un silence qui annonce qu'on se prépare à quelque chose de plus fort, un *crescendo* de la voix, des gestes, un mouvement de toute la personne, qui parlent à ceux même qui n'entendent pas et leur font présumer des choses admirables; dans la peinture, la sculpture et la danse, ce qu'on nomme des poses ; enfin, quelque part que ce soit, un appel à l'applaudissement, qui, en général, ne manque guère. Si vous ajoutez à ces procédés extérieurs certains secrets de la composition même, le paradoxe, la tirade, l'air de bravoure, les pointes subtiles, les antithèses piquantes, les images qui donnent dans les yeux, le succès sera infaillible. Ce qui est le plus connu de Racine, c'est le récit de Théramène; de J.-J. Rousseau, l'évocation de l'ombre de Fabricius; dans les auteurs qui sont au-dessus du procédé, les pièces d'apparat encore, en un mot, tout ce qui orne les recueils de littérature. Mais la beauté simple, la beauté discrète qui ne se montre pas, celle-là passe presque ignorée et n'est connue que par quelques âmes vraies comme elle. Voltaire est assurément en ce sens l'un des auteurs les moins connus, et pourtant on fera bien de le lire, si on veut se dégoûter de l'effet.

En lisant ces lettres de Voltaire, et relisant les lettres précédentes, il vient à l'esprit une réflexion. Qu'on veuille bien examiner ce qui de nos grands écrivains est mis aux mains de notre jeunesse. Presque tout est du dix-septième siècle, un peu du dix-huitième, rien du seizième ni d'au delà. En général, je le reconnais, c'est un choix dans l'excellent : il y a là des choses bien faites pour former le goût, nourrir l'esprit et élever l'âme, ce qui est le propre objet de l'éducation; mais, excepté les *Fables* de la Fontaine, le *Lutrin* et quelques parties de Boileau et l'*Histoire de Charles XII*, le reste est bien raisonnable et demande quelque effort; ce sont, on l'avouera, des ouvrages très-sérieux que les *Oraisons funèbres* et l'*Histoire universelle*, de Bossuet, le *Petit Carême*, de Massillon, les *Dialogues sur l'éloquence*, de Fénelon, la *Grandeur et Décadence des Romains*, de Montesquieu, les tragédies de Corneille et de Racine, et le *Misanthrope* de Molière. Qu'y a-t-il alors pour la récréation et la passion? Rien de Rabelais, de Montaigne, des auteurs de contes et de nouvelles, rien de Rousseau que les passages les plus déclamatoires, rien de Voltaire, rien de Diderot, rien des auteurs plus modernes; pour tout excès, le *Télémaque*. Mais j'oublie les mille honnêtes histoires approuvées par les autorités compétentes, pauvretés morales d'un factice qui fait mal au cœur. On comprend qu'après ces austérités et ces fadeurs, il vienne un goût merveilleux pour les excitants d'une certaine littérature. Ainsi les trésors de la fantaisie de Rabelais, et le bon sens exquis avec lequel il critiquait l'éducation, les nouveautés littéraires, la religion, la politique de son temps, tout un monde en plus d'un point semblable au nôtre, la verve ingénieuse de Montaigne, le haut comique et les mouvements passionnés des *Provinciales*, l'art charmant des conteurs, les scènes riantes des *Confessions*, les langueurs des *Rêveries*, l'esprit infini et l'éloquence de Voltaire et sa grâce et sa raison, puis tout ce que notre siècle a produit, j'entends dans le parfait, de plus vivant et de plus attrayant, tout cela pour notre jeunesse n'existe pas. Il y a du sérieux dans l'esprit français, mais il y a aussi une grande part de gaieté, comme on le sait, et notre raison rit volontiers. Or, on conduit notre jeunesse à la plus noble école qui soit; mais cette école est bien sévère pour ses esprits légers. Ne sont-ils donc pas des maîtres aussi ceux qui n'ont pas le ton de maîtres et qui enseignent en jouant, qui enseignent la vie à ceux qui vont vivre! Ils ont été les précepteurs du genre humain et ils ne sont pas les nôtres! et on croit qu'il est indifférent qu'à l'âge où notre âme, encore inconsistante, mais pleine de rêves, cherche une forme, on la laisse chercher toute seule, au hasard des rencontres bonnes ou mauvaises, et que lui proposant toujours des œuvres à admirer, on ne répond pas à son instinct, on ne la captive pas?

J'ai dit de Voltaire ce qui me semble vrai, sans me préoccuper ni des enthousiasmes ni des colères que son nom suscite toujours; c'est la seule attitude qui soit digne de la philosophie. Elle travaille pour mieux que le succès d'un jour. Ce jour-ci appartient à la réaction religieuse, dont on voit les excès. On a accusé les philosophes actuels d'avoir aidé à cette réaction, en glorifiant le spiritualisme et le christianisme. Si c'est une faute, ils l'ont commise, car il est certain qu'ils ont vigoureusement combattu la philosophie matérialiste, combattu et détruit. Il est certain aussi qu'ils ont dignement parlé du christianisme, qu'ils ont mis en honneur le sentiment religieux, et ont vu dans les religions des croyances respectables, des solutions naïves des plus grands problèmes, des efforts pour atteindre à la vérité et à la perfection, autre chose enfin que le produit du mensonge et de l'imbécillité. Les travaux de MM. Royer-Collard, Cousin et Jouffroy, et après eux les enseignements d'un grand nombre d'hommes formés à leur école pendant une quarantaine d'années ont contribué à répandre un nouvel esprit; le catholicisme en a profité, et des écrivains catholiques (les violents parlent plus haut que les sages) ont choisi ce moment pour s'aviser que la philosophie n'est bonne à rien et qu'elle est très-nuisible. Tout cela est naturel et n'a rien de fâcheux: il n'y a jamais de mal à avoir été juste. C'est le mauvais parti pour ceux qui ont envie de jouir vite; mais quand on n'est pas pressé, quand on met tout à son rang, les principes au-dessus des hommes, la vérité au-dessus de la vanité, c'est le bon parti. Comme tout va en ce monde par réaction, on ne craint point les réactions. Pendant quelque temps la philosophie, cherchant sincèrement pour son compte, au lieu d'affirmer hardiment, a laissé flotter les esprits; des habiles en ont profité pour s'emparer de ces esprits sans maître; il n'y a là rien d'étonnant, et la seule tactique à suivre, à la fois honorable et profitable, c'est de travailler de telle sorte qu'à une heure donnée ils soient seuls de leur avis. On en revient toujours à l'alternative que proposait notre spirituel économiste Bastiat, il faut choisir : corriger Tartufe ou déniaiser Orgon; pour lui, il choisissait de déniaiser Orgon, trouvant trop difficile de corriger Tartufe ; et je crois qu'il avait raison.

1857.

DU RÉALISME.

La critique est fâcheuse à exercer : c'est la morale littéraire, suspecte et triste comme toute morale ; puis ce temps-ci est particulièremnt dur à la critique. Autrefois la jurisprudence était fixée, il ne restait qu'à appliquer le principe aux cas particuliers ; maintenant tant d'ouvrages de mérite sont survenus en dehors des règles et se sont fait place, que tous les principes sont flottants. J'ai connu, il y a une vingtaine d'années, un classique de la vieille roche professant l'horreur des romans nouveaux ; les romans étant alors couverts de jaune, il divisait la littérature en deux classes : la littérature jaune et celle qui ne l'était pas. Aujourd'hui que les romans étalent toutes les nuances de toutes les couleurs, il serait bien déconcerté, et, pour condamner les livres, il serait obligé d'avoir des raisons. C'est là que nous en sommes. Quoi qu'il en soit, aventurons-nous.

Il s'agit du réalisme. M. Champfleury prétend en donner le programme. C'est, en deux mots, la reproduction de la réalité toute crue, sans aucun sacrifice à l'intérêt, qu'on appelle un faux dieu. Malgré ce programme menaçant, je me permets de ne pas craindre pour la littérature. D'abord, en ce qui concerne le mépris de l'intérêt, nos Français continueront vraisemblablement à sacrifier aux idoles. S'il y a un caractère des ouvrages français dans tous les genres, c'est l'intérêt; nous ne travaillons pas pour nous seuls; nous sommes, le pinceau ou la plume à la main, comme dans une conversation, toujours désireux d'intéresser; c'est même par là, en grande partie, que nous plaisons aux autres peuples. Qui n'intéresse pas ennuie, et cela résout la question. M. Champfleury ne distingue pas assez entre le réel et le plat. La réalité insignifiante ne compte point : pour qu'une figure qui passe, pour qu'un événement qui arrive méritent d'être peints, il faut qu'ils disent quelque chose; sinon ils sont, comme on dit, nuls : ils ne sont pas. Il ne suffit pas de mettre la tête à la fenêtre pour voir un drame; pour qu'un visage et un assemblage de visages vaillent la peine d'être représentés, il faut qu'il s'y révèle une âme; la foule devient autre chose que la foule, devient un sujet digne d'être représenté quand, dans cette foule, il y a une âme, que ce soit la joie, la douleur, l'espoir, la crainte, la pitié, la fureur ou l'héroïsme.

Pour moi, je veux remercier l'auteur du service qu'il m'a rendu. J'avais cru jusqu'ici qu'un roman était chose difficile, et qu'un roman réaliste était chose plus difficile que les autres romans, parce qu'il fallait le nourrir d'observations prises sur le fait; me voilà très-rassuré. Sans aller tant courir le monde, j'étudierai la nature humaine au coin de mon feu dans la *Gazette des Tribunaux*; après cela, il faudrait bien jouer de malheur si, en prenant la fleur des crimes, je ne réussissais à faire mon petit roman.

J'ai encore à M. Champfleury et à ses disciples une autre obligation dont ils ne se doutent pas. La vie ordinaire est en elle-même assez terne; mais quand on a lu certains romans réalistes, par la comparaison, tout semble poétique, et les meubles de sa chambre, et les ustensiles de son ménage et les passants de la rue ; on embrasserait M. Prudhomme, qui, dans le genre vulgaire, était distingué.

Après les idées que nous avons vues, on ne s'étonne pas que M. Champfleury méprise les vers ; mais on ne revient pas de sa surprise quand on le trouve d'accord là-dessus avec l'homme qu'on en aurait soupçonné le dernier, avec M. de Lamartine. Il a écrit dans son quatrième Entretien, sans doute pour le plaisir du réalisme, la page qui suit : « Si maintenant on nous interroge sur cette forme de la poésie qu'on appelle *le vers*, nous répondrons franchement que cette forme du vers, du rhythme, de la mesure, de la cadence, de la rime ou de la consonnance de certains sons pareils à la fin de la ligne cadencée, nous semble très-indifférente à la poésie, à l'époque avancée et véritablement intellectuelle des peuples modernes. Nous dirons plus : bien que nous ayons écrit nous-même une partie de notre faible poésie sous cette forme, par imitation et par habitude, nous avouerons que le rhythme, la mesure, la cadence, la rime surtout nous ont paru une puérilité et presque une dérogation à la dignité de la vraie poésie. »

Que dites-vous de cela ? En vérité, si Newton vivait, il parlerait mal des mathématiques ! Non, on n'acceptera pas ce jugement ; M. de Lamartine n'est pas libre de renoncer à sa gloire, qui est à nous ; quand on renonce à ce bien-là, on s'appauvrit et on n'enrichit personne. La poésie, comme les autres arts, a sa forme, mesure, rime ou toute autre, mais sa forme enfin, tout ce qui presse la parole pour l'arrêter, la définir, lui donner la consistance et l'éclat ; et cette forme n'est pas une invention puérile ou arbitraire, mais une harmonie naturelle, une splendeur naturelle, qui éclate dans les *Méditations*, qui éclate dans les *Harmonies*. M. de Lamartine a beau dire ; la France n'en croira pas sa critique, elle en croira ses vers.

Mais, en effet, qu'importent les vers, si on n'a à y mettre que ce que le réalisme nous donne ! Poésie, où es-tu ? que l'on se rafraîchisse dans tes eaux vives. Es-tu le mensonge que Dieu a fait pour nous consoler de la vie ? ou plutôt n'es-tu pas la vie même, puisque tu es l'aspiration incessante vers quelque chose de mieux ? Le jour est sombre, les nuages s'amassent, la pluie tombe ; elle cesse enfin, l'eau est bue par la terre ou par l'air, il n'en reste qu'une goutte sur une feuille ; le soleil vient, la frappe et en fait jaillir les couleurs ; cette goutte d'eau et ce rayon de feu, c'est la poésie, charme du monde.

Il faut prendre sur soi pour être juste, après qu'on a été blessé, et pourtant il ne faut pas que la vérité souffre. Il y a un autre réalisme que celui dont nous venons de parler. Dans tous les temps les esprits se partagent en deux classes. Les uns, curieux, observateurs, se réjouissant de voir ce qui est, ne peuvent se rassasier d'étudier la nature dans sa variété infinie ; tout entiers à cette recherche, ils jugent moins : toute forme leur plaît dès lors qu'elle existe, comme une forme de plus dans l'univers. Les autres, hommes d'imagination et de sentiment, rêvent une nature plus parfaite et corrigent celles qu'ils voient ; ils ont des préférences, des antipathies : ils supprimeraient, s'il dépendait d'eux, certaines formes ; en tout cas ils les excluent de l'art. Les premiers aiment ce qui est, la réalité : ce sont les réalistes ; les seconds aiment ce qui devrait être, l'idéal : ce sont les idéalistes. Ce que je dis là est ancien comme le monde, j'ai honte de le dire, et je ne le dis qu'à ceux qui semblent l'avoir oublié.

C'est, dans la philosophie, l'opposition d'Aristote et de Platon ; dans la peinture, l'opposition des Hollandais et des Italiens ; dans la politique, l'opposition de Montesquieu et de Rousseau ; dans la littérature, l'opposition de Shakspeare et de Racine. J'avoue mon faible pour ceux-ci ; mais quelle perte, grand Dieu ! si on perdait ceux-là ! Quels trésors de science ! Quelles merveilles d'observation ! Dieu merci ! ce réalisme-là, qui n'est que l'observation de la vie, n'est pas perdu chez nous. Il est dans le roman, depuis l'immense *Comédie humaine*, jusqu'à ce tableau restreint, mais de forme parfaite, *Colomba* ; au théâtre, dans les vives comédies de nos auteurs, et même dans la tragédie, qui semblait s'y refuser davantage. Mais où il domine, c'est dans l'histoire. Il y est entré le jour où un historien a retracé la physionomie distincte des pays, des temps, présenté les hommes dans la complexité de leur caractère et les faits dans la variété de leurs accidents, sans fausse idée de noblesse, y mêlant le grand et le petit, comme fait la fortune. Augustin Thierry a écrit ainsi l'histoire, et depuis lui on ne l'écrit pas autrement : elle ne ressemble plus à une tragédie de l'Empire, où des personnages abstraits conduisent une action abstraite ; elle vit, et de la vie des temps. Dans l'*Histoire des ducs de Bourgogne*, dans l'*Histoire de la Révolution d'Angleterre*, dans l'*Histoire de France*, dans l'*Histoire du Consulat et de l'Empire*, pour ne parler que des anciens maîtres, les passions respirent, les faits se développent, les individus se détachent, le bien et le mal y sont ensemble ; tantôt l'un, tantôt l'autre monte à la surface, poussé par les courants de la passion humaine, parfois ils se perdent dans un alliage indiscernable. Je me rappelle avoir eu, un jour surtout, un vif sentiment de la réalité dans l'histoire. J'étais habitué à me représenter Napoléon passant le Saint-Bernard, comme il est représenté dans le tableau de David, l'air inspiré, les cheveux au vent, sur un cheval qui se cabre; en ouvrant l'*Histoire* de M. Thiers, je le trouvai simple et tranquille, causant avec son guide, un jeune paysan qui ne le connaît pas, lui faisant raconter sa vie, ses plaisirs, ses peines, puis lui donnant un champ, une maison, le moyen de se marier avec la fille qu'il aime, faisant un heureux, et je lisais cette réflexion de l'historien: « L'âme humaine, dans ces moments où elle éprouve des désirs ardents, est portée à la bonté; elle fait le bien comme un moyen de mériter celui qu'elle sollicite de la Providence. » Voilà la réalité, l'éloquence et la poésie de la réalité, bien au-dessus de toutes les compositions des historiens et des peintres; mais il n'appartient pas à tout le monde d'en saisir le sens, d'en rendre la force; il est plus difficile de comprendre ainsi la nature que de l'inventer.

Revenons au roman, puisque c'est lui que nous avons surtout en vue, à cause de sa popularité. On est charmé qu'il étudie la nature et la représente vivement, mais il y a un grave reproche à lui faire: il s'est complu à mettre en jeu la nature physique, et là il s'est tout permis. Quand on l'accuse d'être immoral, il allègue les nécessités de la science et les dénoûments par lesquels il croit tout réparer; examinons cette défense. On discute toujours si tel roman est moral ou immoral, et on n'est guère d'accord. Quelques-uns soutiennent encore la moralité d'un livre où le vice est puni et la vertu récompensée: le livre étant immoral quand la vertu n'est pas récompensée et que le vice n'est pas puni; immoral au premier chef quand c'est la vertu qui est punie et le vice récompensé. Je ne méprise pas la justice naïve des romans où la Providence, qui s'est cachée pendant l'action, intervient à la fin, avec bonhomie, pour donner à chacun ce qui lui est dû, noyant les scélérats et faisant surnager les innocents. S'il n'est pas vrai qu'il en soit toujours ainsi, au moins il n'est pas mal que cela soit, et, tout en ne croyant là-dessus que ce que je veux, je sais gré à l'auteur du plaisir qu'il a désiré me faire ; il me blesserait de parti pris en renversant les choses. Mais, pour que le livre soit bon, suffit-il qu'il fasse une bonne fin? Si le long du chemin, l'imagination avait été blessée, le sentiment émoussé, est-ce que la leçon finale réparerait tout? N'y aurait-il pas à craindre qu'une fois le livre fermé, le dénoûment pris à sa valeur, l'impression produite par les pensées et les images ne revive et ne continue dans la vie réelle? Dénouez vos récits comme vous le voudrez, le coup donné à l'imagination et au sentiment atteint seul au fond, seul persiste, seul agit sur la vie ; et, s'il y avait un temps où les écrivains prissent plaisir à mettre dans notre esprit, dans nos yeux, les images vivantes des choses dont l'idée seule nous trouble, ce serait un temps mauvais. On ne vous demande pas de faire la morale, on ne demande pas à l'art qu'il se mette à prêcher ; on ne veut pas que toute sculpture, que tout tableau, que tout roman soit une leçon de vertu ; ce serait à prendre la morale et la vertu en grippe. Etudiez la nature humaine, rendez-la ; si vous êtes un artiste, l'art lui-même vous avertira, vous retiendra. Si vous n'êtes pas un artiste, qu'êtes-vous donc? « Ce jour, nous ne lûmes pas plus avant, » dit la Françoise de Dante. Dante n'avait pas deviné toutes les ressources de la littérature : il s'arrête là ; où il finit les réalistes commencent. Vous rappelez-vous dans les anciens romans, à tous les endroits critiques de passion ou d'horreur, ces lignes de points où le lecteur se heurtait? Comme ces points avaient un air honnête! Cependant les écrivains tremblaient de leur audace : les moins hardis mettaient une ligne unique, de plus hardis plusieurs lignes, les plus hardis toute une page, tout un chapitre. Pauvres gens hardis! Ces points, c'est le roman actuel : ils sont la passion, ils sont l'émotion, là est le ciel, là est l'enfer, tout ce qui est fort, ce qui ravit, ce qui brise, ce qui vaut la peine d'être et d'être dit. Mon Dieu oui, voilà l'art réaliste. On tremble en songeant qu'un jour peut-être les réalistes, à leur tour, mettront des points. Car enfin je les avertis qu'ils sont faibles, monotones, et que, s'ils n'y prennent garde, le goût du lecteur se blasant, ils seront fades un beau matin tout comme nous.

L'homme fait beaucoup de choses comme l'animal; mais, quoi qu'il fasse, il le fait en homme, il y apporte quelqu'une de ces choses : mesure, esprit, sentiment, délicatesse, conscience, dévouement. Les réalistes les suppriment. Il y a dans l'homme deux réalités : ils laissent l'une et prennent l'autre, qu'ils appellent la réalité; de quel droit? Comme si le bien n'était pas aussi réel que le mal! Comme si les remords de Phèdre n'étaient pas aussi réels que sa passion! Quoi! la timidité d'un cœur qui craint d'avouer qu'il aime, le combat, le scrupule de violer la foi engagée, la douleur d'y avoir manqué, la honte de s'être donné à des êtres indignes, le désir de se relever, tout cela n'est pas réel? Eh! qu'y a-t-il de plus réel? qu'y a-t-il de plus humain? N'est-ce pas nous-mêmes? Et quelle heureuse inspiration pour des romanciers, pour des gens qui recherchent le mouvement et la vie, de retrancher cet élément! Il y a une histoire de la vertu, celle de ses efforts pour se maintenir, histoire aussi variée que les caractères et les circonstances ; il y a une histoire de la passion, de sa naissance, de ses progrès, de ses emportements, histoire toujours refaite depuis le commencement du monde et toujours nouvelle et qui le sera toujours, car le même soleil n'éclaire pas deux fois le même monde ; mais il y a un amour qui n'a pas d'histoire ; et c'est lui que vous avez choisi. La passion de l'âme ne justifie rien, mais elle relève tout, et dans l'art, qui ne saurait s'en passer, et dans la vie, où elle plaide pour notre faiblesse devant le devoir sévère. Ne nous en croyez pas si vous voulez ; croyez du moins un critique dont la bienveillance pour vous ne vous est pas suspecte. En parlant d'un des plus brillants de vos livres, M. Sainte-Beuve, après avoir tout touché finement, à l'ordinaire, arrivé là, vous a blâmés. « Il y a des détails bien vifs, scabreux, et qui touchent, peu s'en faut, à l'émotion des sens ; il eût fallu absolument s'arrêter en deçà. Un livre, après tout, n'est pas et ne peut jamais être la réalité. Il y a des points où la description, en se prolongeant, trahit le but, je ne dis pas du moraliste, mais de tout artiste sévère. »

Les moralistes réclameront pour la morale. Nous réclamons pour l'art et pour le monde. L'un et l'autre veulent qu'on se gêne ; ils veulent qu'on ne dise pas tout ni de toute manière ; ils font un choix dans ce qui est et le relèvent par la forme ; seulement ce qui est éclat dans l'art est délicatesse dans le monde. Lorsque ces deux choses seront perdues, nous aurons fait de grandes pertes ; nous sentirons combien il est dur de n'avoir plus rien pour oublier la vulgarité de la vie ; nous regretterons ces moments d'existence artificielle, plus élégante et plus aimable, que les fictions et les conventions nous avaient faite. L'art ne peut pas être mauvais tout seul, il façonne la conversation du monde, qui se nourrit des lectures que chacun a faites chez soi et juge en public. Or il serait curieux d'assister à une conversation entre hommes et femmes sur les livres réalistes ; si de plus la conversation était réaliste, elle serait piquante ; sans en venir là, nous savons ce que c'est qu'un salon où flottent dans l'air, entre les personnes qui le composent, toutes les images rapportées de ces lectures étranges. Et ce n'est pas le fait de quelques jeunes gens que ces hardiesses de peinture. Madame Sand elle-même a écrit la dernière partie de son roman de *Daniella*, et M. Michelet a écrit cet autre roman, *l'Amour*, œuvre de poésie idéale et de médecine crue, qui ne pouvait être écrite que par cet esprit charmant dans ce temps étrange. Là de tendres époux mettent leurs parents à la porte et leurs enfants au collège pour mieux s'aimer ; le devoir aussi a été congédié et l'amour mis en recettes. Un journaliste a dit que c'est le code du mariage ; le Code, non, mais le *Codex*.

Je veux louer M. Alexandre Dumas. Dans tout ce qu'il fait (et que n'a-t-il pas fait ?) il y a à plaisir de l'invention, du mouvement, de l'intérêt, il varie son action, il fait dialoguer ses personnages avec un entrain merveilleux ; tout cela est français comme ces Français d'Horace Vernet qui montent à l'assaut de Constantine. Il a enlevé les lecteurs de Paul de Kock et séduit toute une autre classe de lecteurs, plus difficile ; c'est assurément quelque chose de nous avoir amusés honnêtement pendant vingt années. Mais c'est aussi là le danger qui le menace. Il peut être lu par tout le monde ; ce qui me fait craindre que bientôt on ne le lise plus. Le public actuel veut des plaisirs moins innocents; ce qui peut se dire ne vaut pas la peine d'être lu. Si donc il tient à garder le public, qu'il se corrige, il est encore jeune (et il sera toujours jeune), sa plume est encore assez vive pour nous donner de ces descriptions colorées qui nous plaisent; sinon, il sera rangé parmi les auteurs moraux et finira ses jours dans le *Journal des Demoiselles*. Son fils promettait davantage : le demi-monde était un magnifique sujet qui mettait en goût; mais, retenu par un reste de la timidité paternelle, il n'en a pas tiré parti : il s'est contenté de l'attrait d'une invention ingénieuse, d'une observation pénétrante et d'un langage vif; ses personnages suspects vivent en plein jour, au salon; le soir, il leur dit bonsoir, et n'a pas osé quelques chapitres de littérature nocturne, si avenante aux lecteurs d'à présent. On a crié au scandale, parce qu'on osait parler de lui; supposez qu'il eût risqué davantage, chacun l'aurait lu et personne n'aurait crié, de peur de paraître l'avoir lu, sauf quelques journalistes, qu'on laisse dire. En fait de scandale, il ne faut rien à demi. On raconte qu'un homme entrant dans un salon alla s'asseoir maladroitement sur le chat : le chat grondait; il l'étouffa, le chat se tut. M. Flaubert et M. Feydeau ont étouffé le chat et s'en trouvent bien.

En cherchant quelle pouvait être la cause des étrangetés philosophiques, morales et artistiques de notre temps, il m'est venu une réflexion, il me semble qu'il serait injuste d'attribuer la même valeur à toutes les pensées et à tous les sentiments qui se produisent dans une nation. Il y en a d'essentiels, dont le fond est l'homme même; il y en a de passagers, qui ne viennent plus cette fois du fond, mais d'un accident.

Telle maladie physique donne à nos idées et à nos sentiments un caractère qui disparaît avec elle : dans la fièvre, c'est un accès; dans de certaines affections organiques, c'est une crise; l'âme, de son propre mouvement, a aussi des crises, dans lesquelles on écrit *René* ou *Lelia*; puis cela passe, la nature reprend son équilibre, la vie son cours normal, on revient à soi et alors on s'étonne de ce qu'on a été. Pourquoi les peuples n'éprouveraient-ils pas ces désordres? Pourquoi ne distinguerait-on pas aussi en eux ce qui est leur esprit, leur âme même, et ce qui est simplement un accès, une crise, un état? Il y a pour eux de bons et de mauvais temps. Dans les bons temps le but est fixé, la route droite, au soleil, la vue nette, le pas ferme; toute la personne en harmonie se dispose pour une action, on se sent mouvoir et vivre; dans les mauvais temps, le but est caché ou mouvant, la route incertaine, le pas mal assuré, une lumière fausse trouble la vue et altère les couleurs et les formes des choses, on perd le sentiment de la réalité et on marche comme dans un rêve. Si nous en sommes là, ce n'est qu'une épreuve, et le génie solide de cette nation est capable d'en supporter bien d'autres; je ne m'effraye plus de la perturbation de ses sentiments et de ses idées : c'est une langueur, une crise, dont elle se remettra. Le vent tombe en mer, le vaisseau s'arrête, ses voiles battent contre les mâts, il tangue et roule, s'agite dans le malaise; le vent se lève, le soulage, le redresse, il va maintenant.

Pour parler particulièrement du caractère licencieux de l'art actuel, il n'est pas, non plus que le reste, la maladie, mais le symptôme; la maladie est plus profonde. Elle a existé d'autres fois et ramené les mêmes apparences. Avant les romanciers de ces années, il y a eu Pigault-Lebrun, qui a occupé toute la période du Directoire à la Restauration. Alors vinrent la politique et l'éloquence, qui enlevèrent les âmes plus haut. On admire le long succès de Pigault-Lebrun, on s'en est demandé la cause, et on s'est fait une fâcheuse idée d'une société qui pouvait se plaire à de tels romans ; mais il n'y a là rien qui surprenne. Quand une société est employée à de mâles occupations, et la plus mâle est de se gouverner elle-même, lorsqu'elle accepte bravement le travail et consent à souffrir pour que ses enfants soient plus heureux, quand elle s'honore devant eux de ses efforts, quand la parole est une action, quand cette société a la conscience de tenir dans ses mains puissantes ces deux forces, l'ordre et la liberté, dont l'alternative est, pour ainsi dire, la respiration du monde, alors naturellement elle se respecte et veut qu'on la respecte, elle veut de nobles loisirs ; la littérature les lui offre, l'amour qu'elle veut qu'on lui représente aspire au grand. Mais, lorsqu'une société s'abandonne elle-même, et que, déchargée des soins généraux, les particuliers n'ont plus qu'à jouir, alors, au lieu d'être un délassement, la littérature devient la grande affaire ; il faut qu'elle amuse le public, qu'elle le réveille et le pique sans scrupule, sans autre soin que de lui plaire, et il s'amuse, en effet, quoiqu'il ne s'en vante pas toujours. Quand on ne fait rien, on fait le mal, pour faire quelque chose.

1859.

LE P. VENTURA DE RAULICA.

Nous venons de lire les ouvrages du P. Ventura, lecture considérable, si l'auteur n'avait pas pris soin de se répéter un peu. Nous avons vu dans les *Avertissements* des éditeurs que le P. Ventura est le premier savant de Rome, que s'il y a en Italie des théologiens, des apologistes de la religion, des philosophes, des publicistes, des orateurs, des littérateurs très-distingués, il n'y a que le P. Ventura qui soit en même temps et à lui seul tout cela, qu'il a ramené dans les chaires chrétiennes (il s'en fait lui-même honneur) l'Écriture et les Pères; que chacun de ses discours a presque l'importance d'une révélation; qu'il est le Bossuet italien. Nous parlerons de lui avec la considération que tous ces titres méritent. Sans doute, en y regardant de près, nous n'aurions pas toujours à nous louer de lui : il nous a traités assez rudement; mais, s'il nous fait du mal, ce n'est pas par malice, c'est qu'il est fort et qu'il frappe de très-haut : quand il touche, il écrase : aussi nous nous imposons à son égard une réserve extrême, dont nous espérons bien ne jamais nous départir.

Voici où il a pris la science et où il l'a laissée. On disait anciennement : La raison et la foi sont deux ; l'une connaît les vérités naturelles, l'autre les vérités surnaturelles, et on se donnait beaucoup de peine pour les accorder. On disait encore : Le pouvoir politique et le pouvoir religieux sont deux ; l'un a la terre, l'autre le ciel, et on se donnait aussi beaucoup de peine pour les accorder. Or d'où vient la lutte entre la raison et la loi, entre le pouvoir politique et le pouvoir religieux? De ce qu'il y a deux choses. Supposez un moment qu'il n'y en a plus qu'une, il n'y a plus de lutte. Cela est simple, mais il fallait le trouver, et le P. Ventura l'a trouvé.

Dieu, au commencement, a révélé à Adam la science universelle; depuis, elle s'est en partie perdue, mais il en reste des débris ; ce sont toutes les croyances qui se trouvent en tout temps et en tout lieu, et qui portent ces deux signes. Premier signe, on ne connaît pas l'homme qui les a inventées, il est même impossible qu'un homme les invente ; on sait qui a inventé les idoles, sait-on qui a inventé Dieu? Deuxième signe, on ne trouve pas l'introuvable, on n'imagine pas l'incompréhensible, la raison n'invente pas ce qu'elle ne comprend pas. Le P. Ventura applique cette critique à tous les dogmes du catholicisme et spécialement à la croyance en l'éternité des peines ; il l'applique aussi, à l'occasion, aux phénomènes magnétiques. Donc le fond de la raison naturelle, ce sont toutes les croyances qui lui répugnent le plus. C'est faute d'avoir compris cette vérité que tant d'esprits se sont tourmentés à vide et que les philosophes se sont perdus dans les rêves les plus insensés. La philosophie ne peut faire que de deux choses l'une : chercher ou démontrer. Chercher ! Mais que peut-elle chercher, puisque tout est donné par avance? D'ailleurs, avec quel instrument chercherait-elle ? Comme dit le P. Ventura dans son langage concis : « La vérité est nécessaire pour inventer la vérité. « Ainsi sa seule besogne est de démontrer le dogme révélé.

En droit donc, la prétendue raison philosophique, distincte de la raison catholique, n'existe pas ; rationaliste et rationalisme ont été nommés ainsi par antiphrase : un rationaliste est quelqu'un qui ne raisonne pas ; le rationalisme est la caricature de la raison. En fait, la raison philosophique n'a produit que des extravagances ; le P. Ventura le prouve. Pour l'antiquité, son manuel est Cicéron. J'ai lu comme les autres Cicéron, je sais ce qu'on dit de lui. Très-honnête homme et philosophe excellent dans la morale, qu'il a enrichie du traité *Des Devoirs*, il est, comme tous les Romains, peu versé dans la métaphysique, ne croit pas qu'on y puisse découvrir la vérité, et ne cherche que le vraisemblable ; quoiqu'il sache du grec, il n'a pas pénétré au fond de la philosophie grecque, il ne la connaît que par à peu près, il l'expose et la juge en avocat, pour le besoin de la cause, et encore faut-il, dans ses dialogues, ne pas confondre les personnages, et l'objection avec la réponse ; je sais cela ; mais je sais aussi qu'il est très-commode, pour ménager ses yeux, d'avoir l'histoire de la philosophie grecque en quelques pages de latin. Tout ce qu'on peut raisonnablement reprocher à Cicéron, c'est qu'il n'a pas parlé de nous ; et encore peut-on dire justement qu'il en a parlé, puisque les systèmes modernes, selon le P. Ventura, ne sont que la reproduction des systèmes anciens, qui, à leur tour, rentrent dans l'athéisme et le panthéisme, l'athéisme soutenant que les individus sont tout, et le panthéisme qu'ils ne sont rien. Malgré les apparences, il n'y a pas, dit-il, autre chose, par la raison qu'il ne peut pas y avoir autre chose : ce qui semble s'en écarter n'est que de l'athéisme ou du panthéisme déguisé ; on n'ouvrirait pas les livres des philosophes depuis dix-neuf cents ans, qu'on ne leur ferait à la rigueur aucun tort, et qu'on pourrait les juger comme si on les avait lus. Libre aux professeurs et à quelques amateurs d'éplucher les systèmes, de les étudier à la loupe pour en faire des collections; cela les amuse et les empêche peut-être de songer à mal. Pour en revenir donc à Cicéron, il donne une pauvre idée de la philosophie ancienne, et on peut le croire, car il était, le P. Ventura l'assure, un des hommes les plus honnêtes de l'antiquité. Je regrette seulement qu'un peu plus bas il l'appelle athée, matérialiste et hypocrite, car il lui ôte ainsi quelque créance ; mais il tire de là une grande leçon : si la raison philosophique a fait cela de Cicéron, jugez ce qu'elle a fait des autres qui, à l'exception de Platon et d'Aristote, ne le valaient pas.

Le P. Ventura avait dit que la philosophie moderne n'était que la reproduction de la philosophie antique, il se reprend pour concentrer sa pensée : « La philosophie moderne est-elle autre chose qu'un amas hideux de blasphèmes stupides, d'absurdes et extravagantes opinions? Pour quelque imbécile de bas étage qui se range de bonne foi du côté de la philosophie, on trouve par centaines des hypocrites pour qui la philosophie rationaliste n'est qu'une affaire d'argent ou de vanité. L'histoire de la philosophie à la main, on pourrait faire un traité complet où l'on montrerait que la philosophie rationaliste, en tous les temps et en tous les lieux, s'est moquée des peuples, a exploité, a méprisé le peuple. Ce traité serait curieux, il serait extrêmement utile. Arrière donc, et bien loin de moi, faux sages, imposteurs, charlatans, comédiens de la philosophie! » C'est un peu vif, mais j'ai l'idée que les philosophes qui l'ont entendu à l'Assomption n'avaient pas envie de se montrer. Quand j'ai lu certains passages, j'étais, au premier moment, assez irrité ; la réflexion est venue, et j'ai songé que c'était là, pour un philosophe, une excellente occasion de se servir de sa philosophie. J'avoue que les mots sont un peu gros : insensé, stupide, perroquet, reptile venimeux dans les terrains marécageux de l'erreur, niais, imbécile, suppôt de Satan, sont les termes familiers ; lorsqu'il ne nous appelle qu'absurdes, je lui suis reconnaissant ; au moins, si les philosophes ne sont pas humbles, ce ne sera pas faute d'être humiliés ; mais que le bon Père dise ce qu'il voudra, le tout est de bien prendre les choses, et voici par quel côté je les ai prises. Lorsqu'on va de Paris vers le Midi, à mesure qu'on avance, le soleil brille davantage, les objets se colorent plus chaudement ; les esprits et les langues font comme le reste et suivent le soleil : des expressions qui suffisaient à Paris deviennent faibles pour rendre des impressions qui deviennent plus vives ; les unes et les autres montent ensemble et montent haut : si on pousse jusqu'en Sicile, où est né le P. Ventura, tout est là au superlatif. Ici vous diriez : « La philosophie est peu solide ; » plus loin au midi : « La philosophie est une moquerie ; » en Sicile : « La philosophie est une blague. » Le mot est du P. Ventura ; c'est un superlatif. Ou ceci encore : » Serait-il sûr d'appliquer aux Italiens le Code français ? Il serait imprudent d'appliquer aux Italiens le Code français. Combien il est niais d'appliquer aux Italiens le Code français ! » Ou ceci enfin : « Il n'est pas démontré que le protestantisme soit le régicide. Ne pourrait-on pas dire que le protestantisme est le régicide ? Il est évident que le protestantisme est le régicide. Vous le voyez, toutes ces phrases ne sont que la même pensée, et la dernière n'est que la première, traduite en sicilien. Au fond, c'est ici, comme à l'Opéra, une affaire de diapason. Dirai-je tout! Les injures ne me déplaisent point : elles témoignent de la conviction. Les philosophes s'injurient peu, parce qu'ils doutent beaucoup ; on prétend même quelquefois qu'ils sont comme les augures et ne peuvent se regarder sans rire ; mais les grammairiens, les théologiens, les érudits, qui sont certains de leur fait, ne sont pas tendres en paroles ; on le conçoit, il faut être bien sûr qu'un homme se trompe pour l'appeler coquin. Il se peut que le P. Ventura n'ait pas toujours eu la même opinion ; mais chaque fois il a dû être parfaitement assuré de ce qu'il croyait, et maltraiter ceux qui ne croyaient pas ; saint François d'assise appelait le loup « mon frère ; » lui, il appelle son frère loup. Il a rendu à saint Thomas, son docteur de prédilection, un grand service. Saint Thomas, dans sa *Somme*, où il y a tant de raisonnements, avait oublié les injures ; le P. Ventura les y a mises ; depuis ce temps la *Somme* a pris un tout autre air : elle n'est plus une froide géométrie ; elle est animée, elle a parole et geste, elle a pieds et poings. On a beaucoup reproché au P. Ventura sa phrase sur la philosophie française : « Une pareille philosophie que ceux même qui la professent n'ont pas honte d'appeler de la blague ; et il écrit cette note : « On s'est étonné que nous ayons fait usage de ce mot en chaire, mais le mot a, en quelque manière, été consacré par les barons mêmes de la philosophie dont il s'agit. Ce sont eux qui ont ainsi qualifié cette philosophie, et apparemment ils doivent connaître mieux que personne leurs propres doctrines et leurs œuvres. (*Voyez* la brochure intitulée : *les Philosophes salariés*, p. 75) » J'ai entendu faire plusieurs observations là-dessus. D'abord, parce que des philosophes auraient dit cela de la philosophie, un étranger ne serait pas autorisé à le dire : » On peut se dire à soi-même ces sortes de choses là, » comme remarque Bridoison ; puis il n'y a pas *des* philosophes, il n'y en a qu'*un* ; puis il ne l'a pas dit de sa philosophie, il l'a dit de celle des autres ; puis ç'a été l'effet d'un moment de mauvaise humeur, où on excède quelquefois un peu ; puis il l'a mis dans une brochure, il ne l'a pas dit dans une église. Pour moi, sans prendre parti dans cette querelle, je regrette vivement de n'avoir pas entendu prononcer ce mot en chaire ; c'était une occasion unique, qui ne se retrouvera peu-être plus.

Voilà la raison et la foi accordées à la façon du P. Ventura ; voyons maintenant comment il accorde le pouvoir politique et le pouvoir religieux. Dieu a été premier père, premier roi, premier instituteur et premier prêtre ; après lui, il a délégué ces fonctions à des hommes qui, en les exerçant, sont ses ministres. Les pères de famille forment, en se réunissant, le pouvoir politique, pour veiller à la conservation des individus et des familles ; les prêtres, et le Pape à leur tête, forment le pouvoir religieux, menant la société à la fin à laquelle ce pouvoir seul peut la conduire ; car cette fin n'est pas une fin visible, mais la sanctification, qui ne s'opère pas en dehors de la véritable religion. Tel est l'ordre : le moins se rapporte au plus, l'inférieur est soumis au supérieur, les rois sont des « évêques supérieurs, ministres pour le bien. » Avec cette doctrine il n'y a plus d'anarchie : dans chaque État le Pape avertit et corrige le roi qui s'égare ; dans l'ensemble des États il règle le concert. Otez cette puissance suprême si nécessaire, car « sans elle qui pourra garantir à la prudence humaine qu'elle ne se trompe pas? » les rois affranchis du Pape sont justiciables des révolutions, et la carte du monde sera faite par les violences des guerres et les injustices des congrès.

Entendons bien notre auteur : le Pape défait les rois quand il en est besoin, mais il ne les fait pas; ils sont faits par les nations mêmes. Tout pouvoir vient, en première origine, de Dieu, qui a voulu qu'il y en eût un, mais il vient immédiatement de la communauté, qui choisit à ses risques et périls. Du reste, cette même communauté a le droit de défaire tout ce qu'elle a fait, pourvu qu'elle soit la communauté entière. Le P. Ventura dit les circonstances dans lesquelles cela peut être, en sorte qu'il n'y aura plus de malentendus. Par malheur, les sociétés ne savent pas toujours aussi bien quel est leur rapport avec le pouvoir religieux, et tentent quelquefois de s'émanciper. Quand c'est la communauté qui fait cette tentative, c'est l'individualisme; quand c'est le pouvoir, c'est le césarisme : deux erreurs monstrueuses, égales, nées du protestantisme, du paganisme et de la philosophie. Il y a donc aussi deux politiques : la politique catholique et la politique protestante; la première, qui fait tout pour le catholicisme, mettant naturellement le Pape en tête, comme le meilleur juge des intérêts catholiques; la seconde, qui ne songe qu'aux intérêts humains. Quant au prétendu droit naturel, fondé sur la raison philosophique, c'est une absurdité impie.

Pour qu'on ne l'accuse pas de rester dans les abstractions, le P. Ventura propose une Constitution pratique, fondée sur les principes précédemment exposés. Tout père de famille est électeur : « Pour-

quoi un citoyen qui, à l'âge de dix-huit ans, a le droit de se choisir une compagne qui doit faire le bonheur de sa vie, est-il censé incapable de concourir aux élections de sa commune avant un âge plus avancé? » L'ancien droit du moyen âge avait reconnu cette dignité de l'autorité paternelle : il donnait des droits aux évêques, pères des fidèles, aux abbés et supérieurs des Ordres religieux, pères de leurs abbayes et de leurs communautés, aux barons, pères de leurs vassaux dans l'ordre civil, à certains membres du tiers état, pères de leurs commettants. Donc tout père de famille est électeur; quant à ceux qui, tout en ayant de la fortune, ne sont pères dans aucun sens, ils seront étrangers à ce droit. Mais peut-être que ces pères de famille, qui ne choisissent pas toujours très-bien la compagne qui doit faire leur bonheur, se tromperont aussi en choisissant pour le bonheur de l'État? Est-on assuré qu'ils ne seront jamais révolutionnaires? Or il faut songer au droit, mais songer aussi à l'ordre. Voici la solution de la difficulté. Est père en un sens, comme l'entendait l'ancien droit public, tout chef de maison ou tout citoyen qui a un feu à lui, qui fait vivre tout ce qui est chez lui et qui n'a besoin de personne pour vivre. Cela posé, les fils de famille, les domestiques, les garçons de boutique et ceux qui travaillent à gages ou hors de chez eux, quoique mariés et pères selon la nature, ne le sont pas selon la légalité. Ajoutez les mères de famille :
« N'est-ce pas une plaisanterie ou un non-sens qu'une loi qui exclut de tout vote civil et politique la moitié du genre humain? » Pour bien me rendre compte de la doctrine de notre auteur, je l'ai résumée avec précision et rédigée en forme de loi; la voici :

« Art. 1er. Est électeur tout père de famille;

« Art. 2. Est père de famille tout célibataire qui vit chez lui ;

« Art. 3. Est célibataire tout père de famille qui vit chez un autre. »

Le lecteur, en voyant les femmes revêtues de droits politiques, fait peut-être intérieurement une objection au P. Ventura : Si elles reculaient devant la vie publique, si elles craignaient de se mêler aux hommes? Il a tout prévu : elles pourront se choisir un représentant. Mais ici encore une nouvelle difficulté. Ce représentant sera-t-il le mari? Et s'il n'était pas de l'opinion de sa femme ! Jouerait-il volontiers les deux personnages? Irait-il devant le monde dire *oui* pour sa femme, *non* pour lui? S'il vote en secret, ne trichera-t-il pas? L'esprit de parti est quelquefois bien fort. Par qui donc les femmes timides pourront-elles se faire représenter? car il faut être pratique. Vous oubliez, ce me semble, les hommes célibataires, qui pour leur compte ne votent pas. Gardons-nous de traiter légèrement cette introduction des femmes dans la politique; c'est un point essentiel dans le système du P. Ventura. Il sait quelle est leur influence, il compte avec elles. Ce sont les femmes qui ont propagé la vraie religion, et aussi toutes les fausses religions et toutes les hérésies; elles font les mœurs, les coutumes, les usages et les modes; elles font les proverbes et les langues. « Les langues à leur origine sont si capricieuses, si irrégulières, si pétillantes et en même temps si vives, si expressives et si gracieuses! Ce sont là les caractères particuliers de la femme. » On les a exclues de toute participation aux affaires de l'État par une mésestime païenne, et aussi par haine du prêtre. Les hommes tout seuls ont certes bien réussi : « Dieu vous a mis à l'épreuve ; il vous a laissés faire pendant soixante-dix ans. Qu'avez-vous su faire ? RIEN, RIEN, RIEN.... Je me trompe : vous avez su tout démolir et créer le chaos. Pendant toutes ces années, vous n'avez fait que bavarder sans parler, raisonner sans conclure, travailler sans bâtir, » etc. Au contraire, « les règnes dont les peuples n'ont jamais eu à se plaindre, mais que, dans les transports de leur reconnaissance, ils ont bénis et appelés l'*âge d'or* de leur pays, ont été les règnes de la femme catholique ou de saintes femmes inspirées par des évêques et gouvernant de droit ou de fait de grands États. »

Il dit encore beaucoup de choses sur la légitimité des gouvernements en général et des différents gouvernements qui se sont succédé en France et sur les révolutions qui les ont renversés. On trouvera ces sujets traités dans la *Politique chrétienne* et dans l'*Essai sur le pouvoir public*. Tout ce que j'ai cru comprendre, c'est que le P. Ventura est content ; il n'aime pas les « farces » jouées par les gouvernements parlementaires, qui, dit-il ironiquement, ne sont pas à l'aise ; il pense que « la vanité et le bavardage seuls ont perdu leur tribune ; » il estime que nous avons assez de liberté et au delà ; il a la plus mauvaise opinion de la bourgeoisie, des classes éclairées, qu'il regarde, à de rares exceptions près, comme païennes et impies, dénuées de toute franchise et de toute pudeur, fléaux des princes et des peuples, asservissant et déshonorant les États, incapables de comprendre le magnifique Concordat passé entre le Saint-Siège et l'Autriche, et d'entamer une croisade pour ramener l'Asie à la vraie religion, tant nous sommes loin du moyen âge. C'est peut-être là ce qui lui inspire des réflexions très-amères et des prévisions très-sombres.

A propos de M. de Bonald, il se plaint de la rareté des hommes d'État vraiment catholiques, et il ajoute : « C'est pour cela que l'Europe est si tranquille et les peuples si heureux!... » Ailleurs il parle d'un cataclysme épouvantable qui menace l'Europe, cataclysme que probablement on ne conjurera pas; en attendant que les peuples soient assez mûrs pour se constituer tous en république, sous la direction spirituelle du Pape, il prévoit que l'amas d'erreurs et de corruptions accumulés par l'enseignement païen pendant trois siècles sera lavé et balayé par des torrents de sang.

Il a inventé une théorie très-ingénieuse du serment. Les écoliers même en morale et en droit naturel savent, dit-il, que nul serment n'oblige, à moins qu'il ne soit fondé sur ces trois conditions : la vérité, le jugement et la justice. Selon la vérité, ce qu'on promet doit être vrai; selon le jugement, on ne doit pas promettre légèrement; selon la justice, la chose jurée doit être juste, licite et honnête. Cette dernière condition est particulièrement exigée dans le serment *promissoire*, qui ne doit être observé qu'en tant qu'il ne compromet pas la conscience de la personne qui l'a prêté, et que son observation n'apporte de préjudice à qui que ce soit. Tout serment promissoire duquel il peut résulter un préjudice sérieux pour quelqu'un est nul et doit être considéré comme non avenu en sorte que rien n'est plus conforme à l'esprit de ce serment que de le violer. Telle est la théorie du P. Ventura ; comme elle est grave, j'ai tâché de me l'expliquer très-nettement à moi-même par des exemples, et je crois bien l'entendre. Quelqu'un donc a promis quelque chose, ou, pour spécifier, je suis aux colonies, j'ai reçu en héritage une propriété, à condition d'émanciper les nègres qui la cultivent; on me fait jurer, je jure, je prends possession de la propriété; mais je réfléchis. J'ai juré d'émanciper les nègres, et je tiendrai ma parole, à condition qu'en la tenant je n'apporte pas un préjudice sérieux à quelqu'un; or, je devine que les nègres ne sauront pas se servir de la liberté, que la leur donner serait leur porter un préjudice sérieux; je ne les émanciperai donc pas, ces bons nègres, et rien ne sera plus conforme à l'esprit de mon serment que de le violer. N'est-ce pas bien ingénieux? Le monde s'éclaire tous les jours.

Il y a des mots heureux qui illuminent tout d'un coup les questions les plus obscures. La « liberté du bien » est un de ces mots. On entendait autrefois par la liberté la puissance de faire le bien et le mal à ses risques et périls. Quelles calamités naissaient de là! Le P. Ventura pourra vous le dire. Il en sortait l'heureuse permission de tout bouleverser et de se perdre soi-même. C'est là-dessus que les philosophes ont fondé la liberté de conscience, et le droit qu'ils appellent naturel, et la liberté qu'ils appellent naturelle aussi; ils prétendent que les sociétés sont faites uniquement pour assurer ce droit et cette liberté; leur révolution de 1789 a fait une déclaration de droits; tous ses principes sont magnifiques; aussi ils ont porté leurs fruits, que nous avons vus. Qu'ils réfléchissent donc un peu, et qu'ils lisent l'*Essai sur le pouvoir public*, ils connaîtront le vrai fondement des sociétés. Si le pouvoir qui y préside n'est qu'une délégation du pouvoir paternel, il doit agir comme lui; or les parents, sous prétexte de respecter les droits de leurs enfants, ne leur laissent pas dans les mains les instruments tranchants avec lesquels ils peuvent se blesser; ils ne leur laissent, comme de sages tuteurs qu'ils sont, que la liberté du bien. Faites comme eux, et pensez que vos chères libertés sont des instruments tranchants; si vous en doutez, voyez les blessures qu'elles vous ont faites. « La liberté civile n'est pas la faculté de faire tout ce qu'on veut, ce serait la licence ou la liberté telle que le paganisme la concevait; ce serait la liberté du mal. *La liberté civile est la faculté de faire ce qui est conforme aux lois divines naturelles, aux lois divines positives et aux lois humaines qui en dérivent; en un mot, c'est la liberté du bien.* Le pouvoir donc, qui ne permet à aucun citoyen de se faire du mal à lui-même ou aux autres, et qui ne veut pas qu'on outrage impunément la vérité et la morale, loin de porter atteinte à la vraie liberté, en est la sauvegarde, le vengeur et l'appui. » C'est parler, cela; voilà une liberté bien définie; ne vous embarrassez pas des mots « lois divines positives; » ils ne peuvent signifier que la religion catholique ou, par concession très-large, que les religions reconnues, et, dans ce dernier cas, les philosophes seuls seraient frappés. On dit que le P. Ventura est intolérant, lui qui admet que « toutes les opinions sont libres, pourvu qu'elles restent à l'intérieur et ne se produisent pas, ni par la parole, ni par l'écriture. » Que veut-on de plus?

On connaît maintenant les doctrines du P. Ventura, il est curieux d'étudier son esprit même. Ce qui le caractérise d'abord, c'est une hardiesse extrême d'interprétation et d'induction : un texte ou un fait, qui, entre les mains d'un autre, n'aurait qu'une portée ordinaire, entre ses mains donne des conséquences énormes. C'est ainsi qu'il établit toute sa théorie de la révélation primitive. La Genèse dit : « L'homme fut fait en âme vivante « *(in animam viventem)*. Le P. Ventura ajoute : » Il est manifeste que l'Écriture a voulu nous dire que, dès le premier instant de sa création, l'homme commença à vivre de la double vie qui lui est propre, de la vie du corps par l'âme, de la vie de l'âme par la vérité. De ce grand fait de la révélation primitive dont l'Écriture sainte nous atteste la vérité, etc.... » (1re *Conférence*.) C'est aller vite. Nul ne contestera que l'homme naissant ait vécu de sa double vie, qu'il se soit éveillé tout entier, que son esprit soit entré en mouvement en même temps que ses organes ; on est même disposé aujourd'hui à donner à l'intelligence, dans sa nouveauté, une puissance particulière, qui s'est affaiblie avec l'âge ; mais il me semble bien fort qu'on puisse tirer du mot de la Genèse des conclusions si certaines sur une révélation de la science universelle, naturelle, surnaturelle, faite au premier homme ; il n'y a là rien de « manifeste ; » autrement, ce serait un point de théologie reconnu, et ce ce n'est qu'une opinion particulière. Pour peu que l'on continue, tous ces mots : manifeste, évident, certain, me deviendront suspects ; dès que je verrai quelque part : « Il est évident, » je douterai. Autre exemple. Les bergers de Virgile s'invitent à recommencer leurs chants, en invoquant l'adage : « Dieu aime le nombre impair ; » le P. Ventura en infère que les païens ont toujours conservé la croyance à la Trinité. Un personnage de Lucain, d'humeur méprisante, professe la fameuse maxime : « Le genre humain vit pour un petit nombre d'hommes (*humanum paucis vivit genus*) ; » le P. Ventura tire de là que toute l'antiquité professait le despotisme et méprisait le genre humain. Il est effrayant de voir ce que cette logique à outrance fait d'une chose délicate. Horace, vantant le vin, cherchait des autorités pour sa cause et s'amusait à citer Caton : « On raconte que la vertu du vieux Caton s'échauffa souvent de falerne; » le P. Ventura reprend : « Le vertueux Caton plaçait, par son exemple, le souverain bien, savez-vous où? dans l'ivresse, puisque Horace, son panégyriste, nous a dit que le grand Caton, ce grand saint du paganisme, n'était au fond qu'un ivrogne. »

Le second caractère du P. Ventura est la liberté avec laquelle il traite l'histoire. Pour l'histoire de la philosophie, on a pu en juger, et cela paraît prodigieux à quiconque a lu quelque chose des travaux de ces quarante dernières années, depuis le premier volume de la *Traduction de Platon*, en passant par la *Traduction d'Aristote*, jusqu'au *Traité des facultés de l'âme*, de M. Garnier, et aux récents ouvrages de M. Denis et de M. Janet, l'*Histoire des Théories et des Idées morales dans l'antiquité* et l'*Histoire de la Philosophie morale et politique*, trois livres si justement couronnés par l'Institut. Quant à l'histoire générale, elle est traitée de même, avec une aisance qui démonte. L'histoire, qui est d'un si grand poids dans toutes les questions, passait jusqu'ici pour une chose difficile; il semble qu'elle se fasse d'elle-même entre les mains du P. Ventura. Lorsqu'un tel secours coûte si peu, on serait impardonnable de s'en passer. Les éditeurs, en extase devant cette érudition, ont écrit « que le P. Ventura lui-même dut s'étonner de lui-même; » l'histoire s'en étonne bien davantage. Voici en quelques mots l'histoire universelle : Point de catholicisme, point de civilisation; point de catholicisme, point d'industrie (la poudre, la boussole, la presse, découvertes inspirées par la foi); point de catholicisme, point de liberté; point de catholicisme, point d'autorité; point de catholicisme, point de prospérité; point de catholicisme, point de gaieté. Cette dernière assertion est assez gaie. Nous regardons comme un devoir d'avertir le P. Ventura que, si sa méthode historique suffit pour l'antiquité et le moyen âge, il a besoin de la fortifier un peu en arrivant aux temps modernes, et surtout à notre temps, les hommes s'imaginant toujours savoir ce qu'ils ont vu. Pour dissiper les idées répandues sur l'état présent des nations hérétiques, comme l'Angleterre, la Prusse, il devrait montrer, par une revue exacte, qu'elles ont une fausse civilisation, une fausse industrie, une fausse liberté, une fausse autorité, une fausse prospérité, une fausse gaieté. Quant aux nations orthodoxes, il pourrait se contenter, comme il l'a fait, de l'aveu non suspect de Voltaire, qui a dit des peuples des États romains : « Ils ne sont pas conquérants, mais ils sont heureux. » Il rappelle comme un haut témoignage le discours de Bonaparte au clergé de Milan (5 juin 1800) : « A vous, ministres de la religion qui est aussi la mienne, je déclare que j'envisagerai comme perturbateurs du repos public et ennemis du bien commun, et que je saurai punir comme tels, de la manière la plus éclatante, et même, s'il le faut, de la peine de mort, quiconque fera insulte à notre commune religion, ou qui osera se permettre le plus léger outrage envers vos personnes sacrées. » Il ne songe pas qu'il parle à des gens qui ont pu lire la lettre de 1798 au Pacha, à l'entrée de la campagne d'Égypte : « Nous aussi, nous sommes de vrais musulmans. N'est-ce pas nous qui avons détruit le Pape, qui disait qu'il fallait faire la guerre aux musulmans? N'est-ce pas nous qui avons détruit les chevaliers de Malte, parce que ces insensés croyaient que Dieu voulait qu'ils fissent la guerre aux musulmans? » L'histoire veut qu'on ne taise rien ; sa première condition est l'impartialité. Le P. Ventura, par la facilité avec laquelle il accueille tout ce qui semble le servir, me rappelle le mot spirituel de Bacon sur Gilbert : « Tandis qu'il étudiait la nature de l'aimant, devenu lui-même un aimant, il attirait tout à lui. » Je songeais à cette force de préventions en assistant dernièrement à une séance de magnétisme. Le somnambule, en attendant les exercices plus forts, s'amusa aux exercices vulgaires : un bandeau, à travers lequel il devait lire, fut mis et du coton en rame appliqué sur ses yeux; mais, comme ce coton brûlait le somnambule, on dut l'ôter et le remplacer par plusieurs bandeaux, dont un sur les sourcils, un autre sur le front, un autre sur la tête. « Maintenant, dit un croyant à un ami incrédule, vous êtes sûr qu'il n'y voit pas. » L'incrédule haussa les épaules; le somnambule joua une partie de piquet et, pour preuve surabondante, une partie d'écarté. On passa à la divination par contact; le croyant présenta une grosse clef au somnambule, qui devina que c'était la clef de sa chambre. « Et qu'y a-t-il dans ma chambre? » Le somnambule devina qu'il y avait un lit. « Et qu'y a-t-il encore? » Le somnambule dit hardiment : « Des objets pendus. — Où est le lit, à droite ou à gauche? » Il y eut là un jeu de scène, des hésitations, des mouvements à droite et à gauche, que le croyant suivait avec anxiété; enfin il fut déclaré que le lit était à droite. « Et les objets pendus, où sont-ils? » Nouveau jeu de scène; après quoi le somnambule se prononça pour la gauche. « Eh bien, dit le croyant triomphant en se tournant vers l'incrédule, êtes-vous convaincu maintenant. — Mais, répliqua celui-ci, il a dit que le lit était à droite; au contraire, il est à gauche. — Mais, mon ami, il est entré par la fenêtre. »

On remarque, en troisième lieu, dans le P. Ventura, une dialectique de la plus grande hardiesse. Quand il a besoin d'un principe, il le fait. « Tout ce qui est nécessaire existe. — Tout ce qui existe est nécessaire. — La raison n'invente pas ce qu'elle ne comprend pas, » etc., etc. C'est en quoi il diffère des jésuites, qui acceptent, en général, les principes répandus, et tentent seulement d'y déroger par des considérations particulières, plaidant la circonstance atténuante, l'exception, et tâchant de ne choquer aucun préjugé. Voyez, par exemple, Mariana, dans la question du régicide. Après avoir établi que le premier venu peut tuer un tyran, il se demande de quelle manière on pourra le tuer. Par le fer, si on veut. Mais si on employait le poison? Distinguons. Le verse-t-on dans ses mets ou le lui donne-t-on en breuvage, c'est mal, car on n'a pas le droit de faire commettre un homicide à un homme, et si le tyran portait à sa bouche les mets ou le breuvage empoisonnés, il commettrait un homicide. Mais si on répandait le poison sur son siége et sur ses vêtements, en sorte qu'il en mourût? A la bonne heure. Ainsi résonne Mariana. C'est joli, mais c'est timide; le P. Ventura procède plus fièrement : il crée les principes dont il se sert. Les jésuites entrent dans la maison par la porte de derrière; lui, il frappe le mur de son marteau et fait la porte par où il passe; cela est de plus grand air, et, j'ajoute, réussit mieux. J'ai toujours remarqué que, si l'on compte avec les hommes, ils font les difficiles, accordent ceci, refusent cela, chicanent, et que, si on le prend de haut avec eux, on en a raison; ils vous disputent une conséquence, servez-leur un principe, ils se tairont; plus le principe les dépassera, plus ils seront humbles. Quelqu'un doute-t-il de la validité de quelque petite preuve en faveur du catholicisme? Conduisez-le en présence de Satan, à une expérience de somnambulisme, de tables ou d'esprits, et frappez un grand coup : « Tout esprit logique, en croyant à Satan, doit de toute nécessité croire en Jésus-Christ, croire le christianisme, croire l'Église. » Il n'osera plus remuer. Et voyez comme la question entre l'incrédulité et la foi, prise ainsi, se simplifie. Autrefois les Apologistes s'enfonçaient dans les livres, et se donnaient un mal infini pour établir l'authenticité des Écritures et la concordance des textes; aujourd'hui il suffit d'assister à une soirée de somnambulisme lucide, de tables tournantes et d'esprits frappeurs. Les hommes religieux à l'ancienne façon grondent; ils n'ont point de goût pour cette méthode de prouver Dieu par le diable; cette manière de l'introduire les blesse; ils aiment mieux le voir à ciel ouvert que dans ces petits mystères, où les lumières douteuses, les imaginations et les nerfs excités rappellent toujours plus ou moins les mystères des Nègres adorant la grande couleuvre. Ils craignent qu'en voulant mettre le magnétisme sur le pied des dogmes, on ne mette les dogmes sur le pied du magnétisme; mais il n'y a qu'à les laisser gronder.

Une fois les principes ainsi posés, poussez ferme votre raisonnement, et c'est encore en cela que le P. Ventura excelle. Voulez-vous, par exemple, étouffer la philosophie? serrez-la sans qu'elle puisse respirer. Le philosophisme, ou rationalisme, ou protestantisme, ou paganisme, produit l'athéisme, qui produit le sensualisme et l'anarchisme, puis le panthéisme, qui produit l'absolutisme, le centralisme et le césarisme. Le tout est le satanisme; d'où il suit que le philosophisme est la même chose que le satanisme. Quelle impétuosité! On est étourdi; c'est quelque chose comme l'application de l'algèbre à la philosophie; c'est puissant et éblouissant. Il y a plaisir à vivre dans ce siècle, qui est vraiment un grand siècle : vous mettez votre personne dans un wagon ou sur un navire, vous voilà arrivé; vous donnez votre discours au télégraphe, le voilà à mille lieues; vous avez eu à peine le temps de penser, voilà que votre raisonnement va au bout des choses. Nos pères, qui ont eu pourtant plusieurs qualités estimables, marchaient comme des tortues; avec le P. Ventura, j'ai, en deux ou trois jours, fait plusieurs fois le tour du monde, et je ne me sens pas fatigué.

Enfin le style est, comme on a dû le voir, une des parties du P. Ventura. On l'appelle le Bossuet italien. Ce compliment me met mal à l'aise, car je ne voudrais faire de tort à personne, ni aux vivants ni aux morts, et je ne sais comment accorder l'éloge avec ce que je sais des hommes qu'on rapproche ainsi. Pour le fond des choses, ils ne s'entendent pas. Bossuet était gallican, auteur et défenseur de la *Déclaration du clergé* de 1682, qui affranchit le pouvoir politique du pouvoir religieux; le P. Ventura est ultramontain; Bossuet admet une raison naturelle capable d'atteindre par elle-même aux vérités premières et à celles qui en découlent; le P. Ventura ne regarde la vérité prétendue philosophique que comme un débris, une épave d'une révélation primitive faite à Adam; Bossuet a lu surtout la Bible, le P. Ventura les scolastiques; Bossuet apporte dans toutes les questions un tempérament que connaît peu la fougue italienne; j'avouerai, si on veut, que Bossuet est arriéré, quoi-

qu'il fût avancé pour son temps : ce n'est pas sa faute s'il n'a pas lu l'*Univers religieux*, le *Réveil*, et tant de publications de la science la plus profonde ; mais pour l'éloquence, je n'entends à aucun accommodement. Le P. Ventura est le théologien que l'on voudra ; Bossuet est l'homme éloquent, et, comme dit M. Villemain, « le plus éloquent des hommes. » Je suis jaloux de cette gloire, je ne la donne pas volontiers à tout le monde. On nous fait un Bossuet italien, on nous en fera un espagnol, un anglais, un allemand, que sais-je? Il n'y en a qu'un. Après cela, je reconnaîtrai qu'il y a dans le P. Ventura des morceaux qu'on chercherait vainement dans Bossuet. Cherchez dans l'*Histoire des variations*, vous ne trouverez rien d'aussi fort que ceci : « En France, disait naguère un lord anglais à l'un de nos amis, s'il arrivait une émeute, un poète, un avocat pourraient la faire cesser en faisant appel aux sentiments d'honneur, de justice et de générosité propres à la nation. Mais si une émeute avait lieu chez nous, on n'aurait d'autre moyen de la dissiper que de jeter à la populace de la viande crue. Ces hommes affamés se jetteraient dessus comme des bêtes fauves, et ils nous laisseraient tranquilles. C'est donc aux instincts de la brute que le protestantisme a ravalé un peuple aux instincts nobles et élevés, à l'esprit profondément religieux, aux vertus qui lui avaient valu le surnom de Peuple d'anges : *Angli angeli*. » (Saint Grégoire, épist. (4ᵉ *conférence* 1851.) Ni dans sa *Politique tirée de l'Ecriture sainte*, ni dans son *Oraison funèbre de la reine d'Angleterre*, Bossuet n'a stigmatisé l'esprit révolutionnaire comme le fait le P. Ventura :
« Enfant monstrueux de Satan, le paganisme et la Révolution, qui en est l'expression la plus complète et le ministre le plus actif, ne sont, à y bien réfléchir,

que la haine de Dieu. Cela explique cette rage infernale avec laquelle tout ce qui est révolutionnaire travaille à effacer, partout il les rencontre, toute trace, tout souvenir, toute idée de Dieu, à tout séculariser, à tout profaner, et, tranchons le mot, à tout endiabler. » Et enfin, dans ses traités et ses lettres mystiques, Bossuet n'a pas atteint la grâce de cette description intitulée : *La Toilette de la femme catholique :* « La robe de la grâce sanctifiante, blanchie dans le sang de l'agneau, la ceinture de la chasteté, les rubans de la mortification, la chaussure de l'imitation de Jésus-Christ, l'anneau de la fidélité au devoir, les bracelets de la soumission, le collier de la patience, le camée de l'amour de la croix, le bouquet de la ferveur, le diadème de la sagesse, les roses de la pudeur, le fard de la modestie, les parfums des bons exemples, les pierreries du mérite des saintes œuvres, l'*ampleur* du dévouement.... »

Pour nous résumer sur le P. Ventura, il appartient à la nouvelle école des Apologistes qui ont rejeté la mesure dans les idées et dans les mots : ce ne sont qu'affirmations hautaines, décisions tranchantes, ils traitent l'esprit humain en pays conquis; de la raison française, sensée, sobre et discrète, il n'en est plus question. Quelles idées! mais quelle langue, grand Dieu! Les substantifs sont des injures, les adjectifs des coups de poing, les verbes assassinent, cette langue saisit un homme, l'étend sur le chevalet, entre dans ses chairs, rit de ses douleurs et joue avec son supplice. L'Inquisition avait perdu ses instruments, elle les a retrouvés. Ferai-je ma confession? Je lis peu de chose de ces écrivains; mais lorsqu'il m'arrive d'en lire un peu trop, leur style m'agite et me donne des instincts que je ne me connaissais pas; si à ce moment on m'invitait à voir un homme à la question, j'y passerais une heure ou deux, et si cet homme était quelqu'un que je n'aime pas, je ne sais pas, mais enfin il y a des tentations bien fortes, et il est si rare qu'on puisse se contenter !

Je donnerais volontiers un conseil à ces écrivains, dussent-ils ne pas le suivre. Le grand tort de presque tous les hommes est d'écrire et d'agir pour agréer à leur parti ; ils se demandent toujours : « Que penseront mes amis ? » Ceux qui ne tiennent qu'à eux-mêmes font bien de se conduire ainsi : ils sont prônés par les leurs et grands hommes leur vie durant ; mais ceux qui tiennent à la vérité et qui veulent qu'on l'aime, ceux-là travaillent en tout à lui gagner les cœurs, ils ramènent les esprits prévenus, attirent les indifférents et rendent leur croyance respectable à ceux mêmes qui ne parviennent point à la partager. Il ne faut pour cela que se montrer exact dans ses affirmations, modéré dans ses jugements, équitable et poli à l'égard de ses adversaires. On dit que c'est difficile, et qu'à ce compte M. Crétineau-Joly ferait moins de livres. Que voulez-vous ? Comme certainement le P. Ventura se propose de convertir ceux qui ne croient pas, et qu'il met le progrès de sa croyance au-dessus des applaudissements de ses amis de la sainte Montagne, je me permettrai de lui dire ce qui, dans sa prédication, nuit à ce progrès. J'assistais, il y a quelque temps, dans une soirée, à une conversation dont il fit les frais. Une personne le loua beaucoup, et on la laissa dire ; mais une autre se risqua à avancer qu'il avait traité de main de maître les protestants. A ce mot, un des assistants, jusque-là silencieux, prit la parole : « J'ai lu, dit-il, ce que le P. Ventura dit des protestants, et, quoique je ne le sois pas, j'ai des amis qui le sont, je me suis indigné pour eux, et ne pardonne pas à votre prédicateur. Quoi! il définit le protestantisme : le droit de croire et de faire ce qu'on veut! ou encore : le mépris de l'homme et le culte de la matière! Il dit que, si la révocation de l'édit de Nantes est blâmable, l'édit de Nantes est plus blâmable encore; il se borne à tolérer les protestants, puisqu'ils existent. Et comment les représente-t-il? Comme les ennemis de tout ordre, de tout gouvernement. Et où dit-il cela? A la cour même, devant le souverain même. Je ne sais pas si cela se fait dans son pays, mais je sais très-bien que cela ne se fait pas chez nous. Il ose assurer que le protestantisme s'est répandu grâce aux femmes les plus corrompues, et il décide que, maintenant encore, s'il y a dans cette religion des femmes honnêtes, c'est qu'elles ne la suivent pas, c'est qu'il y a en elles un reste de catholicisme; pareillement, s'il y a des protestants qui obéissent aux lois, qui ne tuent pas tous les jours les magistrats et les souverains, pour honorer leurs principes, c'est qu'il y a en eux un reste de catholicisme. Où a-t-il pris toutes ces belles choses? Il affirme donc que dans le protestantisme on croit ce qu'on veut; eh! on croit ce qu'on peut; nous en sommes tous là-dessus au même point; et puis il raisonne bien à son aise. Un protestant n'est-il pas entièrement pervers, c'est par un reste de catholicisme. Un catholique n'est-il pas parfait, renverse-t-il un gouvernement et met-il un prince à mort, c'est par un commencement de protestantisme. Qu'est-ce qui vaut mieux? Un protestant à moitié catholique, ou un catholique à moitié protestant? Je lui demanderai cela quand je le verrai. Il se tirera probablement d'affaire, car c'est un habile homme; il a bien distingué les bonnes et les mauvaises révolutions par des caractères infaillibles : La révolution française de 1789 ne devait pas réussir, parce qu'elle était faite par des catholiques pour un but protestant, et la révolution anglaise de 1688 devait réussir, parce qu'elle était faite par des protestants pour un but catholique. A la fin, c'est se moquer du monde. » Il se tut, et la compagnie se récria contre sa vivacité ; on assura qu'il exagérait et que le P. Ventura n'avait pas pu dire ce qu'il lui prêtait. « Qu'à cela ne tienne, reprit-il, allons prendre ses ouvrages, vous l'en croirez lui-même. » On les alla chercher, on trouva tout cela cent fois répété et bien d'autres choses encore ; on lut dans ses sermons prononcés à la cour : « C'est pour le protestantisme un principe sacré de ne reconnaître aucune autorité ; c'est depuis la Réforme qu'on en veut à toute autorité comme à tout homme qui l'exerce, à toute royauté, à tout roi, et ce qu'on appelle l'esprit moderne enveloppe tout cela dans la même haine et le même mépris. » On réprouva ces paroles et on pensa qu'il ne suffisait pas d'ajouter, comme il le fait : « Je n'accuse personne, je ne dénonce personne. » On ferma les livres après avoir lu ce qui suit : « En parcourant l'Allemagne, Luther et ses satellites, avec leurs prédications cyniques, ne s'adressaient avant tout qu'aux femmes, ne cherchaient à remuer que ce qu'il y avait de boue dans le cœur des femmes ; et là seulement où les femmes purent voir sans frémir ces nouveaux apôtres, sortis des jardins d'Épicure et mariés à l'autel de l'inceste par la bague du sacrilége et la bénédiction de Satan, là seulement où les femmes purent entendre sans rougir les apologies dévergongées de la volupté, le protestantisme put s'établir. » (*La femme catholique.*)

Je me retirai en me rappelant comment le cardinal de Cheverus, archevêque de Bordeaux, traitait ces mêmes protestants. Il avait reçu à dîner un pasteur; à la fin du repas, il le railla sur ce qu'il avait bu, sans le savoir, du vin du pape, et l'avait trouvé bon; qu'il ne pourrait donc plus dire du mal de la papauté. N'est-ce pas charmant? Il était évêque à Boston quand le vénérable Channing y était pasteur; il quitta la ville, mais son esprit de tolérance y resta : au moment où le corps de Channing sortait du temple, les cloches de la cathédrale sonnèrent pour honorer le juste et le chrétien. Voilà des traits qui nous vont à nous autres Français. La grande piété sûre d'elle-même et qui n'est pas suspecte ose de ces choses qui semblent après invraisemblables; la foi est la foi, mais, pour se garantir, il n'est pas nécessaire qu'elle se hérisse, et, dans ses relations avec le dehors, on lui sait gré de voiler les sévérités du dogme par le sourire et la grâce. Ainsi faisait le cardinal de Cheverus; aussi, tout autour de lui on eût été heureux d'être de sa religion. Un syllogisme droit sur ses pieds est beau, des volumes de syllogismes sont très-beaux, une injure bien appliquée à un hérétique ou à un philosophe ne laisse pas de faire plaisir; mais la douceur envers le prochain, mais la charité évangélique, mais la vertu aimable a un charme irrésistible. Pourquoi ne l'essayerait-on pas?

1859.

VOYAGES EN AFRIQUE.

Le volume de M. de Lanoye est fait avec beaucoup d'art et présente le plus grand intérêt. Tantôt analysant les relations originales, tantôt les citant dans les passages les plus saillants, M. de Lanoye, esprit vif, libre et libéral, nous donne dans un petit livre et en quelques heures le progrès des découvertes accomplies en soixante ans dans l'Afrique centrale; ce qu'il a fait pour l'Inde dans un autre volume, également recommandable. Il devra être lu de tous ceux qui n'ont ni l'occasion ni le temps de recourir aux relations complètes. Quant au livre de Livingstone, très-bien traduit de l'anglais par madame Loreau, c'est une relation complète, qui, toute considérable qu'elle est, ne laisse pas un seul instant faiblir l'attention. Nous sommes heureux de voir se propager cette sorte de lecture, une des meilleures assurément que l'on puisse rencontrer. M. Édouard Charton, par ses *Voyageurs anciens et modernes*, le *Magasin pittoresque* et le *Tour du monde*, aura bien contribué à répandre ce goût; ces ouvrages sont de ceux que nous voudrions voir dans toutes les familles, pour remplacer de fades et artificielles historiettes par des récits vraiment curieux et instructifs.

1. Le *Niger et les explorations de l'Afrique centrale*, depuis *Mungo-Park jusqu'au docteur Barth*, par Ferdinand de Lanoye, 1 vol. in-18. Hachette. — *Explorations dans l'intérieur de l'Afrique australe*, de 1840 à 1856, par le R⁴ D' David Livingstone, 1 vol. in-8. Hachette.

La région explorée par les premiers voyageurs s'étend depuis le nord du Sahara jusqu'au lac Tchad et aux bouches du Niger; la région explorée par Livingstone s'étend de Saint-Paul de Loanda à l'embouchure du Zambèse. On conçoit que sur cette vaste étendue de terrain on rencontre bien des différences de régime, de costume, de mœurs, d'idées, de sentiments. En fait de nourriture, comme fond, la farine délayée dans l'eau ou dans du bouillon de viande; du reste, une grande variété : ici les viandes européennes, là le lait de chamelle et le mil, ailleurs des mets hardis : chien, chat, hippopotame, éléphant, singe, serpent, lézard, rat, sauterelle et chenille; on a servi au voyageur Caillié un coulis de souris que la faim lui fit trouver bon. En fait de costume, tous les degrés, depuis la nudité complète jusqu'au vêtement complet, avec toutes les fantaisies, et, en certains lieux, comme habit de guerre, l'antique égide, la peau de lion ou de tigre appliquée au corps, les pattes de l'animal sur l'épaule de l'homme. En fait de caractère, des peuplades douces et des peuplades méchantes, avec cette loi générale que celles-là sont conquises par celles-ci; des peuplades travailleuses et des peuplades indolentes; des peuplades rusées et des peuplades violentes; presque partout l'ignorance, la cupidité ou enfantine ou cruelle, la vanité, nulle idée du prix du temps, le fatalisme, la croyance à la vertu des sacrifices de sang pour apaiser les génies, le mépris de la liberté et de la vie humaine.

Nous ne nous proposons point de suivre pas à pas les voyageurs; nous voulons seulement recueillir dans ces pages nombreuses des renseignements sur l'homme, la plus curieuse des choses. Nous commençons par dire que nous n'avons trouvé rien de nouveau. Les Africains et les Européens ne diffèrent, pour ainsi dire, que par l'âge : les uns sont encore dans l'enfance, les autres déjà plus mûrs ; mais c'est cette unité même qui mérite d'être constatée, et les différences se révèlent par des traits assez piquants. Après avoir observé les peuples, nous n'avons pu nous empêcher de faire un retour sur les voyageurs qui ont acheté si chèrement ces connaissances ; ils nous ont, à leur tour, beaucoup appris sur la nature humaine dans un de ses plus nobles efforts. Commençons donc nos explorations.

Partout en Afrique il y a un pouvoir sous des noms différents, et il est curieux d'observer ces royautés où les peuples ont concentré tout ce qu'ils imaginent de plus grand. Le palais royal est une hutte de boue ou une tente de poil de chèvre ou de chameau. Le cérémonial pour s'y présenter varie, mais tranche toujours sur les habitudes vulgaires. Voici d'abord les majestés cachées. Au Mandara, il n'est pas permis d'arriver au palais autrement qu'à fond de train, sans arrêt ni détour, au risque de tuer quelqu'un sur le passage ; à l'entrée, des chambellans enlèvent prestement les babouches. Le sultan du Bornou est dans une cage de roseaux ; on ne l'approche pas à plus d'une portée de pistolet ; un improvisateur qui représente l'opinion publique, un *griot*, sur accompagnement de trompette, déclame les louanges du roi et celles des ancêtres du roi. Au Loggoun, pour les réceptions officielles, une portion de treillage se soulève ; à cette vue, les courtisans se prosternent et se couvrent la tête de sable ; le roi vous adresse quelques paroles à voix basse, car dans ce pays parler haut est d'une suprême inconvenance. A Katunga, on n'aborde le souverain qu'en rampant à plat ventre et le front dans la poussière : il y a rivalité entre les courtisans à qui témoignera plus fortement son respect; quelques-uns s'abaissent trop bas; mais cela ne fait pas qu'ils déplaisent. Ce fut un grand étonnement le jour où les Anglais abordèrent le roi en le saluant du chapeau et lui donnant une poignée de main. Quel spectacle magnifique que celui d'un chambellan du sultan du Bornou, avec ses dix ou douze robes de différentes couleurs, étagées les unes sur les autres, l'immense turban sous lequel branle sa tête, et son énorme abdomen, soit qu'il ait recours à un ventre postiche, ou qu'il soit parvenu à le rendre tel à force de manger et de digérer, pour faire la cour à son souverain ! Certainement il doit penser qu'il n'y a dans la nature rien de plus beau qu'un chambellan. Il y a des majestés africaines plus accessibles : parmi elles le roi de Boussa mérite une mention particulière. Dans le programme des jeux que Lander raconte, il est partie importante. Une fois, il fait un discours de la couronne où il se félicite de la tranquillité intérieure et des dispositions amicales des puissances étrangères, encourage l'agriculture et recommande la concorde; le sceptre formé d'une queue de lion ne gâte rien à cette éloquence; une autre fois, après les courses en sacs, la représentation de la prise d'un boa et un vaudeville, il paraît, exécute devant son peuple des exercices équestres, et enfin consent à le charmer par son art chorégraphique. Il débute par un grave menuet; la seconde figure imite le trot d'un cheval partant pour la guerre; il arrive trottant ainsi dans une de ses cases au milieu de l'admiration universelle, et en sort avec des provisions de menue monnaie, qu'il jette à la populace; enfin il se remet à danser, s'avançant de côté, par une suite de glissades et de jetés battus, jusqu'au centre de la place, et revient de même à sa demeure, aux applaudissements enthousiastes de la multitude. J'oubliais le chef Katéma, qui, dans les marches où il faut de la solennité, monte sur les épaules de son interprète.

En Afrique, la puissance exalte un peu ceux qui la possèdent; ils ne peuvent concevoir qu'il y ait une âme chez ces créatures qui leur obéissent si mécaniquement. Un chef des Bakouains, témoin des efforts que Livingstone fait pour persuader le christianisme à ses sujets, lui déclare qu'il entend la prédication d'une autre manière : « Vous imaginez-vous qu'il suffit de parler à ces gens-là pour leur faire croire ce que vous leur dites? Moi, je ne peux rien en obtenir qu'en les battant; si vous voulez, j'appellerai nos chefs, et au moyen de nos *litupas* (fouets de peau de rhinocéros), nous aurons bientôt fait de les décider à croire. » Livingstone ne jugea point à propos d'accepter comme moyen de conversion la peau de rhinocéros, et le chef se contenta de donner l'exemple de la prière; aussi sa tribu fréquentait peu les réunions pieuses, et il disait mélancoliquement : « Autrefois, quand un chef aimait la chasse, tout le monde se procurait des chiens et chassait avec passion; préférait-il la danse ou la musique, chacun manifestait un goût particulier pour ces divertissements, et s'il buvait beaucoup de bière, c'était à qui s'adonnerait à la boisson. Mais quelle différence dans cette occasion-ci! J'aime la parole de Dieu, et pas un de mes frères ne l'écoute avec moi. » Touchante oraison funèbre du pouvoir absolu et du *litupa*, sur lequel il se fonde! Terrible menace du gouvernement parlementaire, apporté par les chrétiens! Cela se passait vers 1840 ; il serait curieux de savoir où on en est vingt ans après. Peut-être que le chef chasse et que la nation ne chasse pas; peut-être qu'il danse et que la nation ne danse pas; peut-être qu'il s'enivre et que la nation ne s'enivre pas. Les anciennes mœurs s'en vont.

La cupidité et la sensualité de ces Africains sont extrêmes; il est vrai qu'elles se contentent de peu. Le premier soin d'un voyageur doit être d'emporter une provision d'objets propres à leur être donnés en cadeaux; il faut qu'il se pourvoie abondamment de filières de corail et de verroterie, de couteaux, de ciseaux, de pièces de drap, de cannes à pomme d'or; mais il n'est pas toujours nécessaire de se ruiner en riches présents : un sabre commun rend un roi ivre de joie; des boutons de chrysocale et des clous de girofle ont le plus grand succès, le café, le thé, le tabac concilient des difficultés diplomatiques. Le sultan An-Nour, invité ou s'invitant aux soirées européennes, ne se lasse pas de goûter des cornichons, et chaque fois qu'il étend la main vers le bocal, renouvelle ses promesses de rester à tout jamais l'ami des Anglais et de conclure un traité de commerce avec leur reine. Le chef des Makololos, en circonstance pareille, exprime sa reconnaissance d'une façon originale ; « Je sais que votre cœur m'est attaché, car je sens le mien qui s'échauffe en partageant votre nourriture; le café des Grikas et des marchands qui sont venus me visiter pendant que vous étiez au Cap n'était pas de moitié si bon que le vôtre, parce que c'était mon ivoire et non pas moi qu'ils aimaient. » Un bonhomme de monarque, Mansolah, roi d'Yarriba, transporté par les présents des Européens, oublie sa dignité, danse, fait un faux pas et tombe. Et ce monarque est reconnaissant : au retour des voyageurs, il vient lui-même, à la tête d'un chœur de cinq cents de ses femmes, qu'il dirige de la voix et du geste; puis, ayant besoin d'une victime expiatoire pour la cérémonie, il choisit dans leurs bagages un baudet, qui est sacrifié et mangé en festin solennel. Tous les rois ne se bornent pas à recevoir, il y en a qui demandent, quelques-uns rançonnent effrontément, d'autres s'y prennent d'une façon plus ingénieuse et plus intéressante à raconter. Mungo-Park, pour se présenter devant le roi du Bondou, avait endossé un habit bleu tout neuf, qu'il espérait sauver ainsi de la convoitise du monarque. Le roi reçut ses présents, entre autres un parasol, qu'il ne cessait de faire jouer, puis au moment où Mungo-Park se retirait, il l'arrêta, prit la pose et le geste d'un orateur, « commença par louer avec enthousiasme la bonté, les richesses, la générosité des blancs en général, et passant adroitement à mon humble personne en particulier, il amena l'éloge de mon habit bleu, *dont l'étoffe était si belle, dont les boutons jaunes étaient si brillants!* et termina sa harangue par la demande de ce superbe vêtement, promettant de le porter dans les grandes occasions, et de faire valoir, auprès de tous ceux qui l'admireraient, le nom et la libéralité du donateur. » Le sultan d'Yaonrie est vraiment un homme né pour le commerce. « Il nous avait fait don, raconte Lander, de quelques plumes arrachées à une autruche vivante, et persuadé qu'il suffisait d'en accroître le nombre pour composer un présent fort convenable pour le roi d'Angleterre, il nous déclara que nous devions attendre que le plumage de l'oiseau eût repoussé, et qu'on pût faire subir la même opération à la partie de son corps restée intacte; le temps, assurait-il, était trop rigoureux pour qu'on pût dépouiller la pauvre bête de toutes ses plumes à la fois. De plus, pour accélérer leur croissance, il faisait frotter la peau de l'autruche avec du beurre. Comme ce traitement n'exigeait pas moins de 288 livres de ce précieux cosmétique, représentant une valeur de 2000 cauris (le cauri vaut un demi-centime), il espérait que nous déduirions cette somme de celle qu'il nous devait; car, disait-il, ces frais-là ne pouvaient tomber à sa charge. » Cela rappelle l'habileté d'une femme romaine, en même temps propriétaire et domestique de Bastiat, qui se faisait payer comme propriétaire les objets qu'elle cassait comme domestique. Tous ces rois sont partagés entre la défiance, la crainte de l'espionnage, du mauvais œil et le désir de faire de l'effet devant les Européens. Il y a un sultan de Sokkoto, le sultan Bello, qui capte la faveur des blancs par une duplicité singulière. Il écrit une belle lettre au roi d'Angleterre, lui envoie des cartes géographiques de sa propre main, les promesses les plus généreuses pour l'abolition de la traite et le commerce avec les blancs, ne sollicitant pour récompense qu'un exemplaire arabe des œuvres d'Euclide. Ce fut dans l'Europe un concert unanime de louanges en faveur de Bello ; on l'appela *le chef éclairé du puissant empire des Félans*, et M. de Lanoye ne garantit pas qu'on ne lui ait pas expédié le brevet d'associé libre ou de membre correspondant de quelques sociétés scientifiques ; on consentit à oublier que ce prince éclairé avait fait décapiter deux mille prisonniers, on lui pardonna en faveur de la science ; une expédition anglaise fut décidée pour donner suite aux propositions royales ; par malheur, les ports de mer indiqués par l'itinéraire de Bello étaient à cent vingt lieues ou plus de la côte, et lorsque des blancs retournèrent dans ses États, il les menaça et les opprima. Clapperton y mourut indigné.

La vanité africaine est toute naïve : « Pourquoi ne vous arrêtez-vous pas ? dit cette dame du pays. Qu'ai-je fait pour que vous passiez auprès de moi sans me regarder ? Un chef de peuplade, nommé poétiquement l'Oiseau noir, posait devant ses sujets dans un burnous écarlate, qu'il venait de recevoir en cadeau, mais il lui manquait la jouissance de se contempler lui-même ; Denham lui donna un petit miroir : « aussitôt il alla se blottir dans un coin de la tente, où pendant plusieurs heures il ne cessa de se regarder avec une satisfaction qui, lui arrachant d'abord des exclamations de plus en plus bruyantes et répétées, se traduisit à la fin par des sauts et des cabrioles dignes d'être comparés aux faits et gestes du chevalier de la *Triste figure* sur la *Roche pauvre*. » Livingstone a pourtant rencontré des Africains d'une modestie louable ; il parle des Makololos : « Les femmes venaient souvent me demander mon miroir, que je ne manquais pas de leur prêter, et rien n'était plus amusant que de les entendre se récrier à propos de leur visage, pendant qu'elles me croyaient absorbé par ma lecture : « Est-ce bien moi ? disaient-elles. Comme j'ai de grosses lèvres ! Mes oreilles sont aussi grandes que des feuilles de citrouille, et je n'ai pas du tout de menton ! — Je serais assez jolie, reprenait une autre, mais ma figure est gâtée par les gros os de mes joues. — Quelle singulière forme de tête, voyez donc ! s'écriait une troisième, comme elle s'élève au milieu ! » Et c'étaient des rires effrayants à chacune de ces remarques. Comme ce récit de Livingstone nous met loin de notre pays ! Mais voici qui nous y ramène : « Elles saisissent

entre elles leurs défauts avec une promptitude étonnante, et se donnent réciproquement des sobriquets caractéristiques. » Il va sans dire que, lorsqu'il est en cause, chaque personnage augmente, comme nous le ferions, ses exploits; la force du soleil du pays ne peut pas nuire à l'amplification. Les compagnons de Livingstone revenus chez eux, on les interroge; après toute sorte de récits de leurs impressions de voyage, ils terminent par cette phrase qui sent une province de France : « Nous sommes allés jusqu'au bout du monde, et nous ne sommes revenus que lorsque la terre a manqué sous nos pieds. » Mais ils comptent sans un ancien plein de malice, qui leur répond : « Alors vous avez vu Ma-Robert (mistress Livingstone)? » et ils sont obligés de confesser que Ma-Robert demeure un peu plus loin que le bout du monde et qu'ils n'ont pas pu arriver jusqu'à elle. Cette vanterie de voyageurs tout neufs fait sourire et rappelle singulièrement le mot connu : « Je suis allé si loin, si loin, que j'ai manqué mettre le pied sur rien » A propos du scheik du Bornou, quelle jolie scène raconte Denham, et comme on voit bien que la vanité n'a pas de couleur : « Il nous questionna sur l'objet de notre voyage et montra une satisfaction évidente quand nous lui donnâmes l'assurance que le roi d'Angleterre avait entendu parler du Bornou et de lui. Se tournant alors vers l'un de ses conseillers : « C'est
« sans doute, lui dit-il, depuis nos victoires sur les
« Baghirmys ; » sur quoi son bagah-ferby, ou maître de la cavalerie, celui des chefs qui s'était le plus distingué dans les batailles, vint s'asseoir vis-à-vis de nous et nous demanda gravement : « A-t-il aussi en-
« tendu parler de moi, votre roi ? » Non moins gravement nous répondîmes que oui, et cette réponse fit

merveille pour notre cause. Une acclamation générale s'éleva ; de tous côtés on répétait : « Ah ! votre roi « doit être un grand homme ! »

La déesse Renommée africaine est toute pareille à la Renommée européenne : elle a aussi cent yeux et cent langues, elle est aussi messagère d'erreur. Un chef de l'Afrique australe est en querelle avec un vassal ; partant pour l'expédition, il demande à Livingstone de lui prêter une marmite de fonte pour faire la cuisine ; le docteur la donne en y ajoutant une poignée de sel. Il en fut comme des cinq fusils vendus par les Européens aux indigènes et qui montèrent, par le bruit public, au nombre de cinq cents ; la marmite devint un canon que le docteur avait prêté, « de son propre aveu ; » son rappel immédiat fut demandé, et le gouvernement colonial, convaincu que le fait était vrai, tint notre missionnaire pour un homme dangereux. Le curieux de l'affaire est que cette croyance accréditée fut très-utile à Livingstone et à sa troupe : persuadés que ces gens avaient de l'artillerie, les Boërs, naturellement si violents, n'osèrent pas les attaquer et les laissèrent tranquilles pendant huit années. Pour moi, je ne me lasse jamais d'admirer, par cet exemple, et par beaucoup d'autres, la manière dont tournent les choses humaines : il y a en elles des singularités qui renversent. Une part de ces singularités vient des rencontres des événements, l'autre de ce fond déraisonnable qui est un peu dans chacun de nous et qui se multiplie dans les foules : leur sottise vous perd ou vous sauve, selon les temps. La connaître dans toute son étendue, la prévoir et calculer dessus est un effort dont très-peu sont capables et qui rend maître de bien des affaires. Si Livingstone avait deviné que sa marmite deviendrait un canon, que ce canon paraîtrait détaché d'une artillerie, que cette artillerie idéale tiendrait une peuplade ennemie huit ans en respect, Livingstone était un génie politique de premier rang.

L'ignorance et la curiosité africaines sont toutes primitives et se montrent par les impressions les plus naïves. La lanterne magique de Livingstone réussit toujours, quoique assez suspecte. Une fois qu'en représentant le sacrifice d'Abraham il vient à remuer le verre, et avec le verre le grand sabre d'Abraham, les spectateurs, qui voient s'avancer le sabre, sont pris d'un grand effroi; les femmes se sauvent et on ne peut les ramener. Une boîte à musique a sur le scheik du Bornou un effet inespéré. D'abord il ne se trahit que par des exclamations : *Prodigieux! prodigieux!* La boîte se met à jouer le *Ranz des vaches*. Le scheik, se couvrant le visage de ses deux mains, écoute plongé dans l'extase; un courtisan l'ayant interrompu par une exclamation maladroite, il lui allonge, à poing fermé, sur le crâne, un coup qui fait frémir les assistants. De cette ignorance naît la croyance à la sorcellerie; cette croyance qui, en Europe, est confinée dans les villages, est là universelle. Les Bakatlas voient-ils leurs troupeaux ravagés par des lions, ils s'imaginent qu'on leur a jeté un sort et qu'ils ont été « livrés au pouvoir des lions par une tribu voisine. » Il y a un philtre pour viser juste, des secrets pour rendre invulnérable; le regard de l'homme anéantit le poison des reptiles; un bœuf qui, étant couché, bat la terre de sa queue, un coq qui chante avant minuit, attirent le malheur sur la tribu, et des règlements de police ordonnent leur mort. Comme l'Afrique australe est dévorée par la sécheresse et que la pluie est l'objet de tous ses désirs, on conçoit que les imaginations travaillent sur les moyens de la faire descendre. Chez les Bakouains, la croyance à la faculté de faire pleuvoir est la plus enracinée de toutes les croyances ; il y a des secrets efficaces pour cela : la chauve-souris carbonisée, le foie du chacal, le cœur du babouin et du lièvre, des peaux et des vertèbres de serpents, des racines bulbeuses réduites en fumée ; le ciel ne saurait y résister. Ces bonnes gens se trouvent sur bien des points inférieurs aux blancs et moins bien partagés par Dieu ; mais ils ont reçu de Dieu la faculté de faire pleuvoir, que les blancs n'ont pas. Quelques-uns parmi eux la possèdent plus particulièrement : ce sont les docteurs ès pluie, et il va sans dire que le chef de la tribu en est amplement doué ; récemment converti au christianisme, il renoncerait à tous les dogmes plutôt qu'à celui-là.

Un trait de la race africaine est le mépris de la liberté et de la vie humaine. Un prince a-t-il besoin d'argent, il jette les yeux sur quelque peuplade inoffensive, organise une expédition, se précipite sur ces malheureux, égorge, incendie, puis vend les prisonniers à des marchands, qui les conduisent ensuite en troupeaux jusqu'à la côte, où les traitants les prennent pour les transporter par les mers de la même façon. Trouvez ailleurs beaucoup de drames comme celui qui se passa un jour à Ségo, et que Raffenel raconte. Le roi avait appris de la tradition que tout rempart, pour être imprenable, doit avoir ses fondations cimentées de sang humain. Jusque-là on n'avait guère sacrifié à la fondation d'une ville qu'un jeune homme et une jeune fille, auxquels on joignait un couple ou deux d'animaux domestiques ; il fit mieux : il convoqua dans une grande plaine tous ses sujets libres et esclaves, des deux sexes; les esclaves défilèrent devant lui par milliers et dizaines de milliers, reçurent chacun six coudées de riche étoffe, après quoi ils eurent les yeux bandés et furent emmenés par des soldats armés le long d'une tranchée autour de la ville, de manière à en envelopper l'enceinte. A un signal donné par le tam-tam, ils furent frappés et jetés dans la tranchée; le lendemain, les fondations s'élevaient au niveau du sol sur soixante mille captifs. Ceux qui survivaient méditèrent une digne vengeance. Lorsque, le même lendemain, le roi alla au bain, ils lui annoncèrent qu'il allait à son tour voir les prodiges de leur puissance : on fit passer devant lui ses femmes et ses enfants enchaînés; il voulut se lever, on le retint dans sa baignoire; puis au milieu de la cour on creusa un trou où sa famille fut jetée, on éleva par-dessus une tour de soixante coudées; le roi fut cloué sur une planche, et la planche élevée au haut de la tour, où elle tournait sur un long pieu, pour annoncer la venue du simoun. Comment les nègres ménageraient-ils la vie des étrangers et des esclaves? Ils prodiguent la vie de leurs concitoyens. Il se trouve chez bien des tribus un arbre fétiche, arbre sanglant, aimé des vautours, et dont aucun voyageur ne parle sans une horreur profonde; ses racines, son tronc et ses branches attestent d'affreux sacrifices. Chez les Achentys, aux funérailles des rois, on a vu égorger en leur honneur deux mille, trois mille hommes de la nation.

Les sacrifices humains sont affreux, mais ils ne sont pas de tous les jours et portent un cachet de grandeur terrible. Ce qui révolte et dégoûte perpétuellement, c'est la famille africaine. Quelle place y a-t-il pour la vie morale chez l'homme qui achète des femmes comme des esclaves, autant qu'il en peut nourrir, voit ses enfants se multiplier dans sa maison comme les agneaux et les chevreaux dans ses étables, en sachant à peine le nombre, les distinguant peu ou point des étrangers, engraisse ses filles à repas forcés, pour leur donner la beauté du pays et se faire un revenu de leur dot? Cette famille est un bétail, et l'institution qui la fait telle est la dégradation des enfants, des femmes et du chef avant tout. On se demande si on est ici chez des hommes.

Les impressions que nous avons recueillies à ce moment de nos explorations dans l'Afrique centrale et australe sont assez fâcheuses pour les races africaines; nous y avons rencontré l'humanité dégradée, beaucoup de misères physiques, intellectuelles et morales; il nous reste à considérer quelque chose de plus consolant, à retrouver jusque dans ces peuplades abruties les grandes parties de la nature humaine et à nous fortifier en contemplant les hommes qui ont osé parcourir ces pays pour nous rapporter, au prix de fatigues et de périls sans nombre, des documents sur un monde inconnu.

D'abord, en ce qui concerne les Africains, dont nous avons montré la cruauté et les ridicules, il est temps de se réconcilier avec eux et faire voir le trait divin dont eux aussi ils sont marqués.

Au fond de ces créatures dégradées, il y a un instinct de grandeur, qui est le signe originel de l'esprit humain. Dans le Kahalari, hommes et femmes ne pleurent et ne crient jamais, quelque cruelle opération qu'on leur fasse. Une mère dit à sa fille : « Tu es une femme, et une femme ne doit pas crier. » Livingstone n'a vu pleurer qu'un seul homme : c'était un vieillard dont le petit garçon était tombé dans l'eau en jouant sur le bord ; il s'y était noyé. Chez les Bamangouatos, on forme les jeunes gens à la douleur physique en les frappant de baguettes qui leur font sur le dos de profondes entailles. Pour avoir la permission de se marier, il faut, outre cette épreuve, avoir tué un rhinocéros. Les jeunes filles qui, sous la surveillance d'une vieille femme, vont chercher de l'eau, portent aussi sur leur avant-bras les cicatrices des brûlures qu'on leur a faites pour les exercer à souffrir. Ce même instinct de grandeur morale paraît dans l'idée qu'ils se font des blancs, au milieu d'autres impressions bizarres. L'arrivée d'un blanc leur inspire presque toujours une grande frayeur, et, en tout cas, une grande admiration.

Chez quelques peuplades, il y a une notion assez nette de l'existence de Dieu et de la vie future, chez d'autres, dans l'extrême sud, absence complète de culte et de sentiment religieux ; en général, une vague idée d'une puissance supérieure, redoutable aux mortels, et d'un monde où habitent les esprits des trépassés, qui attirent à eux les vivants ; en de certains pays, quand un chef meurt, pour que son esprit ait une société dans cet autre monde, on tue sur sa tombe plusieurs de ses serviteurs. Dieu et les esprits leur paraissent habiter le même élément : les peuplades voisines d'une cataracte placent le trône de Dieu dans l'arc-en-ciel que forme la vapeur au-dessus de l'abîme tonnant ; ailleurs, à l'aspect du soleil entouré d'un cercle, un nègre dit : « Ce sont les Barimos (âmes des morts) qui se rassemblent pour se consulter. Ne voyez-vous pas que le Seigneur est au milieu du rond qu'ils forment? » Quant à l'influence de la croyance religieuse sur la conduite, Livingstone a remarqué que les peuplades idolâtres valaient moins que les autres, qui n'ont aucun culte, et, sur la foi que supposent certaines pratiques religieuses, il a recueilli un joli mot d'une femme qui fait une cérémonie absurde et en voit elle-même l'absurdité : « Je le fais seulement. » Ils font intervenir Dieu un peu plus que de juste dans les affaires humaines : ici pour décider les procès par l'épreuve du poison, à la façon des jugements de Dieu du moyen âge; ailleurs pour amener au chasseur sa proie. Des chasseurs d'éléphants, qui en ont pris un, expliquent humblement l'affaire : « C'est Dieu qui nous l'a donné; il a dit à cette vieille bête : « Va là-bas; il y « a des hommes qui ont besoin de toi pour te man-« ger. »

Dans ces sociétés à peine ébauchées, on retrouve la justice. Chez les Makololos, sauf dans les cas politiques, où elle est très-expéditive, et dans les cas de nulle importance, où le chef décide immédiatement, les formes sont sérieusement gardées. Le plaignant expose ses griefs, les témoins déposent de ce qu'ils ont personnellement vu et entendu; puis le défenseur parle en toute liberté. Si le plaignant se récrie, il le fait taire : « Voulez-vous donc être le seul qu'on entende? » Et l'auditoire se joint au défenseur. Quant aux actes que la loi n'atteint pas ou que la justice humaine n'a pu atteindre, il y a chez ces peuplades une forte expression qui marque énergiquement la responsabilité morale : « Le crime est sur lui. »

En somme, que sont les Africains? sont-ils bons? sont-ils méchants? ni l'un ni l'autre. Ils sont comme nous très-mêlés de bien et de mal; comme nous aussi ils manquent des vices dont ils n'ont pas besoin; seulement il leur en manque un plus grand nombre qu'à nous, vu l'état rudimentaire de leur société :

ainsi, où il n'y a pas de propriété, le vol est un hors-d'œuvre. Dans les relations de famille, on trouve tous les sentiments les plus divers : l'abandon fréquent ou le soin des enfants naissants, la piété filiale s'effaçant avec l'âge ou gardant toute la vie le plus touchant caractère, le rapport du mari et de la femme variant autant qu'il peut varier, depuis les peuplades barbares, où la femme est comme une sorte d'esclave, jusqu'aux peuplades les plus civilisées, comme celle des Banyaïs, où un mari de qui on réclame un service ne manque jamais de dire . « Je veux bien et je vais aller demander la permission à ma femme. » Si on trouve des caractères communs à des tribus qui occupent une aussi grande étendue de pays et doivent différer selon tous les accidents des lieux, du régime, nomade, chasseur, agriculteur, commerçant, guerrier, sous l'influence mystérieuse des races, il n'y a guère comme caractère commun que l'ignorance complète de deux vertus chrétiennes : le pardon des injures, et la pitié pour les malheureux. Ajoutons que c'est simplement une ignorance de position, qui vient de leur condition actuelle : des hommes sans lien civil entre eux et en état perpétuel de défense à l'égard de l'étranger sont mal placés pour apprendre à plaindre les malheureux. Si chez nous les paysans sont moins tendres aux malheurs que les habitants des villes, parce qu'ils sont plus familiers avec la misère, parce qu'ils la voient chez eux, qu'ils ont affaire à elle et ont assez à faire avec elle, comment s'étonnerait-on de cette disposition du cœur des noirs? Du reste, ils sont capables de s'ouvrir à ce sentiment : il naît en eux lorsqu'ils voient un blanc s'appliquer à soulager la souffrance, et les missionnaires de toutes les religions leur ont donné cet enseignement. Un noir, sachant que les Anglais ont horreur de la traite, dit à Livingstone avec énergie : « Ce sont des *hommes*. »

Voilà quelques-uns des détails caractéristiques que nous avons trouvés dans le livre de M. de Lanoye et dans Livingstone; maintenant, laissant ces livres et réfléchissant sur ce que nous avons lu, nous en tirerons plusieurs enseignements que le lecteur en a sans doute tirés aussi.

Le premier enseignement sort du spectacle de l'esclavage. Il est là dans toute son horreur, et ce qui n'est pas moins horrible, ce sont les raisonnements par lesquels on l'appuie. Les Boërs (voisins du Cap) ne se contentent pas de posséder, ils argumentent pour prouver qu'ils ont le droit de posséder. A la rigueur, la possession suffirait; mais il y a dans la démonstration logique du droit une jouissance qu'on aurait tort de se refuser quand on a la puissance ; le triomphe serait de faire trouver aux esclaves que la démonstration est juste ; en leur ôtant provisoirement la permission de dire le contraire, jusqu'à ce qu'ils fussent convaincus, il ne faudrait désespérer de rien. Il y a les arguments théologiques. Vous demandez aux Boërs comment il se fait qu'étant chrétiens ils ont des esclaves ; ils répondent que c'est précisément pour cela. Comme peuple de Dieu, les idolâtres leur ont été donnés par héritage, et ils sont l'instrument de la vengeance divine sur les nègres, comme autrefois les juifs sur les païens de leur temps. Il y a aussi les arguments philanthropiques : Que deviendraient ces pauvres gens si on ne prenait soin d'eux comme on le fait? Si on leur ôte la liberté, c'est pour leur bien. Laissons les possesseurs d'esclaves se complaire dans leur haute raison et dans leur merveilleuse charité, et faisons la part de chacune dans cette merveilleuse institution de l'esclavage, dans la cruauté des vendeurs de noirs et dans la misère de ces pauvres tribus, qui sont enlevées tout à coup à leurs maisons en flammes et conduites, dans les tourments de la fatigue, de la chaleur et de la soif, à travers le désert, qu'elles sèment de leurs ossements. J'ose le dire, c'est aux Européens que revient la plus grande part dans ces crimes et ces souffrances : ni ces crimes ni ces souffrances ne cesseront jusqu'à ce que le monde civilisé ait complétement rejeté la barbarie; il y aura quelqu'un pour vendre des esclaves tant qu'il y aura quelqu'un pour les acheter, soit à ciel découvert, soit dans l'ombre.

Les autres enseignements qui sortent de ces récits de voyages nous sont donnés non par le spectacle observé, mais par l'exemple des observateurs. Aussi curieux à étudier que soient les Africains, ils ne sont en définitive que des enfants ignorants, vaniteux, cruels; quant aux hommes qui les ont étudiés, ils sont un spécimen tellement frappant de l'humanité, qu'en les analysant on apprend beaucoup sur cette nature humaine. Je l'avoue, ce qui me paraît le plus curieux dans de tels voyages, c'est le voyageur.

Il y a diverses espèces de voyageurs : les uns, comme Mme Ida Pfeiffer, veulent absolument voir du nouveau; ce sont, comme me le disait quelqu'un justement, de grands enfants qui veulent voir la lanterne magique; d'autres sont poussés par l'amour de la science. De cette sorte sont tous les voyageurs dont M. de Lanoye a rapporté les récits. Une troisième espèce est inspirée par l'amour de la religion et de l'humanité. A ces deux dernières classes, des savants et des apôtres, appartient Livingstone.

Livingstone a fait faire d'immenses progrès à la

géographie. La pensée de trouver un fleuve navigable, qui permette à notre civilisation d'arriver jusque dans une contrée populeuse et inconnue, le ravit; il écrit sous cette impression : « Peut-être m'accuserez-vous d'enthousiasme; j'accepte cette accusation, que je désire mériter; car il ne s'est rien accompli dans le monde de grand et d'utile que sous l'empire de ce sentiment. » Et il a raison. A la passion il joignait une ferme notion du devoir : il vit, dans le cours de ses voyages, bien des injustices, il en subit un bon nombre; mais rien ne changea ses idées sur la morale, et même entièrement dépouillé par une horde avide, son malheur ne lui inspirait que cette réflexion : « Le cœur léger après avoir fait quelques efforts pour leur accorder un pardon sincère, je sentis qu'il valait mieux être du côté des volés que de celui des voleurs. » Parcourant l'Afrique pour convertir les âmes, il désire, comme protestant, les convertir au protestantisme ; mais il y a chez lui mieux que l'esprit de secte : la vue de tant de misères morales l'élève au-dessus des partis, et il s'écrie généreusement en parlant de ces infidèles : « Quant à moi, plutôt que de les voir idolâtres, je préférerais infiniment que tous les nègres fussent de bons catholiques. » Cet aveu a l'air facile; mais réfléchissez, et vous trouverez peut être qu'il demande quelque effort.

Livingstone ne renferme pas l'apostolat dans la distribution ou la prédication de la Bible : « J'emploie, dit-il, le titre de missionnaire dans sa plus large extension, et je comprends dans l'œuvre que je désigne chaque effort tenté pour l'amélioration de notre race, et pour la propagation des moyens que Dieu a donnés, afin de l'amener au glorieux achèvement de sa destinée. Chacun, à la place qu'il occupe, soit qu'il le sache ou qu'il l'ignore, accomplit la volonté du Père qui est aux cieux : l'homme de science, en découvrant les lois cachées dont l'application rapproche les peuples et concourt à leur union, comme le télégraphe électrique; le soldat, en se battant pour le droit contre la tyrannie; le marin, en arrachant de nombreuses victimes à l'avidité insatiable de trafiquants sans âme; le commerçant, en faisant circuler les produits et en apprenant aux nations qu'elles dépendent les unes des autres; en un mot, tous ces travailleurs, dont l'action, aussi bien que celle du missionnaire, prépare la fin glorieuse pour laquelle toutes les forces ont été distribuées. »

A quelque catégorie qu'appartiennent les voyageurs, où trouvez-vous une manifestation plus énergique de l'instinct? Voyez le premier voyageur de l'association africaine, Ledyard. Poussé par le désir de connaître, il va, dès que l'âge le permet, vivre parmi les Peaux-Rouges, fait avec Cook le troisième voyage autour du monde; au retour, prend à pied la route du détroit de Behring, essaye de traverser seul, sur la glace, le golfe de Bothnie; forcé de revenir, parce que la mer n'était pas prise à une certaine distance de la côte, il tourne le golfe, entre à Saint Pétersbourg, sans bas, sans souliers, presque sans vêtements, pousse dans l'hiver jusqu'à Okhotsk, où les glaces l'arrêtent, et, ramené par des Cosaques dans un traîneau, tout d'une traite, par un froid de 20 à 30 degrés, jusqu'aux frontières de Pologne, va à Londres, prend connaissance des instructions de l'Association. « Quand pouvez-vous partir? lui demande-t-on. — Demain matin « Et Mungo Park ! Il part avec dix serviteurs; après des souffrances inouïes, revient par miracle et ose repartir pour ce second voyage, où il périt. Et

Caillié ! A dix-sept ans, ne possédant que 60 francs, il s'embarque pour le Sénégal, sur un bâtiment qui naviguait de conserve avec la *Méduse;* deux ans après, il franchit 160 lieues de déserts, de forêts, de contrées ennemies, pour rejoindre une expédition africaine, revient en France malade, repart pour l'Afrique, pour le désert, apprend l'arabe et la pratique du culte des Maures dans une année d'initiation terrible ; au retour, est méconnu, se voit offrir une place de garçon jardinier à 50 fr. par mois ou un emploi d'empailleur d'oiseaux ; part seul, à pied, sans passe-port, sans lettres de recommandation, avec 100 fr. de fortune, arrive à Sierra-Leone, est mis à la tête d'une fabrique d'indigo, économise 2000 fr. et s'aventure dans l'intérieur de l'Afrique, se présentant comme un homme né en Égypte, de parents arabes, emmené en Europe par les Français de l'expédition, envoyé au Sénégal par son maître pour affaires de commerce, affranchi pour ses services et retournant en Égypte pour retrouver ses parents et reprendre la religion musulmane. Il va ainsi jusqu'à Tombouctou, où il entre le premier des Européens, sauf à entendre sa véracité contestée par la jalousie anglaise, qui désarme après sa mort. Et tous ces autres voyageurs qu'il serait trop long de rappeler ici ! Niez l'instinct, après cela, et soutenez que les circonstances et l'éducation font toute la différence entre les hommes, qu'il n'y a pas des élections, des vocations, des destinées. Quand nous parcourons les animaux, nous admirons la sagesse qui a divisé le travail dans ce grand atelier de l'univers, créant l'araignée pour tisser, le ver pour filer, l'abeille pour distiller, le castor et le termite pour construire, ainsi sans fin. Sachons bien qu'il en est de même chez les hommes ;

là aussi nous retrouvons cette même division des travaux, qui fait qu'aucun d'eux ne périt et que chacun d'eux avance. La nature appelle des ouvriers à tous les ouvrages : Pascal vers la géométrie, Corneille vers la poésie, Socrate vers la philosophie, Alexandre vers la guerre, Richelieu vers la politique, les grands voyageurs vers les pays lointains, les uns impérieusement, les autres avec moins de force, tous sous la réserve de leur liberté, qui peut écouter cet appel ou n'y pas répondre, et qui se sent pleinement maîtresse alors même qu'elle se livre à l'impulsion.

Cette vérité est déjà bonne à recueillir ; mais il y en a d'autres plus importantes encore. L'exemple des voyageurs n'est pas seulement une démonstration de l'instinct, il montre encore la grandeur morale de l'homme, et proteste par là contre les spectacles que les peuples visités nous offrent. Quand on considère le genre humain, tant de cupidités, de pauvretés et de violences, on est tenté de le mépriser, et on n'y manque point ; mais, quand il serait plus méprisable encore, qu'est-ce que cela prouve, s'il y a un seul homme qui mérite d'être estimé ? Le devoir n'est donc pas un mot et le dévouement une folie. L'impression que laissent la plupart de ces populations de l'Afrique est une impression de ridicule et d'horreur : volontiers vous anéantiriez ce coin du monde ; mais après les superstitions monstrueuses, les sacrifices humains, les niaises splendeurs, les odieuses déprédations, les guerres féroces, survient un noir charitable ou une vieille négresse compatissante, vous voilà réconcilié. Et quand même ces deux créatures n'existeraient pas sur cette terre sanglante, il y a quelque chose qui honore l'humanité encore plus que toutes ces barbaries ne la déshonorent : c'est cet homme qui passe, ayant tout quitté pour venir là étudier le cours d'un fleuve ou les mœurs d'une tribu, ou pour y porter le nom de sa nation, ou pour y jeter une idée juste et un sentiment équitable. On a beau dire, quand il n'y aurait entre tous les hommes qu'un seul homme digne de ce nom, il prouverait seul contre tous les autres ensemble, et tous les autres ensemble ne prouveraient pas contre lui : il leur montrerait toujours le point où la nature humaine peut arriver ; c'est à eux à monter, ce n'est pas à lui à descendre.

Qu'est-il donc en lui-même, cet être qui est fait pour une aussi haute destinée? Est-il esprit, est-il matière? Ici encore les voyageurs nous renseignent ; il y a une certitude qui sort de toutes leurs pages, de toutes leurs lignes, de tous leurs efforts, de toutes leurs joies, de toutes leurs peines : c'est que l'homme est une âme. Laissons les discussions de substance, de simple et de composé; s'il y a une épreuve où il soit manifeste qu'il y a en nous deux forces qui vont chacune à leur fin, l'une à la perfection physique, qui est vivre et bien vivre, l'autre à la perfection morale, qui est la vérité et le devoir, ce sont les voyages dont nous parlons. Là, tandis que le corps a faim et soif, a chaud et froid, tombe de sommeil, tremble de la fièvre, et s'affaisse sous la fatigue et le mal, on sent derrière lui quelqu'un qui le relève, le fait marcher, l'envoie au mal, quelqu'un qui a ses plaisirs et ses peines à part qui étouffent les autres plaisirs et les autres peines, et tire sa puissance d'une idée, d'un sentiment, d'une chose que l'œil ne voit pas et que l'oreille n'entend pas. Mettez d'un côté toutes les jouissances de la vie, de l'autre toutes les privations, le voyageur choisit les privations : la faim, la soif, la fatigue, la chaleur dévorante, la fièvre, les blessures, les animaux malfaisants, moustiques, abeilles, qui mettent une caravane en fuite, scorpions, fourmis noires, blanches et rouges, d'une indicible fureur, mouche venimeuse de l'Afrique australe, qui fait le désert autour d'elle, grands animaux, lions au désert, hippopotames sur les fleuves; mettez la lutte contre les hommes, qui pillent ou rançonnent, contre leurs préjugés, mortels à un homme d'une autre couleur ou d'une autre foi, contre leurs lenteurs, incomprises d'un Européen; ajoutez, sous les tropiques, après les ardeurs de l'été, la saison des pluies, les averses formidables, l'humidité et les orages qui désorganisent, l'électricité accumulée qui, à chaque tour de roue ou à chaque mouvement des membres, fait paraître le chariot et l'homme en feu; représentez-vous de longues routes dans le sable étouffant, l'homme se précipitant dans une auge et y buvant avec les animaux, Barth égaré buvant son propre sang, tant de malheureux expirant loin de leur pays, vous aurez une idée du courage nécessaire aux voyageurs qui ont tenté de connaître l'Afrique. Mungo-Park, fait prisonnier, fuit à travers les plaines de sable, reste trente-six heures sans manger, dévoré par la soif, mâche les feuilles amères des arbres et des buissons, tombe évanoui, se réveille, reprend sa course en retenant, pour ne pas se trahir, son souffle et le souffle de son cheval, dont il presse les naseaux; il aperçoit le Niger, se jette à genoux et boit de son eau en remerciant Dieu avec ferveur. Tout est oublié; le corps est épuisé, l'âme triomphe dans un des plus vifs transports qu'il soit donné à l'homme d'éprouver. Le lecteur triomphe avec lui, se sent de la même race, de la race des esprits, des natures pensantes, contre lesquelles l'univers entier ne peut rien. Voilà les lectures fortifiantes que nous ne nous lassons jamais de recommander à nos contemporains, afin qu'éblouis par d'autres prestiges, par les prestiges de l'industrie, ils ne se trompent pas sur ce qui fait notre valeur véritable. Dans ce temps-ci, les travaux de l'homme sont grands et ses actions petites. La nature est à son service : pour lui le vent souffle, l'eau se précipite, la vapeur fait effort, l'électricité court; mais quel dommage que ce maître de la nature soit lui-même esclave, esclave de la cupidité ou de la peur! L'homme est fier d'avoir donné une âme aux machines; c'est bien; mais où est son âme à lui? j'entends une âme d'homme, qui n'obéisse qu'à elle-même et ne soit point aux ordres des événements ou des individus? Sinon, au lieu de donner son âme aux machines, il aurait pris la leur.

Élevons donc les yeux vers ces exemples de grandeur morale que les voyageurs comme ceux-ci nous donnent; le commerce avec eux est une forte école de spiritualisme. Qu'on parle tant qu'on voudra contre le spiritualisme; ce ne peut pas être une doctrine vaine celle qui sert tous les jours, et, aux grands jours, fait les héros.

1859

M. L'ABBÉ BAUTAIN[1].

Après avoir lu attentivement ce volume, nous hésitons encore sur le sens du titre qu'il porte : M. l'abbé Bautain parle-t-il de la chrétienne telle qu'elle doit être de nos jours ou telle qu'est de nos jours? De ces deux sujets l'un serait un traité, l'autre une satire; l'un chercherait l'autorité, l'autre l'ironie; or, autorité et ironie sont perpétuellement mêlées dans ce livre et rendent le lecteur indécis, ou plutôt le persuadent que l'auteur a laissé à dessein cette équivoque. Après tout, le lecteur a mieux à faire que de confronter sans cesse le livre avec le titre; l'intérêt de la matière l'entraîne : c'est la femme, telle que M. Bautain la conçoit, opposée à la femme, telle qu'il la voit, et cette opposition est maniée de main de maître. Nous suivrons M. Bautain comme directeur et comme satirique; sa direction nous invitera à réfléchir à notre tour sur cet objet, et, quand il arrivera à la satire, il faudra bien, pour être complet, recueillir les critiques qu'il nous donne de la société particulière qu'il a observée. Commençons par la direction, en avertissant que ce n'est pas une direction de la vie intérieure, mais de la vie extérieure, une consultation sur le parti à prendre dans les principales circonstances où une femme se rencontre.

[1]. La *Chrétienne de nos jours*, lettres spirituelles, par M. l'abbé Bautain, 1 vol. in-18. Hachette.

Ainsi, dans ce premier volume, où l'auteur n'a considéré que la jeune fille et la jeune mère, nous trouvons l'éducation, le mariage et le veuvage. Nous demandons à M. Bautain la permission de lui exposer nos doutes sur quelques-uns des points qu'il a touchés; chemin faisant, le lecteur fera sur l'esprit du livre des observations que nous résumerons après.

M. Bautain a passé en revue, en les notant avec une remarquable précision, les difficultés de l'éducation privée dans les familles où il y a une grande existence, l'impossibilité pour la mère de se faire institutrice au milieu des occupations et des distractions, les difficultés aussi qu'amène l'introduction d'une institutrice étrangère. Il conclut à l'éducation publique, et préfère aux maisons laïques le couvent. Nous n'avons ni à approuver ni à blâmer ce parti, et nous nous contentons de plaindre les mères que leur fortune empêche d'élever leurs filles sous leurs yeux. Mais prenons la jeune fille au sortir de l'éducation publique; c'est là, c'est au moment où commence l'initiation à la vie du monde que commence aussi une seconde éducation qui détruit la première. M. Bautain, qui parle d'une manière charmante des grâces de la jeune fille tirée de l'ombre pour paraître au grand jour, a des colères vigoureuses contre tout ce qui tend à enlever à la fleur son léger duvet. Autrefois les parents attendaient plus patiemment que leur fille s'établît, sans sortir de leur cercle ordinaire. « Aujourd'hui on est plus pressé, et, dans le désir d'aller vite en besogne, on fait pour leur établissement comme pour tout le reste : on institue dans la société des espèces d'expositions plus ou moins générales, où l'on invite le plus de jeunes filles et de jeunes gens qu'il est possible, afin que chacun et chacune, voyant et se faisant voir, trouve plus aisément et plus promptement ce qui peut lui convenir. Les salons qui servent à ces réunions sont des espèces de bazars matrimoniaux où l'on espère trouver ce qu'on cherche à de meilleures conditions. » On devine les leçons nouvelles que la mère donne à sa fille, pour qu'elle paraisse avec avantage dans ces expositions, et les sentiments nouveaux qui s'élèvent dans les âmes de toutes ces rivales sous la même lumière. M. Bautain n'est pas, en principe, ennemi du théâtre et de la danse, même il les aimerait comme de solitaires distractions; aussi il a des traits énergiques contre la danse et le théâtre du jour; il fait dater de 1814 le *réalisme* de la danse, qu'il malmène brutalement et éloquemment. Quant au théâtre actuel, il serait difficile de le défendre contre les accusations qu'il porte, et nous ne pouvons que trouver bon le choix qu'il conseille; mais, ce nous semble, il est bien sévère pour l'Opéra, il attribue à la curiosité qui y mène des raisons bien particulières et auxquelles assurément la plupart des assistants ne songent pas. Quoi! ce n'est rien de tout ceci : ni le plaisir d'être en fête, de sortir de la maison et du ménage, de voir du monde, et si vous voulez, d'être vue, ni le plaisir du drame, ni celui de la musique, ni celui de la mise en scène, ni celui de la danse en elle-même, indépendamment de la séduction des gens qui dansent! M. l'abbé Bautain tient vraiment l'humanité en grande rigueur. Je ne veux pas traiter ici à fond la question du théâtre et du bal; pour n'en dire qu'un mot, elle me paraît faire partie d'une question plus générale. Le danger dont on se préoccupe n'est pas au théâtre seulement; tout parle : les tableaux, les statues, les gravures des livres et des albums, les lithographies des étalages, les passants, les compagnons de voyage, les invités des salons, les chansons, les romances, etc. Cela étant, il s'agit de savoir si vous pourrez faire un monde exprès pour la jeune fille que vous élevez, un monde où rien de ce que vous craignez ne se rencontre, ou bien si vous la munirez de telle sorte qu'elle traverse le monde vrai sans s'y perdre. Or, la première entreprise n'est possible qu'au couvent ; mais un jour ou l'autre on sort du couvent, et alors, sauf les exceptions infiniment rares des maisons où se pratique une sorte de clôture, on entre dans le grand jour et le grand air. C'est là qu'il faut en venir tôt ou tard; c'est cette épreuve qu'il faut subir. Pour nous, dans cette rencontre avec la société nouvelle, ce qui nous paraît le plus à craindre, c'est l'étonnement, c'est cette curiosité inquiète qui voit partout un mystère, c'est la réflexion qui vient en comparant le monde artificiel où l'on a été avec le monde vrai où l'on est. Qu'y a t-il à faire pour prévenir ce travail? Une seule chose, bien difficile, comme toutes celles qui, au lieu de se faire par des règles absolues, se font un peu tous les jours par la prudence personnelle : conduire la jeune fille avec la discrétion nécessaire au bal, au théâtre et aux musées ; ne pas laisser soupçonner de mal aux plaisirs qu'elle prend sous les yeux de ses parents ou qu'elle partage avec eux, les lui faire envisager comme une partie d'une existence honorable, de sorte qu'elle goûte chaque plaisir franchement : dans la danse, la danse; dans le théâtre, le théâtre; dans l'art, l'art; aux gens sains, tout est sain, et la santé de cet âge est le naturel. Aimable simplicité de la jeunesse! Elle passe légère à travers les dangers sans les connaître. Comme l'héroïne antique, elle court sur les épis sans les courber; comme la Galathée de Raphaël, elle vole sur les abîmes et se joue parmi les monstres. M. l'abbé Bautain, en homme expérimenté, renonçant à interdire le monde à la jeune fille, recommande à la mère de « munir l'intérieur, » pour qu'elle s'en tire « le mieux ou le moins mal qu'il se pourra; » nous n'avons voulu que lui proposer un moyen, entre autres, de munir l'intérieur.

Le lecteur a vu ici M. Bautain tel qu'il est dans tout le livre : médecin du grand monde, brusque, rigoureux, quelquefois même injuste, n'ordonnant pas de remède héroïque à qui ne le supporterait pas, et espérant peu de ceux qu'il ordonne ; nous allons le retrouver de même dans la grande affaire du mariage. La jeune Clémence, qui a nom et fortune, est aimée par un jeune homme qui n'a ni l'un ni l'autre, et qu'elle aime malgré cela. Elle consulte M. l'abbé Bautain, qui la détourne vigoureusement du mariage, en lui rendant suspect le désintéressement du prétendant et lui représentant avec force les épreuves qu'elle subira pour introduire et soutenir ce plébéien dans sa noble famille. Il y a là toute une contrepartie curieuse du *Jeune homme pauvre*. Il paraît qu'il n'en est pas dans le monde comme au théâtre et dans les romans, et que les femmes qui se sont attendries sur le sort d'un aimable jeune homme sans fortune ne le recherchent pas pour leurs filles. Ainsi vont les choses : il est doux de verser des larmes qui n'engagent à rien, de satisfaire son imagination et son cœur sans qu'il en coûte rien au confort de la vie. Je crains que notre jeune homme ne trouve M. Bautain encore plus dur que le monde. Celui-ci, au moins, croit à son désintéressement; M. Bautain, sans le nier formellement, en admettant qu'il soit possible, s'en défie toujours : il lui semble difficile que, lorsqu'on a sa fortune à faire, on se prenne à aimer, sans vue d'intérêt, une personne qui vous donne cette fortune toute faite. En quoi il me semble un peu sévère. On aime volontiers au-dessus de soi : quand le cœur vole déjà vers un objet qui par lui-même le séduit, il n'est pas indifférent qu'il le voie dans l'éclat d'une condition supérieure et dans les nuages brillants que forment autour de lui la richesse, le rang, la qualité. Si l'amour est un enchantement, pourquoi voudrait-on que ces attraits n'agissent pas? Ils agissent sur tous les hommes : ils abattent les uns, ils enflamment les autres, ce jeune homme, par exemple, qui ne lit pas en lui-même et suit naïvement le charme.

Comme dernière ressource, il envoie la jeune demoiselle à Rome et à Lorette, lui promettant que si, au bout d'un an, son amour a résisté aux distractions que les beaux arts lui donneront et à l'action des pratiques religieuses, de la confession, de la communion et du pèlerinage, il se mettra de son parti. Nous sommes convaincu que ces noms de Rome et de Lorette auront trompé M. Bautain et lui auront fait croire qu'il soumettait la jeune Clémence à une épreuve chrétienne ; mais l'épreuve n'est pas ce qu'il croit : la diversion des voyages est un moyen un peu profane, et l'entreprise de voyager pour un pareil motif est un moyen inconnu au christianisme, qui enseigne la sagesse à moins de frais. On n'est pas toujours libre de voyager, mais on est toujours libre de délibérer en soi-même et de choisir; il faut bien prévoir qu'une fois ou une autre, dans une circonstance critique, quelqu'un ne pourra se mettre en route et sera obligé de se décider chez soi. Qu'arrivera-t-il de la jeune Clémence s'il survient quelque empêchement au voyage d'Italie? Qui le sait? Pour moi, je crains beaucoup qu'elle n'épouse cet excellent jeune homme non titré, qui paraît l'aimer beaucoup et devoir faire son bonheur.

On a dû reconnaître clairement dans nos analyses les caractères de la direction de M. Bautain. Au nom de l'expérience, il est quelquefois un peu affirmatif, comme on l'a vu dans ce qui précède, comme on va le voir dans ce qui suit. Voici une veuve qui consulte pour savoir si elle doit se remarier. Il l'en détourne en lui assurant positivement que l'on n'aime qu'une fois. Est-ce bien certain? On aime dans une personne de certaines qualités : les unes attirent les uns, les autres attirent les autres, et ces rencontres produisent l'infinie variété des amours de ce monde, dont chacun ne comprend guère que lui-même. Si donc on a aimé quelqu'un pour les qualités qu'il avait, et si plus tard le cœur, dont aimer est la vie, retrouvant quelque part ces mêmes qualités, retrouve en soi le sentiment qu'elles ont excité; si, demeuré le même, il s'attache aux mêmes choses, qu'y a-t-il là qui répugne à la nature? Et si, s'étant trompé la première fois, il commence une recherche nouvelle! Et si, changé par suite de ce travail intérieur qui métamorphose les êtres, par suite même de l'épreuve première et de la révolution qu'elle a opérée, il demande autre chose que ce qu'il demandait et le trouve, qu'y a-t-il là encore qui doive étonner? Ce flux et reflux du cœur humain est plus difficile à calculer que le flux et le reflux de l'eau; il y a dans cet abîme aussi des courants qui le traversent à diverses profondeurs et que l'expérience a bien de la peine à suivre. En fait de passion, nul ne connaît tout ce qui a été, est et sera. Le génie des romanciers s'épuise sans épuiser ce sujet infini, et, devant la variété des accidents qu'on nous présente, nous sommes très-embarrassés de dire : Ceci est vrai, ceci est faux, tant nous sommes convaincus de la richesse du fonds qui les produit. M. Bautain prétend qu'on n'a qu'un amour dans sa vie, et un romancier, qui peut-être raconte sa propre histoire, Alfred de Musset, nous raconte l'histoire d'un homme partagé entre deux amours, il va sans dire très-différemment adressés, à des femmes de condition, d'esprit et d'habitudes tout opposés. Il semble donc qu'il est bon dans ce sujet d'affirmer avec une grande réserve, et cette réserve semble devoir être encore plus grande, quand l'affirmation va, comme ici, à régler la conduite. C'est à une jeune veuve que M. Bautain écrit, pour la dissuader d'un second mariage. Il me plairait mieux qu'on ne l'eût pas consulté et qu'il n'eût pas écrit. Il n'y a pas de respect dont ne soit digne une femme qui, privée d'un mari qu'elle aimait, se consacre à sa mémoire et se refuse à tout sentiment qui diminuerait la part de celui qui n'est plus; souvent, hélas! ce sacrifice est le sacrifice d'une existence qui commence, et, pendant de longues années, chaque jour est employé à réprimer la vie qui essaye de renaître, à briser l'espérance qui tente de refleurir. Ces résolutions-là ne se débattent pas entre plusieurs, elles se prennent par un mouvement héroïque, dans un conseil intérieur, devant Dieu et l'époux toujours présent.

La lettre adressée à une jeune personne qui croit avoir une vocation religieuse, lettre pleine de la connaissance des conditions de la vie religieuse et qui recommande à la jeune personne de s'éprouver mûrement elle-même pour savoir si elle convient à ces conditions, nous paraît être dans la vraie limite où le conseil fondé sur l'expérience doit se tenir, montrant seulement tous les doutes et se retirant pour laisser place à la liberté de l'individu, qui seul a le droit de s'exposer.

Après avoir recommandé de lire les conseils à une dame qui désire avoir un salon, nous ne citerons plus qu'un dernier cas de direction. Le chapitre intitulé *Un Scrupule* contient un scrupule singulier : une femme s'inquiète de ce qu'elle est maîtresse absolue dans sa maison; car, comme le dit M. Bautain, « il n'est pas dans l'ordre que les femmes soient maîtresses au logis, bien que cela se voie souvent. » Comment s'est faite cette situation ? Elle le dit assez vivement : « Mon mari, absorbé par l'histoire ancienne, ne s'inquiète nullement de ce qui se passe autour de lui, et les bandelettes d'une momie égyptienne, une inscription illisible, une médaille inconnue, ou les tessons d'un pot cassé des Grecs et des Romains ont plus d'intérêt pour lui que sa femme, ses enfants, son ménage et sa fortune. Il me laisse tout faire avec les vivants et ne s'occupe que des morts. » M. l'abbé Bautain la calme et lui donne d'excellents conseils pour gouverner, puisqu'elle y est réduite, en cachant son empire à son mari, à ses enfants, à ses domestiques et au monde, et, en homme d'expérience, la prémunit contre les dangers du commandement qu'elle exerce. « C'est sur vous-même que vous avez le plus à travailler. On s'exalte aisément dans l'exercice du pouvoir, et surtout d'un pouvoir douteux, dont on n'est point assuré et qui peut échapper à tout moment. On est parfois d'autant plus pressé d'en jouir qu'on craint de le perdre, et alors on peut l'user ou le compromettre par des emportements ou des imprudences. Puisque vous êtes obligée de devenir l'homme de la famille, en prenant la place du chef, efforcez-vous, au moins dans ce cas, d'en prendre le caractère et de revêtir votre cœur de femme d'une robe virile, » etc., etc. Toute cette lettre est ferme, est élevée; elle sera lue avec fruit par les femmes qui se fâchent d'avoir plus de pouvoir qu'elles ne veulent, et excitera, nous l'espérons, dans un certain nombre, l'honorable scrupule auquel on répond ici.

Résumons-nous sur M. l'abbé Bautain. Nous ne lui reprocherons pas d'avoir choisi de régler la vie extérieure plutôt que la vie intérieure; il a pris son terrain, il était libre de le prendre; seulement il a dû se dire qu'il le prenait très-difficile, qu'on a la main plus sûre pour gouverner une âme qu'une maison; que si, pour gouverner une âme, il suffit de se bien pénétrer de l'idéal chrétien : « Soyez parfaits comme le Père céleste est parfait, » pour gouverner une maison, décider d'une éducation, d'un mariage, d'un premier ou d'un second, il y a infiniment de choses dont il faut tenir compte, et, par suite, de chances d'erreur. Mais c'est son affaire. Nous ne lui reprocherons pas non plus de s'être fait exclusivement directeur du grand monde. Si ses observations personnelles et ses aptitudes lui permettent d'être utile là plus qu'ailleurs, il a eu raison. Mais voici des réflexions que nous lui soumettons à lui-même.

Sa force est l'expérience; or l'expérience est essentiellement incertaine : il est bon d'y croire, mais sous réserve. D'abord, quand il s'agit de choisir une condition dans la vie, comme de se marier ou de se remarier, par exemple, puisque ces cas sont traités par M. Bautain, après quelques recommandations générales de prudence, le chapitre des accidents est si vaste, qu'on ne peut en vérité rien décider; il arrive si souvent qu'où l'un se sauve l'autre se noie, qu'on

est réduit à dire : Ceci peut être, cela peut n'être pas.
Il n'y a donc qu'à s'en remettre à la fortune. Ensuite,
son expérience est dure et me semble ôter bien de la
consolation et du courage à des créatures qui, comme
les femmes, voient moins dans les choses ce qui y est
que ce qu'elles y mettent, et puisent dans leur
croyance la force de vivre et de se dévouer. On ne
peut s'empêcher d'être froissé quand on voit M. Bautain écrire à une nouvelle mariée, qui a eu à peine
le temps de se reconnaître : « Aussitôt que votre lune
de miel sera écoulée, » etc., et lui déduire les raisons
qui font que la lune de miel s'écoulera. Sans doute
la lune de miel passe et tout passe ; mais, si on a
l'idée qu'elle doit passer, elle n'existe même plus.
Parmi ses rigueurs sans nombre, la vie a quelques
caresses ; laissez-la, quand elle le veut bien, bercer
et endormir un peu les pauvres humains : ils se réveilleront assez vite. Sans la foi et l'espérance, il n'y
a rien ici-bas, surtout il n'y a point de bonheur.
L'illusion a au moins l'avantage d'être l'illusion : elle
est gaie et sourit à la vie, et là où le pied enfoncerait, son aile vous porte. Enfin, le lieu où M. Bautain
a pris son expérience n'est pas toute la société ; c'est
cette société particulière qu'on appelle le monde. Il
en connaît les fausses vertus, les timidités, les vices
et aussi les lois impérieuses ; il lui parle donc avec
autorité et doit s'en faire écouter ; mais c'est aussi
là sa faiblesse : comme il ne parle pas à tous les
hommes, il manque d'un principe universel, on
ne sent pas assez vivre chez lui ce libre esprit chrétien qui ne se laisse emprisonner dans aucune barrière, traverse ce que quelques hommes ont appelé
ambitieusement le monde, et pénètre et remplit le
grand, le vrai monde, où entre toute créature qui

a un esprit capable de connaître et une âme capable d'aimer.

Le christianisme agit par des principes universels : il n'est pas une recette particulière ou un ensemble de recettes particulières, mais un régime puissant qui remplit tout l'être de force pour résister et agir ; le chrétien se conduit dans la vie par une idée générale de la vie, et traite les choses selon la valeur que cette idée leur donne. Ici est le mensonge, là la réalité ; il faut s'attacher à la réalité et mépriser le mensonge. Or, si le mensonge est ce qui passe et la réalité ce qui ne passe pas, et si tout passe, excepté Dieu et l'âme, avec la perfection acquise, comme aussitôt toute l'existence s'éclaire et s'enchaîne ! Tous les conseils du chrétien ne sont pour ainsi dire qu'un conseil et toutes ses actions qu'une action. Le christianisme ne s'applique pas non plus à une classe d'hommes particulière : il s'applique à tous les hommes dans toutes les conditions, indiquant aux riches l'usage de la richesse, aux pauvres l'usage de la pauvreté, par la même pensée, la pensée de l'imperfection commune à toutes les créatures, et du devoir commun aussi de se rendre parfait. Telle est donc la force chrétienne, qui se retrouve dans tous les actes de la vie, et telle est l'âme chrétienne, qui se retrouve dans toutes les âmes de l'univers, sans condition de temps, de lieu, de fortune, l'âme la plus haute étant celle qui est le plus près de Dieu.

Il faudrait rejeter la sotte pensée de notre grandeur ici-bas, cesser de nous considérer comme le centre du monde, et, réfléchissant sur cette infinité du temps et de l'espace où nous sommes perdus, comparant ce que nous sommes à ce que Dieu est, la perfection où nous devons aller et la distance où nous sommes de cette perfection, nous mettre humblement à notre place. De quel œil nous verrions alors ce contentement de soi où vivent la plupart des hommes, leur effort effréné pour paraître, leur ambition de remplir à eux seuls l'univers, et comme nous prendrions en pitié ces importants de la création, nous promettant bien de n'y pas faire une pareille figure! Voyez-vous d'ici tomber l'orgueil, la vanité, les jalousies, les dédains, toutes ces misères du moi qui veut être tout, et que les autres ne soient rien? Si maintenant, réduit à ce qu'il est, il recommence à présumer de soi, qu'il se considère aux prises avec la nature et le sort. Est-ce lui qui s'est donné ce qu'il possède, et a-t-il pouvoir de le défendre contre les puissances qui l'attaquent, les années, la maladie, la mort? Il ne tient dans ses mains ni sa santé, ni sa force, ni sa fortune, ni son intelligence, ni son bonheur; un souffle abat sa prospérité, un nerf qui se brise éteint son brillant esprit, une force souveraine arrache d'entre ses bras les êtres qu'il aime. Voilà le vrai de la vie. Si cela est, il n'y a plus pour nous qu'une ambition permise : c'est de nous rendre meilleurs, et les autres plus heureux. Dégagé des pensées personnelles, on aime et on agit sous l'impulsion de l'instinct et le commandement du devoir, désirant naturellement le bonheur présent, et espérant, selon sa foi, dans le bonheur futur, mais d'un désir et d'une espérance qui soutiennent simplement la volonté, comme le soldat se bat bravement, dût-il mourir sans récompense. Voulez-vous une pensée qui vous met tout d'un coup dans cet esprit? Je la trouve dans un petit livre de Duguet, *Conduite d'une dame chrétienne* : « Lorsque vous ne pourrez pas dormir, vous vous représenterez alors le monde comme détruit, toutes les personnes que vous connaissez comme n'étant plus, et vous comme étant seule avec Dieu, qui voit jusqu'au fond de votre cœur. » Oui, c'est cela. Quelquefois, au milieu de la nuit, dans ce grand silence, lorsque rien ne nous avertit de l'existence des choses, et que nous n'entendons que le bruit de nos artères qui battent dans nos tempes, tout à coup nous repassons dans notre esprit toute notre vie, nous avons devant les yeux ce rêve étrange, cette singulière fantaisie des événements, les personnes parues et disparues, nos plaisirs, nos peines, nos affections, nos inimitiés, nos ambitions, nos agitations, nos succès, nos revers; et alors, nous élevant au-dessus du monde, nous l'estimons ce qu'il vaut, nous dépouillons nos haines, nos passions, notre vanité, qui là-haut n'a pas de place, et nous comprenons qu'on n'emporte là avec soi que le meilleur de soi-même, sa raison et son amour. J'ai cité ailleurs la maxime du père de Pascal, qui était, dit Mme Périer : « de le tenir toujours au-dessus de son ouvrage. » Il me semble qu'en appliquant à l'âme ce qui est ici appliqué à l'esprit, on serait dans la véritable pratique chrétienne; il me semble que l'âme chrétienne se prête aux affections et aux actions du monde, mais avec cette réserve que, si Dieu ordonnait de s'en dégager, elle s'en dégagerait; qu'elle pose à terre, mais qu'elle a des ailes pour s'élever au signal du maître; que, bien qu'elle mette beaucoup d'elle-même dans ses opérations, elle n'y met pas tout, et se sent prête à accomplir d'autres travaux par une certaine vigueur que tout exerce et que rien n'épuise. Elle est donc vraiment au-dessus de son ouvrage : elle aime, elle se réjouit, elle agit comme nous faisons tous, et, à voir comme elle vit, on dirait qu'elle vit comme tout le monde; mais, à la différence des autres, tandis qu'elle paraît absorbée par ses passions ou par son bonheur présent, elle songe : elle réfléchit qu'elle est dans la main de Dieu et se prépare au sacrifice. Aussi, quand tout lui manque, elle est affligée, mais n'est point étonnée, elle n'est point écrasée par ces ruines; elle les contemple comme de haut; elle voit ses affections brisées avec le triste sourire qui dit : Je le savais bien ; vous ne m'avez pas trompée.

Plein de ces pensées, je voudrais trouver chez M. Bautain moins de réglementation dans une multitude de cas particuliers, souvent réservés d'ailleurs au libre arbitraire de la personne, et plus de cette inspiration unique d'où la vie chrétienne découle entière. Après l'avoir traité sérieusement comme il le mérite, il nous permettra de lui dire franchement l'impression qu'il nous laisse : nous trouvons dans sa direction chrétienne trop peu de christianisme et trop de direction.

Nous avons annoncé que nous devions recueillir dans le livre de M. Bautain des observations curieuses sur le monde qu'il a été à même d'étudier. Nous devrons le citer souvent, parce qu'il nous semble être là dans son vrai talent. Il a été médecin, il l'est encore; il a du praticien l'observation pénétrante, l'autorité et la décision ; ce style froid, incisif, impitoyable est comme l'acier aux mains de l'opérateur. M. Bautain a de plus vécu dans le monde et y a fortifié ses qualités primitives : sa conscience est dure comme celle du monde, qui croit peu au bien ; sa parole est comme celle du monde, ironique, sans déclamation. On en jugera; nous avons seulement désiré faire nos réserves avant de présenter au public ses critiques toujours sévères et quelquefois cruelles.

La première est à l'occasion du catéchisme de persévérance. Dans l'intention de ceux qui l'ont fondé, le catéchisme de persévérance enseigne la religion ; cinq ou six années passées à cette école font une chrétienne instruite des vérités de la foi, et lui apprennent en même temps à penser, à parler et à écrire, grâce aux rédactions que chacune doit apporter : ainsi la poésie, la littérature et l'art, mis au service de la religion par un catéchiste de talent, éveilleront dans l'esprit des élèves le sentiment du sublime, le goût du beau et l'habileté à les reproduire par le style. Mais quelle chose n'a pas d'inconvénients dans ce monde? Il paraît, à ce que nous dit M. l'abbé Bautain, qu'il y en a quelques-uns. Premièrement, la lecture publique des rédactions, les rangs assignés aux plus distinguées, les récompenses et les honneurs qui y sont attachés excitent entre les jeunes filles une émulation qui dégénère parfois en rivalités ardentes, amène « de mauvaises pensées et de méchantes paroles, tout au moins des tentations d'esprit et de cœur contraires à la charité. » Puis, par le désir de surpasser les autres, on emploie tous les moyens possibles, dont plusieurs ne sont pas toujours loyaux, on se fait aider dans sa rédaction par sa gouvernante, par sa mère, même par son père, et il sort de là des compositions académiques. M. Bautain ne prend son parti de cet abus qu'en songeant au profit que les parents tirent pour eux-mêmes de cette collaboration. Le troisième inconvénient est plus grand que les précédents, mais heureusement plus rare.

« On s'est plaint souvent que les catéchismes de persévérance, là surtout où ils sont le plus fortement organisés et subsistent depuis longtemps, tendent à former une petite paroisse dans la grande, comme il arrive parfois aux congrégations de la Sainte-Vierge, ou à telle autre association pieuse, qui ont cependant leur utilité. Le Directeur du catéchisme devient le curé de cette jeune paroisse où tout se fait comme dans la principale pour l'essentiel, mais avec les spécialités de la situation, et c'est ce qui charme le plus les demoiselles du catéchisme, car elles ont leurs offices pour elles, leurs sermons pour elles, leurs cérémonies à elles, et il va sans dire que tout s'y fait mieux qu'ailleurs, plus pieusement, plus fructueusement, mais surtout avec plus de distinction et d'éclat.

« Que si par malheur le curé veut changer ou supprimer quelque chose sans que cela convienne à la petite société, alors il y a du mécontentement et parfois une opposition cachée, sinon patente, pour ne pas accepter les mesures imposées ou au moins pour les entraver. Mais que sera-ce si l'autorité supérieure, qui est juge en dernier ressort des besoins des églises et de l'utilité des prêtres, vient à enlever le pasteur chéri de ce petit troupeau, parce qu'elle pense qu'il fera plus de bien ailleurs, ou qu'il est à propos de le transporter sur un autre terrain, qui profitera à son tour de son zèle et de ses travaux? Je vous laisse à imaginer la désolation et les larmes; et je n'y trouve rien à blâmer si elles restent dans la mesure convenable et qu'on sache se résigner avec obéissance et piété. C'est la pierre de touche de l'esprit de ces associations, et il faut dire qu'il en va ainsi le plus souvent. Mais on a aussi vu le contraire, et que ne voit-on pas sous le soleil? On a vu un jour, dans une des paroisses les plus riches d'une grande ville, un catéchisme de jeunes filles en révolte ouverte contre le curé, et même contre l'évêque, parce qu'on leur avait retiré leur directeur, excellent prêtre du reste, mais qui n'avait d'autre tort que l'attachement exagéré et l'engouement de ces jeunes personnes. On a vu l'agitation, le désordre et la confusion dans cette charmante ruche, et toutes ces jeunes travailleuses, occupées ordinairement à composer le miel de leur instruction religieuse, distillant alors de leurs lèvres tout autre chose que du miel, et prêtes à piquer de leur aiguillon ceux qui les contrariaient, ou à s'envoler ailleurs. Elles ne voulaient ni recevoir ni écouter un autre catéchiste. C'en était fait de la religion, ou du moins de celle du catéchisme de persévérance, si on leur ôtait M. l'abbé. Et les conseillères de l'œuvre, qui, presque toutes plus âgées que les autres, menaient depuis longtemps l'association, tinrent bon et continuèrent la lutte pendant plusieurs mois, refusant au curé la caisse de la société dont elles avaient le dépôt, et se coalisèrent pour ne plus paraître aux réunions. Un beau matin l'autorité épiscopale jeta un peu de poussière sur cette agitation féminine, et tout rentra dans l'ordre et le silence, au moins à l'église. Elle envoya un autre directeur, aussi intelligent que pieux, qui fit bientôt oublier l'ancien, et le bien s'accomplit de nouveau. »

Que dites-vous de cette petite Fronde? Fronde de femmes d'abord, émues par un intérêt de cœur, puis on commence par peu de chose et on va loin : l'autorité et les principes sont mis en péril: enfin, comme du temps de Mazarin, tout se calme et l'autorité l'emporte. Le narrateur se peint lui-même par son récit. Quel dédain de théologien et de grand vicaire dans le récit de l'agitation féminine et dans ce peu de poussière, *pulveris exigui jactu*, qui, jeté sur cette agitation, fait tout rentrer dans l'ordre. Cette phrase-ci est d'une ironie charmante : « C'en était fait de la religion si on leur ôtait M. l'abbé, » et rappelle le mot d'une femme qui, privée de son curé, trouvait l'église déserte :

> Dans le *temple* désert quel devint mon ennui!

Je regrette seulement qu'à côté du récit officiel nous n'ayons pas les Mémoires de quelqu'une des héroïnes. Il a dû y avoir là des conseils tumultueux, des discours éloquents ; il n'est pas impossible qu'on ait emprunté la plume de quelque frère rhétoricien, habitué à protester en latin contre l'arbitraire. Qui sait si quelqu'une des plus âgées n'avait pas entre les mains la *Jacqueline Pascal* de M. Cousin, et ne s'était pas inspirée de la résistance de Port-Royal? Mais, hélas! ce que c'est que les affaires et que les affections humaines! A quoi aboutit tant de passion et de courage? Non-seulement le nouveau catéchiste fut mis en place, mais il fit oublier M. l'abbé. O inconstance! ô vanité!

La seconde révélation faite par l'auteur nous apprend comment, dans de certaines personnes, il se pratique de singuliers mélanges de l'esprit du monde et de l'esprit de dévotion. Laissons parler l'auteur : « Votre foi vous porte à une piété superficielle qui prend l'accessoire pour le principal, ou plutôt, n'ayant jamais compris l'essentiel, elle se contente des pratiques extérieures ou des formes, et veut y trouver ce que le fond seul peut donner. Vous êtes plus dévote que pieuse. Cette dévotion va par accès : après des moments de belle ardeur, elle s'arrête et le goût du monde reprend; ce qui n'empêche pas que des paroles de spiritualité coulent encore des lèvres, car on a la réputation d'une femme pieuse et on ne veut pas la perdre. Je veux vous montrer, reprend le directeur sévère, que, dans votre manière d'être avec Dieu et avec vos semblables, c'est constamment vous que vous cherchez et que vous aimez de prédilection, même quand vous avez l'air de vous sacrifier, et qu'ainsi votre piété prétendue n'est au fond que l'esprit mondain sous la forme de la dévotion........ Le fait est que vous n'avez renoncé à rien de ce que vous aimez naturellement, sinon en paroles..... Et cependant vous passez dans le monde pour une dévote! Vous avez l'air de marcher dans la voie la plus haute de la piété! Vous êtes dame de charité; il y en a qui vous regardent comme une sainte et vous jouissez de la bonne odeur de cette réputation!... Quand vous priez en particulier, vous trouvez toujours le temps trop long. Vous essayez de vous mettre en présence de Dieu, et votre volonté, tiraillée par les sens, la mémoire et l'imagination, ne peut s'y tenir une minute. Alors vous prenez un livre; mais, après quelques efforts, l'attention languit à son tour... Vous allez à la messe tous les jours; mais le plus souvent que vous reste-t-il de la messe entendue à la légère, par habitude? Votre mari, vos enfants et vos gens, qui vous retrouvent au retour impatiente, capricieuse, irritable ou impérieuse comme à l'ordinaire n'ont-ils pas le droit de se dire que la grande dévotion ne profite pas beaucoup plus que la petite?... Mais c'est le dimanche et les jours de fête que votre piété apparaît dans tout son éclat. Vous voulez paraître avec avantage au milieu de toutes ces femmes richement parées, et votre toilette et celle des autres vous occupent avant, pendant et après le service divin. Votre œil exercé discerne rapidement dans l'église tout ce qui vous entoure de près ou de loin.

Heureuse encore si c'est seulement la toilette des femmes qui attire votre attention, et que vous ne cherchiez pas autre chose dans la foule ! Puis, en arrivant ou en sortant, jusqu'à ce que vous ayez gagné votre chaise de velours ou la porte, que d'incidents où la piété n'a rien à faire et dont la mondanité fait tous les frais. De quel air va-t-on chercher sa place distinguée ? Quelle impatience, si un obstacle en empêche l'accès ou le retarde ! quel embarras pour faire passer intacte au milieu des rangs pressés l'immense circonférence de sa personne ! que de chaises renversées ou bouleversées en passant, et, en passant aussi, que de saluts à droite et à gauche aux nobles habitués du saint lieu ! Et non pas seulement des salutations, mais des bonjours, des politesses faites ou rendues, des conversations même, avec les révérences obligées, à peu près comme dans le salon, où l'on se retrouvera le soir, pour achever l'entretien commencé le matin à l'église.... On vous voit à tous les sermons des prédicateurs célèbres. Hélas ! le plus souvent, sinon toujours, vous y assistez comme juge et non comme disciple. Vous voulez qu'on y parle comme à l'Académie ; le langage simple des apôtres vous paraîtrait grossier et tout au plus bon pour le peuple. C'est donc une jouissance littéraire que vous allez chercher à l'église plutôt que l'instruction ou l'édification. Aussi ne suivez-vous que les prédicateurs en renom d'éloquence, ou, si vous assistez au prône de votre paroisse, par convenance ou parce que vous ne pouvez y échapper, votre air distrait, votre impatience ou votre somnolence protestent, et vous semblez laisser voir que de tels discours ne sont point faits pour vous. Vous allez donc entendre le prédicateur pour un vain plaisir, et, quand vous l'avez entendu, vous vous donnez le plaisir plus vain encore d'en parler en critique consommé dans les salons du soir, disant à tout venant ce qui vous plaît ou vous déplaît, reprenant à tort et à travers, suivant votre impression du moment; l'exaltant jusqu'aux nues s'il a fait de belles phrases et si vous avez aperçu autour de vous des signes d'admiration; le rabaissant jusqu'à terre s'il a été naturel et tout simplement édifiant. En un mot, la parole de Dieu est pour vous une matière à conversation, qui sert, comme tous autres sujets, à défrayer la causerie ou le bavardage de la soirée, et vous émettez votre opinion à cet égard avec la même assurance et du même ton entre la critique d'une pièce nouvelle, la chronique des événements du jour et l'éloge d'un chanteur. »

Voilà ce qui s'appelle un portrait. Nous avons tous plus ou moins vu ce que M. Bautain décrit; mais comme il l'a bien vu, et comme il le peint vivement, avec esprit, avec éloquence! Il est bon que le monde, qui se regarde comme le juge suprême, apprenne que lui aussi il est jugé, et qu'il est jugé avec cette même sévérité qu'il apporte ordinairement dans sa justice. En vérité, dans tout ce manége, Dieu lui-même aurait bien de la peine à retrouver sa part. Mais comme on retrouve clairement la préoccupation française du salon! Là est la scène, là le public, là l'opinion, là la vie; on parle et on agit ailleurs, mais c'est là que les paroles et les actions retentissent. Comme on se travaille tout le jour pour y faire figure un moment le soir! Que d'ennuis on supporte, lectures, spectacles, sermons, pour ne pas y paraître étranger, pour avoir l'air d'être au courant des choses et de l'opinion qu'on a des choses! Là s'établissent entre égales toutes sortes de distinctions qui classent les personnes, marquent les rangs et créent les supériorités. Des révolutions intérieures changent la nature de ces distinctions. En un temps on se classe par la simple beauté, en un autre par les talents et l'esprit, plus tard par les opinions religieuses ; alors la dévotion et la charité, si naturelles à ces cœurs, deviennent la politique des femmes, une politique qui a son ministère, ses dignitaires grands et petits, ses ambitions et ses combats. M. Bautain a vu tout cela de près, et personne ne peut mieux nous le dire. Ecoutons-le donc encore. La dame à qui la lettre est adressée est dame de charité ; elle met une grande activité dans ses fonctions, au moins quand elle n'est pas à la campagne, « ce qui arrive les deux tiers de l'année ; » sa réputation est grande. Le monde s'y trompe, Dieu ne s'y trompe pas : « Dieu est plus difficile ; il voit que vous avez besoin de mouvement et même d'agitation, et que, n'en trouvant pas suffisamment dans votre intérieur, où vous craignez l'ennui, vous en cherchez au dehors. Vos œuvres vous mêlent à toutes sortes d'affaires, où la curiosité, le désir du nouveau, le besoin de commander ou de faire de l'autorité, ou au moins de l'embarras, trouvent leur satisfaction ! »

Puis notre dame aime à être louée, et, la louange l'exaltant, elle parle souvent avec un secret triomphe de ce qu'elle a pu faire, parfois même, l'imagination aidant, de ce qu'elle n'a pas fait. Suit une description des quêtes à l'occasion des sermons de charité : on envoie son offrande aux dames qui écrivent, par politesse, par convenance, pour se ménager le droit de réciprocité, quand on ne gronde pas contre les demandes sans cesse répétées. Un jour la dame est quêteuse à son tour. « Vous vous y employez, lui écrit

M. Bautain, avec un grand zèle. Vous écrivez, vous faites des visites, vous ne négligez aucune occasion de demander, et vous rançonnez sans pitié tous ceux qui viennent chez vous. Vous allez parfois jusqu'aux bassesses pour augmenter votre bourse des pauvres.... Regardez-y bien. N'avez-vous pas le désir secret de ramasser plus que les autres quêteuses, pour avoir la gloire d'apporter davantage, et donner ainsi beaucoup à penser non-seulement de votre zèle et de votre charité, mais encore de votre crédit, de votre influence, de vos nombreuses et riches relations, et même de votre savoir-faire? »

Viennent les fêtes de charité, où la dame contribue naturellement, et M. Bautain recherche ce qu'elle retire de cette contribution. « Vous en retirez d'abord la gloire de la souscription dont la liste circule dans Paris, puis, au jour marqué, vous faites grande toilette, autre jouissance qui ne vous déplaît pas, malgré votre dévotion, et vous allez vous montrer une partie de la nuit au milieu des magnificences de la fête, et peut-être aussi danser par charité. »

Enfin, dans certaines œuvres particulières où il semble que le désir du bien devrait absorber tout le reste, M. Bautain assure qu'on apporte les souvenirs, les préventions et les rancunes du monde. Telle dame ne veut pas aller avec telle autre; dans les réunions il y a parfois des orages, ou du moins des aigreurs, des froideurs, des susceptibilités, sans compter les grandes agitations qui accompagnent les élections des dignitaires. Notre dame s'est beaucoup remuée pour l'emporter. « Maintenant, vous êtes la présidente, je crois, et vous régnez sans contestation. »

En résumé, les œuvres de charité, par l'immixtion de l'autorité ecclésiastique et civile, mettent les personnes qui s'en occupent activement en rapport avec ce qu'il y a de plus considérable dans le gouvernement et la société. « Il y a encore ici, poursuit M. Bautain, une pâture pour la nature, qui aime à acquérir de l'influence, à se mettre en avant, à décider, à entreprendre, à commander, à diriger. C'est le côté humain des bonnes œuvres. Elles donnent de l'importance avec une réputation de piété, et quelquefois on se fait de la gloire avec ce qu'il y a de plus humble, et une espèce de fortune ou au moins de position avec la charité. »

Nous ne voulons pas suivre le directeur impitoyable jusqu'au bout des suppositions qu'il fait, et montrer comme but inavoué de tant de mouvements une personne qui s'occupe de son côté des mêmes œuvres. Ce qui précède suffit bien. Nous aimons mieux citer une page que les plus secrets confesseurs des femmes peuvent seuls écrire, et qui, sous la plume de M. Bautain, a pris tout le piquant d'une charmante scène de comédie. « Comme toutes les femmes, vous aimez qu'on s'occupe de vous ; et, comme dévote, vous voudriez occuper toujours votre directeur. C'est une autre manière de satisfaire votre nature, sous le prétexte du perfectionnement de votre âme. En outre, vous aimez la confession fréquente, parce qu'on y peut parler beaucoup de soi et un peu des autres ; et vous ne vous ferez pas faute de vous accuser longuement de choses légères ou que vous arrangez pour qu'elles le paraissent, afin d'avoir beaucoup à raconter, avec tous les incidents et les circonstances.... Mais s'il s'agit d'une chose grave, que vous n'êtes pas décidée à avouer complétement, oh ! alors vous êtes moins explicite, sans être moins diffuse, et vous employez toutes les ressources de votre esprit, qui en a beaucoup, à ne pas articuler ce qu'il faudrait dire, tout en ayant l'air de le confesser; n'appelant point les choses par leur nom, et couvrant ce qu'il y aurait de trop arrêté dans les actes par le vague des généralités, en sorte que votre confesseur n'y comprenne rien, et que vous puissiez néanmoins vous rendre le témoignage illusoire d'avoir tout avoué. »

Nous ne voudrions pas que ces pages fissent tort à une institution digne de tout respect et de toute sympathie. M. Bautain, en décrivant une dame de charité pleine de l'amour d'elle-même, n'a pas peint la dame de charité, pas plus que Mme de Girardin, en représentant lady Tartuffe. Il y a des femmes perverses qui, comme lady Tartuffe, intriguent sous le masque de la charité; il y a des femmes qui, comme la pénitente de M. Bautain, possédées de l'esprit du monde, tandis qu'elles se remuent pour le bien des pauvres, finissent par se tromper elles-mêmes; mais il y a aussi quelque part, grâce à Dieu, une bonne âme qui, touchée de la souffrance des misérables, s'oublie pour les secourir; et c'est là la dame de charité. Nous ne sommes pas si exigeant que M. Bautain; nous ne tenons pas à ce que la charité seule soit dans un cœur, pourvu qu'elle y tienne la première place. Sans doute il nous plairait davantage de voir le zèle enflammé du pur amour des pauvres; mais il est bien difficile de se séparer si complétement de soi, et quand même d'innocentes faiblesses se glisseraient dans ce dévouement pour le soutenir un peu, nous ne serions point scandalisé et ne ferions que sourire. Que voulez-vous? on ne danse pas par charité; mais si on ne fait pas une bonne œuvre en dansant, on danse en faisant une bonne œuvre; ce n'est pas ici l'enfer et le ciel en présence; c'est la terre et le ciel mêlés comme ils le sont dans la plupart des actions de créatures qui désirent la perfection, mais désirent aussi le bonheur, et le rencontrent trop peu souvent pour qu'on le leur envie quand elles le goûtent par hasard en pleine paix.

Du reste, toute la direction de M Bautain, appliquée aux femmes, est aussi hautaine. Il semble qu'il y a dans le caractère des femmes plusieurs choses qui provoquent le directeur à prendre cette position. Quand on gouverne en grand les affaires de la religion, que doivent paraître les scrupules infinis où toutes les actions s'embarrassent? Quand on manie les choses en homme par des raisons abstraites, que doivent paraître les natures qui apportent dans chaque question et dans chaque affaire leur imagination, leur passion et toute leur personne? Enfin, l'humilité à demander le conseil et la docilité à le suivre créent à celui qui le donne une situation supérieure, dont il est bien difficile de ne pas prendre l'esprit. La même hauteur injuste se rencontre dans Lamennais.

On parle beaucoup des femmes en ce temps-ci; à vrai dire, on ne parle que d'elles : la science les analyse, les décrit et les juge, la littérature s'est pénétrée de leurs passions, le culte de leur molle douceur par le culte croissant de la Vierge ; on a féminisé l'art et la religion. Il y a de ce fait des causes éloignées et profondes et une cause prochaine. Le calme de la vie politique leur a rendu l'attention exclusive que l'activité de la vie politique leur avait disputée ; à mesure que le bruit des orages du dehors s'apaisait, nous avons mieux entendu les orages du dedans qu'un souffle enflammé soulève; ou bien, échappés aux autres agitations et à celles-là, renfermés dans la famille, nous avons retrouvé partout le génie du lieu, la divinité présente de ce petit monde, celle qui y répand à son gré le bien et le mal. Pour parler des femmes selon le sujet qui nous occupe, il nous semble qu'elles ont naturellement le cœur et l'esprit chrétiens. Le cœur d'abord.

Le grand principe du christianisme est le détachement de soi-même : ce détachement s'opère chez l'homme par la réflexion, chez la femme par l'amour; or il y a une grande différence entre une réflexion tout accidentelle et l'amour, qui est ici le mouvement instinctif et la vie; puis le mouvement des affaires pour les hommes est un perpétuel combat : chacun cherche à se faire une place et à la faire aussi grande que possible, tandis que la fonction de la femme est de s'oublier. La femme, parce qu'elle aime, est donc naturellement chrétienne. J'ai entendu une enfant de cinq ans qui, passant près d'un petit mendiant affligé d'une plaie, disait : « Le pauvre petit! je voudrais être sa sœur pour le soigner. » Lorsque, dans une crise politique, des députés furent emprisonnés, la fille de l'un d'eux, une fille de dix ans, s'obstinait, dans son lit, à repousser la couverture de ses bras et de sa poitrine : « Je ne veux pas avoir chaud, disait-elle, papa a froid. » Voilà le germe chrétien du détachement, le besoin d'aimer et de souffrir pour ce qu'on aime. Le christianisme n'a plus qu'à tourner cet amour vers Dieu, et il en fait la vie intérieure, où la femme excelle; tandis que l'homme poursuit un idéal politique, la femme poursuit un idéal personnel, qui n'est que le travail d'une âme sous l'œil de Dieu; éprise d'une perfection invisible, que son sentiment et son imagination embrassent, artiste solitaire, elle se tourmente et s'épuise dans ce travail caché. Laissons à la vie politique tout son prix; mais la vie intérieure a le sien, et ce sont surtout les femmes qui la maintiennent; dans ce désert croissent librement les fleurs les plus délicates, ailleurs foulées aux pieds; il s'en échappe un parfum vivifiant qui ranime l'âme, comme au sortir des travaux énervants de la ville, l'odeur des champs. A la rigueur, le monde vivrait sans ces délicatesses, beaucoup d'hommes même s'en passent et les méprisent; Il est certain qu'on peut vivre de beaucoup moins qu'on ne croit : on se passe de vie intérieure, on se passe de poésie, on se passe de justice, on se passe de liberté. Ceux qui ont inventé ces choses ont singulièrement compliqué la difficulté de vivre, en voulant que les hommes s'estiment eux-mêmes ; heureusement ils n'imposent cette gêne qu'à eux seuls, ils seraient impardonnables s'ils prétendaient y obliger quelqu'un.

Le cœur des femmes est donc naturellement chrétien ; leur esprit l'est aussi : elles reçoivent volontiers les croyances spiritualistes, et les donneraient, si elles ne les recevaient pas. On les accuse d'être superstitieuses : elles le sont aisément, et si l'on voulait accepter, avec les croyances fondamentales, tout ce qu'elles y ont ajouté en tout temps et en tout pays, on ferait un composé étrange ; mais cette superstition n'est que l'enveloppe des vérités essentielles. Il est naturel qu'elles croient à ces vérités. Elles aiment ; or on n'aime pas sans rêver que cet amour sera éternel ; on n'aime pas, on ne met pas son bonheur quelque part sans savoir qu'on ne peut rien pour le garder, sans se sentir sous le coup d'une volonté supérieure qu'on voudrait fléchir ; on n'aime pas sans espérer que ceux qu'on aime ménageront davantage votre amour, s'ils ont de nobles croyances et les sentiments délicats que votre foi vous donne ; enfin on n'aime pas et on ne se dévoue pas sans invoquer dans son âme quelque témoin d'un sacrifice ignoré ou méconnu. Les hommes, absorbés par les affaires, n'ont pas le loisir de se connaître : un intérêt les occupe, un autre après, et leur vie se passe ainsi; ils font leur fortune, sont ruinés, la refont, sont ruinés encore, et la refont encore ; si de violentes afflictions les abattent, ils sont forcés de se redresser pour travailler, et échappent quelques instants à eux-mêmes. Les femmes lisent sans cesse dans leur cœur ; c'est là, c'est dans ce monde si souvent agité, toujours inquiet, c'est dans ce monde si vivant d'affections et de haines, de plaisirs et de douleurs, d'espérances et de craintes, qu'elles apprennent la vie, les vents qui soulèvent et ceux qui apaisent ; et enfin, lorsque la terre leur manque, lorsqu'elles ont perdu ceux qu'elles aiment, veillant au fond de leur cœur auprès de leurs morts chéris, leur attente opiniâtre est un témoignage visible de l'immortalité.

Je reviens à M. Bautain pour prendre congé. Aussi bien, je pense volontiers que dans tout le cours de ces réflexions j'étais tout près de lui et devançais seulement celles qu'il présentera dans la suite de son livre. Il est dur pour les femmes, parce qu'il imagine tout ce qu'elles peuvent être ; ceux qui sont véritablement durs pour elles, ce sont ces littérateurs du jour qui leur ôtent leur âme, les logent au firmament pendant une heure d'éclat que la nature leur donne, pour qu'après elles tombent, et que, pendant le reste de leur vie, elles languissent méprisées sur terre, divinités de rebut. Je sais que cette littérature est en faveur, comme je sais aussi qu'elle inspire à quelques-uns de profonds dégoûts, et j'espère que M. Bautain en fera bonne justice : il a la raison et la verve pour cela.

1859.

M. ERNEST RENAN[1].

Dans ce livre, M. Renan a réuni des articles très-divers; il y en a sur des vivants, M. de Sacy et M. Cousin; sur quelqu'un qui est mort d'hier, Lamennais; sur une chose d'un moment, l'exposition de l'industrie; sur une institution permanente, l'Académie française; sur l'Italie et ses révolutions, sur la poésie des races celtiques, chères à l'auteur, etc., etc. Dans tous ces articles paraît un même homme, qui provoque beaucoup de sympathies et beaucoup de colères, mais qui ne saurait être indifférent à personne. Je parlerai de lui avec la liberté que donne une amitié déjà ancienne, fondée sur quelque chose de mieux qu'une complaisance réciproque.

Il y a chez M. Renan un sentiment qui explique, sur tous les sujets, ses affections et ses antipathies, les unes et les autres très-vives : c'est l'amour de la civilisation. Qu'entend-il donc par la civilisation? Je me hâte de le dire : ce qu'elle est véritablement, dans son sens le plus large et le plus profond. Le genre humain se civilise quand il s'élève au-dessus des besoins du corps, quand l'âme s'éveille. A ce moment, l'esprit songe, étonné de la nature et de lui-même : la vérité l'inquiète, la beauté le charme; de cette inquié-

---

1. *Essais de morale et de critique,* par Ernest Renan, membre de l'Institut. 1 volume in-8.

tude naît la religion, de ce charme la poésie ; en même temps le cœur se trouble, touché par des sentiments plus délicats ; de ce trouble naît la vie morale. Le mouvement, une fois donné, ne s'arrêtera plus. La civilisation est la nature cultivée : l'homme civilisé est celui dont l'esprit est ouvert à toutes les idées, l'âme ouverte à tous les sentiments ; mais ce n'est pas assez dire, et trop souvent on entend par civilisation la fermentation qui résulte de ces éléments jetés ensemble, l'air vicié qui s'en dégage ; elle est mieux que cela, elle est la nature perfectionnée, capable de concevoir toutes les idées, mais aussi de les juger, et ne retenant que les idées justes, élevant tous les sentiments que Dieu a mis en nous, pour en faire la fierté, la sainteté, l'héroïsme, enfin, ce qui contient tout le reste, la noblesse du cœur. La société civilisée est celle où un homme peut vivre avec cet esprit et cette âme-là et où il se forme beaucoup d'hommes pareils. La civilisation périt sous le despotisme, qui éteint les esprits et abaisse les caractères ; elle souffre du lourd dogmatisme qui se complaît dans l'absolu de ses affirmations ; elle hait les époques où il n'y a de culte que le culte de la richesse ; elle méprise ce qui est commun et plat ; elle repousse la médiocrité, qui prétend ajuster le monde à sa mesure.

Si la civilisation est comme l'épanouissement de l'humanité, la fleur tendre et magnifique que l'humanité travaille avec toutes ses puissances à former et où elle s'achève, il est permis de l'aimer, il est permis de craindre pour elle, d'appeler ce qui la sert, de repousser ce qui la blesse, et il faudra pardonner à M. Renan la vivacité de son émotion pour de si grands intérêts.

La civilisation est donc la liberté de l'esprit et l'élévation morale, et M. Renan est passionné pour elle. Jusqu'ici, nombre de personnes s'accordent avec lui pour admettre sa définition ou approuver sa passion; mais il entend d'une certaine manière cette liberté d'esprit qu'il appelle la critique; or c'est là que se marque le plus fortement son caractère propre et là aussi que commencent les réserves, les contestations, les irritations. D'abord, M. Renan ne se contente pas de proclamer le principe de la liberté de l'esprit, il s'en sert, et complétement, faisant passer par sa critique toutes les doctrines religieuses, philosophiques, toute l'histoire, en un mot, tout ce qui a paru sur terre, qu'il se soit présenté comme né du sol ou descendu du ciel; il n'a vu dans les idées et dans les faits que des idées humaines, des faits humains, et, ce qui est plus dur que l'hostilité, il a témoigné de la sympathie pour des religions qu'il jugeait avec tant d'indépendance. Premier grief, des croyants aux diverses révélations. Puis, il trouve bien peu de certain dans les affirmations qu'il examine, et, sur les choses divines, il condamne la raison humaine à une grande ignorance, réduisant, il semble, la religion au sentiment religieux et la science à la recherche. Second grief, où les philosophes se réunissent aux théologiens. Enfin, il ne lui suffit pas d'appliquer la critique, il professe partout qu'elle est le fait d'une minorité imperceptible, d'une aristocratie infiniment restreinte, et on a cru que, du haut de la critique, il contemplait avec grand dédain le reste des hommes, leurs pensées, leurs sentiments, leurs misères même, et les regardait comme un spectacle pour récréer sa curiosité. Troisième grief, d'un public venu de tous côtés.

Puisque le fort de la question est sur ces points

entre M. Renan et ceux qui le combattent, abordons-les franchement. Les théologiens et les simples croyants que M. Renan a atteints dans la liberté de sa critique se sont défendus; rien de plus légitime; mais plusieurs de ceux qui ont voulu défendre la religion nous semblent avoir laissé percer des prétentions contre lesquelles il faut se défendre à son tour. Tout homme doit comprendre qu'on ne partage pas ses croyances, il doit le comprendre surtout quand ses croyances sont la foi à des choses qui étonnent la raison, à des mystères ou à des miracles. J'examine; il arrive que le surnaturel me blesse, que la tradition me paraît équivoque; voulez-vous donc que je croie sans examen? Je dis ce qui m'empêche de croire; voulez-vous que je mente? ou peut-être que je me taise? Si, de plus, c'est un dogme pour vous qu'on ne croit pas sans la grâce, et que Dieu donne ou ne donne pas la foi à qui il lui plaît, que me reproche-t-on, si j'ai cherché sincèrement? A-t-on autre chose à faire qu'à me plaindre, qu'à tâcher encore d'éclairer mon esprit et de disposer mon cœur? Et les injures sont-elles bonnes à cela? Enfin, si vous êtes sûrs de posséder la vérité et que l'erreur ne prévaudra pas contre elle, pourquoi ces convulsions? Dieu ne comba t-il pas avec vous? Je n'ai jamais pensé, pour mon compte, que lorsqu'on se bat on dût se battre avec modération; il faut, comme dit le proverbe, faire ce qu'on fait; la polémique des livres, des journaux, n'est pas la discussion des salons, où chaque opinion s'affaiblit et baisse de ton, par convenance pour le lieu; dans les combats au grand soleil et au grand air, il y a d'autres convenances, on n'est tenu qu'à être loyal envers son adversaire et à ne pas l'insulter; c'était le moment d'être modéré, quand vous jugiez en vous-même la justice des deux causes; une fois le parti pris, la modération qui émousse les armes, qui énerve les arguments, qui éteint la passion et l'éloquence, n'est plus de mise; il s'agit de vaincre; on ne vous dit pas : Pensez avec feu et parlez modérément; on vous dit : Pensez modérément et parlez avec feu. Je suis donc, je le répète, pour les vrais combats entre les opinions; mais il y a au-dessus de toutes les opinions un principe qui ne doit jamais être atteint, c'est la liberté de penser. Si M. Renan n'est pas le premier qui l'ait proclamée, il est sans contredit un de ceux qui, en France, la représentent le plus honorablement. Or, il est bon qu'il y ait à chaque époque un ou plusieurs esprits, même un peu jaloux et ombrageux, qui la représentent; car la liberté de penser, c'est la liberté. Il n'y en a pas deux : l'une en religion, l'autre dans le reste des choses; il n'y en a qu'une, qui s'applique à tout : elle est la raison consultant la vérité et s'y soumettant; elle est la conscience, elle est l'homme même; c'est elle qui empêche que la force soit seule dans le monde.

Espérons donc qu'entre M. Renan et les défenseurs de la foi la grande polémique fera taire l'autre, et que le débat sera digne des intérêts qui y sont engagés. A leur tour, les philosophes, que M. Renan n'a pas non plus satisfaits, devront être justes et reconnaître dans tout ce qu'il écrit un sentiment religieux d'une grande profondeur. Ce n'est sans doute que l'essence du spiritualisme, l'aspiration en haut, mais c'est quelque chose, et si les croyances particulières périssaient dans une génération ou dans une âme, ce sentiment restant, n'est-il pas vrai que tout ne serait pas perdu? Après cela, on doit avouer que ce sentiment religieux ne suffit pas à l'humanité. M. Renan a raison lorsqu'il affirme que l'homme ne se contente pas de ce qui est, que son intelligence conçoit du divin par delà; mais je veux savoir quelque chose de plus. Qu'est-ce que ce divin! Est-ce un être? est-ce un idéal? Lorsque plus d'un philosophe s'arrête, l'esprit étonné, devant cet infini, a peur de le limiter en affirmant, de parler mal en voulant parler, l'humanité ose davantage : elle affirme un être réel et vivant, qu'elle aime, qu'elle redoute, qu'elle prend à témoin, qu'elle invoque contre le mal, et à qui elle appelle de ses souffrances. C'est que l'humanité ne pense pas seulement, c'est qu'elle agit. Aussi, quand M. Renan songe à la morale, il oublie bien des incertitudes de la spéculation. Dans le livre que nous annonçons, on lit cette belle pensée : « Dès que le sacrifice devient un devoir et un besoin pour l'homme, je ne vois plus de limite à l'horizon qui s'ouvre devant moi. Comme les parfums des îles de la mer Érythrée, qui voguaient sur la surface des mers et allaient au-devant des vaisseaux, cet instinct divin m'est un augure d'une terre inconnue et un messager de l'infini. » Sans presser M. Renan sur le plus ou moins de précision des affirmations particulières, le voilà dans la tradition de la philosophie française, qui unit la spéculation et la pratique. Sur ce point, Voltaire et Rousseau s'entendent avec Fénelon et Bossuet, et le dix-neuvième siècle avec ceux qui précèdent; sous ce principe s'est rangé un corps solide de croyances où chacune subsiste par elle-même, et toutes se soutiennent les unes les autres Elles sont devenues suspectes à plusieurs, parce qu'elles prêtent à l'éloquence; on a accusé des philosophes de rechercher l'effet par leur moyen, et il est manifeste qu'elles ont bien inspiré les écrivains; mais elles ne sont pas pour cela des vérités oratoires, elles sont vérités; seulement le style s'élève quand il les touche, comme quand il touche tout ce qui est simple et grand. Ce n'est pas nous qui reprocherons jamais à l'auteur *du Vrai, du Beau et du Bien* de s'être complu à les exprimer dans son beau langage : la plus belle forme dont il les revêt n'est que leur forme naturelle rencontrée par un esprit admirablement doué.

Quant au dédain que M. Renan paraît avoir ressenti pour la foule des esprits qui ne sont pas ouverts à la critique, s'il l'a jamais ressenti, il le perdra en considérant le nombre de ses lecteurs, et il craindra, en l'exprimant, de blesser des amis inconnus. N'y en a-t-il aucun parmi les élèves présents ou passés de cette École normale qu'il vient de maltraiter si rudement? Il hésitait, il l'avoue; pourquoi ne s'est-il pas arrêté? Homme d'érudition, il pouvait pardonner à cette école en se rappelant tout ce qu'elle a fourni à l'érudition; homme de goût, il pouvait être doux pour elle en faveur des services qu'elle a rendus à trois littératures et au goût public; mais, puisqu'il lui reproche surtout d'avoir créé des maîtres d'histoire et de philosophie, au détriment de la grande histoire et de la grande philosophie, qu'il me permette un souvenir d'un autre âge. Dans ce temps-là, nous enseignions sans doute aux jeunes gens une certaine doctrine, mais nous faisions mieux : nous tâchions de leur donner le goût des hautes questions, de leur communiquer le mouvement d'esprit que nous sentions en nous-mêmes, et qui nous paraît maintenant, comme il nous paraissait alors, le plus sûr résultat de notre enseignement, dût-il ébranler ou renverser les opinions particulières que nous avions établies; car ni pour l'eau ni pour l'esprit il n'est bon de croupir. Nous donnions ce que nous avions emporté de notre passage à l'école, et ceux qui l'ont reçu ne nous l'ont pas reproché. Aujourd'hui encore, quand nous nous recueillons dans nos meilleures années, nous y trouvons ces années d'école : en y pensant bien, ce n'est pas le regret de la jeunesse, c'est le souvenir toujours cher du premier éveil de l'esprit, des premières ardeurs pour la vérité et des engagements contractés avec elle. Et ce n'est pas parce que c'était nous ni parce que l'école était telle ou telle ; il en sera toujours ainsi : quiconque y entre entre dans une tradition, il la porte ensuite dans l'Université, qui, dans des temps très-différents, paraît demeurer fidèle à elle-même.

A suivre avec attention M. Renan, on découvre chez lui une disposition qui créera entre le public et lui bien des malentendus. Lorsqu'il est possédé par un sentiment vif, il l'exprime dans toute sa vivacité, et se satisfait, sans consentir à se préoccuper de l'interprétation qu'on donnera à ses paroles et de l'opinion qu'on prendra de lui. Comme il est passionné sous sa science, et qu'il est un écrivain, son talent de style met sa passion en relief. De là, souvent, des phrases très-belles, qu'on ne peut pas ne pas voir, qu'on ne peut pas oublier quand on les a vues, et qui ont étonné ou scandalisé les lecteurs ; il faut, pour leur rendre leur vrai sens et leur exacte portée, que le lecteur les compare avec le reste des écrits, ou qu'il les rapporte au sentiment qui les a inspirées ; qu'il ait, en un mot, une équité qu'on ne peut pas exiger de lui. Cette équité m'est moins difficile ; familier avec les livres et l'esprit de l'auteur, je relis quelques passages qui ont soulevé des colères. Ceci, par exemple, sur le rôle du penseur ici-bas : « Spectateur dans l'univers, il sait que le monde ne lui appartient que comme sujet d'étude, et, lors même qu'il pourrait le réformer, peut-être le trouverait-il si curieux tel qu'il est, qu'il n'en aurait pas le courage. » Et ceci sur Rome : « Pour moi, je ne puis envisager sans terreur le jour où la vie pénétrerait ce sublime tas de décombres. Je ne puis concevoir Rome que telle qu'elle est : musée de toutes les grandeurs déchues, rendez-vous de tous les meurtris de ce monde, souverains détrônés, politiques déçus, penseurs sceptiques, malades et dégoûtés de toute espèce ; et si jamais le fatal niveau de la banalité moderne menaçait de percer cette masse compacte de ruines sacrées, je voudrais que l'on payât des prêtres et des moines pour la conserver, pour maintenir au dedans la tristesse et la misère, à l'entour la fièvre et le désert. »

Que dire de ces dernières lignes, admirables et cruelles? Si dans ce Paris qui se transforme vous n'avez rien regretté, ne parlons plus; mais si vous avez regretté quelque chose, si vous êtes allé à Rome, si, vous promenant dans ses ruines, vous avez senti le grand esprit qui y habite; si, lorsque le monde va se perdant dans l'insignifiance, vous avez réfléchi qu'il y a là un coin de terre d'une noblesse incomparable, et frémi en songeant qu'il pourrait devenir semblable à tout, et qu'il n'y aurait bientôt plus d'asile pour quelques âmes que la vulgarité ne contente pas; si, enfin, vous avez le don de rendre vos émotions dans leur force, vous ne discuterez plus ces lignes, vous les écrirez.

Celles où M. Renan renfermait une sorte de profession de foi politique et sociale semblaient respirer une curiosité superbe et sans entrailles ; aussi le parti qui favorise le plus M. Renan, celui des libres penseurs, avec son amour du progrès, dut-il les trouver étranges. Eh bien! qu'un des plus décidés de ce parti cherche en lui-même, il y trouvera quelque chose qui plaide pour M. Renan. Il croit que la raison doit gouverner, mais il sait aussi que la raison n'est pas tout ni dans le monde, ni dans l'homme, qu'elle ne fait pas à elle seule les événements, et que, sur la toile qu'elle prépare, l'imagination, la passion, la fortune brodent leurs fantaisies ; si quelque dieu lui permettait de tracer à l'humanité sa route toute droite, comme il est homme, comme il ressent, lui aussi, cette curiosité que notre auteur appelle « la moitié de la volupté de la vie, » il reculerait peut-être. Imagination, passion, fortune, déraison et fascination du monde! Inventant toujours, jetant l'homme dans toutes les situations, elles le révèlent sous toutes les formes, elles mènent l'action par des chemins si nouveaux, si imprévus, elles composent un spectacle d'un tel attrait, que, blessé mortellement par elles, on reste attaché là et on veut vivre pour voir.

Le sentiment qui fait que M. Renan aime le pittoresque dans le monde est le même qui lui fait aimer le pittoresque dans Rome, le sentiment des artistes, nation, comme on sait, irritable. Ils sont prompts à maudire, et que n'ont-ils pas maudit, quand on est venu leur déranger leur univers? Puisqu'ils n'empêchent rien de se faire, il faudrait bien leur permettre de se consoler ainsi. Mais on ne le leur permet pas, et on les juge en rigueur comme s'ils écrivaient avec une raison géométrique. Eh bien! on peut être content, car M. Renan a effacé ces lignes, par respect pour des convictions honorables. Certes, si les événements et les actions sont indifférents à quelqu'un, ce n'est pas à lui. Sa passion contre le mal (et il entend par le mal ce qui abaisse l'homme) est implacable, enflamme tous ses écrits, y ramène sans cesse l'énergique protestation morale destinée à survivre aux misères qui l'ont provoquée. Quel indifférent que celui qui, dans la préface de son présent ouvrage, après de sombres pressentiments, écrit ces lignes d'une pénétrante ironie : « Je sais qu'à plusieurs de telles craintes pour l'avenir paraîtront un anachronisme, et qu'on y verra un effet de cette mélancolie que certaines personnes, indulgentes pour le présent comme le présent l'est pour elles, m'ont, dit-on, reprochée. Mais chacun a son caractère ; bien que parfois je sois tenté d'envier le don de ces natures heureuses, toujours et facilement satisfaites, j'avoue qu'à la réflexion je me trouve fier de mon pessimisme, et que, si je le sentais s'amollir, le siècle restant le même, je rechercherais avidement quelle fibre s'est relâchée en mon cœur. Un jour peut-être une telle rigueur s'adoucira, et si quelque chose pouvait aider à ce changement, ce serait sans doute que les personnes dont l'optimisme ne me paraît pas justifié, sans devenir mélancoliques (ce qui n'est guère, je crois, dans leur caractère), arrivassent à comprendre que ce qui fait la joie des uns peut ne pas faire le bonheur de tous. »

Ceux qui, sur une phrase jetée en passant dans une note du présent volume, ont cru que M. Renan désertait les principes de 89 et avec eux la liberté, n'auront qu'à lire le volume même ; ils seront suffisamment édifiés. Je le dis tout en regrettant que l'arrêt contre 89 soit d'un côté et les considérants de l'autre, parce qu'il y aura plus de gens qui connaîtront le mot que le livre; le livre marche, et les mots volent. Il est curieux que, même après que l'erreur est dissipée, l'émotion ne s'apaise pas tout à coup, et qu'il reste dans les esprits un fond d'inquiétude et de défiance; sans cela, on n'aurait pas vu des rédacteurs d'un journal traiter gravement M. Renan d'apostat, parce qu'il trouve que la poésie de Béranger n'est ni assez légère ni assez limpide, et qu'il ne goûte pas le Dieu des bonnes gens.

M. Renan a dû sourire de cette accusation, et je ne le disculperai pas; mais je voudrais montrer, par un exemple, que la vivacité de son sentiment l'emporte quelquefois à des injustices réelles, et qu'il a à s'en défendre. En littérature, son amour pour la critique, qui vit plus de curiosité que d'admiration, me semble l'égarer. Dans l'article sur M. de Sacy, où il explique comment il se sépare de lui en fait de goût littéraire, il a écrit : « Le moraliste n'aime que les littératures complétement mûres et les œuvres d'une forme achevée. La critique préfère les origines et ce qui est en voie de se faire ; car pour lui tout est document et indice des lois secrètes qui président aux évolutions de l'esprit. » Partant de là, il traite avec une grande rigueur la littérature française du dix-septième siècle, qu'il renvoie aux écoles, aux écrivains et aux curieux : « Elle a le don spécial qui fait les littératures classiques, je veux dire une certaine combinaison de perfection dans la forme et de mesure (j'allais dire de médiocrité dans la pensée). Les nations étrangères, sauf celles qui n'ont aucune originalité littéraire, n'y voient qu'une littérature *tertiaire*, si j'ose le dire, un écho de la littérature latine, écho elle-même de la littérature grecque.... Cette littérature est trop exclusivement française; elle souffrira quelque chose, je le crains, de l'avénement d'une critique dont la patrie est l'esprit humain.... Qu'elle reste dans son ensemble la lecture exclusive des hommes de goût, que les esprits distingués de tous les temps continuent d'y recourir, pour s'élever, se consoler, s'éclairer sur leurs destinées, voilà ce dont je doute. Nous avons dépassé l'état intellectuel où cette littérature se produisit, etc. »

Jamais je ne consentirai à ce jugement. Il faudrait un volume pour exposer les objections qu'il soulève; mais si quelques lignes ne suffisent pas à réfuter, elles suffisent à protester. Je l'accorde (et comment ne pas l'accorder!), sur des points de la plus haute importance, nous ne nous entendons plus avec le dix-septième siècle: sa politique n'est pas notre politique; son histoire, notre histoire; sa religion précise et sévère n'est pas la religion de la plupart des hommes de ce temps, incroyants qu'elle blesse, et croyants qu'elle gêne; mais dans quelle littérature trouvez-vous une plus profonde connaissance de l'homme, j'entends de l'homme éternel, avec ses grandeurs et ses misères? Si nous sommes encore cet homme-là, avec ses grandeurs sans doute, la force de l'esprit et de l'âme, la domination de l'univers; avec ses misères aussi, l'ignorance, le doute, l'erreur, l'effort, la passion, la vanité, la ruine, la maladie, la mort et le deuil, le dix-septième siècle n'a-t-il rien à nous dire, n'a-t-il rien pour nous élever, nous consoler? Vous trouvez que cette littérature est *tertiaire*, d'après la romaine, qui est d'après la grecque. Mais d'abord, pour le fond des idées, vous oubliez la tradition juive et chrétienne, qui fournit toute une littérature à part, la littérature sacrée, celle des traités théologiques et moraux, des sermons, des oraisons funèbres, et pénètre profondément la littérature profane. Si toutes les variétés de l'esprit humain méritent l'attention du critique, s'il s'arrête devant le paganisme et devant le christianisme, comment ne s'arrêterait-il pas aussi devant cette civilisation française du dix-septième siècle, où le paganisme et le christianisme se fondent, et devant la littérature qui exprime cette fusion? La combinaison de ces deux éléments n'est-elle pas originale comme les éléments qu'elle renferme? Tel est le fond; quant à l'art, ce que la littérature de ce siècle a emprunté à l'art romain et grec est facile à dire : elle a emprunté la perfection. Qu'est-ce que cette perfection? L'exacte proportion entre la pensée et la forme, qui ne montre ni plus ni moins que la pensée, mais la montre bien tout entière; œuvre complexe de toutes les puissances de l'homme, où la raison saisit l'idée, l'imagination l'illumine, le sentiment la meut et l'enflamme, œuvre manquée quand l'idée flotte dans le vide, quand la lumière donne dans les yeux, quand le mouvement est factice, au lieu d'être le mouvement de la vie et de la vie propre de l'objet. Voilà la perfection qui est dans notre littérature du dix-septième siècle, non pas perfection française, mais perfection absolue, et qui, je l'espère à mon tour, la sauvera. La souveraine beauté n'est sans doute, à prendre l'essence des choses, que la souveraine vérité; pour qui les pourrait contempler en face, la vérité et la beauté se confondent; mais comme cette vision est refusée ici-bas aux hommes, la beauté dans leurs œuvres est différente; elle souffre ce qu'il y a de fatalement incomplet ou de faux dans nos pensées, et se montre partout où paraît une imagination forte et un sentiment vrai. C'est ce qui fait que l'on compte tant de beautés dans les ouvrages du dix-septième siècle, même quand on n'approuve pas ses doctrines, c'est ce qui fait que M. Renan, pour combattre les écrivains de ce siècle, n'a pas cherché une autre langue que la leur, ni pour rendre, dans sa liberté et son éclat, la vieille poésie de *Job*.

M. Renan dit que le moraliste aime cette littérature, parce qu'il aime ce qui est vieux; je crois qu'il se trompe. Ce qui caractérise les anciens, c'est le respect de la pensée et de la parole, et la personne qui s'oublie pour ne laisser paraître que la vérité. Les anciens, les yeux fixés sur la perfection, s'efforcent de s'y conformer; ils travaillent à se contenter eux-mêmes et n'y réussissent pas; ou, si la réflexion est absente, ils sont emportés par leur sentiment, qui emporte la langue à sa suite. Tel est l'art du dix-septième siècle, art sincère, sérieux, religieux, qui tantôt se connaît, tantôt s'ignore, mais toujours, inspiré ou réfléchi, a son foyer dans la conscience. Aussi les écrivains de ce siècle, dont nous ne sommes pas encore séparés par deux siècles, sont des anciens. Rayons donc, et Dieu merci nous sommes pleinement d'accord là-dessus, rayons du nombre des anciens tous ceux qui visent à l'applaudissement, tous ceux qui jouent avec les mots et les idées. Si nous en avons de ceux-là, un jour ils seront vieux; anciens, ils ne le seront jamais; et s'il y a quelque part, maintenant même, un écrivain, un moraliste, chez qui se retrouve ce désintéressement de soi, ce respect, que nous disions plus haut, de la pensée et de la parole, n'attendez pas qu'il meure et que ses ouvrages vieillissent, c'est un ancien.

Aucune divergence d'opinion sur des points particuliers ne nous fera oublier ce que M. Renan rend de services, ce qu'il apporte à la culture libérale de cette époque, de son esprit et de ses sentiments. Il apporte à cette œuvre d'éminentes qualités d'érudit, de philosophe et d'artiste, l'élévation morale, sans laquelle elles ne font rien de grand. Nous sommes beaucoup qui le regardons avec un vif intérêt suivre sa voie, et personne plus que celui qui écrit ceci.

1860.

M. BAUDRILLART [1].

M. Henri Baudrillart publie sous ce titre : *Des rapports de la morale avec l'économie politique*, un cours professé au Collége de France et dont le fond est un Mémoire couronné par l'Académie des Sciences morales et politiques. Je n'ai pas pleine qualité pour en parler, n'étant pas économiste ; mais le livre traite de morale, où tout le monde est compétent, et l'économie politique s'y présente sous des aspects si généraux et avec une telle clarté qu'elle n'est inaccessible à personne. D'ailleurs cette science ne permet plus qu'on l'ignore : elle agit et remue le monde ; tel qui n'en soupçonnait pas l'existence apprendra qu'elle existe en voyant qu'il est enrichi ou appauvri par elle. Les premiers, ceux qu'elle enrichit, oublieront assez vite à qui ils le doivent : il nous est si naturel d'être riches et d'être heureux ; les derniers, ceux qu'elle appauvrit, ne l'oublieront pas de sitôt. Je ne la défendrai pas contre eux : elle a eu ici même depuis longtemps d'assez forts défenseurs, et, comme elle triomphe, elle en trouvera partout, même où elle n'en pouvait pas attendre ; cela s'est déjà vu ; je veux seulement lui donner acte de ses bons procédés envers une science qui n'est pas, comme elle, en fa-

---

1. *Des rapports de la morale et de l'économie politique*, 1 vol. in 8. Guillaumin.

veur, la philosophie. Elle déclare qu'elle a des rapports étroits avec la philosophie, et même une parenté; cette déclaration l'honore : il sera toujours bien à quelqu'un dont la fortune est nouvelle de reconnaître des parents dans le malheur.

Quels sont donc ces rapports entre la philosophie et l'économie politique, science de la richesse? Si nous le demandions à l'opinion populaire, il est à parier qu'elle répondrait : « La philosophie apprend « à se passer de richesse, quand on n'en a pas; « quand on n'est pas riche, il faut être philosophe. » L'opinion populaire fait un beau compliment à la philosophie, et nous ne refusons pas cette vertu qu'on lui donne, mais ce n'est pas cela dont il s'agit ici : au lieu de se passer de richesse, il s'agit d'en produire le plus possible. Or, mettez en présence ces deux idées : la richesse vient du travail et de l'épargne; ce qui travaille et qui épargne, ce n'est pas une machine, c'est un être moral, c'est l'homme; qui ne comprendra tout de suite qu'il travaillera et épargnera plus ou moins suivant ses idées, ses sentiments, ses mœurs, suivant qu'il sera un homme ou un autre; et la science qui étudie l'homme, celle qui le forme, c'est la philosophie. Voilà toute la thèse de M. Baudrillart et tout son livre. Il prend l'une après l'autre les influences qui nous invitent au travail et à l'épargne ou nous en détournent, et il les note avec précision. Ne voit-on pas en effet que l'homme ne saurait y être également porté par les diverses doctrines philosophiques ou religieuses, qu'il ne saurait agir de la même façon si la vie est un rêve ou une réalité, si elle est un jeu ou une chose sérieuse, si elle est notre tout ou un commencement, si elle a une règle ou si elle est sans règle, s'il y a ou s'il n'y a pas de libre arbitre, s'il y a ou s'il n'y a pas de Dieu? L'individu travaillera-t-il de même si l'enseignement qu'il a reçu dans sa jeunesse a été vague ou le préparait bien à sa profession future? travaillera-t-il et épargnera-t-il de même s'il a de bonnes ou de mauvaises mœurs, s'il tient ou non à une famille et si cette famille est la famille chrétienne ou la famille mahométane, la famille démocratique du Code français ou la famille aristocratique; si la forme du gouvernement garantit la liberté et la sécurité ou si la liberté est étouffée et la sécurité compromise? Le travail et l'épargne n'ont-ils rien à voir avec la guerre et les révolutions? Après ces influences morales, n'y a-t-il pas des influences physiques certaines? Le climat et le sol n'agissent-ils pas sur l'ouvrier : sol fertile ou rebelle, climat violent ou tempéré? Et la race ne communique-t-elle pas ses qualités natives : race faible ou robuste, patiente ou ingénieuse? L'ouvrier solide de quelques nations est-il le même que l'ouvrier français, chez qui la main est tout? Enfin, le régime économique lui-même, liberté industrielle et commerciale ou protection et prohibition, n'a-t-il aucun effet sur notre énergie? Toutes ces questions sont traitées par M. Baudrillart avec une raison élevée et une forme excellente; je ne les traite pas après lui et je renvoie à son livre, ce qui vaut mieux que de le recommencer. Il a discuté, en y apportant le sérieux, le développement qu'ils méritent et des vues originales, des sujets dont tout le monde comprendra l'importance et qui préoccupent bien des esprits : l'enseignement, la propriété, la constitution de la famille au point de vue économique, l'héritage et la répartition égale ou inégale de l'héritage entre les enfants, l'influence morale de la grande et de la petite propriété, les devoirs imposés au propriétaire foncier, le bien et le mal qui résultent de sa présence ou de son absence, la division du travail, la liberté du travail, la substitution de machines aux métiers, de la manufacture à la fabrique, la révolution sociale qui en résulte, l'alliance possible et désirable de la démocratie et de l'industrie avec les idées religieuses. Tous ces sujets sont certainement des plus considérables, et j'espère bien qu'ils seront repris ici un jour par quelqu'un de parfaitement compétent.

Du reste, sans entrer dans les détails, il est possible de les deviner, pourvu qu'on tienne l'opinion de l'auteur sur un point essentiel, qui renferme tout. C'est la maîtresse question de la morale, à savoir si la règle des actions humaines est empirique ou absolue. Là-dessus M. Baudrillart a pris parti. On remarquera, dans son livre, une réfutation longue et approfondie de la doctrine de Bentham. Cette doctrine est connue : l'homme n'a d'autre motif d'agir et d'autre règle que son intérêt; mais il se trompe souvent sur son intérêt véritable; il ne se trompera plus s'il est bien convaincu qu'il n'y a d'utile pour lui que ce qui est utile pour tout le monde, et qu'il doit chercher son intérêt dans l'intérêt général. Conformément à ce principe, Bentham classe les actions selon le nombre d'hommes à qui elles servent, et prétend fournir à chacun de nous une arithmétique morale, commode et infaillible. Nos philosophes ont jugé depuis longtemps la doctrine de Bentham; ils ont montré ce qu'il y a de faux et de peu honorable pour l'homme dans un système qui lui enlève le désintéressement et le devoir, et le regarde comme incapable de viser à autre chose qu'à sa propre utilité; ils ont montré ce qu'il y a d'obscur, d'incertain dans cette consultation de l'intérêt général ; comment la passion peut colorer de ce beau prétexte toutes ses fantaisies ; appliquant le principe à la politique, ils ont montré ce qu'il y a de redoutable dans cette maxime de l'intérêt général, du salut public, qui consacre les fureurs de tous les partis ; ils ont rappelé que si l'homme agit souvent par intérêt, souvent aussi il agit sans songer à soi, par dévouement, et qu'il a dans la conscience une règle claire où il connaît ce qu'il doit faire pour lui et pour les autres, son devoir et son droit. M. Baudrillart reproduit avec force ces arguments ; en cela sa réfutation ne pouvait pas être nouvelle ; mais ce qui est nouveau, c'est de la voir appliquée à tout un ordre de questions sur lesquelles les philosophes ne l'avaient pas portée, c'est de la trouver là où elle est, dans un livre d'économie politique, de trouver là une philosophie expresse et cette philosophie particulière qui combat la doctrine de l'intérêt général au nom de la doctrine du droit. L'économie politique, en effet, aime peu à philosopher, et, quand elle philosophe, comme son objet propre est un règlement d'intérêts, il est naturel qu'elle ait des sympathies pour un système qui ne voit dans les choses humaines que ce qu'elle-même y voit ; mais elle gagnera beaucoup à repousser l'alliance avec une morale manifestement fausse ; elle aura plus de vérité, plus de largeur, plus d'autorité si, au lieu de nous parler d'intérêt personnel à chercher dans l'intérêt général et d'inventer des combinaisons artificielles pour concilier ces deux utilités, elle dit simplement : l'homme est libre ; comme libre il a des droits, le droit de travailler, de posséder le fruit de son travail, de le garder, le vendre, le donner ; ce droit est l'intérêt de chacun, et l'intérêt de tous est que le droit, que l'intérêt de chacun soit respecté; par conséquent, l'esclavage est nul, le communisme est nul, la contrainte à tel ou tel travail nulle, la limitation de l'échange un simple droit acquis, digne à ce titre de tous égards et de tous ménagements, mais destiné à céder au droit commun; la meilleure loi d'héritage, celle qui est la plus juste. Quand on se place ainsi dans le droit, comme on voit devant soi! comme le terrain est solide! comme le pied est sûr! Hors de là, on va à tâtons, on saisit des apparences, et la vérité même, si de fortune on la rencontre, ne peut pas prouver qu'elle est la vérité.

Je loue donc sans réserve l'entreprise de M. Baudrillart, l'introduction de la morale, et de la bonne, dans l'économie politique. L'économie politique, comme il l'entend, a un autre mérite : elle suit la nature. La richesse, en effet, se produit et se distribue selon des lois naturelles, elle rencontre aussi des obstacles naturels : par exemple, c'est une loi que les ouvriers vont là où les salaires sont plus élevés, mais il y a aussi des obstacles qui empêchent les ouvriers de se rendre là, tels que la distance, le temps, la dépense, etc.; l'école à laquelle M. Baudrillart appartient ne touche pas aux lois et s'attaque aux obstacles, qu'elle s'efforce d'effacer de plus en plus; elle marche avec la civilisation, qui ne fait pas autre chose. Elle ne prétend pas non plus mettre tout le genre humain au même régime économique : elle accepte les diversités qui naissent du sol, du soleil, du sang, de l'histoire, de mille causes réelles, et n'attend pour l'avenir d'autre unité que celle qui ne détruit pas la variété originelle des peuples. Ainsi cette école se fait honneur de respecter la nature, la croyant assez forte pour se faire jour par elle-même et assez saine pour réparer tous les accidents. C'est dans cette foi qu'a vécu et que mourait, il y a quelques années, Bastiat, ce profond, ce ferme et charmant esprit, l'auteur des *Sophismes économiques*, d'une multitude de petits traités militants d'un bon sens piquant, d'un art ingénieux, l'auteur aussi des *Harmonies économiques*, monument religieux élevé de ses mains mourantes à la Providence, qui veut que le monde aille au bien par la liberté.

Il importe de recommander ce respect des lois naturelles pour combattre les systèmes artificiels, les utopies qui ne manquent jamais et qui s'élaborent dans l'ombre quand elles ne se produisent pas à la lumière. Après cela, je dois le dire franchement, le péril du moment ne me semble pas être là ; il s'agit bien aujourd'hui de systèmes ! les hommes, enflammés par la richesse, n'écoutent pas les théoriciens, pas plus qu'ils n'écoutent les économistes, qui leur parlent de grand travail et de grandes opérations qui font les petites épargnes, de petites épargnes qui font les grands capitaux, par lesquels le travail se renouvelle ; non, le temps n'est pas aux idées, les spéculateurs ont remplacé les spéculatifs ; l'illusion du jour n'est pas l'utopie, c'est la chance. Il y a eu une époque où faire sa fortune était l'affaire de toute la vie ; sur le profit de chaque journée on prélevait la réserve de l'avenir ; l'âge du repos arrivé, on travaillait encore, par habitude ; les fils faisaient comme les pères, fiers de continuer leur ouvrage, désireux de le transmettre à de bonnes mains ; ce travail, ces réserves, ces vertus accumulées fondaient, au milieu du respect général, ces solides maisons qui tenaient contre les orages et les tremblements de terre. Aujourd'hui, on veut faire fortune en un jour ; une illumination d'esprit, une aventure hardiment courue, a remplacé la longue épargne. Je n'ai rien à dire contre les fortunes particulières ainsi acquises, quand elles l'ont été honnêtement, et quand, une fois acquises, elles sont noblement administrées; mais ce soin est rare : l'âme ne s'élève pas nécessairement avec la condition, et c'est merveille si, après cette première violence, on ne force pas la vie à nous livrer les autres joies qu'elle renferme, les joies de l'orgueil et de la volupté. Je le répète, je n'ai rien à dire contre les fortunes particulières; mais, comme régime d'une nation, cette hâte de s'enrichir n'est pas salutaire : il n'est pas salutaire de substituer l'excitation du jeu à l'effort, à la persévérance de la volonté; on n'a rien gagné quand on a trouvé le moyen de se passer de courage, de patience et de sacrifice. Celui qui par les anciennes pratiques avait, jour à jour, fait fortune, avait fait quelque chose de plus, il avait fait un homme; on aura beau chercher, on ne trouvera pas un meilleur emploi de soi-même : car, je vous prie, à quoi la vie est-elle bonne, si elle n'est pas bonne à cela ?

Je termine en remerciant M. Baudrillart d'un plaisir particulier que son livre m'a procuré et que je vais lui dire. Nous aimons tous assez les auteurs qui sont de notre avis, et, dans les pages de philosophie que ce volume renferme, j'ai su gré à l'auteur de ce que nous nous rencontrions si bien; mais j'ai été beaucoup plus touché par les pages où l'économie politique vient affirmer, au nom de sa propre expérience, les mêmes vérités que la spéculation solitaire affirme. Chaque science a un ordre de raisons qui est à elle; la même vérité peut être provoquée par autant de raisons différentes qu'il y a de sciences différentes, et c'est un bien fort argument en sa faveur quand on voit que par tous les chemins on y arrive : on trouve dans cette contre-épreuve une confirmation précieuse de ce que l'on croyait. Il me suffit de la philosophie pour condamner l'esclavage ; mais je suis bien aise d'apprendre de l'économie politique que le travail esclave est moins productif que le travail libre. Ma raison et mon sentiment condamnaient la guerre, et je me révoltais contre cette justification odieuse : « Il y a trop d'hommes ; la guerre créera des places. » Quoi! me disais-je, pour que les uns vivent, faut-il donc que les autres meurent! Je suis soulagé quand on me démontre par le calcul que « enlever au sol cent mille ouvriers, c'est lui ôter le moyen de nourrir un million d'hommes. » Au nom de la nature humaine, je répudiais le communisme ; il me plaît d'entendre les savants qui, au nom de la seule richesse publique, affirment que le communisme est « le jeûne général.» Je n'ai pas attendu, pour croire à de certains principes moraux, d'avoir lu le livre dont je parle aujourd'hui ; mais je m'assure encore plus dans cette croyance en voyant que toutes ces mêmes idées de droit, de devoir, de liberté, de responsabilité, nécessaires à la vie morale des individus et des sociétés, sont en même temps nécessaires à leur existence et à leur prospérité matérielle, qu'elles leur donnent à la fois leur dignité et leur pain. On a relevé sans fin les harmonies de la nature ; il est temps de relever aussi les harmonies de la vérité.

1860.

DE LA MÉDECINE EN LITTÉRATURE.

La médecine a ses observations, ses remèdes et son langage; on lui emprunte ces trois choses et on tente de les transporter dans la littérature; c'est cette tentative que j'essayerai de juger ici. Le sujet, comme je me propose de le traiter, est d'une difficulté extrême. Depuis quelque temps les écrivains ont pris de grandes libertés, et ils ont entraîné les critiques, qui, pour les blâmer, ont été obligés de les citer, et se sont compromis pour les compromettre. Naturellement les critiques ont cité ce qu'ils ont trouvé de plus fort; ils placent ainsi en évidence ce qui dans les livres disparaissait un peu, et, concentrant en quelques pages tout le mauvais d'une multitude de volumes, ils épargnent au lecteur la peine de l'aller chercher; ils mériteront encore mieux de la postérité, qui, lorsque les ouvrages aujourd'hui courus seront devenus plus rares, serait embarrassée de les recueillir et serait privée de dissertations, de peintures, d'expressions du plus haut goût; dans bien des années d'ici, quand nous serons à notre tour devenus une antiquité, plusieurs des pages multipliées à cette heure dans des éditions sans nombre se perdront, avec elles les traits hardis qu'elles renferment et qui ne subsisteront plus que dans les témoignages des critiques; les érudits d'alors béniront ceux qui leur ont conservé ces merveilles; appuyés sur ces documents, ils reconstruiront les ouvrages, la littérature, la société d'aujourd'hui, et donneront une grande idée de nous à nos arrière-neveux.

Puisque je suis décidé à être discret, je le serai et ne nommerai pas les ouvrages qui ont provoqué mes réflexions, mais ils seront suffisamment désignés par ceci : on les achète, on s'en tait dans les salons, les femmes ne les avouent pas; singulier phénomène! il s'en est vendu cinquante mille exemplaires, et personne ne les a lus. Si vous les ouvrez, voici ce que vous trouverez uniformément : l'auteur est un apôtre de la poésie et de la chasteté; c'est par chasteté qu'il dit les choses toutes crues, et il s'échappe du volume une odeur d'amphithéâtre avec poésie désinfectante. Je n'ai pas encore pu savoir si ce qui fait vendre ces livres ce sont les crudités ou la chasteté et la poésie, et je me plais à croire que ce sont les deux dernières.

Jusqu'ici elles avaient la renommée de rapporter peu ; maintenant elles rapportent beaucoup; c'est un grand honneur pour notre société qui les encourage ainsi. Tandis qu'une certaine littérature va vers la médecine, une certaine médecine va vers la littérature avec le même succès près du public. On m'a signalé en ce genre un traité d'un médecin contemporain. Ce docteur est le père de dix-huit ouvrages qui s'aident en frères, chacun se proposant d'annoncer tous les autres, et la médecine poussant la parfumerie. Je ne nommerai pas le livre, pour ne pas l'annoncer à mon tour; qu'il suffise de savoir que, comme il est nouveau, il n'est encore qu'à la dix-neuvième édition. La médecine y est nue, relevée pourtant de philosophie et de poésie : la philosophie revient souvent recommander l'obéissance aux lois de la nature; la poésie est représentée par des morceaux lyriques sur le bonheur de ceux qui suivent les lois de la nature et par de petits vers badins et sentimentaux. Ce libre échange entre la littérature et la médecine est une bonne fortune : il donne à l'une la science, à l'autre les grâces, pour le profit des deux.

Comme il y a un préjugé qui rapporte à Balzac l'origine de ce que nous avons maintenant, j'ai dû remonter jusque-là, et j'ai relu la *Physiologie du mariage*. Le fond est l'éternel sujet des contes et des nouvelles, l'ancien combat de ruses entre le mari et le célibataire, le public étant pour celui qui joue le mieux ; seulement ici, au lieu de récits détachés, on a de la science, la stratégie de la chose. Le livre, très-spirituel, ne serait pas immoral s'il y était une seule fois question de moralité. Ce qui m'a extrêmement étonné, c'est de voir l'auteur, dans un endroit où un personnage raconte une histoire, s'arrêter et annoncer qu'il supprime certains détails qu'il trouve trop hardis pour son époque. Bonnes gens de 1829 ! cette pruderie vous honore : on vous a certainement expurgé les *Contes* de Perrault. Dirait-on qu'il n'y a que trente ans entre eux et nous ? Il est vrai qu'en trente ans bien employés on n'avance pas mal. Dieu merci ! nous en avons lu bien d'autres, nous ne sommes pas si aisément effarouchés, et avec ces scrupules un auteur de notre temps ne ferait guère ses affaires. Balzac n'avait exposé que la physiologie du mariage ; nous, nous avons exposé le mariage physiologique ; il y a progrès.

Venons aux livres en question. Pour les juger, il y a un principe sûr, qu'il me suffira d'indiquer rapidement. Les objets ne sont rien en eux-mêmes, ils sont tout par la nature de l'émotion qu'ils produisent, et cette émotion est diverse, comme les hommes et les sentiments des hommes. Dans un malade le médecin voit la maladie, la sœur de charité un frère souffrant, celui qui aime voit quelqu'un qu'il aime et qu'il faut sauver; un cadavre n'a rien de repoussant pour l'anatomiste qui y voit un sujet d'étude, pour l'artiste qui en admire le repos, pour l'esprit réfléchi qui y voit un mystère, pour l'affection qui persiste à y reconnaître un objet chéri; le nu, fond nécessaire des arts du dessin, de la sculpture et de la peinture, serait, en photographie, inavouable; les tableaux hardis de la poésie changent de caractère suivant celui qui les trace et celui qui les regarde. quand l'art est supérieur, le sentiment élevé, l'esprit du lecteur monté assez haut, la jouissance est délicate et le péril nul; c'est différent si l'art n'est pas assez puissant, ni le sentiment assez pur, ni l'esprit du lecteur assez préparé. Les peintures de Lucrèce seraient sensuelles ailleurs, chez lui elles sont religieuses; je plains celui à qui elles diraient autre chose que l'énergie féconde de la nature et la loi éternelle de la vie. Où Lucrèce est sérieux, l'Arioste joue; il joue si légèrement, avec tant de mobilité et de grâce, que les plus séduisantes visions ne font aucune atteinte profonde et paraissent et disparaissent dans tout un enchantement. Pour déterminer si l'objet qu'on vous présente est dangereux ou innocent, ne lui demandez donc pas : « qui êtes-vous? » mais « à qui parlez-vous? » à l'imagination, aux sens, à la raison ou au cœur? Je me rappelle un effet curieux de ces impressions dominantes qui étouffent les autres. Il y a à Rome un couvent de Franciscains, dont la terre conserve merveilleusement les corps qu'on lui confie. Dans une espèce de sous-sol, éclairé par le jour, sont plusieurs salles où on voit des religieux exhumés, revêtus de l'habit monastique, le chapelet en main ou leur livre de prières ; à côté d'eux des multitudes d'ossements ingénieusement arrangés en colonnes, en lustres, en corniches, en arabesques, en fleurs, comme dans nos arsenaux les diverses pièces de l'armement. Venus en ce lieu avec les idées de notre pays, nous nous découvrions et parlions bas ; le Franciscain qui nous conduisait, destiné à figurer là un jour, ne nous comprenait pas, car on ne se découvre point et on ne parle point bas devant des objets d'art ; il nous les faisait admirer avec le dilettantisme d'un cicerone dans un musée, et riait avec mépris de visiteurs qui avaient pris la fuite. Nous sommes tous comme lui : une de nos facultés fortement touchée rend les autres sourdes et aveugles ; ainsi il importe de choisir cette faculté.

Appliquez cette règle de critique à nos écrivains du jour. Pour couvrir leurs libertés, ils se réclament de la science. Franchement, ceux qui se contenteront de ce qu'ils en donnent se contenteront de peu, et les anciens de la science rient de ces nouveaux, qui tombent en extase à la porte, puis, après un tour de promenade, s'imaginent qu'ils ont tout vu. Aussi bien nos auteurs sentent secrètement cela, et ils s'envolent vite vers la poésie. Qu'il y ait parmi eux des poëtes, on ne le conteste pas, il y en a de charmants ; mais ils sont poëtes quand ils s'oublient, et leur prétention de médecine poétique est une prétention qui demande quelque examen. Nous ne savions pas encore que la science fût si nécessaire à la poésie, nous nous imaginions qu'il y avait des beautés simples dans la nature, et dans l'âme un sentiment simple aussi qui leur répondait ; il paraît que nous nous étions trompés : ces beaux palais de nuages, suspendus en l'air ou reflétés dans l'eau, dans lesquels on voudrait habiter, l'éclat et le parfum des fleurs, les masses des montagnes, les éruptions des volcans, la mer, les orages, mille autres spectacles, faute de connaissances physiques, ne nous disaient rien; on attendait la science pour les goûter comme il convient; il fallait absolument qu'un savant vînt nous dire : « Ces nuages sont de la vapeur et de la pluie; cet éclat et ce parfum des fleurs, des combinaisons d'atomes; ces masses de montagnes, ces laves de feu, des roches de l'échantillon que voici; la mer, deux gaz liquéfiés; les orages, l'électricité des laboratoires. » On sent comme toutes ces explications scientifiques élèvent l'imagination. Mais ce n'est rien encore; voici quelque chose de plus, qu'on ne pourrait croire si on n'en avait été témoin. Il y a dans l'homme un sentiment d'une puissance singulière où tout son être passe; ce sentiment ne peut naître sans échauffer, sans illuminer, sans transformer, ne fût-ce qu'un instant, l'être qui le conçoit; chez les uns, c'est un effet durable, la révélation d'eux-mêmes, qui les fait tout ce qu'ils seront; chez d'autres, un éclair rapide, mais enfin un éclair, la seule flamme qui pût jaillir de créatures fatalement communes; le coup part des profondeurs de la vie physique, mais il répond dans l'âme, il y éveille des voix endormies, le plus grand nombre pour mourir là, quelques-unes pour résonner au dehors et traverser les siècles; ce sentiment, on l'a nommé : c'est une poésie vivante, c'est l'amour. Il semble qu'ici il n'y avait qu'à recueillir la poésie toute faite, sans s'ingérer d'en inventer une autre; mais on a voulu faire mieux que la nature : à la grande et libre vie de l'âme on a substitué le rhythme mécanique des fonctions du corps, de la circulation et de la digestion; c'est la grande révélation du siècle, la poésie de l'avenir. Après cette découverte, il n'y a plus rien à découvrir et nos savants feront bien de se reposer. De bonne foi, c'est assez comme cela et on ne peut que féliciter ceux qui, après cette belle entreprise, croiraient encore à la médecine poétique ou à la poésie médicale, comme ils voudront. Nos auteurs ont mis dans leurs livres de la science, qu'ils ont prise où ils ont pu, et de la poésie, qu'ils ont prise ailleurs, aux sources vives où elle se prend; ils ont mis un peu de la première, de la seconde beaucoup, assez de science pour gâter la poésie, assez de poésie pour gâter la science. On ne réussit pas toujours aussi bien.

Leur autre prétention est la chasteté parfaite de leurs livres, qui n'ont peur ni des détails ni des expressions anatomiques. Ils ne paraissent pas non plus avoir fait peur aux lecteurs et à des lectrices. Dans une comédie de Molière, un galant invite une belle à venir voir, pour se divertir, la dissection d'une femme, sur quoi il doit raisonner; Angélique refuse; elle accepte maintenant. Nous ne nous permettrons pas de dire qu'elle a tort, mais du moins on a eu tort de l'inviter. Comme ceux qui raisonnent sur le sujet en question sont dans toute la naïveté de la science, ils sont très-étonnés des réclamations soulevées, et le scandale qu'ils excitent les scandalise à leur tour; ils s'indignent contre « ces pudibonds, plus chastes que la nature, plus purs apparemment que Dieu. » Mon Dieu! non; et c'est justement le contraire. On connaît le proverbe : « Aux saints tout est saint »; nous ne prétendons pas l'être, et nous parlons timidement comme des pécheurs dans un monde corrompu; nous sommes après, eux avant la chute. Ce n'est pas pour nous que nous sommes scandalisés, nous ne nous savions pas si tendres que cela; mais nous souffrons de voir que l'on met dans chaque maison un livre qui humilie les mères devant leurs fils. La vie privée des écrivains est ce qu'elle peut être : le Créateur qui a fait les hommes a pétri les uns de glace, les autres de feu ; mais on est toujours maître de ce qu'on écrit, et la société, qui n'a pas d'autre droit sur nous, a au moins le droit d'attendre de nous cette réserve.

Puisque nous parlons médecine entre nous, qu'ils permettent qu'on leur dise leur maladie : c'est tout simplement le naturalisme qui nous envahit. Il divinise les forces de la nature et les effets de ces forces. Souvent il se passe de morale, et, quand il la garde, il l'applique à sa façon : il fait comme les nouvelles religions, qui volontiers enlèvent les dépouilles des anciens dieux et en couvrent les leurs. Ainsi, il y a un mot dont on a depuis quelque temps prodigieusement abusé et qui à la fin agace, c'est le mot « saint. » Connaissez-vous quelqu'un ou quelque chose qui n'ait pas été sanctifié? Nos pères digéraient et s'égayaient, sans penser qu'en faisant cela ils fissent rien de si grand ; aujourd'hui la joie est sainte, la digestion est sainte. Qu'est-ce qui n'est pas saint? quelle union n'est pas une communion? quel abandon de soi-même n'est pas un sacrifice sublime, ou mieux, un sentiment maternel? Il est entendu que nos passions, nos besoins, nos organes, tout ce qui entre dans notre personne est saint. C'est très-bien; mais il faut que les mots aient un peu changé de sens, car celui-là signifiait jusqu'ici la domination sur ces mêmes organes, sur ces mêmes besoins, sur ces mêmes passions, l'effort contre soi-même, l'effort vainqueur ; et pour qu'on applique les mêmes mots à des choses si contraires, il faut absolument qu'il y ait eu une révolution dans les mots ou une révolution dans les choses. Or il me semble qu'il y a encore quelque différence entre celui qui dîne bien et celui qui donne son dîner aux pauvres, entre celui qui jouit de tous les plaisirs et celui qui les sacrifie pour servir la vérité ou servir ses semblables ; et je ne vois pas que dans ce pays, où il y a eu tant de changements, on ait encore changé cela.

Je ne fais pas de morale, mais je demande que ces auteurs n'en fassent pas. Il y a des détails de notre existence qui se passent derrière la scène ; je demande, par pure convenance, qu'ils les laissent là, qu'ils ne retournent pas cette arrière-scène de la vie et ne la donnent pas pour le spectacle. Il y a des séductions naturelles : qu'elles restent séductions ; il y a des entraînements terribles : que ces entraînements restent entraînements, et qu'on les regarde passer comme on regarde passer la tempête. Il y a dans la mollesse de notre printemps, dans la violence de nos orages d'été une poésie qui nous captive et nous empêche de songer à la vertu ou au vice ; mais, de grâce, restons-en là ; que des moralistes maladroits ne viennent pas me dire : Cette Françoise de Rimini emportée par le tourbillon, cette ombre de Didon qui se réfugie dans l'épaisseur des bois, cette Phèdre égarée, c'est la vertu ; ils font tomber mon imagination, rompent le charme et réveillent la raison, qui les démentira ; surtout qu'ils ne prennent pas des créatures vulgaires, des liaisons vulgaires, et qu'ils n'y mettent pas la vertu et la poésie, qui n'ont rien à voir là ni partout où l'âme n'est pas.

Ces auteurs nous font, à nous autres critiques, une position désagréable, la situation de gendarmes dans un bal public. Nous représentons la police ; eux, ils représentent la liberté, la joie, la nature : ils n'ont pas mal choisi ; mais nous n'acceptons pas le rôle qu'ils nous donnent. Nous sommes simplement de bonnes gens qui avons le goût d'une société polie, où on ne parle pas de tout et où on ne parle de rien que délicatement, où chacun dans son costume, dans son attitude, ses gestes, son langage, se présente honnêtement, et où nul ne craint l'offense, une société qui ne gagnerait pas à échanger sa conversation contre les discours entre savants ou les propos entre garçons. La science est une bonne chose, mais l'art est une bonne chose aussi, et le choix que nous faisons tous dans nos pensées, nos sentiments, nos paroles, pour les apporter en commun, est un art relevé, qui laisserait un grand vide s'il se perdait un jour. Cette société n'est pas dans un salon ; elle est partout où on lit et partout où on échange ses impressions sur ce qu'on a pu lire : histoire, philosophie, pièces de théâtre, romans, ouvrages de toute sorte qui courent de main en main. C'est le bon temps pour la société quand on peut, sans craindre de se compromettre, lire tout et parler de tout ; c'est un moment fâcheux quand la conversation suit les audaces du livre ou que personne n'ose parler de ce que tout le monde a lu.

Voulez-vous bien connaître la nouvelle école ? demandez-lui quels sont ses secrets pour perfectionner l'humanité, pour guérir ses maladies intellectuelles et morales ; elle se découvre là avec une naïveté incomparable. Elle attend les plus heureux effets du croisement des races. Il est dommage qu'on ne la laisse pas faire : on ne s'unirait plus par un sentiment égoïste, mais pour le perfectionnement futur de la race humaine. Qui aurait le cœur de s'y refuser? Faute d'avoir été de bonne heure nourri de ces idées, je ne saurais dire la répugnance que m'inspirent les considérations sur les croisements humains, ces préoccupations de taille, de force, de poids et de volume. Je ne méprise aucun de ces avantages et je reconnais volontiers toutes les supériorités; il est bon que les gens de lettres s'habituent à ne pas trop présumer d'eux-mêmes parce qu'ils pensent ou qu'ils écrivent; aussi bien ils sont très-modestes là-dessus quand ils sont malades, et donneraient beaucoup de ce mérite pour avoir un peu de l'autre; mais enfin, si modeste qu'on soit, on a l'honneur d'être un homme, et il est dur de voir traiter l'homme comme les animaux qui figurent aux expositions. S'il y a eu (je suis content que ce ne fût pas en France) un concours d'enfants à la mamelle, cela était encore supportable : l'enfant, chez qui l'homme n'est pas encore né, n'a rien de mieux à faire que de croître; toutefois j'ose espérer que les lauréats ne vivront pas sur ce succès et ambitionneront plus tard d'autres couronnes. Pour être juste envers les partisans des croisements humains, il faut ajouter qu'ils ne se préoccupent pas uniquement du perfectionnement physique et qu'ils songent aussi aux qualités de l'esprit et du cœur. La méthode est bonne à tout, il ne s'agit que de bien l'appliquer. En unissant avec habileté des gens intelligents, on pourrait à peu près, au bout de quelques générations, garantir un génie; et si on trouvait une famille remarquable par la délicatesse des sentiments, en unissant constamment les personnes qui la composent entre plus proches et semblables, on finirait par obtenir un individu prodigieusement délicat.

En attendant que l'espèce s'améliore ainsi, il faut

subvenir aux maux particuliers. Que faire à la femme quand elle a commis la faute la plus grave? Comment la punir, la guérir et la réhabiliter? L'auteur d'un livre célèbre a inventé un châtiment hygiénique, « le châtiment de l'enfance (nullement nuisible, ordonné même comme stimulant dans les bains russes), pour lui faire croire qu'elle expie. » Avec ce remède, il n'y a plus rien d'irréparable; pourtant il vaudrait peut-être mieux encore prévenir que punir. On y a songé, vous le pensez bien. Le moyen préventif infaillible, ce sont les voyages; on dit aux maris : Votre femme s'éprend-elle d'un homme blond, faites-la voyager dans le Nord, où elle verra beaucoup d'hommes blonds; s'éprend-elle d'un homme brun, faites-la voyager dans le Midi, où elle verra beaucoup d'hommes bruns; dès que l'objet aimé ne sera plus un objet unique, elle se désenchantera et se guérira. C'est, comme on voit, la guérison par les semblables, l'homœopathie. Les lecteurs n'ont pas dû oublier ce chapitre curieux d'un livre où il y en a tant de curieux. Il nous semble maintenant que si les jeunes femmes ne visitent pas le Nord et le Midi, ce sera leur faute, et que s'il y a du mal de commis, les maris n'auront à s'en prendre qu'à eux-mêmes; il est si facile de voyager! Est-ce payer la sécurité conjugale que la payer du prix actuel d'un voyage et quelquefois du prix d'un train de plaisir? Quoique je sois peu de mon temps, je l'admire beaucoup : il est particulièrement ingénieux et résout d'emblée des difficultés qui avaient arrêté l'esprit plus lent de nos pères. Aurait-on deviné qu'il trouverait un moyen si simple de maintenir l'ordre dans les ménages? On ne sait ici ce qui étonne le plus, de l'industrie qui a créé les chemins de fer ou de la morale qui les fait servir à cet usage. Je sais bien que quelques personnes réclament encore et disent que, aussi peu que coûtent les voyages, ils coûtent pourtant un peu et ne sont pas pour les pauvres, qui sont la grande majorité du genre humain. Qu'y faire? Si les pauvres n'ont pas, pour éviter le mal, les facilités modernes, après tout il leur reste la vertu. Ils ont quelquefois de ces fortunes. Il y a, à Gênes, hors de la ville, un cimetière de grande mine : c'est, autour d'un préau, un vaste bâtiment carré, à plusieurs étages, avec des portiques et de larges escaliers. A chaque étage, sous les portiques, le long des escaliers, sont plusieurs étages de compartiments de la largeur de six pieds, formés d'une plaque de marbre, avec des inscriptions à l'italienne, témoignant à profusion les vertus du mort et la douleur des vivants; c'est en effet là, dans ces murs, que dort la classe aisée de Gênes. La piété qui va chercher les siens dans ces docks de la mort les reconnaît tantôt à hauteur d'appui, tantôt à vingt pieds de haut, étiquetés sous un numéro d'ordre; tandis que les anciens heureux du monde gèlent dans leur mur de marbre, les pauvres, dans le préau, sous la petite croix de bois, ont la terre, l'herbe, les fleurs et le soleil.

L'introduction de la médecine dans la littérature date déjà de quelques années : on nous a montré depuis quelque temps plusieurs femmes maintenues dans le devoir par une maladie de cœur. La médecine a ainsi apporté au roman ce qu'il recherche toujours, des moyens nouveaux d'intérêt; et il est certain qu'à ce point de vue l'invention était bonne : la conscience, qu'on mettait en œuvre autrefois pour refréner les passions, est ce vieux tyran de tragédie qui s'oppose au bonheur des jeunes gens aimables; elle a fait son temps; l'anévrisme la remplace avec avantage : c'est un tyran comme l'autre, mais un tyran tout neuf et si intraitable, qu'on se sent tout heureux de n'avoir affaire qu'à la conscience. Du roman la médecine s'est étendue ailleurs; à cette heure elle est maîtresse partout; puisque sa venue contente les auteurs et les lecteurs, il est sans importance qu'elle déplaise à un ou deux critiques : on ne peut pas se priver des ressources qu'elle apporte, de peur de blesser quelques esprits délicats. Après tout, je ne vois pour l'avenir aucun danger sérieux. Il est vrai que l'âme humaine n'est pas en faveur; il y a par moment de ces courants troublés dans la littérature, mais ils passent; tout au plus pourrait-on craindre pour l'amour, qui est le sujet de si étranges expériences; mais il est né robuste : il a résisté aux romances, il résistera bien à la médecine.

La médecine et la littérature, en s'associant, nous devaient une théorie de la femme; elles nous l'ont donnée. Chacune a apporté sa définition ; la médecine a dit : « La femme est une enfant et une malade; » la littérature a dit : « La femme est une religion et une harmonie; » et ces deux définitions sont chargées de vivre ensemble comme elles pourront. Vraiment, c'est la placer bien haut ou bien bas, et les femmes de nos jours doivent être fort embarrassées de savoir ce qu'elles sont; mais il se peut qu'elles n'aient ni l'une ni l'autre opinion et se réservent, à l'occasion, les bénéfices des deux. Ce qu'elles pensent d'elles-mêmes, Dieu et elles le savent et nul autre après; ce leur doit être une agréable récréation d'écouter ce qu'on dit d'elles à l'étranger ; à la lecture de certains livres, sur lesquels nous dissertons gravement, je crois voir sourire le mystérieux visage que

Léonard a fait impénétrable. Nous sommes, les femmes et nous, comme deux nations qui vivent ensemble, chacune ayant ses idées, ses sentiments, ses mœurs, ses lois et ses dieux. De ces deux nations, celle qui se livre davantage est naturellement celle qui possède la puissance extérieure et se croit sûre parce qu'elle est forte; l'autre ne se livre pas; et ce n'est point un mot d'ordre, une conspiration, c'est le consentement de l'instinct, qui murmure à toutes les oreilles le même langage; aussi, sur la pensée secrète de cette société, les plus simples du dedans en savent plus que les plus fins du dehors; la faiblesse, comme toujours, se dérobe : elle fait que la force, ne sachant pas au juste où elle frappe, se brise en portant à faux.

Comme l'idée que l'on se fait ici des femmes est composée de deux idées contradictoires bizarrement assorties, une enfant et une religion, le personnage que l'homme fait devant elles est composé de deux personnages, aussi bizarrement assortis, un dévot et un maître d'école. Je parlerai peu du dévot et de son encens : on dit que tout encens a bonne odeur pour le dieu qui le reçoit; mais j'admire comme ces adorateurs connaissent bien le cœur humain : ils professent que la femme est une religion et ils lui ôtent le mystère. Quant au maître d'école, il me déplaît singulièrement et je demande la permission de dire ce que j'en pense. Et d'abord je rapporterai l'invention à qui de droit. Balzac ne l'avait pas soupçonnée, lui qui a écrit cette page étincelante : « Qui peut gouverner une femme peut gouverner une nation. » Il existe en effet beaucoup d'analogie entre ces deux gouvernements. La politique des maris ne doit-elle pas être à peu près celle des rois? Ne les voyons-nous pas tâchant d'amuser le peuple pour lui dérober la liberté ; lui jetant des comestibles à la tête pendant une journée, pour lui faire oublier la misère d'un an ; lui prêchant de ne pas voler, tandis qu'on le dépouille; et lui disant : « Il me semble que si j'étais peuple je se-« rais vertueux ! » C'est, comme on voit, de la haute politique. Celle-ci, pas plus que l'autre, ne prévoit et n'empêche pas que les gouvernés ne se passent quelquefois la fantaisie d'une révolution ; mais au moins on traite de puissance à puissance, et c'est un grand jeu. Nos auteurs substituent à la politique la pédagogie ; au lieu d'un roi et d'un peuple, nous n'avons plus qu'un précepteur et une écolière.

Maintenant que le droit de l'inventeur est réservé, prenons la question de haut; mettons en face les deux systèmes de l'éducation de la femme par l'homme et de l'éducation de l'homme par la femme, et osons nous prononcer. On conçoit que les écrivains, selon le parti auquel ils appartiennent, tâchent de faire dominer l'un ou l'autre système ; les premiers sont plus particulièrement les libres penseurs ; les seconds les écrivains religieux. Voici, par exemple, un directeur qui écrit, peut-être le surlendemain des noces, à une jeune femme dont le mari ne pratique pas : « Attaquez-le ; » au même moment, un directeur d'hommes, il y en a, avertit le mari d'observer ces premiers temps, pour se préserver de l'influence de sa femme et essayer la sienne ; il lui écrit : « Subjuguez-la. » On n'a pas réfléchi que, s'ils attaquent tous les deux à la fois, ils pourront bien éclater de rire, et que ce qui est préférable à ces surprises, c'est la séduction de l'exemple de toute la vie. De quelque façon que le combat s'engage, nous croyons qu'il y a infiniment plus de chances d'un côté que de l'autre, du côté où on désire et où on veut avec persévérance. L'homme n'a pas l'ambition de propagande : il croit à peu de chose et il y croit peu ; sans partager les idées de la femme, il a pour ces idées une certaine condescendance et trouve qu'elles lui vont bien ; il y voit aussi une garantie pour lui-même. Au contraire, la femme croit fermement et veut répandre sa foi ; puis, quand elle aime, elle désire ardemment s'unir avec celui qu'elle aime, s'unir avec lui par l'esprit comme par le cœur, par l'âme tout entière et à jamais ; elle sent de plus que la foi chrétienne adoucit l'homme, l'apprivoise aux sentiments délicats et protège sa propre faiblesse.

Oserai-je tout dire et scandaliser quelques personnes ? Dans cette alternative du mari transformant la femme ou de la femme transformant le mari, c'est le premier parti qui m'est le plus insupportable. Créer sa femme, quelle idée ! car on veut la créer à sa ressemblance. J'admets qu'un mari en vienne à bout : si sa femme est une cire molle, il en fera une poupée ; si elle a de la force, il en fera un homme, et je ne vois pas ce qu'il aura gagné. Ici, comme en bien des choses, au lieu d'une unité artificielle, l'harmonie naturelle vaut mieux : elle prend des natures dissemblables, et, les laissant dissemblables, elle les tempère l'une par l'autre, pour les concilier. L'homme et la femme s'attirent par des qualités différentes ; tant que chacun reste soi, l'attrait subsiste : la femme reconnaît dans l'homme la raison plus forte, l'homme est séduit par l'imagination et le sentiment ; et les deux natures ne restent pas en présence à s'admirer, elles empruntent l'une à l'autre, il entre plus de raison dans l'imagination et de sentiment dans la raison, comme il faut que cela soit pour marcher ensemble; mais les systématiques ne sauraient se contenter de si peu; ils refont la création à neuf, et sont tout fiers d'avoir composé des êtres auxquels le bon Dieu n'avait pas songé. Ces habiles gens ne voient pas que dans leur système on se double, on ne s'unit pas; et vraiment ils ont tort de se donner tant de peine : la nature fait toute seule et fait bien ce qu'avec tout leur art ils ne feront point; il y a longtemps que les contraires existent dans le monde, et que, par leur opposition, ils en font la vie; s'il avait été permis aux humains d'arranger les choses, il y a longtemps que le monde serait mort. Entre les deux théories opposées qui font créer l'homme par la femme ou la femme par l'homme, je choisis donc la nature; et s'il fallait choisir entre les deux, je préférerais infiniment la première. Quel triste ouvrage entreprend ce pauvre homme qui se marie pour faire le maître d'école et joue gravement au précepteur, sèvre méthodiquement cette âme de tant de richesses de toutes sortes, en ôte l'inutile, le malheureux! en ôte l'imprévu, l'imprudent qu'il est! ôte à l'instinct son ignorance, sa spontanéité et, s'il n'est pas un sot, se prépare une éternelle fatigue quand il aura à contempler éternellement sa propre image. Et je dis trop, sa propre image; ce qui va bien à l'homme va mal à la femme : une femme créée par un homme ne sera jamais qu'un homme contrefait. Si ces théoriciens devaient faire fortune, je demanderais pour les femmes des priviléges inusités : je demanderais qu'il leur fût permis d'être excessives dans leurs sentiments, incalculables dans leurs fantaisies, même, je ne recule devant rien, un peu déraisonnables, pour nous désennuyer de notre propre perfection.

Je n'imagine pas que, si l'influence était exercée par la femme, il n'y eût jamais rien à craindre; mais une femme qui le sera véritablement, avertie par son instinct, bien loin d'amoindrir celui qu'elle aime, l'encouragera elle-même aux œuvres viriles, l'enverra elle-même aux combats, combats de toutes sortes où il doit grandir; telle a été autrefois la chevalerie, et cette chevalerie, qui n'est plus une institution, n'est pas éteinte, elle existe, elle existe partout où il y a une âme qui, possédée du désir d'ennoblir l'objet de son amour, puise dans cet amour la force contre elle-même et pousse l'homme aux fortes actions qui veulent l'absence, la privation, le travail et le sang; elle est dans la compagne de l'homme d'études, qui préfère aux plaisirs du monde la renommée de son mari; elle est dans la compagne de l'ouvrier, du commerçant, de l'industriel, celle qui ne lui demande pas la fortune, mais un nom sans tache pour ses enfants; elle était hier dans nos femmes françaises, qui se séparaient bravement de leurs maris et de leurs fils et comprimaient leurs cœurs; elle était dans les nobles femmes de Milan, qui envoyaient la jeunesse du pays à l'insurrection pour la patrie; elle est en tout pays dans la femme qui, au lieu d'assouplir les siens au despotisme, embrasse avec eux la disgrâce et l'exil; enfin, si les hommes venaient, par malheur à oublier les grands intérêts qui ont été remis à leurs mains, s'ils ne savaient plus se sacrifier pour les défendre et rapportaient aux femmes des cœurs vides de généreuses passions, j'ose croire qu'elles refuseraient ce présent, qu'elles rapprendraient à ceux qui les auraient désappris, l'honneur, l'indépendance, la liberté et leurs mâles ouvrages.

Je n'ai pas le bonheur de trouver dans nos nouveaux auteurs beaucoup d'idées qui me conviennent, et reconnais de plus en plus que je n'étais pas né pour goûter la littérature médicale ; ils ont du reste contre eux quelque chose de plus fort que des dégoûts particuliers, j'entends la nature humaine, contre laquelle personne ne peut rien. Raisonnons un peu. Si devant eux on écorchait un corps et que l'on dît : « Voilà l'homme. — Je vous demande pardon, répondraient-ils sans doute avec tout le monde ; ce n'est pas l'homme cela, c'est un écorché. » Et en effet, lorsque l'ouvrier du corps humain eut fabriqué les os, les muscles, les tendons, les vaisseaux, les nerfs et le sang, il étendit la peau dessus ; il cacha sa science, mais son art éclata dans ce voile léger et flexible qui, couvrant les brusques saillies des organes, les faisant sentir au lieu de les montrer à cru, en harmonise les lignes, et par les mille nuances qui s'y succèdent reflète tous les accidents de l'intérieur, tableau magique qui se défait et se refait sans cesse, au gré d'un souffle ; il n'y a pas de corps humain là où cela n'est pas, là où n'est pas en même temps la forme, la ligne, l'harmonie, la beauté, en un mot. Ils commettent la même erreur, ceux qui, découvrant en nous un fonds de besoins physiques, l'étalent et disent : « Voilà l'homme ; » non ce n'est pas l'homme, car on ne voit pas ici une certaine noblesse, le signe de la race, qui la met à part. Les besoins sont les racines solides que la nature a jetées dans le sol ; l'homme est là, mais caché, en germe ; il faut qu'il en sorte, et c'est la nature encore qui l'en fera sortir. De la faim naît le repas, commerce d'esprit, de gaieté et d'amitié, d'un instinct physique naît l'amour, et avec l'amour un monde de joies et de douleurs, de douceurs et d'amertumes, d'enchantements et de tourments, que la poésie s'efforce de dire et ne dira jamais ; avec l'amour naît la famille, source des grands dévouements. Ainsi nos pensées plongent dans le sang et dans la boue, mais elles fleurissent dans l'air. C'est la beauté essentielle de l'âme, sa forme, pour ainsi dire, ce qu'elle ne peut perdre sans perdre le nom d'âme, d'âme humaine, du moins, et sans retomber dans l'animal, dont il n'est pas question ici.

Ce mouvement de tout notre être, mouvement en haut vers la perfection, est tellement inné, qu'il n'y a pas un seul de nous qui ne le sente, qui ne le suive, et qui ne se tourmente pour être, paraître, se croire plus qu'il n'est, pour s'élever en réalité ou en idée au-dessus de lui-même et échapper au sentiment de son infirmité naturelle. Mettez ensemble toutes les perfections humaines : perfections physiques, beauté, force, élégance, dignité ou grâce, perfections morales, génie, talent, savoir, esprit, vertu, courage, passion, bonté ; perfections sociales, noblesse, pouvoir, savoir-vivre, autorité, grandeur d'âme ; mettez, dis-je, toutes ces perfections ensemble, et vous aurez une idée approchante de ce que la plupart des gens croient posséder. Ils ne se trompent qu'en ce qu'ils croient posséder ces choses ; du reste, ils ont raison de les regarder comme estimables, de penser qu'on est quelque chose de plus lorsqu'on les a que lorsqu'on ne les a pas ; ils montrent ainsi la nature de la raison, qui ne parvient pas à estimer ce qu'elle veut, est forcée d'approuver certaines qualités, de les donner ou de les refuser à quelqu'un, pour lui donner ou lui refuser son éloge. Il s'agit donc d'avoir ces qualités, ou, ce qui est plus commode, de paraître les avoir. Aussi voyez comme les pauvres humains se travaillent pour arriver à cette apparence, qui les trompe eux-mêmes. Lisez les auteurs de Mémoires; la plupart du temps quelle habileté à mettre leurs défauts dans l'ombre, leurs mérites en évidence, à mettre leurs succès à leur compte, leurs fautes au compte de la fortune ou des hommes : dans les plus grandes affaires, ils ont toujours tout vu, tout prévu, tout conseillé, elles ont tourné à bien quand on les a écoutés, à mal quand on s'est obstiné à ne pas les entendre; il ne tient qu'à nous de croire qu'ils sont le pivot sur lequel le monde roule; dans les récits d'aventures privées, soit que les personnages portent leur nom ou des noms d'emprunt, avec quelle adresse l'auteur arrange la scène de son drame! avec quel soin il distribue les rôles et prend le meilleur! comme il est bien son propre héros, et que vous serez insensible si vous n'êtes pas touché de tant de vertu, de tant d'amour si mal récompensés! Observez les hommes dans la société : n'est-ce pas en général la même préoccupation de son personnage, le désir de se recommander par de certains dehors et de se faire valoir par les louanges que l'on fait de soi et les critiques que l'on fait des autres? Devant le public, dans les livres et dans la société, l'homme ne se montre donc pas ce qu'il est; dans la vie privée, dès que le roman y entre, c'est pis encore. Lorsqu'un hasard, une indiscrétion ou un procès met sous nos yeux des correspondances d'amour, celles surtout d'un monde où on n'est pas habitué à écrire, avez-vous remarqué comme les grands sentiments et le beau style s'y déploient, sur quel ton on est de part et d'autre monté, et comme tout cela sent peu de simples mortels? Ce sont pourtant de simples mortels qui l'ont écrit, et d'ordinaire, quand on a la chance de les voir, il est assez amusant de mettre les lettres à côté de ceux qui les ont composées; mais souvent ils s'épargnent la peine de composer, et ils prennent des sentiments et du style confectionnés, les uns dans quelque *Parfait secrétaire*, d'autres dans les romans et les pièces en vogue, j'entends les romans et les pièces où on parle le beau langage, endimanché d'éloquence et de poésie. Nos Français, qui tous affectionnent ce qui est « bien écrit, » sont admirables en ce genre : chaque amant copie sans rire de lui-même la page convenable à l'état de son cœur, et les deux amants découpent dans le même livre les pages qui se répondent, sans rire l'un de l'autre. Je soupçonne même que plus d'une fois l'amour, au lieu d'inspirer le style, est un prétexte honnête pour placer les phrases que l'on a rencontrées dans un livre ou que l'on sent remuer en soi; que plus d'un, le cœur encore libre, copie à tout hasard les bons endroits, ou se met en verve pour composer des morceaux pareils et cherche ensuite un objet aimé à qui il les débite, car on ne peut pas garder pour soi de si belles choses. Cet objet lui est un public, peu nombreux sans doute, mais un public à lui, devant qui il a le droit de révéler ce qu'il y a en lui de passion, de talent et d'esprit, de jouer le personnage imaginaire qu'il a conçu, et qu'il ira jouer ailleurs, si l'intérêt languit. Les romanciers et les auteurs dramatiques rendent beaucoup de services : le moindre est de nous amuser, le plus grand, c'est de prêter leur éloquence à tant d'excellentes gens qui sans eux seraient réduits à s'aimer tout bonnement et à se le dire de même; c'est de fournir un rôle et un costume à cette multitude de créatures qui n'attendaient qu'eux pour être des héros.

Mais laissons ces ambitions plaisantes et venons au sérieux. Chacun de nous porte en lui-même un homme idéal qu'il s'efforce d'imiter. Comme les acteurs, quand ils jouent un personnage, se le représentent en idée, règlent sur cette vue leur voix, leurs gestes, leurs mouvements, entrent dans ses sentiments et pour ainsi dire dans son âme, ainsi nous tous, sur la scène du monde, quel que soit notre rôle, rois ou vulgaire, héros ou figurants, nous jouons un personnage, qui est l'homme, et nous ne le jouons pas sans l'avoir conçu intérieurement comme un modèle qu'il nous reste à copier. Le modèle est différent pour les différents individus : selon que l'on est plus ou moins bien né, on l'imagine plus ou moins beau ; on l'imagine aussi sous des traits divers, selon les temps, les pays, les emplois, et ce que l'on prend pour l'idéal n'est souvent que le type imparfait d'un peuple ou d'une époque, ou d'une profession, l'exagération à la fois de ses qualités et de ses défauts; mais quelques-uns, favorisés du ciel, ont l'heureux don de concevoir l'homme pur, l'homme vrai, qui n'a pas nos misères. Voilà la vision qui nous obsède. Elle se tient près du savant, près de l'artiste, près de l'homme d'État dans leurs longues veilles ; le voyageur et le missionnaire la suivent à travers les terres, à travers les mers, et nous tous, obscurs ouvriers, elle nous tient debout à la tâche, nous menace ou nous encourage; rayonnante dans une âme sereine, sombre dans une âme troublée, elle est toujours là, et, dans les moments où la passion nous emporte, nous la couvrons, nous nous détournons, nous fermons les yeux pour ne pas la voir. Être un homme, nous le voulons, nous le pouvons, nous le sommes rarement ; mais, quand nous le sommes, il y a là un effort qui rachète bien des faiblesses, et un tel contentement que la vie avec ses tristesses infinies ne paraît pas trop chère à ce prix. Otez donc à l'humanité cette vision qui la soutient, ôtez ce grand fantôme, et elle s'abat. Ils font cela, qu'ils le sachent bien, ceux qui, sous prétexte de science, ramènent l'homme aux organes du corps, son existence à l'existence du corps et ne lui donnent une âme qu'autant qu'il en faut pour servir le corps. Qu'ils sachent bien, ces esprits positifs, si amis du réel, que cet homme où ils se complaisent n'existe pas, que cet homme est une pure chimère, que si l'homme réel mange, boit et dort, il rêve aussi, il rêve éveillé, et qu'il poursuit obstinément l'objet de ce rêve depuis l'heure où sa raison s'éveille jusqu'à la mort, à travers les apparences du monde; que les sociétés rêvent comme les individus, parce qu'elles sont composées d'êtres qui portent partout leur instinct avec eux, et qu'enfin il est faux et souverainement injuste d'appeler du nom d'homme un être qui prend ce nom et peut se passer de grandeur.

Résumons-nous. L'application de la médecine à la littérature est une invention de grand succès; mais les moralistes d'une école qui a encore quelques représentants dans le monde ne s'en accommodent point. Ils estiment l'hygiène et la médecine quand elles sont chez elles, où elles sont bien; ils veulent que l'homme pense, sente, agisse en homme, et que ceux qui le représentent le représentent sous des traits humains, avec une règle dans la raison et de nobles aspirations au cœur, tombant quelquefois bas, mais tombant de haut quand il tombe.

1860.

BÉRANGER[1].

Je commence par des remercîments mêlés de reproches à M. Boiteau. On doit le remercier du zèle qu'il a mis à recueillir ces lettres, à les rapporter autant que possible à leur date et à les éclaircir par des notes; cette passion pour un homme tel que Béranger est des plus honorables; mais, il faut tout dire, elle l'a emporté et lui a fait commettre des fautes qu'on ne manquera pas de voir. On le blâmera d'abord d'avoir donné infiniment trop de lettres, une multitude, par exemple, relatives à des démarches pour rendre service. M. Boiteau aura entendu accuser Béranger d'égoïsme et il a voulu le justifier; il l'a justifié, mais beaucoup trop : les pièces à l'appui sont si volumineuses que l'attention du juge s'épuise et arrive fatiguée aux lettres qui font la véritable valeur du recueil et donnent de l'esprit de Béranger une haute idée. Les hommes estiment en général les choses par une première vue; on ne doit pas leur supposer la constance d'un critique sincère qui veut se rendre compte et ne se laisse rebuter par rien pour arriver là. Béranger, qui les connaissait bien, aurait hardiment supprimé l'inutile. Outre les lettres indifférentes, il y avait aussi à retrancher des lettres

---

1. *Correspondance de Béranger*, recueillie par Paul Boiteau. 4 vol. in-8° Perrotin. — *Chansons et Biographie*.

dont la publication est indiscrète, parce qu'elles renferment des révélations regrettables sur la vie privée de quelques hommes encore vivants et des critiques bien fortes de leur talent ou de leur caractère. On imprime tous les menus billets et tous les menus propos d'un homme ; certainement il n'aurait pas dit ce qu'il a dit ni écrit ce qu'il a écrit s'il avait pu prévoir qu'on l'imprimerait un jour, et que ces confidences tomberaient sous les yeux de ceux qui en font les frais. D'ailleurs le sens de ces critiques transplantées hors des circonstances où elles ont été faites change singulièrement. Les hommes célèbres, toutes les fois qu'ils ouvrent la bouche, n'ont pas la prétention que le monde les écoute parler : quelquefois ils causent comme nous avec leurs amis, ils jugent par humeur, le savent et se jouent ; imprimez leurs paroles, et surtout après leur mort, ce qu'elles renferment d'humeur et de jeu s'efface, elles semblent des oracles à l'adresse de la postérité. Béranger, sans doute très-malin, mais aussi très-bienveillant et équitable, retrancherait, je crois, terriblement de choses dans ce qu'on a publié de lui pour lui rendre honneur.

L'opinion, depuis quelques années, paraît être assez sévère pour lui. Il y a, de cette sévérité, des causes que je toucherai plus tard ; mais j'en dirai une qui étonnera beaucoup plusieurs amis de Béranger, c'est leur zèle : ils sont trop intolérants, trop durs pour tous les écrivains qui n'aiment pas Béranger ou qui ne l'aiment pas autant qu'eux ; ils auraient cherché à lui faire des ennemis qu'ils n'auraient pas mieux fait. Ils ont voulu le maintenir au point où la popularité l'avait porté dans le combat contre la Restauration ; mais, tandis que les héros antiques étaient hommes pendant leur vie et dieux après leur mort, nos héros modernes sont des dieux pendant leur vie, et après leur mort des hommes comme nous : la justice les réduit aux proportions mortelles ; heureux s'ils restent des hommes supérieurs. Le tort de ceux qui se passionnent trop pour un livre, c'est d'y voir le monde tout entier : il ne dépend pas de quelques partisans trop ardents de notre poète que ses chansons ne contiennent une théologie, une morale, une politique, un code, une poétique, une rhétorique, en un mot qu'elles ne soient une révélation ; la critique a pris peur et a défendu son indépendance : pour combattre la religion, elle a attaqué la Divinité. Il n'y a rien de plus naturel ; seulement, ce qui n'est pas juste, c'est que Béranger souffre de l'excès de quelques amis, car il a lutté toute sa vie contre leur admiration, pensant modestement de lui-même et voulant qu'autour de lui on en parlât ainsi. Bien des préventions tomberont quand on le connaîtra tel qu'il était, tel que la correspondance le montre.

Cette correspondance prouve surabondamment ce que Béranger dit de lui-même : « Je ne suis pas un bon homme, je suis un homme bon. » En effet, il n'avait pas la naïveté d'un bon homme, mais il avait une grande bonté. Son temps, ses conseils, sa bourse, son influence, il ne ménageait rien, il sacrifiait tous ses goûts à la nécessité de servir ceux qui se recommandaient à lui ; en prison, il se trouvait bien ; mais la vue des misères qui l'entouraient lui rendait la prison odieuse, et il intervenait auprès du directeur pour les soulager ; sa charité était simple et discrète ; les solliciteurs, avec leur âpreté irritante, ne le rebutaient point, et, non content de ces obligations très-rudes, il prévenait les désirs de ceux qui l'entouraient, n'avait pas de tranquillité qu'il ne les eût bien établis.

Par une charité particulière, il accueillait avec une bienveillance infatigable les jeunes littérateurs à leurs débuts, empêchait l'auteur de *la Marseillaise* de mourir de faim ou de se tuer, assurait le repos de sa vieillesse, pardonnait à Barthélemy repentant de violentes attaques, et le forçait d'oublier ses torts, enfin, consolait de pauvres grands hommes aigris ou désolés, comme Lamennais ou Chateaubriand.

Il avait dans l'humeur une extrême indépendance, il en eut même les faiblesses : il se déroba à la conscription ; à la naissance d'un fils, que la mère abandonna, il entra dans une véritable terreur de voir sa liberté perdue, et, s'il remplit quarante ans tous les devoirs de père, il eut peur d'en prendre le titre; associé à une femme de mérite, il n'accepta pas la nécessité de lui donner son nom. Heureusement cette même indépendance le conseilla mieux dans la plus grande partie de sa carrière : il se suffit de bonne heure par son travail; pressé de bien des côtés, n'entra dans aucune société chantante ; préféra à une place plus belle dans les bureaux d'un ministère une place plus humble, qui lui laissait plus de loisir ; ne fit partie d'aucun corps, d'aucun comité, d'aucun journal, combattit seul, par ses chansons, les imprima à son heure, non à l'heure des autres, défendit sa maison des curieux, des empressés, des indiscrets qui vous envahissent, se transporta de pays en pays pour les dérouter, et fut maître de sa mort comme il l'avait été de sa vie ; sa crainte constante fut de s'engager, de s'enrégimenter; son ambition, son idée fixe fut d'être à soi-même. Sachant bien que qui appartient au public ne s'appartient plus, et distinguant en sa personne l'homme et l'auteur, il aurait voulu que le public ne s'attribuât de

droits que sur l'auteur et laissât à l'homme sa liberté ; il refusait d'être asservi à sa réputation, il désirait que l'on ne connût de lui que ses chansons, et enviait aux écrivains du dix-septième siècle l'obscurité de leur vie privée. Mis en évidence par la lutte et la victoire, il fut impatient de rentrer dans l'ombre ; il écrivait quelques jours après la révolution de juillet :
« ..... J'espère qu'on me laissera tranquille dans mon coin. Tout cela me fera passer pour un fou ou pour un sot ; mais je m'en moque. D'ailleurs, dans huit jours, personne ne pensera plus à moi, et, comme mon rôle est terminé par l'effet même du triomphe des idées que j'ai défendues et proclamées à mes risques pendant quinze ans, je retomberai bientôt dans l'obscurité que j'ai si souvent regrettée depuis que j'ai de la réputation. J'ai vu sur-le-champ qu'en détrônant Charles X on me détrônait. C'est vrai à la lettre ; le mérite de mes chansons disparaît aux trois quarts. Je ne suis pas homme à me désoler quand je vois tout ce que mon pays y gagne. Je donnerais ce qui me restera de renommée pour assurer son bonheur. Le patriotisme a toujours été ma passion dominante, et l'âge ne l'a point affaiblie. » (19 et 29 août 1830.)

Il était né rêveur et apportait déjà cette disposition au milieu de ses camarades d'enfance. Il lui faut la solitude, la promenade, la campagne ; il avoue même que chez lui il y a de l'ours : quand on veut forcer sa tanière, il s'épouvante, il pousse des hurlements ; il abhorre de faire des visites, il voudrait ne recevoir que celles qui lui plaisent ; mais comment faire ? Ses anilues avec les puissants, à partir de la révolution de 1830, poussent chez lui les solliciteurs : ce sont là « ses lapins et ses poules ; » on l'accable de lettres ;

il faut répondre, il faut faire des démarches, adieu la liberté : « Je travaille enfin et me tiens renfermé le plus et le mieux que je puis, car dès que je revois le monde, toutes mes idées s'envolent et ma musette se désenfle, et puis il faut huit jours pour la remplir de vent ou de poésie, comme vous jugerez à propos de dire. » (9 décembre 1830.) Le désert l'appelle à lui. Possédant ses idées quand il est seul ou avec quelques amis, dès que se fait la foule il s'effarouche, il perd l'esprit. Lisez la jolie lettre à M. Lebrun (21 janvier 1835), dans laquelle il expose les raisons qui l'empêchent de se présenter à l'Académie : l'horreur qu'il a de montrer sa personne en public, avec la nécessité des visites officielles et de la présentation au roi. « Mais vous avez bien été avec grande foule devant les tribunaux, me direz-vous. — Parbleu! comment s'y refuser? ils s'y prenaient avec tant de grâce. Mais me voyez-vous en habit brodé, l'épée au côté, allant au château? » Là encore un discours : « Sire, je suis votre très-humble serviteur. — Ah! vous voilà donc, vous, qui n'avez pas voulu venir me visiter! — Je suis votre serviteur, Sire. — Allez, et n'y revenez plus. » Son amour de la solitude croît tellement avec l'âge, qu'il le regarde comme une maladie : il éprouve une lassitude du monde, une lassitude insurmontable, après avoir fait durement, comme il le dit, le métier d'homme pendant quarante ans.

Il est modeste et se défend sans cesse contre l'exagération de ses admirateurs : « Je suis un bon petit poète, habile ouvrier, travailleur consciencieux, à qui de vieux airs et le coin où je me suis confiné ont porté bonheur. » (4 octobre 1831.) Quand on le traite de génie, comme on traite Lamartine, il refuse, marque les rangs, et, en avouant que plusieurs critiques l'ont baptisé de ce nom, il assure que la popularité a plus fait pour cela que son mérite personnel; il se compare, lui et d'autres, à de pauvres soleils de trois sous, qui brillent une minute, grâce à quelques grains de poudre, et sont aussitôt foulés aux pieds par les passants; on l'a appelé illustre, il se moque de ce mot, et demande si dernièrement on n'a pas imprimé *l'illustre madame Saqui;* ailleurs, il se confesse de ses ambitions de jeunesse et note spirituellement le point où il est arrivé : « Dans mon orgueil de jeune homme, je voulais être le premier dans mon genre, fût-ce l'énigme ou la charade! Aussi n'ai-je pas été beaucoup plus haut. » Lorsque, en 1850, M. Sainte-Beuve publie l'article où il « dégageait toutes les tendresses, » Béranger subit bravement cette épreuve, en dépit des colères qui sont excitées autour de lui et se montre reconnaissant de ce que le critique lui a laissé. Dans ce sentiment de défiance de lui-même, qui allait parfois jusqu'au découragement, il résout de bonne heure de ne plus publier de chansons de son vivant, pour ne pas les voir « justement attaquées par une critique impartiale et de plus éclairée. »

Épris de popularité pendant la lutte, quand cette popularité est « un besoin de son talent, » une force nécessaire au triomphe de son parti, le triomphe remporté, il comprend que d'autres temps sont venus pour lui et tâche de s'habituer à moins de lumière. Si une fois il a un retour vers le passé et que l'événement lui donne une leçon, il a le mérite de l'accepter et d'en faire son profit. En voici un curieux exemple. Il arrive, en 1835, à Fontainebleau, avec la terreur d'une sérénade et d'un banquet; il meurt de peur et se tient caché, mais personne ne bouge; ce qu'il apprend du caractère des habitants le rassure, et incessamment il osera montrer « le bout de son nez, tout gros qu'il est, » sans redouter de produire la moindre sensation. Quel effet lui fera cette découverte? On le devine à cette réflexion : « Les hommes ne sont-ils pas bien singuliers! Ils se trémoussent tant et plus pour avoir de la réputation; leur arrive-t-elle, ils la regardent comme un fardeau; qu'ils lui survivent, ils la regretteront. Moi-même un jour je donnerai peut-être bien des soupirs à mon renom, dont le bruit ira s'éteignant, comme tant de renoms que j'ai vus mourir du vivant de ceux qui en avaient joui. » Quelques jours après, il se confessait à une amie avec une modestie touchante : « Ah! ma chère, d'après le silence dont mon arrivée ici a été saluée, silence qui serait un désappointement pour tant d'autres, vous pouvez juger comment on nourrit dans de petits cercles l'orgueil des hommes qui marquent plus ou moins. C'est parce qu'on se laisse aller à toutes les flatteries de bonne foi de ceux qui vous entourent qu'on est toujours disposé à se croire plus qu'on n'est, à se supposer une valeur qu'on n'a pas. Il n'y a que la peur des ovations qui me révèle que, malgré tout mon bon sens, je suis, comme beaucoup de ceux dont je me moque, atteint de cette vanité ridicule qui vous fait penser que le monde entier a les yeux sur vous. » Forcé un jour d'aller à l'enterrement d'un ami, on voulut lui faire une de ces ovations dont il parle; il y échappa violemment.

Tel est le caractère de Béranger, qui paraît dans la correspondance; elle montre aussi clairement son esprit et ses idées. Il a un esprit essentiellement pratique. Peu confiant dans la science spéculative, il salue la science appliquée; dans sa solitude, on le voit préoccupé de composer des ouvrages de morale populaire; il reproche à l'école romantique de rendre l'art égoïste en lui refusant un but d'utilité générale; il veut l'art, comme la vie, employé au bien. Il est plein de sens. Devant la multitude des choses, souvent bien étonnantes, qui passent sous ses yeux, dans une si longue vie, il se possède, il juge, il garde, à distance des extrêmes, le milieu où la raison se tient, disposé à se tromper par ce qu'il désire et espère pour le bien de l'humanité, ramené au vrai par l'expérience de l'homme et du monde, se préservant ainsi des illusions auxquelles les partis sont si faciles, approuvant dans les doctrines socialistes leur entreprise contre le mal, mais repoussant l'utopie, appelant Fourier, par exemple, un génie égaré par l'arithmétique, et qui a méprisé les puissances morales.

On n'imagine pas combien cette intelligence pratique et sensée est en même temps une intelligence ouverte. Admirateur passionné de nos grands écrivains du seizième et du dix-septième siècle, particulièrement de la Fontaine et de Molière, il devine le mérite de l'antiquité grecque et latine, la grecque surtout, pour laquelle il se sentait un attrait invincible, et qu'il ne se consolait pas de ne pas connaître dans sa langue. Empruntant une heureuse expression, il déclare que ce n'est pas lui qui aurait deviné la littérature facile. Ce classique si convaincu n'a pas peur des nouveautés, et, parmi les nouveautés, il ne choisit pas mal : il est transporté par le *Génie du Christianisme*, il admire la poésie lyrique de Victor Hugo, il ressent la plus vive sympathie pour Alfred de Musset; il distingue dans le romantisme les excès commis et les services rendus; enfin, passant par delà les écoles et l'art lui-même, il se prend d'amour pour l'Évangile : « Si vous saviez ce que je fais en ce moment, écrit-il à un ami, vous seriez bien surpris : je relis les *Actes des Apôtres*, les *Épîtres de saint Paul* et les *Évangélistes*. Mon cher ami, comme tous ces gens-là écrivaient! Combien ils savaient dire de choses en peu de mots! Et que d'éloquence dans leur simplicité! » (18 mai 1836.) Il lit la *Vie des Saints*, dans un vieil exemplaire que sa grand'mère lui a donné, et va droit à la moelle du livre, la conscience fortifiée contre la fortune et la puissance. Il écrit à M. Trélat, un caractère opiniâtre, que cette lettre devait toucher : « Savez-vous ce que c'était que ce brave saint (Jules), parpaillot ? Un digne vétéran à qui un proconsul et des sénateurs disaient : « Sacrifiez à nos « dieux, brûlez un peu d'encens; on vous pardonnera, « on fera même votre fortune. » Mais le digne soldat de la bonne cause répondait : « Je ne puis obéir à « des ordres contraires à la foi que je professe, je ne « puis encenser ce que repousse ma croyance. » Qu'en dites-vous, monsieur le martyr ? » (26 avril 1836.) La correspondance abonde en professions de foi religieuses, du ton le plus sérieux, le plus pénétré, et nous jette loin du dieu des bonnes gens.

Le dieu des bonnes gens était opposé, dans l'idée de Béranger, au dieu des mauvaises gens; c'était un dieu populaire opposé au dieu royaliste, un dieu de combat; en outre, la chanson où il figure fut la première où Béranger essaya de hausser le ton et d'introduire dans ses couplets mieux que l'amour, le vin et la politique du jour; il attendit avec une vive inquiétude le succès de cette expérience, et fut délivré d'un grand poids quand il la vit réussir. Pour être juste envers cette pièce, il nous suffit de la rapporter à sa date : il y avait quelque habileté à mettre Dieu dans l'opposition; d'ailleurs, incommode aux ennemis, c'était pour les amis un dieu discret et point gênant; mais on ne peut guère attendre de nous une autre justice que celle-là, et, si on essayait de faire d'un dieu de circonstance le dieu éternel, nous résisterions : nous avons beau n'avoir aucune prétention aristocratique, ni métaphysique, ni mystique, cet être qui se révèle par le plaisir et qui ouvre son ciel en même temps aux sœurs de charité et aux filles de joie, ne nous contente pas; il faut, j'en suis fier, quelque chose de plus pour remplir l'esprit et le cœur de l'homme. Ceux qui le défendent essayent en vain de nous faire croire que les Français de tous les temps ne demandent rien de plus. Voltaire et Rousseau étaient bien des Français; le *Vicaire savoyard* et *Jenny* sont bien des œuvres françaises, mais leur dieu est celui de la conscience : il ne se révèle pas par le plaisir, il apparaît dans l'homme qui accomplit un sacrifice pour l'encourager et le consoler. La religion française, chez les philosophes ou chez les croyants, est pratique, associée à la vie, mais elle n'est pas médiocre, la timidité de notre dogmatisme est à la fois sensée et respectueuse. Au fond, la pensée religieuse de Béranger est de cet ordre-là : elle s'abaisse pour entrer dans la chanson et se fait petite pour s'excuser; mais partout, dans la correspondance, elle est sérieuse comme il convient. Ce n'est pas un esprit frivole qui a écrit ceci : « Je me suis toujours élevé vers Dieu autant que mes ailes fangeuses me l'ont permis, mais toujours les yeux fermés, me contentant de dire : « Oh! oh! » comme la bonne femme de Fénelon. Croiriez-vous que je frémis presque lorsque je vois qu'on analyse la substance créatrice? Je tremble quand je vois disséquer Dieu, si respectueux que soit l'opérateur. C'est que, moi, je crois comme les petits enfants, ce qui semble ne m'aller guère. J'en ai connu un qui avait un Jésus en cire ; sa bonne, en touchant à la statuette, la brisa. L'enfant se mit à pleurer en disant : « Je n'ai plus de bon « Dieu, je vais mourir. » Bien que je sache que mon Dieu ne finira pas en poussière sous les yeux d'un puissant génie, toujours est-il que je suis tenté de crier au génie : « Croyez et fermez les yeux ! » (18 décembre 1840.)

C'est, comme on voit, la religion réduite, en fait de dogmes, au plus simple ; et Béranger est ici dans toute une tradition d'esprits français qui ont peur du dogmatisme. Ce que ces esprits, disons mieux, ce que ce pays a le mieux saisi dans l'Évangile, c'est l'égalité devant Dieu, le respect des petits et la compassion pour ceux qui souffrent, en un mot, la justice et la fraternité ; nos philosophes les plus hostiles aux religions positives, au lieu d'abandonner ces principes, les dressent contre elles, leur reprochant de les avoir méconnus dans leur constitution ou dans leurs alliances avec les pouvoirs établis. Voltaire combat en leur nom ; même dans sa préoccupation, ils lui sont la religion entière, et volontiers il appellerait Dieu comme il appelait une majesté terrestre : « Votre Humanité. » Je me réserve d'exposer plus tard les idées politiques de Béranger ; mais je pense qu'on a déjà reconnu dans cet esprit positif, raisonnable et si ouvert, un esprit vraiment français ; pour moi, je n'en trouve jamais un de cette sorte sans un vif plaisir et sans éprouver quelque chose comme celui qui rentre dans son pays.

Maintenant que nous connaissons la nature de Béranger, résumons sa vie, où tout s'éclaircit. Abandonné tout jeune à lui-même, subsistant de son travail, content de la destinée, qui lui a donné de bons amis et la passion des vers, il se présente, un poëme à la main, à Lucien Bonaparte, dont le caractère indépendant l'attire; gratifié par Lucien de son traitement de l'Institut, il le touche quelques années, et, lorsque le beau-père de son bienfaiteur se trouve dans l'embarras, le lui abandonne; employé dans les bureaux du ministère de l'instruction publique, y chansonnant le gouvernement qui le paye, il conçoit l'équivoque de sa position, et écrit respectueusement à M. Royer-Collard, puis à M. Cuvier, son successeur, s'inclinant par avance devant la destitution qui pourra le frapper; peu porté par sa complexion et ses goûts au métier de soldat, même en 1800 conscrit réfractaire, en 1814 il demande un fusil, combat avec une arme plus redoutable, avec ses chansons, et, la victoire gagnée, n'accepte ni honneurs ni emplois, s'enferme dans la retraite, politique consultant.

A voir comme on reproche à Béranger de n'avoir voulu aucune position officielle ni même aucune distinction, on dirait que son exemple est dangereux, et qu'il va y avoir une émulation fatale chez les Français pour ne rien demander et pour refuser tout ce qu'on leur offrira. Par bonheur, nous ne voyons pas que depuis 1830 et 1848, où Béranger a pu être quelque chose et n'y a pas consenti, nous ne voyons pas, dis-je, que les hommes aient fait défaut aux places : on a trouvé des préfets, des députés, des sénateurs, des ministres; le gouvernement n'a pas manqué de bras. Si donc il a plu à Béranger de rester simple particulier, il en était maître et n'avait à en répondre qu'à lui-même; il pouvait avoir d'excellentes raisons : aimer la solitude, être effarouché par la foule, être incapable de parler et de penser devant beaucoup de monde, se sentir incapable de s'enrégimenter dans aucun parti, et comprendre qu'un homme isolé ne fait rien, prévoir qu'après le premier hommage rendu, on le traiterait comme on traite les poëtes dans les assemblées d'affaires, et qu'on lui dirait : « Bonhomme, retournez à vos chansons ; » s'éloigner de la mêlée pour mieux juger et garder sa raison intacte, concevoir les obligations particulières d'un républicain qui a fait un roi, et se proposer de montrer au peuple, toujours soupçonneux, qu'on pouvait travailler pour lui sans ambition personnelle. Autant de fortes raisons, mais la plus faible est recevable : la migraine suffit. Toujours est-il que cette conduite de Béranger, qui ne réussit pas maintenant auprès de quelques juges, a eu de son temps un bon effet : pendant plus de quarante années il a représenté, dans la cause libérale, la constance et le désintéressement; si j'ose parler ainsi, et sans de vaines antithèses, que je n'aime pas, la vie publique de Béranger a été de n'être rien : ça été sa figure et son empreinte.

Béranger a composé sa vie ; quel mal y a-t-il à cela? Je m'étonne toujours d'entendre reprocher à des hommes de soigner leur réputation, quand je considère ce que ce pays fait des réputations qu'on lui sacrifie. S'il nous est permis de mettre dans toutes nos œuvres, jusque dans une lettre à un ami, une certaine convenance, on ne voit pas pourquoi il serait défendu de la mettre dans notre vie, qui est une œuvre aussi, et difficile. Il n'y a d'interdit que le mensonge ; or, en suivant la vie de Béranger dans l'histoire du temps et dans la correspondance, elle ne me semble pas mentir : sa conduite publique n'est que le relief de son caractère ; s'il a choisi un rôle, il a choisi celui qui était dans sa nature. Il y a bien peu de personnes, surtout de celles qui sont en vue, qui ne jouent pas un rôle; il est difficile de ne pas se composer un peu quand on a les yeux sur vous ; c'est la chose du monde la plus charmante et la plus rare que la parfaite simplicité; mais, d'un autre côté, il est bien dur d'appeler comédiens et ceux qui font le personnage d'un autre et ceux qui font leur propre personnage ; on ne serait pas dupe, on serait seulement indulgent et équitable, si on disait de beaucoup d'entre nous ce que Mme du Deffand disait d'une femme de ses amies : « Elle joue ce qu'elle est. »

Jusqu'ici, j'ai désiré faire connaître l'homme dans Béranger; je voudrais apprécier son talent, et d'abord le talent du poëte, qui a été plus en évidence et plus contesté aussi que le talent de prosateur. Je demande la permission de suivre ici l'ordre qui me semble bon, de ne pas juger la valeur du chansonnier avant d'avoir jugé la valeur du genre de la chanson, auquel il doit sa gloire.

Pour déclarer ce que je pense de la chanson, j'avouerai qu'elle me semble, en littérature, un genre inférieur. On ne cherche pas, en la chantant, une émotion artistique : quand on est rassemblé, on chante comme on danse; c'est une joie à plusieurs, la joie de se sentir montés au même ton; dans un repas familier, la chanson achève ce que la conversation a commencé. Il peut y avoir de l'art dans la chose chantée, il peut y avoir de l'harmonie et de la poésie ; mais elles suscitent une autre harmonie, une autre poésie, plus fortes qu'elles, l'union des cœurs des hommes. Ceux à qui la chanson a donné ce plaisir ne songent guère à la critiquer, et ils ont raison ; leur tort est de vouloir la faire lire et admirer comme œuvre littéraire par des critiques à jeun ou qui ont dîné seuls. Le plus grand mal qui puisse lui arriver est d'être lue, et lue de mauvaise humeur quelquefois, au lieu d'être chantée en chœur ; car elle est un mariage entre la musique et la poésie, je dis mariage le plus étroit, sans divorce. Dans l'opéra, la poésie ne fait qu'introduire la musique : aussi on ne l'écoute guère ou on ne l'entend pas, et on se contente d'avoir une idée générale de la situation ; même, comme chacun sait, dans l'opéra italien, la musique est souvent indépendante des situations et se permet des inconséquences que ses charmes lui font pardonner ; d'ailleurs, la plupart des airs d'opéras sont enlevés de la pièce et vont tout seuls, au caprice des pianos, des violons et des orgues de barbarie, tant il est vrai qu'ils vivent d'eux-mêmes et peuvent se détacher des paroles sans mourir. Dans les romances, c'est peut-être le contraire : nous faisons attention au tour de la pensée, à sa délicatesse ; la musique est au service de la poésie, tâchant d'en exprimer toutes les intentions, toutes les nuances, de s'y fondre entièrement, si bien qu'elle ne peut plus guère vivre sans elle, tandis que la poésie sans la musique peut encore assez souvent subsister. On comprend comment il se fait que d'ordinaire, dans l'opéra et la romance, le musicien et le poète sont deux personnages ; il suffit qu'ils se rencontrent.

La chanson n'est ni une romance ni un opéra : ici l'air et les paroles font corps. Tantôt l'air et les paroles naissent en même temps ; tantôt, à défaut du génie musical, les chansonniers prennent un air tout fait : c'est le moule ; l'idée le remplira. Cet air, c'est l'idée même qui l'a choisi, par instinct, selon son humeur et son allure ; aussi on sent que poésie et musique sont un tout naturel : les paroles font parler l'air et l'air emporte les paroles. Manque-t-il d'un air précis ? le chansonnier compose, sans le savoir, sur un rhythme secret ; vienne un musicien intelligent, il sentira ce rhythme au fond de la poésie et l'en fera sortir. La chanson naît en chantant. On aurait honte de dire de telles naïvetés si les hommes n'étaient toujours disposés à voir de l'artifice là où il n'y a que l'opération de la nature.

En reconnaissant que la chanson doit être chantée pour paraître ce qu'elle est, je reconnais que, si on la chante, elle risque de paraître plus qu'elle n'est en effet. L'oreille est saisie, on n'y regarde pas de près, ni au sens ni au style ; le fort et le faible passent ensemble. On se tromperait, je crois, en pensant que Béranger ne saurait être un auteur populaire, parce qu'il est souvent obscur : cela serait vrai d'un prosateur et d'un poëte ; d'un chansonnier, c'est différent.

Outre le chant, la chanson a le refrain, qui lui impose sa limite. Comparer la chanson à une ode, c'est ne pas connaître la chanson, qui n'a de l'ode ni le vol ni le souffle. Béranger savait cela quand il appelait sa lyre une vielle et sa muse une musette. L'ode habite les grands espaces déserts, les nuages, les pics et les forêts ; la chanson court les rues, elle respire les idées et les sentiments qui sont dans l'air, pensées légères, plaisirs du vin, de l'amour et de l'amitié, et aussi les railleries, les murmures et les colères. La chanson va donc terre à terre, et, quand elle quitte le sol, elle revient vite prendre pied ; elle marque ce retour par un changement de ton et principalement par le refrain. Je ne crois pas que la chanson puisse se passer de refrain. Tandis que l'ode, à chaque strophe, comme par un battement d'ailes, monte et prolonge son vol, la chanson, attachée au refrain, ne fait que voleter ; à chaque couplet elle finit ; il faut que chaque idée poétique, tout en ayant l'air de suivre son caprice, regarde ce point, se laisse dériver et y tombe; il faut aussi qu'elle y tombe avec justesse et avec grâce; si elle y manque, ce n'est pas la faute du genre, qui est cela, mais la faute du poëte. Il y a du charme dans ce retour attendu : Béranger a dit très-finement que le refrain est frère de la rime.

Il resta longtemps sans s'en affranchir, ayant observé que sans ce retour des mêmes paroles la chanson avait moins d'empire sur l'oreille et sur l'esprit des auditeurs: « Combien de peine, bon Dieu ! le refrain ne m'a-t-il pas donnée ! Combien de nuits passées à ramer pour venir rattacher à cet immobile poteau une pauvre nacelle qui n'eût pas mieux demandé que de voguer en liberté au gré de tous les vents ! » Pouvait-on dire mieux que cela ? Excepté quelques compositions d'où le refrain a entièrement disparu, et auxquelles il convient de rendre leur vrai nom de poésies légères, il l'a conservé presque partout; là où il ne répète plus le même vers, c'est un même mot qui reparaît, ou moins encore, un certain tour d'idée ou de sentiment, mais toujours quelque chose qui revient ; quand le refrain n'est pas exprimé, il est dans l'esprit, tant il est nécessaire qu'il y en ait un.

Ainsi, le refrain, en circonscrivant la poésie, lui donne la forme et l'être de la chanson; et, à ce propos, qu'on veuille bien me permettre une remarque. On fait souvent bon marché des lois particulières qui constituent chaque genre et distinguent les genres entre eux; mais ces lois ont leur raison, et, en croyant affranchir un genre, il arrive qu'on le détruit; il en est de la pensée enfermée dans ces limites comme de l'air enfermé dans la bulle de savon : grâce à cette enveloppe légère, il est quelque chose, un tout, un monde, il flotte et brille des sept couleurs; crevez l'enveloppe, il se fond dans l'espace.

Je crois donc, et je le crois avec notre poëte lui-même, que la chanson est un petit genre ; mais, comme on peut être détestable dans un grand genre, on peut être excellent dans un petit, et il s'agit de savoir ce qu'a été Béranger. D'abord, il soignait extrêmement la rime, dans un temps où on la traitait assez familièrement, et il se vante avec raison des services qu'il lui a rendus. Une autre de ses préoccupations, que l'on voit reparaître perpétuellement dans la correspondance, est la nécessité d'enfermer toute composition poétique dans un cadre, pour qu'elle présente un tableau défini et intéressant. Il est très-habile à créer ces cadres, à construire de petites scènes vivantes et parlantes qui vous captivent. S'il veut dire les souvenirs du peuple, il présente une vieille femme entourée de ses petits enfants et leur racontant qu'à cette place elle a vu Napoléon, que Napoléon lui a parlé :

>Il s'est assis là, grand'mère !
>Il s'est assis là !

Voilà le verre où il a bu ; le petit groupe s'émeut et son émotion nous gagne :

>Dieu vous bénira, grand'mère !
>Dieu vous bénira !

Il n'y a presque pas une chanson où il n'ait tenté ce que dans celle-là il a si bien fait. Pour n'être pas le grand art des tragédies, des comédies et des épopées, cet art n'est pas méprisable, et il convient que la critique lui garde son prix. Ce qui pourrait nous le recommander encore, c'est qu'il est un art français, car en France on veut absolument intéresser, et on sait bien qu'il n'y a pas moyen d'intéresser si on ne met pas dans un ouvrage une unité, une action précise, fallût-il pour cela sacrifier quelque chose de l'ampleur des conceptions et de la hauteur des pensées ou de la délicatesse des sentiments. Combien il a fallu de temps pour que la vraie poésie lyrique s'introduisît chez nous, et combien elle y est toujours suspecte! Lorsque Béranger dit:

Faute d'idée, il allait faire une ode,

il est dans le préjugé national ; il ne remarque pas ce que Lamartine a fait avant *Jocelyn* ; mais, parce que le lyrisme est ici dans un cadre, *Jocelyn* le ravit.

Béranger, comme nous l'avons dit, ayant, en général, gardé le refrain, avec le chant et le refrain la chanson est constituée ; quelle en sera l'inspiration ? Je ne parlerai pas des chansons dont on ne parle pas ; l'auteur les a jugées : « Elles ont été faites sous l'Empire. Or il est remarquable que c'est habituellement à des époques de despotisme qu'on voit naître de pareilles productions. L'esprit a un tel besoin de liberté, que, lorsqu'il en est privé, il franchit les barrières les moins bien défendues, au risque de pousser trop loin cet élan d'indépendance. Les gouvernements adroits s'en arrangent ; celui de Venise protégeait les courtisanes. » (*Biographie*.) Ajoutons que ce n'était pas son genre : chez lui l'orgie et la volupté grimacent, tandis que la gaieté libre, *Madame Grégoire*, le

Vieux Célibataire et *le Petit Homme gris* rient de bon cœur. L'œuvre véritable de Béranger, ce sont, avec des couplets comme ceux-là, ses chansons frondeuses (je mets dans ce nombre les chansons patriotiques), leurs refrains sont dans toutes les mémoires. Il sait que la chanson est naturellement de l'opposition : il met, comme il dit, des refrains à cheval sur de vieux airs, et les voilà partis en guerre. Un chansonnier, selon lui, est un tirailleur qui s'aventure ; il doit aller de l'avant ; enfant perdu, il faut qu'il se résigne à être quelquefois enfant abandonné ; bien entendu que la chanson ne convient qu'aux époques où les opinions sont clairement tranchées : « C'est au tambour social à ouvrir la marche et à marquer le pas ; la musique ne vient qu'après. » A ces époques, le peuple, quand on ne lui fait pas de chansons, les fait lui-même ; et les siennes ne sont pas toujours les plus mauvaises. On voit que Béranger se rendait parfaitement compte des temps, du but, des moyens et de sa propre puissance : il savait ce qu'il voulait et il a fait ce qu'il a voulu. Il n'a pas tout fait ; cela n'est donné à personne ; dans sa lutte contre le vieux monde, il comprenait à la fois l'ancien régime ramené par les Bourbons et tout ce que la société retient encore de préjugés et d'abus ; il a, il est vrai, refoulé l'ancien régime, mais il n'a pu que blesser la société ancienne et saluer la société future, ce qui est plus facile que de l'établir :

> Humanité, règne ; voici ton âge,
> Que nie en vain la voix des vieux échos.

A ces chansons d'opposition il convient d'ajouter quelques compositions d'une philosophie élevée, comme *les Fous*, ou d'un sentiment touchant, comme *la Bonne Vieille, les Hirondelles* et plusieurs pièces de poésie légère comme *la Sirène*, qui est un chef-d'œuvre. On aurait trouvé charmants, au siècle dernier, ces vers à une dame, *Ma Contemporaine* :

> Vous vous vantez d'avoir mon âge.
> Sachez que l'amour n'en croit rien.
> Jadis les Parques ont, je gage,
> Mêlé votre fil et le mien :
> Au hasard alors ces matrones
> Faisant deux lots de notre temps,
> J'eus les hivers et les automnes,
> Vous, les étés et les printemps.

Voici de bien jolis couplets, dans la *Saint-Napoléon*, un saint qui avait, pendant l'Empire, remplacé saint Roch, et, à la chute de l'Empire, lui rendit sa place :

> Oui, son patron, vieux défunt, peu connu,
> Au Paradis végétait sans prébende.
> De tout rayon lui voyant le front nu,
> Les saints criaient au saint de contrebande :
> D'où nous vient-il ? qui l'a canonisé ?
> Nous parierions qu'il n'est pas baptisé.
>
> Un pape intrus, disaient de bons voisins,
> L'aura tiré des carrières de Rome,
> De faux martyrs éternels magasins.
> Chassons ce gueux ! Et contre le pauvre homme
> Monsieur saint Roch court exciter son chien ;
> Tant les heureux ont le cœur peu chrétien !

Quand on juge Béranger, on devrait, ce me semble, prendre son œuvre entière, ce qui est chanson et ce qui ne l'est pas, pourvu que ce soit de la poésie ; on devrait n'appeler chanson que ce qui a un certain ton, un air et un refrain plus ou moins déclaré, renvoyant le reste, chaque chose à son genre ; les amis de Béranger cesseraient de donner ses chansons comme des odes, et les critiques cesseraient de donner ce qui n'est pas chansons comme de mauvaises chansons. Pour revenir à la renommée principale du poëte, elle peut, à notre avis, se défendre. Il est permis de ne pas aimer la chanson, et nous l'avons nous-même ramenée à son point; mais, une fois le genre admis, et admis aussi qu'il est un genre très-français, en comptant ce qui reste de Béranger, après toute critique, et comparant cela à ce qui reste des poëtes consacrés comme immortels, il me semble qu'on peut affirmer que Béranger ne périra pas tout entier; il y a mieux chez lui que la popularité toujours acquise à ceux qui servent puissamment les passions du jour; il y a un sincère amour de l'art, par lequel il survivra.

Une fois cette justice rendue, j'avouerai volontiers ce qui manque dans une multitude de chansons : il manque la clarté de l'idée, la facilité du tour, la vivacité de la couleur. Béranger travaillait beaucoup, il le dit, on le sent. Or, le travail est bon, pourvu qu'il soit dans l'achèvement, non dans l'invention, qui doit être inspirée, pourvu aussi qu'il s'efface lui-même et qu'on arrive à ne plus sentir l'effort; et il est visible ici. La conception générale est habile; mais ce que l'habileté ne donne pas et que la verve donne, l'image et le tour languissent; ce n'est pas de la large poésie, de la poésie à plein courant; le cadre est saisissant, l'idée qu'il enferme n'a pas toujours la transparence et le feu : c'est une pierre commune admirablement montée. A mesure que Béranger vieillit, le mal se prononce de plus en plus, et, dans ses dernières chansons, sauf un petit nombre, la prose règne et tristement, car il n'y a pas de bonne prose en poésie. Je trouve que parmi les poëtes, il faudrait distinguer ceux qui sont naturellement en haut et ceux qui y montent, et que Béranger est de ceux-ci : on le connaît aux défaillances ou à l'effort, tandis que les autres sont là chez eux et s'y maintiennent par un mouvement insensible. Béranger est comme Paul-Louis Courier, atteignant quelquefois l'art véritable, mais ordinairement plein d'artifice ; or l'artifice n'est pas l'art. Sans vouloir imposer à personne mes impressions personnelles, j'avoue que, pour mon compte, quand je passe des fables de la Fontaine aux chansons de Béranger, et des pamphlets de Paul-Louis Courier aux *Provinciales* de Pascal, je sens que je passe d'un monde dans un autre.

Et puisque je suis à même de dire mes impressions, j'ajouterai que les écrits de Béranger et sa vie me paraissent être à peu près du même ordre. C'est ici et là une œuvre de raison très-fine, merveilleusement composée, avec de vraiment bonnes parties, mais dans les deux il manque l'éclat : dans ses écrits l'éclat du style, la vive expression qui illumine tout un espace; dans sa vie le feu, la grande passion, qui peut bien déranger, dans un moment, l'économie des gestes et du costume, mais qui révèle l'homme, vous attendrit, vous enlève, couvre les fautes sans lesquelles personne n'est ici-bas, et protége dans l'avenir une mémoire mieux que l'uniformité dans la sagesse.

Si la nature tempérée de Béranger l'a empêché d'aller jusqu'où il faut aller en poésie, elle en a fait un prosateur excellent. Il a beau dire qu'il n'est pas fait pour écrire en prose, qu'il ne sait plus où il en est quand il n'a plus la rime, il s'en tire très-bien. Son style est étudié, mais c'est la vraie langue française, claire, simple, sensée et mesurée, la langue de Voltaire. Les préfaces des premières chansons et quelques lettres publiées par les journaux avaient déjà donné cette idée au public; la préface des dernières chansons, la Biographie et la Correspondance prouveront qu'on ne s'était pas trompé. Quand on voudra bien faire attention à cette Biographie, soit aux pages où Béranger parle de lui-même, soit au touchant récit qu'il y a inséré, on découvrira tout à coup que c'est un petit chef-d'œuvre ; mais nous n'en sommes pas là, et heureusement, car, si on était juste dès la première fois en parlant d'un auteur, on ne verrait pas ces beaux combats de critique littéraire et ces révolutions de jugements qui sont si intéressantes pour le spectateur philosophe. J'ai eu l'occasion de citer déjà bien des passages des lettres ; j'en citerai une entière, où les qualités, éparses ailleurs, sont toutes réunies ; elle est adressée à un jeune homme dont il a caché le nom et qui lui avait écrit durement. « Vous avez cent fois raison, monsieur ; mais c'est contre ceux qui me donnent de ridicules éloges et non contre moi que vous devez tourner votre colère. Si vous avez lu mes ponts-neufs et mes préfaces, vous devez voir que je n'ai jamais eu de prétentions bien ambitieuses en quoi que ce soit ; et si vous me connaissiez, et il est nécessaire de connaître un homme pour le juger, vous sauriez que depuis dix ans j'ai rompu avec le monde, qui fait et soutient les réputations. Vous sauriez que je n'ai jamais prononcé la plupart des grands noms que vous me citez sans mettre chapeau bas ; vous sauriez enfin que je suis même en garde contre l'engouement fort excusable de mes meilleurs amis, et que je leur ai souvent répété une partie des vérités que vous prenez la peine de m'adresser.

« Au reste, monsieur, ce dont vous vous plaignez est le mal du temps. Aux époques où il y a pénurie de grands hommes, le public en invente. Ceux qu'en termes de coulisses on choisit pour *bouche trous* sont souvent dupes de ces courtes bonnes fortunes, et prennent leur rôle au sérieux. Un peu de sens commun m'a préservé de cette folie. Vous voyez, monsieur, que je ne suis pas loin de penser comme vous. Aussi je n'accepte pas le rapprochement que vous faites entre vous et le paysan d'Aristide, parce qu'il vous est trop défavorable, et qu'il m'honore au delà de votre intention.

« Mais, monsieur, c'est au public et par la voie des journaux que vous deviez adresser le contenu de votre lettre, et non à *un vieux* comme moi, ainsi que vous le dites. En répandant votre opinion sur mon compte, je suis sûr que vos critiques eussent trouvé bien des échos. Leur accord eût pu calmer votre irritation, que je suis loin de blâmer, sans approuver toutefois les formes que vous lui donnez dans votre épître. Et ici, monsieur, permettez-moi de vous faire une observation sur les convenances les plus vulgaires.

« Quand on parle à un homme de mon âge, qui, au risque des persécutions, a consacré d'une manière désintéressée son peu de talent à servir une cause qu'il a crue et croit toujours la meilleure, il me semble, quelle que soit l'opinion qu'on professe, qu'il est au moins de bon goût de donner à la raison les formes d'une politesse qui ne peut qu'ajouter du poids à la vérité, en inspirant de la considération pour celui qui veut bien s'en faire l'organe.

« Mon âge, dont vous paraissez me faire un reproche, m'autorise à vous soumettre cette réflexion, en retour du service que vous voulez sans doute me rendre en dissipant les illusions dont vous supposez que je berçais ma vieillesse. » (Tome III, lettre 172.)

Pour achever sur Béranger, il me reste à apprécier son influence.

Quand on lit cette correspondance, c'est un curieux spectacle de voir les hommes les plus éminents de tout ordre, littérateurs, politiques et princes, en amitié et en coquetterie avec un chansonnier, un ancien apprenti imprimeur et qui n'était de rien. Presque tous y vinrent; pour lui, poli avec les princes, reconnaissant de leurs démarches, mais attaché surtout à sa liberté, qui risquait à se commettre en si haute compagnie, il se réservait à de moins dangereux amis; il vit frapper à sa porte ceux qu'il ne devait pas attendre, les deux premiers hommes du clergé et du parti royaliste, Lamennais et Chateaubriand.

L'amitié de Chateaubriand et de Béranger paraît étrange; elle l'est moins qu'elle ne le paraît. D'abord, ils étaient entre puissances, et une curiosité naturelle les attirait; les puissances ne se haïssent que lorsqu'elles sont de la même sphère et se gênent, comme Voltaire et Rousseau; or, tandis que le monde de Béranger était le peuple, celui de Chateaubriand était l'aristocratie. Mais je crois deviner une conformité secrète qui les rapprocha encore davantage : au fond, ni l'un ni l'autre n'était de son parti. Chateaubriand était plus avancé que les royalistes, Béranger moins avancé que les républicains; Chateaubriand avait vainement essayé de pousser les royalistes dans la voie libérale, ses illusions avaient été brisées en juillet 1830; Béranger apprenait tous les jours un peu, après 1830, ce que Chateaubriand avait appris avant : constamment mêlé à la vie des siens, constamment consulté par eux, sauf à ne pas être écouté, il voyait les erreurs, les fautes, les vices, et les jugeait sans pitié. Il est toujours facile de vivre avec ses ennemis ; mais vivre avec ses amis, voilà le difficile. Aussi lisez les *Mémoires d'outre-tombe* et la

Correspondance dont nous parlons ici; comme il se fait dans l'esprit de ces deux hommes un curieux travail! Béranger oppose la monarchie à son parti impatient d'avancer ; contre son parti rétrograde Chateaubriand évoque la république, qu'il prédit. Quant à Lamennais, il était tout seul de son parti, dans l'excès où il poussait toutes les choses; c'était un enfant, changeant de passion, mais chaque fois tout entier à sa passion du moment, n'en concevant pas d'autre, haïssant les opinions et les hommes qu'il avait adorés la veille et voulant qu'on les hait comme lui. Béranger était différent avec ces deux hommes si différents : il tempérait Lamennais et tâchait de donner à Chateaubriand un peu de la passion que son autre ami avait de trop; pénétré de cette vérité que Dieu ne nous a pas mis ici-bas pour nous, mais pour nos semblables, il tâchait d'en pénétrer aussi son malade. « Chateaubriand me disait souvent : « Je me suis toujours ennuyé. » Toujours je lui répondais : « C'est « que vous ne vous êtes pas assez occupé des au- « tres. » Sa femme, esprit fort singulier, s'écriait : « Vous avez bien raison, vous avez bien raison! » (27 mai 1849.) Il faisait mieux que de le sermonner, il le consolait, il l'égayait. La correspondance entre Béranger et ces deux hommes est vraiment noble, et leur intimité honorable, avec la première place pour celui qui mettait sa raison et son cœur à soigner ces illustres blessés. On est dur en ce moment pour tous les trois, et c'est surtout par leur propre parti que Béranger et Chateaubriand sont maltraités; ce temps-ci aime tellement la justice, qu'il n'est personne que, pour la contenter, on ne jette dans le gouffre; seulement, au lieu de nous y jeter nous-mêmes, comme Curtius, nous y jetons les nôtres. C'est un beau sacrifice, mais qu'il n'est pas nécessaire de renouveler trop souvent pour l'édification et le salut de tous; car enfin, une fois que nos grands hommes seront plus bas, le pays n'en sera pas plus haut.

Après avoir considéré l'influence de Béranger dans son cercle intime, il reste à considérer son influence politique. Elle est toute-puissante pendant seize ans, de 1814 à 1830. On a dit que la France était une monarchie absolue tempérée par des chansons; si la chanson a tempéré la monarchie absolue, elle a détruit une monarchie limitée, celle de la Restauration; le couplet volait en un instant par toute la France, était sur toutes les lèvres, et, caché sous un air populaire, narguait l'autorité; les persécutions grandissaient son importance; cité à l'audience comme pièce du procès, il était imprimé avec le procès à des milliers d'exemplaires; la chanson inspirée de la haine publique envenimait cette haine et créait une conspiration universelle. Le gouvernement succomba.

Nous ne sommes plus dans ce temps-là; il nous est plus facile de le juger et de faire la part de chacun. La Restauration a péri par sa faute, elle a péri aussi par une faute qui n'était pas la sienne, mais celle de son origine. Disons sa faute d'abord. Elle est aisée à voir dans les démarches illibérales et à contre-sens qui, une première fois, firent saluer le retour de l'Empereur, et, une dernière fois, aboutirent au coup d'État des ordonnances. Une charte est une cuirasse qui gêne, mais qui couvre aussi. Ajoutez aux torts de ce gouvernement mal résigné les torts des amis qui ne le servaient pas toujours bien : la noblesse et le clergé. Dans la noblesse, les prétentions des particuliers faisaient en mille endroits des blessures qui ne se fermaient plus, et le corps entier, par l'imprudente loi qui proposait le rétablissement du droit d'aînesse, alarmait les esprits, qui voyaient l'œuvre de 89 remise en question. Tandis que le sentiment, inné chez nous, de l'égalité était ainsi blessé, le clergé, par ses entreprises ouvertes (la plus forte fut la loi du sacrilége) et par les manœuvres des congrégations, irritait la nation, qui ne voulait pas sacrifier la liberté civile, la première liberté française, et, mal à l'aise, se débattait dans un filet à mailles invisibles. La Restauration ne fût-elle pas tombée dans les fautes où elle est tombée, elle avait un vice originel qui devait tôt ou tard lui porter malheur : elle était venue à la suite de l'étranger. En vain elle travailla avec ardeur et réussit à faire évacuer le territoire; en vain elle donna au pays quinze ans de gouvernement représentatif et l'initia à la liberté, en vain elle développa la richesse de la France et soutint son honneur devant les puissances étrangères, ses efforts se brisèrent devant une rancune implacable, une incurable défiance, qu'elle sentit et qu'imprudemment elle justifia.

Cette monarchie renversée, la nation était maîtresse d'elle-même. Béranger fut naturellement consulté sur ce qu'il y avait à faire; on s'attendait qu'il conseillerait la république : il conseilla un roi et un d'Orléans. Comment en vint-il là ?

On ne s'est pas assez méfié de ce qu'il y a de convenu dans la chanson ; ce convenu, c'est la poétique, ou, si l'on veut, la tyrannie du genre. La chanson de tous les temps doit célébrer le vin, l'amitié, l'amour. Tout cela est sa tradition, comme la tradition du poëte épique est de faire apparaître les dieux; ainsi que l'épopée, la chanson a son merveilleux, qui est le plaisir sans fin, et ce merveilleux n'est pas le moins rare. Dans l'opinion publique, les chansonniers ont toujours été des épicuriens; il ne leur eût servi de rien de dire comme le *Pauvre Diable* de Voltaire :

> D'après Chaulieu, je vantais la mollesse ;

le type était fait. Quand Béranger reçut la chanson, il la reçut comme elle était, avec son répertoire, et ajouta à ses sujets ordinaires des sujets nouveaux : le patriotisme, la pauvreté, l'indépendance, l'amour du peuple et la haine des rois; son merveilleux fut la vertu républicaine; on le prit au mot et on l'affubla, bon gré mal gré, d'un personnage qu'il n'ambitionnait point, une sorte de Brutus couronné de pampres. On devinait aussi juste en figurant un Béranger d'après les fictions de la chanson, qu'on aurait deviné juste en figurant Voltaire d'après le passage de la *Henriade,* où il évoque saint Louis. Ce poëte buveur ne supportait pas un excès de vin; ce poëte des gueux prêchait et pratiquait le travail et l'ordre; ce poëte ennemi des rois faisait un roi et ajournait autant qu'il pouvait la république; ce poëte épris du peuple le regardait comme un enfant qui avait beaucoup à faire pour devenir un homme.

Non-seulement il vota pour la monarchie, mais il persista dans son vœu, ce que tous ne firent pas. Il écrivait, un an après, au général Lafayette, qu'il était convaincu de la nécessité de conserver et d'affermir les bases de l'ordre de choses actuel (10 juillet 1831): et comme on lui avait reproché ce mot, il le confirmait le lendemain. « Quant à la république, ce rêve de ma vie, je ne veux pas qu'une seconde fois on nous donne ce fruit-là trop vert. On le rejetterait encore. Travaillons à instruire notre nation, et ce que j'ai rêvé s'accomplira sans secousse, avec lenteur. Je ne verrai pas cette époque, mais elle est certaine pour moi, si, je le répète, nous faisons notre éducation. Mais que l'éducation d'un peuple est longue! Voilà quarante ans que nous allons à l'école, et nous sommes encore bien peu avancés!... La faction que je redoute le plus, dit-il ailleurs, c'est celle des impatients : plus encore que la vanité, l'impatience est le mal français. » Il revenait toujours à son idée, qu'il exprimait d'une façon heureuse dans une lettre à Chateaubriand (4 octobre 1831) : « Les trônes constitutionnels ne me semblent être que des ponts jetés sur un fleuve que nous ne pouvions passer à la nage, encore moins franchir d'un saut. » Il voulait qu'on parlât moins au peuple de ses droits, plus de ses devoirs, et il a de touchantes paroles sur ses misères : « Ce qui est affreux, ce sont les souffrances des classes inférieures : tout le monde les plaint, peu de personnes font pour elles ce qu'il conviendrait de faire. Voilà quarante ans qu'on les vante, et elles n'ont pourtant pour se guider que leur instinct qui les trompe souvent et des charlatans qui les égarent toujours. » (13 avril 1832.) Il ne se fait pas d'illusion sur la durée de la monarchie qu'il a contribué à fonder : il lui prédit de bonne heure une durée à peu près égale à celle de la Restauration ; il la voyait compromise par ses fautes et par celles de tous les partis, et, dans sa pénétration, il devinait, dès 1835, qu'elle périrait dans un conflit avec la bourgeoisie, après quoi il ne resterait d'autre ressource à la nation que la république (20 mars 1835). Quand 1848 fut venu, il écrivit : « J'ai eu peur de la république pour la république en la voyant naître trop tôt et trop vite.... Nous voulions descendre marche à marche; on nous a fait sauter un étage; nous ne pouvons pas remonter. » (2 mars.)

Il le dit, et cela se voit dans ses lettres, avant toutes choses il n'était pas un homme de parti. Pendant tout le cours du règne de Louis-Philippe, avec quelle force, avec quelle constance il flétrit les assassinats et ceux qui respectent les assassins! Il était honteux pour la morale et effrayé pour la liberté, qui à chaque fois ne manquait pas de perdre quelque chose. Il faut lire la lettre du 27 novembre 1835, après l'attentat de Fieschi. Spectateur équitable et humain, il souffre des « sanglantes erreurs des partis, » et travaille pour persuader à ses amis qu'il est temps d'abandonner les déclamations, les excitations factices, « de rêver autre chose que l'impossible, de comprendre la France nouvelle, de fonder sur les intérêts créés par la Révolution, intérêts qu'ils ont trop souvent l'air de menacer. » (25 mai 1837.) Il veut les purger des idées de 93 ; il ne veut pas qu'on se permette de mettre, comme dans une certaine école, Robespierre à côté de Jésus-Christ ; il l'accuse « d'avoir fait reculer la liberté et d'avoir créé d'immenses obstacles à l'établissement de la république en France. La Convention a fait des choses admirables ; nous en profitons ; mais il nous sera pardonné d'être ingrats, car on pouvait nous les faire acheter moins chèrement. » (26 mars 1850.) Et ailleurs : « Ne vous étonnez pas si, en dépit des services rendus par la Convention, des juges plus sévères que vous envers ses héros ne consentent pas à relever leurs statues tombées dans le sang. » (8 août 1850.) S'il n'aime pas les partis, il aime la patrie, ce qui vaut mieux, et ses divisions l'affligent au fond du cœur. « Elles font, dit-il tristement, mourir le refrain sur mes lèvres. »

Nous n'avons pas le loisir de le suivre plus loin, au

milieu des événements politiques que virent ses dernières années; le quatrième volume de la *Correspondance* instruira ceux qui désirent être instruits; ils l'y trouveront fidèle à ses amis et à lui-même.

On peut maintenant se faire une idée exacte des opinions politiques de Béranger : la nature de ses idées républicaines est assez claire par la *Correspondance*; il n'y a plus qu'un mot à dire sur ses chansons napoléoniennes. Il n'a pas chanté l'Empereur sur le trône; il l'a chanté après les revers, l'exil et la mort. Des deux chansons politiques qui datent de l'Empire, si l'une, le *Sénateur*, a reçu de l'opinion du temps une couleur d'opposition qu'elle n'avait pas, l'autre, le *Roi d'Yvetot*, était bien réellement une satire excellente; personne ne s'y trompa, ni le public, ni l'Empereur, qui ne s'en fâcha pas. Béranger a fait le contraire de ce qu'ont fait et le Sénat d'alors et bien des gens complices du Sénat : il a averti le souverain debout et glorifié le souverain tombé. A cette époque de la chute de l'Empire, deux partis divisaient la France : les uns ne pardonnaient pas à un régime qui au dedans opprimait la liberté et au dehors dévorait les hommes; ils songeaient que la Restauration les délivrait du despotisme et de la guerre, sans songer à quel prix était la délivrance; les autres ne voyaient que les Anglais, les Prussiens et les Russes à Paris, et, en voyant cela, étaient frappés au cœur. Ces partis, qui divisaient la France, divisaient aussi l'âme de chaque citoyen; mais, après les fautes énormes de la Restauration, on s'aperçut que le retour des Bourbons était le retour de l'ancien régime; que, non contente d'avoir été conquise par l'étranger, la France avait été conquise aussi par la noblesse émigrée; alors les souffrances de l'Empire, comme plus éloignées, s'effaçant, les deux partis se rapprochèrent, et il ne resta plus que le ressentiment de l'invasion. Béranger le servit; ce fut sa puissance : à l'humiliation présente il opposa la gloire passée, la gloire « roturière » du vieux drapeau; aux étrangers à Paris il opposa les Français dans toutes les capitales; ses chansons furent une consolation et une revanche; il commença le combat en 1814, chansonnant les vainqueurs à leurs oreilles, et le continua, implacable, pendant seize ans, jusqu'en 1830, jusqu'à ce qu'on eût renvoyé aux rois ennemis les rois qu'ils nous avaient apportés. Je ne dis pas qu'il n'y ait rien d'artificiel dans son enthousiasme pour la guerre et les héros : ses premiers succès ont dû l'engager plus qu'il ne l'était avant; ce thème brillant a dû éblouir un peu ses lecteurs et lui-même; mais enfin il avait touché un fond populaire et il y marcha hardiment. Voulait-on qu'il célébrât les victoires des Français sans célébrer celui qui les y avait menés? voulait-on qu'il couvrît le nom de Napoléon; qu'il se prît de mauvaise humeur contre la gloire; qu'il disputât avec elle devant ce peuple dont l'œil en était encore tout plein, et qui sentait bien que de ses acquisitions immenses il n'avait gardé que cela? Mais à cette heure, nous-mêmes qui jugeons Napoléon plus froidement, parce que nous sommes plus loin de lui, parce qu'il est sorti de la légende et est entré dans l'histoire, parce que les révélations venues de tous côtés ont montré à nu ce *moi* terrible qui ne comptait que lui dans la France et dans l'univers, nous-mêmes, dis-je, presque après un demi-siècle, nous sommes encore dans l'étonnement de la destinée extraordinaire qui commença en Egypte et finit à Sainte-Hélène, après avoir en quinze ans rempli le monde; nous ne pouvous nous détacher des livres vivants où elle est retracée, et, quand nous avons compté les fautes, la gloire surnage, qui nous fait tressaillir. Ne reprochons pas à Béranger de l'avoir sentie quand elle était encore ardente et d'en avoir réchauffé les cœurs de ses contemporains, de l'avoir attestée contre les événements, de l'avoir relevée pour relever le courage d'un grand peuple. On parle de bonapartisme. Si l'on entend par là un parti politique, où donc était le bonapartisme de Béranger et le bonapartisme de la nation? Ce n'était pas un parti; c'était de l'histoire. Aussi, lorsque 1830 survient, la question n'est qu'entre la république et la royauté de la maison d'Orléans; Béranger, pour son compte, laissa l'Empire au passé, la république à l'avenir, et conseilla une royauté libérale, sous laquelle la nation se formerait à se gouverner seule. On avouera que, pour le moment, ce n'était pas voir si mal. On lui reproche de n'avoir pas vu plus loin encore : avant d'écrire son *Vieux Caporal*, son *Vieux Sergent*, son *Vieux Drapeau*, il aurait dû deviner tout ce qui s'est accompli en France jusqu'à ce jour inclusivement. En vérité, c'est beaucoup, et s'il fallait autant que cela pour faire une chanson, on ne ferait pas beaucoup de chansons; on ne ferait rien, car nous ne savons jamais ce que nous faisons; tous, tant que nous sommes, nous sommes des aveugles : la Providence confond nos desseins, tire le bien du mal, le mal du bien, et mêle à son gré nos paroles, nos actes, nos personnages dans cette grande fantaisie qui s'appelle le monde.

Si Béranger avait lu dans l'avenir, il y aurait lu ce qui lui arrive aujourd'hui. Il expie son ancienne fortune, il est compromis parce qu'il se trouve impliqué dans le débat de la gloire et de la liberté, et qu'il a l'air de prendre parti pour la gloire. Il y a longtemps que ces deux puissances se disputent l'univers, et il est probable qu'elles se le disputeront longtemps encore. En ce qui regarde notre pays, son inclination n'est pas cachée : c'est un glorieux, il donne tout ce qu'il a et se donne lui-même, pourvu qu'avec cela on fasse quelque chose de grand. Malheureusement, la gloire n'est pas un régime, il faut des actions moins éclatantes, comme l'exercice du droit et du devoir, pour remplir la vie quotidienne; malheureusement aussi, notre pays s'applique moins volontiers à ces emplois. Est-ce à dire qu'il doive s'abandonner à sa passion et renoncer à se contraindre? Tout au contraire. Si la politique est l'art d'élever les hommes, si elle doit apprendre aux hommes ce qu'ils ne savent pas et ce qu'ils ont besoin de savoir, elle n'a chez nous qu'une chose à faire : ce pays sait suffisamment la gloire, qu'elle lui apprenne la liberté. On a bien de la peine à nous mettre dans l'idée que la liberté est un travail et un travail utile; et pourtant l'entreprise de se gouverner soi-même, la réflexion sur le vrai et sur le faux intérêt, sur le vrai et sur le faux honneur, la nécessité de voir par ses propres yeux et de voir juste, l'habitude que l'on en prend, l'expérience qui vient des fautes personnelles, la dignité que donne la défense du droit, le courage que veut l'accomplissement du devoir, l'esprit de sacrifice de l'individu à la communauté, tout cela a sans doute sa valeur propre, car il fait de chacun de nous un citoyen et un homme, quelqu'un qui se résigne à bien exécuter les petites choses et ne manquera pas aux grandes, si le moment vient. Je ne méprise pas la gloire, mais la liberté non plus n'est pas méprisable; elle a ses grandes journées et elle n'a pas de jours vides : au défaut de la tribune elle se défend devant les tribunaux, dans les journaux, dans les livres, dans l'âme de tout citoyen qui ne se laisse pas séduire, et même, dans les plus obscurs services, elle a de quoi contenter les cœurs les plus haut placés.

J'en ai fini avec Béranger. Je n'ai pas prétendu, dans cette étude, plaire à personne; j'ai voulu seulement dire ce que je crois vrai, et me donner l'innocent plaisir de dire maintenant à peu près seul ce qu'à peu près tout le monde dira plus tard, lorsque des passions ardentes à cette heure seront calmées par leur propre cours ou par l'effet des événements. Certes, je ne confonds pas avec la petitesse des coteries la noble douleur de ceux qui ont vu périr ce qu'ils aiment et à quoi ils attachent le bonheur et l'honneur de leur pays; mais plus je respecte cette douleur, plus je prie ceux qui en souffrent de la garder pure dans leur âme et de ne pas la laisser gâter par l'injustice des partis. Soit qu'ils louent, soit qu'ils blâment, soit qu'ils aiment, soit qu'ils haïssent, les partis sont toujours injustes; ils ne vous estiment pas par votre valeur propre : il n'y a qu'un mérite, être avec eux, qu'un défaut, n'être pas avec eux; le reste n'est rien, et ils ne nous marchandent ni la gloire ni la honte : pour tout recevoir on n'a qu'à se donner; mais il y a des gens qui trouvent cela trop cher, et qui goûtent plus que toutes choses au monde le plaisir de sentir qu'ils tiennent dans la main leur bon sens et leur liberté.

1860.

M. DE MONTALEMBERT[1].

I

Parlant un jour de l'armée et de la marine à la Chambre des pairs, M. de Montalembert disait : « Je suis malheureusement le premier de mon nom qui n'appartienne ni à l'un ni à l'autre de ces services. » (II, 281.) S'il leur avait appartenu, nous savons du moins quel il aurait été. Il se sert de la parole comme d'une épée, il a l'impétuosité, la témérité, l'ivresse de nos soldats, le courage brillant et entraînant, toute la furie française ; il a aussi la passion des grandes choses et de la France, qu'il croit appelée à faire de ces choses-là.

L'éloquence de M. de Montalembert a un mouvement extraordinaire, le mouvement de la passion en liberté. Quand il touchait une question, il l'enflammait, et ce feu se propageait, poussé par un souffle violent, qui partait tour à tour de tous les points de l'horizon, d'où souffle l'autorité et d'où souffle l'indépendance. Ce fut un grand étonnement, dans la grave enceinte de la Chambre des pairs, d'entendre une parole de si vive allure ; mais cette vivacité réveillait les auditeurs. On écoutait l'orateur en lui sou-

---

1. *OEuvres de M. le comte de Montalembert.* Lecoffre.

riant, comme on sourit à la jeunesse, et quelquefois, quand on n'était pas sur ses gardes, on se laissait emporter par lui; on éclatait en applaudissements lorsque, plaidant pour la Pologne écrasée sous un énorme poids, et qui, chaque fois qu'elle s'agite, remue le monde, il s'écriait : « On a cru anéantir un peuple et on a créé un volcan. » Par ses ardentes invectives contre les massacres de Cracovie et de Gallicie, il montait les esprits à un ton inaccoutumé et les préparait à entendre ces fortes paroles de M. Villemain : « Ce qui sera acquis pour la conscience du genre humain, c'est qu'au milieu de notre siècle, au milieu de cette immense publicité, en présence de ces tribunes qui disent tout, l'horreur des temps les plus affreux a été égalée et peut-être surpassée, qu'il y a eu un 2 septembre monarchique et une jacquerie officielle. » Lorsque la Chambre des pairs fut fermée et que M. de Montalembert passa aux Assemblées républicaines, il y parut comme « un soldat des grandes guerres; » rapproché d'un homme nouveau, né de la crise présente, M. le comte de Falloux, il reconnut en lui un courage pareil au sien, mais plus discipliné, et tous les deux, quand il y eut à tenter quelque sortie hardie, firent la trouée par où leur parti passa.

Ainsi, par un rare privilége, sa libre éloquence, pour briller dans les assemblées orageuses de la république, au sortir du calme de la Chambre des pairs, n'eut qu'à rester ce qu'elle était; et nous aussi maintenant, après que des années ont passé sur l'orateur et sur nous, après que les événements qui ont provoqué ses discours sont vieillis et que plusieurs de ces événements sont effacés de notre mémoire, cette parole que la physionomie, le geste et l'accent n'accompagnent plus, nous paraît toute vivante, parce qu'elle respire la passion et est demeurée telle que la passion l'a faite.

Sans doute il a mis dans toutes ces pages bien de la faveur et de l'injustice; mais l'avouerai-je? en dépit de tout cela, je ne puis haïr la passion. Outre qu'elle anime tout et donne à tout de l'intérêt, elle donne aussi une merveilleuse intelligence des choses et nous fait pénétrer, dans les objets que nous aimons ou que nous haïssons, à des profondeurs où sans elle on n'atteindrait jamais. On parle toujours de l'aveuglement des parents et des amants, et on peut en parler à son aise, car il ne diminuera pas pour cela; mais si l'amour et l'amour paternel et maternel nous empêchent de voir dans ceux que nous aimons des défauts qui y sont et que d'autres voient, ils nous font voir aussi des qualités qui y sont et que d'autres ne voient pas. La haine, en sens contraire, a de ces aveuglements sur les qualités, et sur les défauts des clairvoyances terribles. La passion est flamme et lumière; la froide raison n'a pas d'injustice, mais, dans la connaissance du bien et du mal, elle ne va pas loin, ou plutôt elle a une injustice générale, qui est de ne voir partout que du médiocre, d'enlever à tous les objets leur énergie originale, d'où sortent les grands vices et les grandes vertus. L'équité ne s'accommode ni de la froide raison ni de la passion exclusive; elle veut une âme à la fois ardente et libre, capable de voir tout le bien et tout le mal qui sont dans un objet, de se passionner pour l'un et contre l'autre, de garder dans toute leur force ces deux sentiments contraires, en sachant qu'ils sont contraires et qu'on les garde tels, comme Pascal l'a fait devant les grandeurs et les petitesses de l'homme.

M. de Montalembert, il faut bien le dire, n'est pas

né équitable, mais il le devient; il n'y a guère personne qui suive sa passion plus loin, mais personne aussi qui revienne de plus loin. Au bas des pages brûlantes de colère contre M. Victor Hugo ou contre les universitaires, et qu'il a dû reproduire, puisqu'elles appartiennent à l'histoire, on lit, dans la présente édition, des notes qui réparent les injustices avec loyauté et avec une singulière grandeur, et on lit, en tête du recueil, cette confession touchante :

« En retrouvant, sous le monceau des jours écoulés et des institutions abattues, ces monuments de nos anciens conflits, j'ai reconnu avec bonheur qu'il ne restait en moi aucune étincelle d'animosité contre ceux que j'avais dû combattre à la tribune avec le plus d'acharnement.... Les révolutions modernes sont fécondes, à coup sûr, en mécomptes et en amertumes, mais elles enfantent souvent de grandes réparations qui relèvent et consolent Grâce à leurs terribles enseignements, des hommes qui s'étaient longtemps ignorés, attaqués, détestés, apprennent à se comprendre et à s'apprécier mutuellement. J'ai subi autant que personne l'attrait vainqueur de la vie publique. J'ai connu tous ses entraînements; j'ai connu l'ivresse de la lutte et des applaudissements publics, mais je n'ai rien connu qui vaille cette émotion intime, cette joie généreuse qu'éprouve un honnête homme à rendre justice et hommage à un noble adversaire, à lui tendre une main toujours loyale, mais naguère armée, et désormais amie. C'est à mon sens la plus grande jouissance de la vie politique. Elle est trop souvent passagère, incomplète, comme toutes les joies de ce monde, mais je n'en ai pas rencontré de plus pure, de plus douce et de plus chrétienne. »

La cause à laquelle M. de Montalembert s'est dévoué, celle à laquelle se rapportent ses discours, ses écrits, ses actes, et qui forme l'unité de sa vie, c'est le catholicisme. Tantôt il défend le corps des fidèles et tantôt leur chef, le Pape; il rajeunit la cause du catholicisme en l'identifiant avec celle de la liberté, il la rajeunit aussi par la manière dont il la soutient, par la vivacité, par le courage téméraire, la hauteur des sentiments. Je ne sais s'il a bien vu lui-même à quel point ses pensées sont entraînées vers le même objet. Si, dans ses efforts pour le Pape, pour sauver sa souveraineté spirituelle et temporelle, dans ses réclamations aussi pour la liberté d'enseignement et des corporations religieuses, dans ses histoires de sainte Élisabeth de Hongrie et des Moines d'Occident, cet entraînement est manifeste; pour le reste, il est moins visible, mais également vrai. Ainsi les nations qu'il aime et qui reviennent constamment dans ses discours, ce sont la Belgique « catholique, qui seule en Europe a su résoudre le difficile problème des relations de l'ordre temporel et de l'ordre spirituel, alors que partout ailleurs la conscience gémit et l'intolérance triomphe; » la Pologne « orthodoxe, » l'Irlande fidèle, opprimée par le protestantisme; il ne hait pas les Turcs, qui ne sont pas dangereux pour la foi, mais il déteste la Russie, apôtre du schisme. En fait d'art, il a exalté la peinture catholique, comme il l'appelle, et dressé un catalogue des peintres des écoles catholiques, où il y aurait plus d'un article à reprendre. En architecture, il adore les monuments du moyen âge, surtout les églises; il les a adorées au temps où peu de personnes y songeaient encore, et il a apporté des premiers, à M. Victor Hugo, le secours de sa plume acérée dans la fameuse campagne contre le vandalisme moderne.

Si son dévouement au catholicisme ne peut être contesté, son dévouement à la liberté, qu'il associe toujours au sentiment catholique, l'a été davantage; or ici il faut se reconnaître. Il y a deux façons de réclamer la liberté. En France, chacun la demande pour tout le monde; en Angleterre, chacun la demande pour soi, et tout le monde, au bout du compte, se trouve l'avoir. M. de Montalembert choisit, au début, la façon anglaise, et on aurait pu dès lors deviner la ligne qu'il se proprosait de suivre, lorsqu'avec quelques amis, il prit sur lui d'ouvrir une école libre, attendit l'action de la police, la citation de justice, l'occasion de se défendre, et, accusé devant la Chambre des Pairs, y prononça son premier plaidoyer, plaidoyer d'un catholique qui réclame pour les catholiques le droit d'enseigner selon leurs croyances.

On l'accusait d'être exotique; il l'était dans cette circonstance, et il le fut souvent dans ces temps-là; peut-être même ne savait-il pas bien à quel point il l'était et le sens particulier qu'il donnait, au fond de son esprit, à ce mot de liberté qui sonnait à l'ordinaire à l'oreille de ses auditeurs. Ce qu'il tenta d'obtenir, ce n'était pas la liberté politique, la souveraineté, mais la liberté civile, individuelle; il ne travaillait pas pour procurer à tous les Français le droit de gouverner, mais pour procurer à ses coreligionnaires le droit de se mouvoir. L'idée était si bien d'origine étrangère, qu'il lui fallut du temps pour gagner la société catholique, si intéressée à la faire prévaloir; au dehors elle fut mal comprise et mal vue : elle rencontra les craintes honorables des patriotes qui tiennent à l'unité française, et le fanatisme qui croit que tout est perdu quand l'État ne fait pas tout, et que l'émancipation de l'individu est une insurrection.

Conformément à son idée, il sépara la cause catholique de l'existence de telle ou telle forme de gouvernement, admettant toute forme sous laquelle le catholicisme possédait la liberté d'action; il rompit donc l'alliance entre la religion et la légitimité, admit la monarchie de 1830, qu'il trouva favorable à sa cause, et, sans afficher d'affection pour la république, il ne lui paraissait pas d'abord impossible de s'entendre avec elle. Pendant vingt ans, de 1828 à 1848, il fut constamment libéral à son sens, au sens anglais, qui a du bon, on commence depuis peu à le comprendre. Il était l'homme qu'il fallait à cette liberté-là; le choix qu'il en fit fut l'instinct de sa nature, l'instinct de sa foi, de son courage et de son talent.

Ajoutons tout de suite que la liberté a encore pour lui un autre sens : elle signifie l'indépendance morale, la dignité d'un homme qui prétend ne dépendre ni des hommes ni des événements, et qui, permettant à la fortune de bouleverser le monde, lui défend l'accès de son âme et d'y changer un jugement ou une affection. Cette liberté-là, M. de Montalembert devait l'aimer, car il se sentait de force à la défendre.

Je crains que ces deux libertés ne lui aient longtemps caché l'autre, la liberté politique; mais il l'a connue un jour, le jour où il a vu qu'elle n'était pas, malgré le mot de Bossuet, « un vain tourment, » et que, lorsqu'elle s'en va, elle emporte avec elle la liberté civile et la liberté de l'âme.

Il ne semble pas qu'il la connût bien encore pendant l'épisode de 1848. Durant le règne de la maison d'Orléans, elle était comme une atmosphère qui vous entoure et que vous ne sentez pas ; lorsque, dans les agitations de la république, elle se fit sentir à lui, ce fut en le choquant ; il lui parut que la république, que la démocratie menaçaient toute l'ancienne société et tendaient à établir une société nouvelle en dehors du catholicisme et contre le catholicisme ; il leur déclara la guerre, guerre ouverte, sans trêve ni merci : il appuya l'expédition de Rome contre les révolutionnaires italiens, les mesures contre les instituteurs primaires, une véritable expédition de Rome à l'intérieur, comme il fut dit ; il appuya la loi du 31 mai, qui chicanait le suffrage universel ; il demanda que l'Etat inscrivît dans ses contrats l'observation du dimanche ; il espéra beaucoup d'un pouvoir naissant, et, ennemi implacable du régime qui l'avait si violemment troublé, il ne voulut pas chercher comment il était mort ; une fois que ses collègues de l'Assemblée furent sortis de prison, il accepta d'être de la Commission consultative.

Il rompit avec le gouvernement au décret du 22 janvier. Instruit par l'épreuve, l'âme ouverte à un sentiment nouveau, il redevint lui-même, ce qu'il avait été vingt ans et ce que la nature l'avait fait, agitateur, et acquit le droit de se donner ce noble témoignage :

« Sur le porche septentrional de notre cathédrale de Chartres, au milieu de ces merveilles de la sculpture chrétienne à son apogée, destinées à offrir aux chrétiens les enseignements de la foi sous des emblèmes visibles, on admire surtout quatorze statues couronnées qui représentent, sous la forme de reines et de saintes, les vertus et les béatitudes que la religion propose aux efforts et aux sacrifices de l'homme.

Les deux premières qui se montrent aux spectateurs, fières et gracieuses entre toutes, portent leurs noms profondément gravés sur la pierre en beaux caractères du treizième siècle. Ce sont la Liberté et l'Honneur. Noble et touchante allégorie, due au ciseau de ces vieux chrétiens, et bien propre à nous servir encore aujourd'hui de leçon et de modèle. J'ose croire que j'y ai conformé ma vie, car je ne suis jamais entré dans l'église sans m'incliner devant ces deux vertus, et je n'ai jamais compris la défense de la Vérité qu'en lui donnant pour escorte l'Honneur et la Liberté. »

Le voilà donc dans ce grand libéralisme où l'expérience, maîtresse un peu rude, nous envoie tous les uns après les autres. Il y est venu des premiers de son parti, et il y attend ceux qui peut-être accusaient son imprudence.

II

Après avoir parcouru rapidement la carrière de M. de Montalembert, et m'être représenté ce qu'il a voulu, je désirerais savoir à quoi ses efforts ont abouti, dans quel état il laisse les questions qu'il a prises. Je les examinerai successivement. Et d'abord, qu'est-ce que le catholicisme appelle ou repousse, selon lui, en politique?

En parlant des diverses apparences sous lesquelles le christianisme a été présenté à diverses époques, le Père Lacordaire s'est servi d'une éloquente image : il l'a comparé à la terre, qui présente au soleil tantôt l'un tantôt l'autre pôle dans sa révolution. Le catholicisme fait ainsi entre les mains de M. de Montalembert, pendant la période qui s'étend de 1830 à 1860 : il présente tour à tour à la France l'ordre ou la liberté, il apporte à la France justement ce qui lui manque ou ce que M. de Montalembert croit qu'il lui manque. Lorsque les cœurs s'abaissent, le catholicisme les élève; lorsque l'autorité et la propriété sont en péril, il secourt l'autorité et la propriété; lorsque la liberté s'exagère, il rapprend le respect; quand le despotisme menace, il rapprend la liberté: et chaque fois il est la seule chose nécessaire, lui seul guérit ce qui est malade, lui seul raffermit ce qui est ébranlé, lui seul sauve ce qui périt. Chacun des discours de M. de Montalembert est donc une thèse catholique. Lorsqu'on la prend isolée, dans la circonstance, elle a beaucoup de force, et l'excès même qu'y met l'auteur, si prompt à se jeter tout entier d'un côté, ajoute encore à son poids; lorsqu'on prend les thèses ensemble, la contradiction ressort, ce qu'il y a de violence dans chacune d'elles fait paraître l'écart plus grand, on ne voit plus que les oscillations considérables de la pensée, et on éprouve le besoin de se recueillir pour connaître au juste ce qu'est le catholicisme en lui-même, son principe, sa nature, ses amitiés et ses haines.

Plusieurs paroles de M. de Montalembert semblent faire croire que le catholicisme n'a d'amitiés que pour ce qui lui sert et de haines que contre ce qui lui nuit : il a dit, il a répété, aux premiers temps de la lutte, qu'il était catholique avant tout. Quels mots! Il ne songeait pas alors à quoi on s'engageait, si on s'engageait à y être fidèle, et quel choix l'événement le forcerait de faire un jour. Catholique avant tout! Ainsi, celui qui serait exactement cela ne serait sensible qu'à la fortune du catholicisme, ne se réjouirait que de son bonheur, ne souffrirait que de ses maux; le reste ne le toucherait point; et ce reste, c'est ce qui émeut les pauvres humains, ce qui les abat ou les transporte, ce qui cause leurs joies rapides et leurs peines, plus longues que leurs joies : les accidents de la vie des sociétés terrestres, l'indépendance nationale ou l'oppression étrangère, un peu plus ou un peu moins d'honneur pour la patrie, un peu plus ou un peu moins de prospérité, une victoire ou une défaite de la liberté ; il regarderait avec mépris tous ces misérables intérêts d'un jour, pour lesquels battent nos cœurs, qui ne battent aussi qu'un jour; il n'y prendrait garde que s'ils se trouvaient sur la route du catholicisme, pour l'aider ou le contrarier; il maudirait notre bien si c'était le mal du catholicisme, et si c'était le bien du catholicisme il bénirait notre mal. Courage! que toutes les passions se donnent la même licence. Tandis que celui-ci est catholique avant tout, d'autres seront, par un autre choix, royalistes avant tout, et triompheront quand l'étranger envahira leur patrie pour y rétablir un gouvernement qu'ils aiment; d'autres seront démocrates avant tout et monteront sur la Montagne, et fonctionneront au Comité de salut public. Non, non, point de ces passions farouches qui ferment et endurcissent les cœurs ; il ne faut être ni un catholique, ni un royaliste, ni un démocrate avant tout; il faut être un homme avant tout; et M. de Montalembert est cela, et c'est pourquoi il a, même chez ses adversaires, de vives sympathies, et pourquoi nous parlons ici de lui avec plaisir.

Chacun de nous a vu de ces catholiques avant tout, et a pu voir jusqu'au fond de l'âme, car il les a connus en quelques années triomphants et humiliés, découvrant par la fureur de leur déception l'excès de leurs espérances. Je les renvoie à la justice de M. de Montalembert, qui les a marqués pour toujours. Il n'a écrit que quelques noms, mais où il s'est arrêté l'opinion publique ne s'arrête pas, et, quelque visage que ces personnes doivent prendre, la liberté les sait maintenant par cœur. Quelle épreuve que celle de M. de Montalembert débutant par être soldat d'une cause compromise, lui donnant vingt ans de sa vie, les années de la force, lui gagnant chaque jour du terrain, arrivant à la représenter devant le public avec l'éclat de ses qualités personnelles, l'établissant en puissance de premier ordre, et finissant par être renié ou oublié, ou, ce qui est plus cruel pour une âme comme la sienne, condamné à voir cette cause oublier ou renier les principes par lesquels il l'avait fait grandir. Après cela, ce n'est pas la peine de parler des calomnies et des insultes. On a pitié de *l'Univers* ou du *Monde* injuriant un tel homme, et on se prend à sourire quand on lit une lettre de M. de Montalembert forcé de rétablir ses propres paroles, défigurées par la *Civiltà cattolica*, de Rome.

Il a eu gain de cause dans l'affaire des corporations religieuses. Il est vrai qu'en 1845 on tenta la dispersion des jésuites, mais il est vrai aussi que cette tentative n'aboutit à rien et que les jésuites demeurèrent, par conséquent plus forts qu'auparavant, plus forts de toute l'impuissance du gouvernement, qui avait voulu les frapper et n'y avait point réussi. En 1850, on fit taire les députés qui voulaient les désigner pour les exclure de l'enseignement, et ce fut comme une nouvelle consécration de leur existence. Maintenant enfin et les jésuites et toutes les corporations qu'il a plu à l'Eglise de former vivent en paix chez nous, tandis que la loi paraît résolue à les ignorer. Est-ce là un bon état ? Non certes ; c'est une chose déplorable que ce mauvais vouloir impuissant de la loi : il faut, quand on est la loi, savoir ce qu'on veut et l'exécuter. Or, que devait-elle vouloir ici? Nous ne prétendons imposer notre opinion à personne, la voici du moins. Dans une société libre, il n'appartient pas à l'État de décider quels sont les besoins de la pensée religieuse, d'approuver ou de réprouver telles ou telles règles monastiques par d'autres raisons que des raisons laïques, l'intérêt de sa propre existence mise personnellement en jeu; l'État abuse quand il admet des couvents de femmes et refuse d'admettre des couvents d'hommes, distinguant ainsi arbitrairement entre les instincts pieux des âmes d'hommes et des âmes de femmes et taillant les parts. Nous demandons que l'on veuille bien faire deux choses qui n'ont presque jamais été faites en France : reconnaître franchement toutes les congrégations religieuses qui n'ont rien de contraire aux lois générales du pays, et les contraindre de rester ce qu'elles annoncent être, religieuses, au lieu d'y chercher des instruments de gouvernement. Cela vaut mieux que l'équivoque de l'existence réelle dépourvue de l'existence légale, avec les alternatives de tendresse et de colère dont on nous donne régulièrement le spectacle.

La liberté d'enseignement n'a pas été accordée sans condition de grades, telle que M. de Montalembert l'avait réclamée, et, par une rencontre curieuse, il a eu à faire de ses propres mains, en 1850, le compromis qui sacrifiait ses anciennes prétentions. Quoi qu'il en soit, ce compromis avait de quoi le contenter, et c'était bien, après tout, la liberté d'enseignement. Pour nous, nous sommes heureux qu'elle ait été donnée : d'abord c'était un droit, et puis c'est une expérience de plus ; car on peut dire que les appréhensions et les espérances ont été également trompées. Premièrement, sous le rapport matériel, si des maisons ecclésiastiques se sont élevées, l'enseignement de l'État n'est pas déserté ; ensuite, ce qui était autrement inquiétant, sous le rapport moral, on ne voit pas que, par le fait de l'ouverture des écoles libres, l'esprit de ce pays change ou paraisse devoir changer. On se fait des illusions, ce me semble, sur l'influence de l'enseignement : Il peut beaucoup, mais il ne peut pas tout ce qu'on imagine. Sans doute, si on était libre de créer un monde isolé où l'enfant ne reçût de tous côtés que la même impression, et si, en sortant de ce petit monde pour entrer dans le grand, il ne trouvait rien qui ne confirmât cette impression première, il lui faudrait une bien forte originalité pour échapper à l'action de cette constante empreinte, pour inventer de son propre fonds un autre univers ; mais il n'est pas ainsi : qui dit enseignement public ne dit pas seulement enseignement des élèves par des maîtres, il dit enseignement des élèves par des élèves, enseignement mutuel ; une école un peu ouverte est un monde en raccourci, où se rencontrent toutes les idées, tous les sentiments de la société diverse d'où les enfants proviennent ; et si cette école est assez fermée pour que cela n'arrive pas, il faut bien, tôt ou tard, que l'enfant entre dans la société et qu'il connaisse d'autres principes que ceux qu'il a connus jusque-là et au delà desquels il n'avait rien soupçonné. C'est ici l'épreuve critique de tout l'enseignement passé, et ce sera merveille si devant ce monde réel le monde artificiel ne s'évanouit pas. On a même observé que cette révolution subite est pleine de périls, que la séduction de la découverte, la colère contre leurs précepteurs, conseillent mal les jeunes gens, qui n'ont pour se maintenir ni les leçons auxquelles ils ne croient plus, ni les leçons qu'on ne leur a pas données ;

le grand air les saisit, et on est induit à penser qu'il eût été préférable de les habituer peu à peu à y vivre En un mot, le plus puissant des maîtres est le monde : il juge les autres, confirme leur ouvrage ou le détruit.

Est-ce à dire qu'il soit l'immuable sagesse? Non certainement : lui aussi il change, par conséquent il se trompe : dans la politique, dans la philosophie, dans les arts, il fait prévaloir tantôt l'antiquité, tantôt la nouveauté, il mêle en proportions inégales les éléments qu'il renferme; mais enfin il les renferme toujours tous, et l'âme qui sera la moins étonnée de se rencontrer avec le monde est celle qui renfermera aussi tous ces éléments, sauf à en chercher l'équilibre, ce qui est le travail de la vie.

Pour revenir aux querelles d'il y a dix ou vingt années entre partisans et adversaires de la liberté d'enseignement, de part et d'autre on s'était trompé sur les conséquences qu'elle devait produire; mais l'expérience a été bonne : en montrant que la société n'était pas bouleversée parce qu'un droit légitime était reconnu, elle a disposé à reconnaître d'autres droits pareils. Ainsi, en définitive, la liberté d'enseignement n'aura profité pleinement qu'à la liberté.

III

En continuant cette revue des questions auxquelles s'est attaché M. de Montalembert et de l'état où il les a laissées, je rencontre des questions bien délicates, que je ne crains pas d'aborder, parce que je le ferai avec une parfaite sincérité et une modération égale, j'ose le croire. Du reste, je ne me propose pas de faire ici des dissertations, mais simplement de recueillir les quelques vérités qui me paraissent se dégager du choc des arguments et des passions contraires.

C'est d'abord la querelle du gallicanisme et de l'ultramontanisme. Il y avait en France, au temps où M. de Montalembert est entré dans la vie politique, et il y a maintenant encore toute une population qui se fait une étrange idée de l'Église. Elle la regarde comme payée pour prier, et la confond volontiers « avec l'administration des pompes funèbres; » elle entend qu'un mourant refuse la confession et elle n'entend pas que le prêtre lui refuse, après sa mort, les cérémonies religieuses; elle triomphe quand, en cette circonstance, les citoyens envahissent l'église ou que le maire commande à un serrurier d'en crocheter les portes; elle applaudirait encore aux magistrats, s'ils ordonnaient par arrêt de porter le viatique à un malade et faisaient porter ce viatique par un prêtre entre deux gendarmes. Le prêtre qui devient populaire auprès d'elle est celui qui fait bon marché des difficultés de la foi et se contente du gros de la morale; elle a inventé le curé philosophe pour pendant au soldat laboureur, et les plus lettrés de cette population, ceux qui savent lire et écrire, ceux surtout à qui un journal donne une espèce de diocèse, forment comme un concile permanent des Gaules; ils y règlent de loin la discipline et les dogmes de l'Église, où ils ne font que des ingrats.

M. de Montalembert a accordé à ce parti bizarre tout ce qu'il lui devait : il s'est agréablement moqué de lui; il a réservé ses coups pour une opinion plus sérieuse, le gallicanisme. Les ennemis de cette doctrine la traitent un peu lestement, quand ils appellent gallicanisme la complaisance du clergé pour le pouvoir. D'abord c'est une injure à l'ancienne Église de France, puis le mot de servilité suffit. Dans sa vraie acception, le gallicanisme signifie, ou bien de certains droits du clergé à l'égard du Pape, ou, ce qui seul nous intéresse, de certains droits qui couvrent les gouvernements particuliers des nations contre la puissance de Rome : ainsi on enlève aux Papes le pouvoir qu'ils ont exercé autrefois de nommer ou de déposer les souverains, et on interdit la circulation des lettres des Papes et des évêques dans un royaume qu'elles risqueraient de troubler Cette acception, on devra l'avouer, n'est pas méprisable. En ce qui concerne l'indépendance des gouvernements nationaux à l'égard des Papes, elle ne fait plus question ; quant au pouvoir que les gouvernements possèdent de réglementer les communications entre l'Église et les fidèles, il mérite quelques égards, car ce n'est pas moins que toute l'ancienne législation française. Pourtant, nous reconnaîtrons volontiers que cette législation ne répond plus parfaitement à l'état présent de l'opinion : l'expérience montre qu'il est bien difficile, de nos jours, d'empêcher la circulation d'une lettre papale, et que les appels comme d'abus, dont les lettres des évêques sont quelquefois frappées, sont, aux mains de l'État, un assez faible moyen de se défendre. Les temps sont changés : l'esprit public veut de plus en plus la liberté de conscience, l'indépendance de la société religieuse sous la loi commune, et accepte de moins en moins l'intervention de l'État dans ces affaires ; d'autre part, la société laïque, plus sûre d'elle-même, ne voit plus sans cesse son existence compromise par les moindres prétentions de l'Église. Au point où nous en sommes, tout a perdu en même temps de la force, et l'abus et la répression de l'abus.

M. de Montalembert a puissamment contribué à créer cette situation. Il a porté aux Articles organiques un coup dont ils ne se relèveront point ; grâce à lui, il n'est plus permis maintenant de confondre avec le Concordat, consenti par les deux parties, des articles ajoutés par l'Empereur et que le Pape n'a pas signés. Toute cette campagne de Montalembert est merveilleuse : il est impossible de mieux railler la compétence théologique du Conseil d'État et du Garde des sceaux, de féliciter avec une plus fine ironie le gouvernement quand, pour arranger plus commodément l'affaire du chapitre de Saint-Denis, il s'improvise ultramontain ; de mieux triompher en énumérant toutes les violations journalières des fameux Articles, ce qui a été abandonné, ce qui n'a jamais pu être appliqué, ce dont on n'ose même plus parler. Quelle fortune pour un pareil avocat de trouver un sénatus-consulte de 1810, qui ordonne que le Pape, à son avénement, prêtera serment de ne rien faire contre les libertés de l'Église gallicane !

En félicitant M. de Montalembert de l'éclat et du succès de cette campagne, il convient de remarquer qu'il a frappé plus haut que les Articles organiques : les blessures qu'il leur a faites ont atteint le Concordat. Il ne l'a pas, il est vrai, attaqué directement, même il le loue ; mais il n'a pu repousser telle ou telle immixtion de l'État dans les affaires de l'Église qu'en repoussant le principe général de l'immixtion de l'État dans les affaires de l'Église ; il a séparé ce que le Concordat avait rapproché et prononcé de ces mots irréparables, qui empêchent de jamais revenir où on était auparavant. J'ignore comment l'avenir réglera les rapports de l'Église et de l'État, mais tout porte à croire qu'il les changera, car dans ce qu'ils sont maintenant on sent partout l'artifice. L'ancien esprit organisateur, qui ne savait faire exister les choses ensemble qu'en les exténuant l'une par l'autre, cet esprit a fait son temps ; le souffle nouveau qui s'élève, celui que l'on sent déjà frémir, et qui parcourt et agite la société, est un souffle vivant : il rend aux choses leur vigueur, et la conscience de leur vigueur, et le grand espace pour qu'elles s'y jouent; il arrêtera la liberté catholique par la liberté religieuse, par la liberté de la pensée et de la parole, de l'action personnelle et de l'association; au lieu de marier des ombres à des ombres, il opposera des énergies à des énergies, maîtresses de croître, contraintes de se souffrir. Il n'y a que deux régimes possibles pour faire exister ensemble des éléments contraires : rassurer chacun par l'idée de la faiblesse de l'autre ou par l'idée de sa propre force; il est permis de préférer ce dernier régime au premier, et le monde est en train de choisir.

Je n'ai parlé du gallicanisme que dans son sens politique, comme une certaine manière d'entendre les rapports de l'Église avec l'État; quand au gallicanisme dans son sens religieux, je ne veux pas, je le répète, l'examiner : je laisse à d'autres le soin de faire la part des Papes et des conciles, de décider quelle sorte de gouvernement doit être l'Église; mais je ne puis m'empêcher de noter une page extrêmement curieuse où M. de Montalembert s'attache à ôter à l'Église ultramontaine le caractère de monarchie absolue, pour la rapprocher de la monarchie constitutionnelle et la donner en exemple aux pouvoirs de ce monde : « Selon la doctrine ultramontaine, la seule vraie, suivant nous, le Pape est le monarque de l'Église; mais il n'est pas un monarque absolu : il ne peut rien, et il n'entreprend jamais rien en dehors de la constitution divine de l'Église, qu'il n'a pas faite, et dont il n'est que l'interprète et le dépositaire. Il ne gouverne pas seul, mais avec l'assistance d'un nombreux corps d'évêques, dont il maintient lui-même l'autorité d'une main scrupuleuse. Jusque dans les derniers rangs du clergé et des fidèles, chaque sujet de cet empire spirituel a son droit propre, traditionnel, imprescriptible. Le catholicisme, fait pour durer, ne connaît pas ces extrémités de la bassesse où se confondent des affranchis qui ont abusé de leur liberté. » (*Des intérêts du catholicisme au dix-neuvième siècle.*) M. de Montalembert cite en note l'opinion du jésuite cardinal Bellarmin, qui permet, dans certains cas, de résister au Pape, en ne faisant pas ce qu'il commande et en l'empêchant d'exécuter ce qu'il veut. Cette page inattendue porte sa date avec elle : la fin de 1852. M. de Montalembert avait jusque-là poussé à l'unité, c'est-à-dire à l'ultramontanisme, et avait réussi ; se tromperait-on en soupçonnant qu'il avait trop réussi ?

Pour résumer l'entreprise de M. de Montalembert contre le gallicanisme, il a voulu resserrer les liens qui attachent le clergé au Pape et relâcher les liens qui l'attachent à l'État ; mais il n'est pas maître de maintenir les esprits dans la mesure où il lui plairait de les maintenir. Il se peut faire qu'un jour les liens qu'il a resserrés compriment les membres qu'ils enlacent et que les liens qu'il a desserrés soient entièrement rompus.

IV

Il est impossible de parler de M. de Montalembert sans parler de Rome, du pouvoir temporel et de la crise qu'il traverse. Suivons-le dans cette question et voyons-y hardiment le vrai. Le grand argument sur lequel les défenseurs de l'autorité temporelle s'appuient est que le Pape doit être souverain pour être indépendant. Or, pourquoi veulent-ils qu'il soit indépendant? On extrait de toutes les discussions les raisons que voici : Pour que l'exercice du pouvoir spirituel soit libre ; pour que les princes ne confondent pas dans leurs mains le pouvoir spirituel et le pouvoir temporel ; pour que la grande influence morale du Pape ne soit confisquée au profit de personne, dans les rivalités de nation à nation, ou dans les querelles des souverains et des peuples.

La première raison, qui touche la liberté spirituelle du pape, n'a pas toute la force qu'elle paraît avoir. Il n'est pas permis à un catholique de craindre qu'un accident extérieur puisse altérer la vérité de la foi : quand on croit à l'infaillibilité du Pape, on y croit, quelque part qu'il soit et sous quelque régime qu'il soit, car personne ne peut se mettre entre lui et l'inspiration d'en haut. L'existence des Papes a été mêlée de fortunes diverses : ils n'ont d'abord rien possédé, puis ils ont été rois, et cette royauté a été extrêmement agitée ; ils ont eu à lutter contre les autres rois et contre leurs propres sujets ; ils ont été tantôt vainqueurs, tantôt vaincus, quelquefois exilés ; mais il ne vient à l'esprit d'aucun catholique que, dans ces épreuves, l'indépendance spirituelle ait souffert, et qu'il y ait, en conséquence, des dogmes suspects.

Quant à la confusion du pouvoir temporel et du pouvoir spirituel entre les mains d'un souverain, quiconque a une conscience doit s'y opposer inflexiblement ; mais il faut bien reconnaître qu'on n'a plus la même autorité pour la combattre ailleurs quand on la veut à Rome. Parlons nettement. Y a-t-il quelque chance pour que le gouvernement, en France, ajoute à son pouvoir le pouvoir spirituel? Je respecte infiniment ceux qui font les plus honorables efforts pour conjurer ce mal, mais je ne puis parvenir à le redouter. L'idée d'un roi-pontife me paraît l'idée la moins capable de réussir chez nous : nous n'avons pas encore pour nos souverains l'espèce particulière de vénération qui est la vénération religieuse, celle que l'on trouve en Russie ; notre bon sens ne s'accommode pas non plus de ces fictions utiles dont s'accommodent si bien les Anglais ; imaginez l'éclat de rire qui s'élèverait en France si un souverain ou un ministère s'avisait de décréter, un beau matin, un jeûne national ! Puisqu'on parle du danger de confondre le pouvoir politique et le pouvoir religieux, je dirai franchement où il me paraît être. Il ne risque pas de venir de la violence du gouvernement se substituant au Pape, mais bien d'une trop grande amitié entre l'Eglise et l'État. Dans ce cas, chacun accorderait à l'autre partie ce qu'elle a de plus à cœur, et si on n'était pas assez sage pour se contenter de ce qui est naturel et légitime, si on ambitionnait de sortir de chez soi, si l'État désirait plus d'autorité sur les affaires religieuses, si l'Église désirait plus d'autorité sur les affaires civiles, on verrait le gouvernement se faire le serviteur du clergé, et le clergé, dans sa reconnaissance, sacrer le gouvernement ; les choses dureraient ainsi jusqu'au jour, immanquable, où chacun essayerait de garder ce qu'il a reçu en reprenant ce qu'il a donné, et laisserait éclater devant le public ses déceptions et ses amertumes.

La vraie raison pour vouloir l'indépendance du Pape est de ne laisser aucune puissance accaparer à son profit cette grande influence morale. Elle est faible en ce moment parce qu'elle est employée à défendre un misérable pouvoir que le temps lui arrache, et encore réussit-elle à troubler les esprits. Mais supposez-la, un moment, dégagée de cette entrave, vous vous soulèverez à l'idée qu'une puissance étrangère nourrit chez elle un Pape domestique ; la papauté serait alors comme ce tombeau d'Œdipe, à la possession duquel étaient promises de hautes destinées et que les peuples de la Grèce se disputaient.

Il est donc nécessaire que le Pape soit indépendant. Mais si on attache cette indépendance à la souveraineté temporelle, il est besoin de connaître à quoi on s'engage. Supposons qu'on ait sauvé le Pape de ses ennemis extérieurs, ce qui est facile, et de ses protecteurs, ce qui l'est déjà moins, il restera à assurer son indépendance contre ses sujets. Or ici la difficulté est extrême. Et je ne parle pas de ses sujets en révolte (on sait assez ce qui en est), mais de ses sujets désirant les simples libertés civiles et politiques que désirent les sujets des autres souverains. M. de Montalembert a bien vu le point délicat dans cette affaire. Si le Pape était un souverain semblable aux autres, le partage de l'autorité se ferait entre son peuple et lui, comme il se fait ailleurs, par accord ou par violence ; nul étranger n'aurait rien à y voir, et la raison seule aurait droit de trouver à y reprendre ; le Pape pourrait alors, sans inconvénient, devenir un souverain constitutionnel, comme en Angleterre, ou même un simple président, comme aux États-Unis ; mais il n'en est pas ainsi : ce Pape qui obéit à son peuple commande à tous les catholiques, et ces catholiques qui consentent à obéir au Pape ne consentent pas à obéir à ses sujets. Il faut donc trouver ici une façon particulière de gouvernement où le Pape soit toujours parfaitement maître et le peuple toujours parfaitement content. Quel problème ! Mettons qu'aucun obstacle ne viendra jamais de la part des Papes, que, possédant de droit la puissance entière, ils la limiteront eux-mêmes dans une juste mesure, qu'ils garderont invariablement, est-il permis d'attendre la même modération du peuple? Lui aussi ne sera-t-il jamais tenté d'avoir plus qu'il n'a et d'être le maître, ainsi qu'on le voit dans tous les pays? Conçoit-on ce qu'il faudrait accumuler de sagesse dans le souverain et dans les sujets pour conserver cet équilibre instable que M. de Montalembert impose et qu'il a raison d'imposer à ce gouvernement? On voudrait ne pas tirer une conclusion qui semble extrême et paradoxale; mais, s'il est nécessaire que le Pape, pour avoir toute son autorité spirituelle, ait toute son autorité temporelle, celle-ci dépendant du bon vouloir de son peuple, peu s'en faut que, pour maintenir l'infaillibilité du Pape, on ne doive accorder l'infaillibilité du peuple romain.

J'ai examiné le principal argument sur lequel s'appuient les défenseurs de l'autorité temporelle des Papes, la nécessité qu'ils soient souverains pour être libres; j'ai montré sincèrement les difficultés que cette thèse rencontre; il est un autre argument que les catholiques ont perpétuellement reproduit, mais jusqu'ici ils ne sont pas parvenus à y convertir l'opinion : on ne paraît pas avoir admis l'idée d'un territoire qui appartiendrait en propre aux catholiques répandus dans le monde et dont ils ne pourraient jamais être dépossédés, ni que les habitants de ce territoire puissent être obligés d'accepter le gouvernement qu'il plairait à ces catholiques de leur donner.

A leur tour, un grand nombre des adversaires de la papauté ne remarquent pas qu'ils ont un argument tout semblable à celui-là, et je leur demande la permission de leur signaler cette ressemblance. Que font-ils en effet quand ils s'élèvent contre les vices du gouvernement romain et demandent qu'on détruise ce gouvernement à cause de ces vices, sans demander de détruire pour la même cause les gouvernements de l'Autriche et de la Russie, qui laissent pareillement à désirer, mais qui sont assez forts pour défendre leurs abus contre les réformateurs qui entreprendraient le voyage ; ces adversaires, dis-je, de la papauté, ne semblent-ils pas prétendre que Rome est la propriété de la civilisation? Laissons des prétentions également fausses : Rome n'est ni la propriété des catholiques ni la propriété de la civilisation, elle est aux Romains.

Faute d'admettre une vérité si simple, on a créé l'étrange situation que chacun connaît : d'un côté, un souverain sous le coup d'une expérience récente, tombé du haut de ses illusions, aigri par l'ingratitude de ses sujets, nullement désireux de jeter une fois de plus la papauté dans les aventures, mal résigné à des réformes auxquelles il semblerait forcé, entouré enfin d'une administration de politiques qui, après avoir vainement résisté au mouvement, voudraient en éteindre les restes et seraient fiers de ressaisir un souverain et un peuple ; de l'autre côté, une nation étrangère, pénétrée de l'esprit moderne, jalouse de montrer qu'elle n'a pas passé les Alpes et la mer pour rétablir ailleurs l'ancien régime dont elle ne veut plus chez elle, imposant le Pape à Rome et imposant au Pape la liberté. Aussi il est arrivé ce qui devait arriver inévitablement : à mesure que le temps s'est écoulé, l'impossibilité s'est déclarée. On a vu le gouvernement romain attestant en toute occasion par ses paroles et par ses actes la haine qu'il porte à la révolution, et la France, fille de cette révolution, semant partout ses idées, suscitant une Italie qui les aime, disputant avec peine à une nation une ville qu'elle a enlevée à quelques milliers d'hommes insurgés.

Une part dans cette situation revient aux catholiques français, et parmi eux à M. de Montalembert. Les catholiques français ont applaudi à l'expédition de Rome : ils l'ont votée dans la Chambre, ils l'ont acclamée au dehors; ils ont triomphé le jour où les Français ont ramené le Pape dans Rome; ils ont réfléchi le lendemain. Était-ce donc en France qu'on devait oublier que l'intervention étrangère ne porte pas bonheur aux gouvernements? Une autre part revient au parti conservateur, qui pensait alors, de très-bonne foi, servir la cause générale de l'ordre menacé partout, en France et en Europe, en le rétablissant à Rome. Mais, pour être juste envers tout le monde, la question religieuse et sociale, telle que les catholiques et les conservateurs l'envisageaient, était dominée par une question de politique étrangère, de prépondérance nationale. Le malheur du Pape a été de n'être pas dans la condition commune des souverains, de n'être indifférent à personne, à cause de ce qu'il possède de force morale, de ne pouvoir ni se soutenir seul ni choisir qui le protége. C'était de la France et de l'Autriche à qui le sauverait; la France a pris les devants, on n'a plus à revenir là-dessus; mais quelques personnes qui croient être ici sans passion, quelques personnes qui ont vu la papauté à Rome et qui ont senti quelle convenance il y a entre ces deux grandeurs, pensent tout simplement que si on avait alors laissé la révolution à son cours, Rome aurait compris qu'elle ne pouvait se passer du Pape, le Pape qu'il ne pouvait se passer de Rome, qu'on se serait fait des concessions réciproques, qui en auraient préparé d'autres, et que les choses seraient allées comme vont souvent les choses, par ce que Montesquieu appelle « la nécessité d'aller; » les mêmes personnes voient aussi très-bien qu'il s'est déclaré depuis le siècle dernier un grand courant qui emporte les débris des sociétés vieillies et la théocratie parmi eux; elles sont assurées que rien n'arrêtera ce courant, mais elles conçoivent l'étonnement, elles respectent la douleur de ceux qui tenaient à ce passé qui s'en va; elles n'exigent pas que l'on voie d'un œil sec finir un monde et avec lui tout un ordre de croyances, de sentiments, de vertus que l'on aimait; et, en considérant particulièrement l'homme sous les pieds de qui ce monde s'écroule, elles regrettent que la destinée ait choisi pour cette épreuve le Pape dont les premières paroles avaient béni la liberté; car enfin, s'il est fâcheux d'être détrompé de la liberté, il est honorable d'y avoir cru, et on ne peut pas oublier que de ce même Siége, d'où partaient en 1847 des proclamations généreuses, était partie en 1832 l'encyclique contre les Polonais vaincus. Il appartient à la nécessité d'être impitoyable; mais le cœur humain n'est pas tenu d'être impitoyable comme elle, et il peut s'abandonner à des sentiments contraires devant les redoutables tragédies qui se jouent ici-bas.

V

J'ai fini l'étude à laquelle m'a provoqué la nouvelle lecture que je viens de faire des discours et des écrits de M. de Montalembert; j'y ai mis une extrême franchise, sachant bien qu'il verra dans cette franchise même le plus digne hommage à son caractère et à son talent. Je quitte à regret ces volumes. J'ai relu avec un vif plaisir, avec un patriotique orgueil ces beaux discours et les grandes discussions où ils ont figuré. Ç'a été assurément une époque glorieuse pour l'éloquence. Est-ce donc qu'il y a des générations plus fertiles que d'autres en orateurs? Je l'ignore; mais sans aucun doute l'éloquence a ses conditions nécessaires, et l'une de ces conditions est d'agir. La parole sans l'action est vide : elle sent qu'elle n'est rien, qu'elle n'est pas ce qu'elle doit être, et, quelque bien douée qu'elle soit de la nature, elle n'atteindra jamais cette gravité et cette force que donnent la conscience de la responsabilité, la pensée que l'on peut quelque chose pour le bien ou pour le mal, que l'on va décider pour l'un ou pour l'autre, et l'émotion qui saisit un honnête homme à cette pensée.

Si l'on veut bien considérer que ces discours et ces écrits de M. de Montalembert représentent trente années de sa vie, qu'il n'y a pas une seule ligne, un seul mot écrit de fantaisie, mais que toutes ces lignes, tous ces mots vont à un même but, on sera émerveillé de ce qu'il a dépensé d'énergie au service de sa croyance. J'étonnerai un peu les esprits les plus avancés de mon temps en leur disant qu'une des meilleures lectures à faire à cette heure est celle-ci; j'ose pourtant la recommander à la démocratie, car elle a un secret à lui apprendre : elle enseigne à chacun de nous l'activité personnelle, infatigable, la résistance consciencieuse, l'opiniâtreté invincible, ce qui fait un caractère, ce qui fait un homme, et ce sont des caractères, ce sont des hommes qu'il nous faut, si nous ne voulons pas que les éléments de notre nation soient un amas d'atomes que le vent des quatre coins du ciel forme et balaye à plaisir. Pour moi je ne sais pas de plus pressant problème ; je cherche ardemment à le résoudre et suis reconnaissant à ceux qui me l'enseignent, comme M. de Montalembert. Aussi bien je suis averti par le lieu même où j'écris ceci, une de ces dunes de sable que la mer dépose sur son rivage, et qui, poussées par le vent, marchent d'année en année, engloutissant ce qu'elles trouvent devant elles. Un homme les a arrêtées : il a planté des arbres qui, jetant de profondes racines, fixent le sable et résistent au vent ; la vie a été plus forte que les éléments. Essayons de faire comme lui : sur ce sol mouvant de la démocratie, tourmentée dans tous les sens par ses violences et par les violences de ses maîtres, semons des hommes, non pas des sages antiques qui se croisent les bras et se résignent à être ensevelis tout vifs, mais des hommes qui veuillent exister, respirer, agir, prendre leur place au soleil, la garder et l'étendre ; j'entends que le moyen de fixer la démocratie est de susciter dans chacun des individus qui la composent la conscience personnelle, le sentiment du droit et le courage pour le défendre. Personne plus que M. de Montalembert, ni plus tôt que lui, ni plus longtemps que lui, n'a eu cette conscience ni ce courage. Les voici ardents comme au premier jour dans une page qu'il écrivait hier :

« Je ne sais pas gré à la France de m'avoir trompé ;

mais je me félicite de n'avoir pas été détrompé trop tôt Peut-être, si j'étais venu au monde vingt ou trente ans plus tard, j'aurais reconnu d'avance la stérilité d'une carrière consacrée à soutenir des principes indifférents à la multitude, quoique destinés à l'affranchir et à l'ennoblir. J'aurais peut-être fait mon deuil des institutions libres et régulières, salué tour à tour les triomphes les plus divers et pris ma part dans les défaillances intéressées, dans l'abdication volontaire dont on nous a donné le spectacle. J'aime mieux, mille fois mieux, avoir cru à un idéal, peut-être trop élevé, et l'avoir servi, que de l'avoir ignoré ou trahi. Éclairé désormais sur le degré de sympathie que la vraie liberté inspire aux masses démocratiques, je n'éprouve aucune confusion à confesser une illusion prêchée par tant de grandes âmes et partagée par tant d'honnêtes gens. Je m'en console en remontant dans le passé pour y suivre la traînée lumineuse des aspirations magnanimes qui ont animé, de siècle en siècle, L'Hospital, Fénelon, Montesquieu, Turgot, Mme de Staël, Chateaubriand, Casimir Périer, Royer-Collard, Tocqueville, presque tous méconnus ou abandonnés par le pouvoir, tous désavoués ou dépassés par la démocratie moderne. Je me range humblement à la suite de cette élite qui, toujours vaincue et disgraciée, jamais anéantie ni découragée, a toujours reparu à travers toutes les phases de notre histoire, a toujours voulu, rêvé, réclamé pour elle et pour les autres une liberté sincère, honnête et réglée. Je reste échoué sur le promontoire où m'avait porté le flot des généreuses croyances de mon jeune temps, et je m'y console du naufrage qui m'a préservé de suivre la marée descendante de l'ingratitude et de la peur. »

Je termine sur ces nobles paroles. Elles sont tirées d'un avant-propos que M. de Montalembert a mis à ses œuvres, une revue fière et triste de sa vie passée et qui renferme, je le crois, plusieurs des belles pages de notre langue.

1861.

DE LA DÉCENTRALISATION.

I

Il tend à s'établir depuis quelque temps une confusion que nous voudrions dissiper. On se sert beaucoup du mot de décentralisation ; or ce mot a deux sens qu'il importe de distinguer. Décentraliser, en un sens, c'est renoncer à ce que l'action gouvernementale soit tout entière concentrée sur un point, à Paris ; c'est la disperser dans les départements, les arrondissements, les communes, en la remettant à un préfet, à un sous-préfet, à un maire nommé par le ministre et qui représente le ministre, au nom duquel il agit. Dans ce cas, aussi générale que soit la décentralisation, il n'y a toujours qu'une volonté ; seulement cette volonté est présente en plus d'endroits à la fois, partout où réside un des fonctionnaires que nous venons de dire. Si le télégraphe ne leur apporte plus, dans un certain nombre de cas, la décision de l'administration supérieure, s'ils ont à décider par eux-mêmes, leur devoir est de se pénétrer de la pensée de cette administration pour la traduire ; en somme, il n'y a pas dans le pays une pensée de plus. Telle est la signification véritable de cette espèce de réformes. Quoique ramenées à ce qu'elles sont au juste, elles ne nous en plaisent pas moins, elles épargnent les lenteurs, facilitent l'expédition des affaires, économisent le temps, dont le commerce et l'industrie savent le prix; elles mettent la résolution là où est l'information, et donnent aux intérêts plus de moyens de se défendre ; enfin le département, l'arrondissement et la commune acquièrent une existence plus distincte de celle de la capitale. Nous approuvons donc volontiers le décret du 25 mars 1852, qui est entré dans cette voie, et le décret du 12 avril 1861, qui y marche hardiment.

Parce que cette décentralisation nous plaît, ce n'est pas une raison pour oublier qu'il y en a une autre. Par celle-ci le gouvernement, au lieu de remettre une part de son action à ses agents, la remet à la société ; au lieu de faire nos affaires avec plus de célérité, il nous invite à les faire nous-mêmes. La société entre dans la confection des lois, dans l'administration et la justice, par les assemblées politiques, les conseils de département, d'arrondissement, municipaux, le jury, etc.; plus il y aura de vérité dans la formation de ces corps, d'indépendance et d'étendue dans leur action, plus aussi la décentralisation sera réelle : elle provoquera la pensée personnelle et l'action responsable, elle multipliera les centres de vie. Le décret du 24 novembre a été une de ces mesures. Le gouvernement qui a tenté une pareille épreuve ne craindra pas, nous osons l'espérer, de la poursuivre en sollicitant sur tous les points de la France les énergies utiles qu'elle renferme. Dans le décret du 12 avril, il abandonne évidemment l'idée que tout ce qui se fait dans le moindre village, importe à sa propre existence; il distingue entre les affaires celles qui sont essentielles et celles qui sont secondaires ; il délègue celles-ci à ses agents, pour être plus entièrement aux premières : ou nous nous trompons fort, ou il apprendra dans l'expérience actuelle qu'il peut aller plus loin encore, et, sinon s'en désintéresser tout à fait, du moins les abandonner, dans une certaine mesure, à ceux qu'elles touchent. Nous nous réservons de dire les avantages de cette entreprise.

En résumé, il y a deux décentralisations : l'une qui rapproche le gouvernement des administrés; l'autre qui, partout où cela est sans danger, charge les administrés de se gouverner tout seuls. Nous croyons que celle-ci est bonne et celle-là aussi, mais nous croyons et nous avons tenu à dire qu'il y en a deux.

II

La faveur avec laquelle le public a accueilli les remarquables travaux de M. Odilon Barrot sur *la Centralisation*, et de M. de Laboulaye sur *l'État et ses limites*, publié dans la *Revue nationale*[1]; la polémique qu'ont soulevée les livres de M. Dupont-White sur le même sujet, l'attention que l'on donne aux articles de journaux qui traitent de cette matière, sont un fait significatif. Il n'y a pas à s'y tromper, c'est ici quelque chose de plus qu'une de ces thèses passagères sur lesquelles notre esprit exerce sa sagacité; c'est la question de l'époque, qui sera reprise jusqu'à ce qu'elle ait été nettement résolue et qu'il soit accordé satisfaction aux vœux légitimes. Nous sommes heureux de la voir traiter, parce qu'elle est une question politique, et qu'elle n'est pas une question de parti. Quel que soit le parti qui gouverne à cette heure, ou

---

[1]. M. de Laboulaye a publié depuis *Paris en Amérique*, qui est devenu un livre populaire.

qui doive gouverner un jour, il est intéressé à ce que ce pays ait de la consistance, au lieu d'être une chose sans corps et sans forme, toujours prête à échapper à la main qui la saisit. Certainement il y a des partis en France, car la France a un passé. Diverses périodes historiques ont déposé diverses couches que des révolutions intérieures soulèvent et mettent à nu; mais, quelle que soit la couche qui vienne à la lumière, il importe qu'on puisse y marcher et y bâtir. Tel est le problème dans sa simplicité.

Il comprend mille détails, qui exigeront une longue et profonde enquête sur toute l'étendue du pays; nous n'avons pas la prétention de l'entreprendre et désirons seulement, dans ces quelques pages, faire deux choses : montrer en quoi la décentralisation est nécessaire, montrer aussi où elle doit s'arrêter.

Elle nous semble nécessaire, parce que, si l'on veut guérir la France, ce n'est pas telle ou telle circonstance extérieure qu'il faut changer, mais son esprit même. L'esprit français a le mérite incomparable de pousser dans toutes les questions jusqu'aux principes, aux principes naturels; aussi il a rencontré, en politique, ceux de 89; mais s'il a ce mérite, qu'il doit garder, il a aussi deux défauts moins nécessaires : il est absolu et impatient. Absolu, il affirme les vérités qu'il a trouvées, comme on affirme les vérités géométriques, sans admettre que l'expérience puisse en rien les faire fléchir; impatient, il doit l'être, car, ces vérités étant excellentes, tout le temps qu'elles ne sont pas appliquées est du temps perdu, un inutile sacrifice au mal, une injustice et une souffrance gratuites. Il s'irrite contre les aveugles qui ne veulent pas les voir; il s'indigne contre les méchants qui les combattent. Les méchants jouent un grand rôle dans la politique française, le rôle qu'ils jouent dans les drames français, où ils s'opposent au bonheur des autres. Là est l'erreur. Sans doute il y a des méchants, mais beaucoup moins qu'on ne s'imagine; s'il fallait en croire chacun des partis, qui appelle ainsi les hommes des partis contraires, il n'y aurait, en fin de compte, que des méchants en France, ce qui est bien fort. Mon Dieu! non; mais il y a des idées différentes et des intérêts différents, qui ont un droit égal à se défendre. Pourquoi voulez-vous qu'ils abdiquent? La politique n'est pas une nuit perpétuelle du 4 août : c'est un combat; elle a ses vainqueurs et ses vaincus, les mêmes à tour de rôle, vaincus de la veille, vainqueurs du lendemain. C'est une étrange prétention d'imposer aux autres le dépouillement volontaire! Le royaume des partis est de ce monde; ce n'est pas ici l'affaire du salut. Il faudrait donc comprendre cette condition de la politique, renoncer à ranger les hommes en deux catégories : les bons, où l'on se met, les méchants où l'on met ceux qui ne sont pas de votre avis; concevoir la variété infinie qu'établissent entre les hommes la nature, la naissance, l'éducation, la réflexion, l'expérience, les conjonctures, enfin tout ce qui fait qu'ils sont eux et que vous êtes vous : admettre les résistances et en appeler, pour les vaincre, ou à la persuasion ou à la force de l'opinion, qu'elles peuvent, à leur tour, convertir.

Cette modération d'esprit et cette patience, ces humbles et précieuses vertus politiques s'acquerraient difficilement chez un peuple qui rêverait toute l'année et voterait un jour : elles s'apprennent tous les jours par la pratique des affaires. C'est dans l'action que les difficultés de l'action se découvrent; c'est là que l'on reconnaît la nature des choses, la nécessité, ce qui empêche de faire tout ce qu'on veut aussi vite qu'on le veut ; c'est là que l'on voit se dresser, en face d'un principe qu'on apporte, des principes contraires, qui demandent, comme le vôtre, une place à l'air et au soleil ; c'est là que, au lieu de la violence de la logique, qui va devant elle à travers tout, sans rien voir et sans rien entendre, là, dis-je, que se forme l'esprit pratique, qui constate les forces existantes, les tempère les unes par les autres et compte sur le temps ; là enfin que se forme cette sagesse moyenne, qui est maîtresse du monde.

Voilà l'école à laquelle nous désirerions que l'on mît la France ; mais, entendons-le bien, une école sérieuse, avec liberté et responsabilité vraies, car il vaut mille fois mieux ne rien faire que d'agir à vide.

Agir régulièrement et utilement, tel est, je le crois, le conseil raisonnable qu'il faut donner à ce pays, et que la décentralisation, étendue selon le besoin, lui permettra de suivre. On ne sait pas assez ce que peut ce simple conseil, ou plutôt on l'oublie, car, en ce qui nous regarde, nous en avons tous éprouvé la bonté. Quand nous sommes en proie à une passion violente, ou que nous sommes frappés d'un coup cruel, si quelque diversion n'arrive pas, nous sommes perdus ; de ces diversions, il y en a plusieurs sortes, plus ou moins heureuses ; une seule, toujours efficace, est d'agir, de nous employer à quelque chose d'utile ; sinon, nous nous livrons à l'agitation, qui nous dévore. Dans la politique, comme dans la vie privée, le remède de l'agitation, c'est l'action. Un peuple souffre comme nous, il est blessé, il est inquiet, il s'agite dans des guerres et des révolutions, et se consume dans ces terribles fantaisies. Si on l'aimait sincèrement, on s'empresserait d'occuper à un travail sérieux cette activité maladive et de la guérir par le travail même; or, il y en a un tout naturel et convenable, qui est de faire ses propres affaires et de faire en même temps la longue éducation, qui va depuis l'intelligence des intérêts d'une commune ou d'une association de prévoyance jusqu'à l'intelligence des intérêts généraux d'un grand pays. Il n'y a pas d'assurance contre les révolutions; mais s'il est possible d'en diminuer les chances, certainement des citoyens ne renverseront pas capricieusement un régime où ils trouveront naturellement leur emploi. Sans cela, rien n'est sûr : pour qu'une nation soit contente de son gouvernement, il faut qu'elle soit contente d'elle-même.

III

Dans les pages qui précèdent, nous avons désiré, pour ainsi dire, reconnaître notre terrain. Il y a deux décentralisations : ou bien l'État fait nos affaires de plus près, sans les faire moins pour cela, ou bien il nous charge plus souvent de les faire nous-mêmes. La première peut avoir du bon, mais il est naturel que la seconde nous préoccupe davantage, et nous l'avons recommandée par des considérations qui nous semblent encore avoir quelque valeur. Aujourd'hui, nous venons à l'application même, et nous essayerons de déterminer la mesure qu'il serait utile d'y garder; une complète absence de parti pris et le désir de bien voir dans nos propres idées pourront y réussir. Nous laissons de côté à dessein la question générale des rapports de la centralisation avec le progrès, et nous renvoyons le lecteur à des écrits où elle est supérieurement traitée. M. Dupont-White[1] a déployé dans cette question toutes les ressources d'une dialectique qui en a beaucoup; M. Littré[2] l'a éclairée par l'histoire, et M. de Rémusat[3] y a distingué le certain de l'incertain avec sa parfaite sincérité envers les autres et envers lui-même. Nous considérerons la décentralisation plus humblement, appliquée à notre pays et au moment actuel, et puisqu'un grand nombre de personnes y voient la liberté municipale, nous commencerons par là.

Les municipalités ont en main deux sortes d'intérêts : des intérêts locaux et des intérêts généraux. En tant qu'elle règle des intérêts purement locaux, une municipalité est un ménage; il est permis de croire que, dans sa sollicitude pour la bonne administration, l'État intervient trop dans ce ménage. Sans admettre l'égalité des intelligences, et en pensant aussi modestement qu'on le voudra des lumières des conseillers de beaucoup de communes rurales, il nous plairait pourtant que l'on accordât aux municipalités une plus libre gestion de tout un ordre d'intérêts dont la conduite est sans conséquence pour le pays. Ces hommes sont, dites-vous, incapables; mais quand et comment voulez-vous qu'ils deviennent capables, s'ils ne se mêlent jamais de rien? Ils feront des fautes, mais ce seront les leurs, et on ne profite jamais bien que de celles que l'on fait; c'est ce qu'en français populaire et plein de sens on appelle des *écoles*. Nous demandons ce droit pour nos conseils municipaux.

1. *L'individu et l'État, la Centralisation; Préface* à la traduction de M. Mill sur la Liberté.
2. *Revue des Deux Mondes*, 15 avril 1859.
3. *Ibid.*, 15 octobre 1860.

D'autres intérêts dépassent la commune et touchent le pays : tels sont incontestablement l'instruction populaire, les chemins et la bonne situation des finances communales, qui, par un abus de l'impôt ou de l'emprunt, tariraient les ressources dont l'État peut à un moment avoir besoin. Il nous semble que l'État intervient justement pour ordonner certaines dépenses et en empêcher d'autres ; la loi de 1833 sur l'instruction primaire et les lois sur les chemins vicinaux, en assurant les dépenses pour ces objets, étaient dans le vrai, et ont rendu, sans aucun excès du pouvoir central, d'admirables services. Elles ont prévenu les obstacles que la parcimonie locale pourrait opposer en plus d'un endroit à l'intérêt commun ; d'un autre côté, la limitation des centimes additionnels de l'impôt communal et la nécessité de l'autorisation supérieure pour un emprunt arrêtent les prodigalités où le luxe local serait tenté de se précipiter. On ne sait pas jusqu'où va quelquefois en France la passion du monument, les sacrifices que de petites communes seraient prêtes à s'imposer pour quelque construction d'art que l'on pût montrer avec orgueil aux étrangers ; il paraît même que la sagesse des préfets n'a pas toujours semblé suffisante pour empêcher le mal. Se rappelle-t-on encore qu'un décret du 25 mars 1852 leur avait attribué le droit d'autoriser les communes à emprunter jusqu'à concurrence d'une certaine somme, et a-t-on fait attention que ce décret a été révoqué par un autre du 10 juin 1853 ? Que s'est-il passé pendant cet intervalle, qui ait motivé la nouvelle mesure ? Probablement le magistrat départemental avait cédé à la faiblesse naturelle d'illustrer son règne en couvrant le sol de monuments, et si le décret du 10 juin 1853 n'était pas intervenu, nous aurions peut-être, à l'heure qu'il est, dans chaque département, quelque chose comme une des pyramides d'Égypte.

Le double caractère que l'on a vu dans les intérêts qui passent devant un conseil municipal se retrouve aussi dans le maire : il est à la fois le chef de la commune et l'agent le plus éloigné de l'État. On voudra bien réfléchir à ce dernier caractère, qui lui attribue l'exécution des lois et règlements, et le charge des mesures de sûreté générale, depuis les plus simples prescriptions jusqu'à la recherche des conspirations contre le gouvernement et à l'emploi de la force armée pour dissiper les émeutes. On conçoit que les communes désirent connaître l'homme qui gère leurs affaires, on conçoit aussi que l'État désire connaître l'homme qui le représente dans les communes. Donner à l'État la faculté de vouloir, et soustraire entièrement à son pouvoir les agents par lesquels sa volonté atteint les individus, lui permettre de faire les lois et permettre que, dans chaque commune, quelqu'un arrête l'exécution de ces lois, ou tolère ou réprime à son gré la résistance des citoyens, c'est créer un État qui est et qui n'est pas, c'est créer une contradiction. Entre les deux extrêmes, dans lesquels le maire est nommé par la pure élection ou choisi par le gouvernement en dehors du Conseil, un régime moyen et, ce nous semble, équitable, puisqu'il maintient le double caractère de ce magistrat, a longtemps prévalu, qui donnait au gouvernement le droit de choisir le maire, mais de le choisir dans le Conseil même; nous sommes persuadé qu'après expérience on y reviendra.

Supposons que le gouvernement prenne ce parti, supposons aussi qu'il partage nettement les affaires en locales et en générales, qu'il retienne celles-ci, se démette de celles-là, il resterait à garantir contre l'abus possible du pouvoir local les intérêts des individus et des minorités. Or, cette garantie ne saurait venir que d'un pouvoir assez éloigné pour ne pas partager les passions du lieu et assez haut pour décider par des vues d'ensemble. Les juridictions échelonnées du sous-préfet, du préfet, du conseil de préfecture, du Conseil d'État, du ministre et des tribunaux répondent à une nécessité. Le principe qui fonde le recours à des arbitres de plus en plus éloignés et élevés a été appliqué à la justice par l'institution des Cours d'appel et de cassation ; s'il est bon pour l'administration de la justice, il ne peut-être mauvais pour l'administration des affaires, où il y a toujours quelque droit engagé.

Nous craignons qu'il n'ait souffert quelque chose des décrets du 25 mars 1852 et du 13 avril 1861. Ces décrets, qui remettent le pouvoir de l'État à un fonctionnaire plus humble et plus rapproché de ses administrés, risquent par là même d'ôter au gouvernement un précieux avantage, la présomption que créent en sa faveur son éloignement et son élévation. Les hommes acceptent plus volontiers la tyrannie du gouvernement que la tyrannie d'une autorité voisine. Le gouvernement n'est pas quelqu'un que l'on rencontre à toute heure, à qui on a affaire tous les jours, sur la figure de qui on lit la victoire, la moquerie ou le dédain ; il vous ignore, et s'il vous connaît, en s'adressant à vous, en vous nommant et vous frappant, par là même il vous grandit. Les hommes sont ainsi, et on est forcé de les prendre comme ils sont. Au fait, parce que le gouvernement les touche de plus près, ce n'est pas une raison pour qu'il les gêne moins. Aussi conçoit-on quelques craintes pour l'autorité lorsque l'administration centrale délègue ses pouvoirs aux administrateurs locaux, car il y a là une source d'irritations très-dangereuses. En changeant de lieu, le pouvoir doit évidemment changer de nature : il ne saurait affecter dans une préfecture ou une sous-préfecture la souveraineté qui lui allait dans un ministère; fût-il sans passion, par cela seul qu'il est descendu plus près des passions locales, on est trop disposé à croire qu'il a pu les contracter.

Puisque son autorité n'est plus dans un département ce qu'elle était au centre, il serait sage à lui de se modifier, de se borner à prononcer un premier jugement contre lequel il y aurait toujours recours près d'un tribunal supérieur. S'il est désirable que les affaires s'expédient, il est désirable aussi que les intéressés ne croient manquer d'aucune garantie nécessaire. Un ancien a dit que l'humanité d'un juge est de tuer vite; cela est fort bien pour le juge, mais celui que l'on tue paraît excusable s'il pense qu'un autre juge ne l'aurait pas tué du tout. Pour citer un exemple, si on laissait aux journalistes de département le choix entre les avertissements du préfet et ceux du ministre, il est à croire qu'ils préféreraient encore les derniers, et que, sous le régime plus expéditif qui les gouverne, ils ne sentent pas tout leur bonheur.

Il n'y a pas à se tromper sur l'esprit des deux décrets de 1852 et de 1861, qui ont opéré une certaine décentralisation; la circulaire du ministre de l'intérieur, à la date du 6 mai 1852, marque nettement l'effet du décret qui la précède : « Vous recevez une nouvelle concession de la puissance publique. Vous aurez désormais une liberté de mouvement, une indépendance de décision, une force d'action personnelle qui vous permettront de relever encore l'ascendant de la haute position que vous occupez; mais votre responsabilité grandit avec votre pouvoir; un esprit de décision ferme et rapide devra présider aux actes de votre administration, et si des plaintes légitimes venaient encore à s'élever, elles atteindraient, non plus le pouvoir central, mais l'administrateur responsable qui les aurait provoqués. » Le décret de 1861 n'a pas un autre esprit.

Plus les administrations locales acquièrent de puissance, plus il convient que les administrés aient des moyens de faire entendre leurs vœux ou leurs réclamations, leurs vœux avant la décision, leurs réclamations après. On peut s'ingénier à découvrir et à combiner ces moyens, on peut garder l'appel aux autorités supérieures; mais il y a un moyen naturel que rien ne remplace : la publicité. La publicité fait sentir l'opinion à des pouvoirs qui seraient tentés de s'enfermer en eux-mêmes, de s'infatuer de leur grandeur; elle réprime les abus; elle fait mieux, elle les prévient, et, par une vertu précieuse, elle se proportionne à l'importance des intérêts qu'elle défend : s'ils sont médiocres, le bruit qu'ils font ne dépasse pas la localité où ils s'agitent; s'ils grandissent, ce bruit s'étend de la localité au département, du département au pays, et du pays au monde civilisé. Le gouvernement qui décentralise, comme l'ont essayé les décrets de 1852 et de 1861, prend donc, par cela même, des engagements envers la presse départementale. Augmenter considérablement l'autorité des sous-préfets ou des préfets, et leur laisser en outre le droit de vie et de mort sur les journaux de leur ressort, c'est exposer des administrateurs, qui sont des hommes, aux tentations de l'arbitraire, c'est s'interdire à soi-même la connaissance de ce qui se passe, s'exposer à ces malentendus qui arrivent quelquefois entre une nation et ceux qui la gouvernent.

Nous le constatons avec tristesse, la plupart des journaux de localité ne sont pas politiques, et en sont réduits au récit des accidents, aux charades et aux logogriphes, pour intéresser leurs lecteurs; ils n'osent examiner aucune mesure de l'autorité, de peur d'entrer sur un terrain interdit et d'en subir la peine; parmi ceux qui ont la permission de parler politique, tous redoutent les avertissements; un grand nombre, ambitionnant les annonces judiciaires, n'osent toucher à rien, par crainte de les perdre; quelques-uns seulement trouvent que ce n'est pas assez de vivre, qu'il faut encore que cela en vaille la peine, et ont réussi, à leurs risques et périls, à se créer une existence indépendante : ils ont osé aborder les questions, les discuter, et se sont fait une place dans l'opinion, qui les protége.

Ainsi nous maintenons au gouvernement le droit de nommer les maires, d'ordonner certaines dépenses et d'en empêcher d'autres, dans l'intérêt de l'État; nous maintenons l'appel des décisions municipales aux juridictions supérieures. S'il y a parmi nos lecteurs des partisans absolus de la décentralisation administrative, nous les prions de nous pardonner la modestie de nos réclamations, de ne point se fâcher si nous nous arrêtons en route; aussi bien nous sommes de ceux qui s'arrêtent sur toutes les routes. Nous rencontrons tous les jours de grandes prétentions, auxquelles nous ne pouvons nous résoudre à souscrire. Depuis que Sieyes a écrit la phrase célèbre : « Qu'est-ce que le Tiers-État ? — Rien. — Que doit-il être ? — Tout, » il n'est guère de classe ou d'institution qui ne la répète pour son compte ; on dirait volontiers aujourd'hui : « Qu'est-ce que la commune ? — Rien. — Que doit-elle être ? — Tout. » M. Jules Brisson le dit dans une brochure, d'ailleurs très-intéressante, sur l'organisation communale. Pour nous, en ce monde, nous ne connaissons rien qui puisse être tout. Nous laissons donc la commune dans sa sphère ; mais en même temps il nous plairait que, dans cette sphère, elle fût tout ce qu'elle peut être : que son Conseil fournît les maires que le gouvernement choisit, qu'il eût, dans les affaires locales, plus de liberté d'action, que ses délibérations fussent vivifiées par la publication large des comptes rendus et par la discussion des journaux. Ce premier apprentissage permettrait d'étendre plus tard les attributions primitives et de faire croître la responsabilité avec la capacité.

Que le gouvernement tente l'expérience, et il sera avec l'opinion publique. Ce qu'il a fait a été bien accueilli, parce qu'il indique l'intention de faire quelque chose ; mais ce n'était pas précisément ce qu'on attendait de lui en ce moment : on lui a demandé la liberté municipale, il a répondu par la liberté des préfets. Qu'on en soit bien convaincu, le mouvement qui se déclare depuis quelque temps en faveur de la liberté municipale n'est pas un mouvement factice, une manœuvre de parti, et, si on consent à examiner la situation présente, on trouvera toute naturelle cette préoccupation d'humbles intérêts de clocher. Il nous arrive ce qui arrive dans les villes calmes de la province ou dans des quartiers retirés de la capitale : quand on n'entend plus le bruit confus de la ville, on entend distinctement les bruits de la rue, et on y fait attention.

Puis il y a, si je ne me trompe, dans ce retour vers les petites affaires un salutaire instinct, un de ces instincts qui avertissent les malades du remède qui leur est bon. Sous le régime précédent, on a pu ne pas se préoccuper de développer la liberté municipale : la vie politique était si intense au centre et circulait de là avec une telle activité qu'elle atteignait les parties les plus reculées ; qui avait le plus n'était pas en peine du moins ; aujourd'hui que l'activité politique au centre est plus tempérée, la vie, ralentie au cœur, risque de ne pas arriver aux extrémités ; nous avons senti qu'il était temps de les ranimer, et l'élan d'opinion en faveur de la liberté municipale n'est au fond que ce sentiment. Autrefois la liberté descendait, maintenant elle remontera ; du reste, qu'elle descende ou qu'elle remonte, elle sera la bienvenue, et si nous avions un choix à faire, peut-être le second mouvement nous plairait-il davantage, car la vie politique, concentrée en un point, a de fâcheuses altérations et de terribles éclipses ; au contraire, répandue partout, elle peut supporter bien des chocs et réparer bien des avaries ; dans un système la liberté est une habitude, dans l'autre elle n'est qu'un heureux accident.

IV

Nous avons parlé de la liberté municipale, mais la décentralisation signifie encore autre chose, qu'il s'agit de déterminer.

Les mots ne disent pas toujours ce qu'ils semblent dire ; ils ont différents sens selon les temps où on les prononce. Si je ne me trompe, le mot de décentralisation, partout répété aujourd'hui, signifie principalement ceci : Nous voulons agir; il y a chez nous un réveil de l'individu, comme ailleurs un réveil des nationalités, et chez nous, comme ailleurs, une explosion de forces qui, auparavant mutilées et captivées au service de la politique, désirent maintenant ou exister entièrement pour leur compte, ou ne prêter qu'une partie d'elles-mêmes et se réserver le reste. La question des nationalités se tranche en ce moment par des moyens plus violents que les méditations philosophiques; quant à l'activité individuelle que nous voyons renaître, il est permis encore d'en rechercher paisiblement l'emploi, et c'est ce que nous essayons ici.

Peut-être la difficulté est-elle moins grande qu'on ne l'imagine; peut-être, au lieu de tenter des moyens extraordinaires, n'y a-t-il qu'à développer ce qui est déjà et à le développer dans le sens indiqué par l'expérience. Les individus contribuent en trois façons à la vie publique : ou ils sont fonctionnaires de l'Etat, de qui ils tiennent leur existence; ou ils existent par eux-mêmes, et l'État vient les prendre dans la société pour leur demander leurs libres services, ou enfin l'individu, en son propre nom, crée quelque chose, par exemple une association, un journal, qui donnent de la vie à de certains intérêts, de la force à de certaines mœurs et à de certaines idées. Dans chacune de ces trois actions diverses, examinons, s'il se peut sans préjugé, assurément sans opposition systématique, ce qui est laissé à la liberté de l'individu et ce qui peut lui être laissé encore.

Prenons d'abord les fonctions de l'État, qui, aux yeux de quelques personnes, entraînent une absolue dépendance; ce qui est vrai quand on consulte les définitions au lieu d'observer les choses.

Se représenter l'ensemble des fonctionnaires français comme une armée campée en pays étranger, avec ses idées, sa langue, ses intérêts, ses mœurs, sa vie à part, fanatique de la consigne, et sans relation avec le pays que pour lui signifier cette consigne, serait se les représenter bien faussement. D'abord, une multitude de Français aspirent aux emplois publics en vertu de l'égalité, et dans l'égalité ils créent un privilège pour eux-mêmes, en vertu de leur capacité; il y a donc chez nous une sorte de droit aux emplois qui diminue un peu la reconnaissance envers le gouvernement qui nous nomme. Un grand nombre de fonctions sont d'ailleurs attribuées à ceux qui ont obtenu de certains grades, ou même données au concours et dues à ceux qui ont réussi. De quelque manière qu'on y entre, une fois entré, l'idée de remplir un devoir élève la conscience, puis chaque jour crée des services, c'est-à-dire des titres au maintien ou à l'avancement, et par conséquent une indépendance, que des mérites personnels éclatants rendent quelquefois inviolable. Quant à l'esprit de soumission absolue, ce n'est pas en ce pays qu'on le trouve. La foi aveugle en l'autorité infaillible n'y est guère nulle part; elle est moins encore, s'il est possible, dans l'intérieur d'une administration, chez des gens qui connaissent ou se piquent de connaître leur affaire. En second lieu, les fonctionnaires sont, comme le reste de la nation, citoyens : ils possèdent et sont intéressés à la defense de leur fortune; leur fonction même ne peut être garantie que dans un régime politique tempéré, contre lequel il leur serait bien difficile de travailler. N'oublions pas non plus que ces fonctionnaires sont des hommes; que si, en entrant dans un emploi, ils ont engagé une portion de leur liberté, ils ne l'ont pas engagée tout entière, et que, sous la condition d'une grande réserve extérieure, naturelle, ils gardent le droit naturel de penser. Rappelons-nous enfin qu'ils sont Français, c'est-à-dire très-sociables, mal à l'aise quand ils ont raison tout seuls, ouverts aux idées et aux sentiments qui les entourent, et nous comprendrons que les fonctionnaires ne sont pas ici une autre nation, mais la nation même appliquée à administrer. Cela est particulièrement vrai lorsque des fonctionnaires sont organisés en un corps comme l'armée, la magistrature et l'université. Un corps est une compagnie où il y a des règles générales pour entrer, pour avancer, et des garanties contre l'arbitraire, c'est-à-dire des droits, car sans droits il n'y a pas de corps; un corps a aussi un certain esprit qui, s'il change, ne change qu'à la longue et de son consentement, et avec qui il faut compter; un corps est un instrument qui commande à la main qui s'en sert.

Tout ce que nous venons de dire s'applique principalement aux fonctions permanentes, et on ne saurait s'empêcher de mettre un peu à part les fonctions politiques, dont le personnel change avec la politique elle-même. Ici on se passe difficilement d'être agréable en haut, et plus d'un fonctionnaire pourrait dire de son supérieur ce que dit de son préfet le maire de Bulos, dans le joli roman de M. About[1] : « M. le préfet, qui m'a toujours conservé la même bienveillance, quoiqu'on l'ait changé plusieurs fois depuis 1847. » Malgré tout, ces fonctionnaires n'appartiennent pas aussi entièrement qu'on le croit à l'administration qui les nomme; on les défie d'habiter quelques jours

---

1. *Les échasses de maître Pierre.*

dans leur résidence sans être pénétrés par le milieu où ils sont, sans compter avec les hommes et avec les choses, sans désirer la considération publique, et par conséquent sans en dépendre ; mais malheureusement, on le sait, lorsque le gouvernement est très-fort, on voit ses représentants, dans les sphères inférieures, affecter pour leur compte le pouvoir absolu ; et la presse, par exemple, serait bien indulgente si elle oubliait la condition qu'on lui a faite dans une multitude de départements[1].

Ainsi, en examinant de près, nous ne sommes point frappé de la servitude nécessaire que créent les fonctions publiques ; ce que les personnes y peuvent gagner encore en raisonnable indépendance viendra du gouvernement, qui sentira l'utilité de relever de plus en plus les agents qu'il emploie, et des personnes elles-mêmes, qui ont en elles les moyens de se faire respecter par leurs mérites et leur caractère ; mais cela, comme on sait, ne se fait pas par des décrets, et suppose l'énergie de l'homme, à laquelle il faut toujours en revenir.

J'examine la seconde façon dont l'individu contribue à la vie publique, comme libre auxiliaire de l'État. En ce sens on peut citer les hautes fonctions politiques, puis les conseils municipaux, d'arrondissement et de département, les conseils académiques, les délégations cantonales et les délégations communales pour l'instruction primaire, les comités consultatifs et les conseils supérieurs près de divers ministères, les chambres et tribunaux de commerce, les conseils de prud'hommes, les conseils d'hygiène, l'administration des hospices, le jury près des tribu-

---

1. Voir M. Léon Vingtain : *De la liberté de la Presse.*

naux, les jurys d'expropriation, etc. En tant qu'il entre dans les grands corps politiques, l'individu sert à constituer l'État. Sa parfaite indépendance est si essentielle, qu'il faut tout faire pour l'assurer. En ce qui regarde les autres fonctions, nous goûtons beaucoup cette intervention de la société dans l'État, soit que l'État fasse lui-même les choix, ou qu'il les laisse faire par l'élection publique, ou qu'il permette à des Compagnies de se recruter elles-mêmes. Il y a là profit pour l'État, qui met ainsi en œuvre la capacité et l'activité de beaucoup de citoyens; profit pour la société, qui introduit ses idées et ses sentiments dans l'administration publique; profit pour l'individu, qui se sent relever par la fonction qu'on lui confie et fait effort pour en être digne. Plus nous attachons de prix à ces institutions, plus nous voudrions qu'elles ne continssent rien de faux. La nomination franche par le gouvernement ou par le suffrage public nous plaît: l'un et l'autre se savent responsables et tenus d'aller chercher les hommes que leur notoriété désigne; mais ce que nous aimons moins, ce sont les moyens obliques par lesquels on forme en de certains endroits les tribunaux de commerce et partout le jury. Pourquoi appeler électif un tribunal nommé dans une ville d'une trentaine de mille âmes par une centaine de commerçants que le préfet déclare notables? pourquoi aussi attribuer, dans la loi, la qualité de juré à la qualité de citoyen, lorsque les jurés sont nommés par une réunion de maires, qui sont nommés par le gouvernement? Les noms sont ensuite tirés au sort, c'est bien; mais il n'est pas difficile de deviner qu'on ne tirera de l'urne que les noms qu'on y aura mis. Nous accorderons sans peine qu'un juré choisi par le pouvoir que l'on voudra, une fois choisi, ne sera plus que juré et remplira son devoir en conscience; nous accorderons aussi qu'on ne peut laisser absolument cette désignation au hasard et que cette fonction suppose une certaine instruction, une certaine moralité, un certain loisir, qu'il y a lieu à établir des catégories où on devrait prendre; mais, de grâce, que l'on établisse ces catégories, et qu'après cela on s'en remette loyalement au sort.

Nous n'avons pas énuméré tous les emprunts que l'État fait à la société, tous les services qu'il demande à des hommes qui n'ont rien à lui demander; il serait curieux de faire l'énumération complète, on verrait à combien d'usages peut être utile l'activité des citoyens dans des emplois qui n'altèrent en rien leur indépendance et au contraire la supposent.

Arrivons enfin à l'initiative individuelle; là nous rencontrons les associations de bienfaisance, les maisons libres d'éducation, les cours publics libres, les associations pour ou contre tel régime commercial, les sociétés de lettres, d'arts et de sciences, les sociétés religieuses pour une œuvre particulière ou pour un culte particulier, les livres, les revues et les journaux, et pour tous les citoyens le suffrage. On accuse les hommes d'être intéressés, ils le sont; mais avez-vous remarqué aussi combien il y a de ces hommes qui tiennent à quelque idée où leur intérêt n'est pas en jeu, à laquelle même ils sont prêts à sacrifier cet intérêt si cher? Tourmentés du désir de répandre, de réaliser cette idée, ils s'agitent et souffrent jusqu'à ce qu'ils voient jour à le faire; et une fois à l'action, ils sont heureux, ils ont trouvé leur élément, ils déploient des trésors d'intelligence, d'énergie, que personne ne soupçonnait, qu'ils ne soupçonnaient pas eux-mêmes, et qui sans cela restaient ensevelis. Croyez-vous qu'un État soit irréprochable s'il ferme les issues à cette activité, s'il force les individus de retomber sur eux-mêmes et les condamne à se consumer ou à dépenser leur force dans d'autres poursuites qui ne leur rapportent ni honneur ni contentement? Croyez-vous aussi que ces hommes ne trouveront pas mauvais un État qui leur interdit le bien? Ne se réjouiront-ils pas s'il chancelle et s'il tombe? Nous sommes tous comme des enfants qui, dans le grand jardin de la famille, veulent un coin de jardin à eux, le retournent, l'arrosent et y font venir des fleurs, les plus belles de toutes, puisque ce sont eux qui les ont fait venir. En vérité, quel mal y a-t-il à cela? S'il y a assez d'enfants, le jardin, en définitive, ne sera-t-il pas bien cultivé, et, par-dessus le marché, les enfants plus gais et plus forts?

Je reviens à nous. Il est incontestable que ce pays désire la liberté individuelle, non pas par caprice, mais d'un désir qui est né il y a longtemps et s'accroît tous les jours. Il a obtenu, sous le dernier règne, la liberté d'enseignement, il passe à d'autres : par exemple, il veut la liberté des cultes, et il l'obtiendra; il sera, d'ici à peu, permis à des citoyens unis par la pensée religieuse, de se réunir en un lieu ouvert pour s'entretenir dans cette pensée, sauf le droit de la police et de la justice. Déjà une église de ce genre s'est constituée à Paris; un jour arrivera, où ce qui est possible à Paris à des volontés influentes sera facile partout. Le gouvernement qui y a autorisé cette église, y a aussi autorisé des conférences de divers genres, et en diverses villes des cours d'économie politique, où des hommes de mérite, comme MM. Frédéric Passy et Modeste, ont eu de légitimes succès.

On connaît plusieurs associations parisiennes pour

des cours d'adultes, l'affluence qui a lieu à leurs cours et la juste importance qu'elles ont prise. Je veux à côté d'elles mentionner une autre Société qui, sur un moins grand théâtre, a eu la même fortune, la Société philomatique de Bordeaux. Vers 1830, composée d'une douzaine de membres, elle a ouvert des classes d'adultes pour un enseignement professionnel; aujourd'hui ces cours sont suivis chaque année par environ 2,000 auditeurs; elle compte plus de 400 membres, et par ses propres ressources et des subventions elle a pu, en 1859, dépenser près de 100,000 fr. pour une Exposition où plus de 1,400 exposants ont envoyé des produits. Les associations de prévoyance s'étendent par tout le pays, et on lit avec une satisfaction véritable le livre que M. Émile Laurent leur a consacré, une véritable monographie de ces associations, écrite avec la passion du bien. Plus on les examinera, plus on y reconnaîtra des créations naturelles, qui méritent le respect et la sympathie de tous, et plus il paraîtra utile que le gouvernement en retire sa main pour les laisser se former, se recruter et se gouverner elles-mêmes, car on aime à se sentir chez soi.

Après avoir réclamé pour plusieurs institutions plus ou moins humbles, on ne me pardonnerait pas de ne rien demander pour les journaux, qui sont bien un exercice de l'activité individuelle et une part de la vie publique. Parlons franchement : c'est la plus forte part et la plus essentielle. Le principe de la vie publique est la publicité. Si la publicité manque, quelles que soient les institutions, elles sont choses mortes; la publicité qui survient leur apporte une âme, c'est-à-dire le mouvement, l'intelligence et la liberté. On ne s'est pas trompé dernièrement, lorsqu'a paru le décret du 24 novembre; on a bien senti que ce décret, sincèrement appliqué, avait une grande portée, et que s'il ne créait pas un corps politique de plus, il donnait la vie à ceux qui existent. Or ce qui est vrai là est vrai partout. Nous accueillons donc la récente modification à la loi sur la presse comme une promesse pour l'avenir. Aussi mesurée que soit cette concession, il dépend de nous d'obtenir davantage. L'autorisation préalable, les avertissements officieux, les avertissements officiels, la censure préventive exercée par les imprimeurs et les libraires, les jugements sans jury à huis-clos, la suspension et la suppression, tout cela constitue un régime qui ne pourra pas se soutenir dès qu'on y réfléchira. Cette question de la presse intéresse d'ailleurs essentiellement la vérité et la liberté du suffrage, et acquiert, à ce titre, la plus grande importance. Avant tout le reste, il y a une loi qui disparaîtra, c'est la loi qui permet à l'administration d'ajouter des peines de son fait aux peines de la justice, des peines énormes à des peines légères, d'ajouter à un emprisonnement de quelques jours ou à une amende quelque chose comme la déportation.

En résumé, l'activité individuelle se réveille en France, et pour contenter ce besoin, il n'est pas nécessaire de briser la forme qui contient les individus, mais il est nécessaire de l'élargir. On se convaincrait, comme nous, qu'il n'est pas nécessaire de la briser, si on voulait bien la connaître un peu et savoir tous les moyens légaux et naturels qu'on a en main pour l'élargir. Nous avons consulté en ce sens, toujours avec profit, un ouvrage justement estimé, le *Traité du droit administratif appliqué*, de M. Gabriel Dufour; l'auteur rendrait un grand service au pays s'il extrayait de ces volumes un Manuel qui expliquerait un peu à nos citoyens français le régime administratif sous lequel ils vivent, leur droit réel, les justes raisons de ce qui est, ce qui manque aussi, les expériences déjà tentées, et ce qui les a fait échouer.

Quand le pays aura fait son devoir, qui est de bien savoir ce qui se peut et ce qu'il veut, nous sommes certain que le gouvernement ne tardera pas à le satisfaire. Il est assez politique pour tenir compte du vœu public et pour comprendre la nécessité que lui crée la situation présente. Quand un pays a l'idée qu'un pouvoir le sauvera d'un danger, il peut abdiquer en faveur de ce pouvoir et lui laisser un temps cette autorité énorme, tout le temps que la crainte du danger et la reconnaissance du service rendu subsistera ; mais tôt ou tard on se remet et on éprouve le désir de rentrer dans la vie ordinaire, qui ne se règle pas sur les émotions d'une crise, mais sur les sentiments durables d'une nation. Le gouvernement ne s'étonnera pas qu'on le lui dise, puisqu'il l'a lui-même reconnu, la France en est là, elle désire être quelque chose de plus qu'elle n'a été pendant un moment, dans ses propres destinées. La liberté crée l'action, l'action crée la force, et le devoir d'un gouvernement est de multiplier les forces d'un pays. Il n'y en a pas une de plus, nous sommes forcé de le dire, après les décrets qui font le sujet de ces réflexions, et nous attendons ce que d'autres décrets vraiment libéraux ne manqueront pas de produire.

V

Il faut conclure, nous y viendrons tout à l'heure, mais auparavant nous tenons à faire une réserve expresse. Disons-le à ceux qui imprudemment compromettraient par leur décentralisation l'unité de la France, avant tout, nous ne sommes pas avec eux. Si on espère arrêter l'impulsion de l'État par les résistances locales, qu'on le sache bien, on est sur la pente du fédéralisme, toujours mal vu chez nous; en France, fédéralisme et invasion sont deux mots qui sonnent à peu près aussi mal l'un que l'autre, et, pour tout dire, je crois que la colère contre le fédéralisme serait encore plus forte que la haine contre l'invasion, parce qu'une invasion ne peut être qu'un fait passager et une violence fatale, tandis que le fédéralisme prétendrait être une chose légale et un état. Née pour agir, notre nation veut avoir ses forces prêtes, au lieu de s'épuiser et de perdre le temps et l'occasion à les recueillir.

Même sans la crainte de ce mal extrême, une organisation qui altérerait en quelque mesure notre puissante unité ne serait pas de notre goût. Nous voulons un gouvernement qui gouverne; quand il ne le fait pas, nous appelons cela l'anarchie, que nous haïssons. J'ai entendu répéter perpétuellement que la France est ingouvernable, et ne vois pas que cela soit vrai. Sans doute elle ne s'accommode pas de tous les gouvernements, et je ne songe pas à le lui reprocher; mais, quel que soit celui qui existe, elle le méprise s'il n'est pas un gouvernement; poussée quelque part par son instinct, elle prend quelqu'un qui la guide et veut sentir la main.

Où va cet instinct? Il va au grand. Soit qu'elle travaille à émanciper les autres nations, secondant les États-Unis, la Grèce, la Belgique, l'Italie, ne se taisant jamais sur la Vénétie et la Pologne, soit qu'elle prétende les asservir, comme elle l'a essayé au commencement du siècle, partout où elle va, auxiliaire ou conquérant, portant avec elle, hier en un autre endroit, aujourd'hui en Syrie, les principes de la justice et de l'humanité, capable de se priver de la liberté pour la répandre ailleurs, donnant sans compter son argent et sa vie pour un service à rendre ou de l'honneur à gagner; pour ses idées comme pour ses armes rêvant le monde; quand elle travaille sur elle-même, constamment préoccupée d'élever l'esprit et l'âme des siens par des créations de luxe, des musées, des édifices, et d'ouvrir tous les chemins à la capacité et au courage; quoi qu'elle médite, quoi qu'elle fasse, je le répète, cette nation va au grand; et s'il y a quelque chose qui soit la poésie, avec sa force et ses faiblesses, avec son feu éclatant et ses défaillances désespérantes, certainement ce peuple est poëte, poëte dans l'action, poëte écrivant ses pensées avec son sang, qu'il a répandu dans tout l'univers. L'âpre nature du paysan recèle ce feu : dès que le pays est en guerre, il lui donne ses enfants sans gémir, et l'ouvrier des villes, ardent à s'éprendre des théories justes ou fausses, meurt pour l'erreur comme il faut mourir pour la vérité. Aux funestes journées de juin 1848, quelqu'un[1] a entendu ce dialogue à l'Hôtel-Dieu entre un beau jeune homme de vingt-trois ans, blessé, et le chirurgien qui était près de son lit : « Combien de balles ai-je dans le corps? — Dix-sept. — Parlez sincèrement; je ne crains pas la mort. Vous reste-t-il quelque espoir? — Peu. — Un homme meurt, ce n'est rien; mais l'idée.... » Paysans, ouvriers, hommes de toutes classes, nos Français sont cela : dès qu'il y a quelque chose de grand, c'est ici le pays des volon-

1. *Derniers souvenirs du comte d'Estourmel.*

taires; c'est de la folie, c'est notre nation, créée pour éblouir et troubler le monde. Après tout, en considérant la sagesse d'autres peuples, j'aime mieux notre folie que leur sagesse, et ne me plains pas de la destinée qui m'a fait naître ici.

Je conclus maintenant. Uni autant qu'on peut l'être avec ceux qui désirent la décentralisation, quand on vient aux moyens, je m'en sépare, ils me paraissent tomber dans une double erreur. Quelques-uns inclinent à détacher les administrations locales de l'administration centrale, les provinces de Paris, pour les rendre à leur indépendance; les esprits extrêmes de cette école, si on leur livrait le pays, seraient tout fiers d'avoir fait une France qui vaudrait, pour l'unité de l'action, la France du Directoire ou l'Allemagne contemporaine. Comme la France se plaint de la centralisation, ils l'ont prise au mot, sans comprendre sa pensée, sans comprendre que, tranquille sur son unité, elle cherche autre chose, et que la décentralisation est le nom actuel de la liberté. Pendant que ces esprits s'égarent, des esprits moins hardis, désireux de réformer la machine, au lieu de la corriger, travaillent à inventer mille contrepoids ingénieux et un savant équilibre, qui se détraquerait à la première application. Je prie ceux-ci à leur tour de réfléchir. Ils se proposent de trouver un procédé tout-puissant qui, adapté à l'administration, dans quelque milieu qu'elle fonctionne, lui laisse l'action et lui ôte la violence; s'ils posent ainsi le problème, ils auront beau chercher, ils ne trouveront pas, car ce qu'il fallait justement, c'était de déterminer le milieu où on veut que l'administration fonctionne, jamais on ne s'est proposé de découvrir un mécanisme sans spécifier dans quel élément il doit se mouvoir, dans l'eau, dans l'air ou dans le vide. Je le demande donc ici : quel est l'élément ou l'administration se mouvra? Est-ce la publicité? Est-ce le silence? Est-ce la publicité? nul système d'administration n'est dangereux, parce que la publicité le modérera. Est-ce le silence? tout système d'administration est redoutable, et il n'y pas de moyen de le modérer, ou plutôt il n'y en a qu'un : la publicité. Arrivée là, la question se transforme dans celle de la liberté de la presse, à laquelle on revient de tous côtés fatalement.

1861

CATHERINE II[1].

C'est pendant la dernière guerre de Crimée que M. Jauffret a eu l'idée d'écrire cet ouvrage : il a remonté dans l'histoire de Russie, pour y chercher la tradition de la politique que cette puissance suivait en 1854, et il a choisi, pour le raconter avec étendue, le règne de Catherine II, où cette politique est à découvert. De là le caractère de son livre, qui est plus politique que littéraire, et s'attache moins à montrer la femme dans Catherine que l'héritière et l'exécutrice des desseins de Pierre le Grand. Ces personnages représentent au vrai l'instinct de la Russie, instinct qu'elle a manifesté à sa naissance et qui l'agitera jusqu'à ce qu'elle l'ait satisfait. Puissance du Nord, asiatique et continentale, elle aspire naturellement à devenir puissance méridionale, européenne et maritime; la conquête de la Pologne l'a fait avancer au cœur de l'Europe, la conquête de la Crimée l'a établie dans la mer Noire; il lui manquait Constantinople. Si le but n'a pas changé, le moyen n'a pas changé non plus; il s'est montré clairement dans les deux grandes entreprises de Catherine contre la Pologne et la Turquie : c'est le protectorat; on aspire à protéger des peuples dont la liberté serait en péril sous leurs souverains, et on les incorpore à l'empire, pour les pro-

---

[1]. *Catherine II et son règne*, par E. Jauffret. 2 vol. in-8°. Dentu.

téger mieux. L'ambition russe a pu être arrêtée, elle ne se détournera pas, et l'histoire que M. Jauffret donne aujourd'hui viendra toujours à propos. Quand la Russie dort, elle rêve.

Je ne me propose point d'analyser ces deux volumes; je voudrais, avec leur secours, avec l'aide des documents dont l'auteur s'est servi et de ceux qu'il n'a pu mettre en œuvre, me former une idée exacte de Catherine II et reviser l'opinion que le dix-huitième siècle en avait prise sur la foi des philosophes. Des publications diplomatiques importantes ont rendu à certains actes publics leur vrai caractère; quant à la personne même, les Mémoires du comte de Ségur, du prince de Ligne, de la princesse Daschkof, de Masson, les récits de la cour de Russie, il y a cent ans, enfin les Mémoires de Catherine, publiés trop tard pour que M. Jauffret s'en soit servi, la font connaître. Quoique ces derniers souvenirs s'arrêtent trop tôt, ils sont de curieuses révélations sur Catherine et sur le mari qu'elle détrôna.

Elle était de la maison d'Anhalt-Zerbst et naquit en 1729. Dans son enfance, elle rencontra Pierre, duc de Holstein-Gottorp, qu'Élisabeth de Russie choisit pour héritier, et elle fut envoyée en Russie, à l'âge de quinze ans, pour l'épouser. Le duc accueillit sa fiancée par ce propos galant : « Ce qui me plaît en vous, c'est que vous êtes ma cousine; je puis à ce titre vous parler à cœur ouvert. Je suis amoureux de Mlle Lapoukine ; j'aurais voulu me marier avec elle. Ma tante désire que je vous épouse, je m'y résigne. » Quelques assiduités auxquelles il condescendit dans les premiers temps cessèrent vite. La fiancée, ainsi négligée, faillit être renvoyée dans son pays à la suite de quelques mécontentements de l'impératrice ; elle resta et épousa le duc. Sa situation était triste dans une cour étrangère, entre son fiancé ou son mari, laid, stupide et brutal, sa mère d'un caractère détestable, l'impératrice jalouse et tracassière, et des femmes sottes ou tyranniques. Elle prit bravement son parti. Elle avait la gaieté de la jeunesse, aimait la danse, le cheval passionnément, et, par son naturel égal et prévenant, se conciliait tous ceux qui l'entouraient. Elle se livrait avec ardeur à l'étude, travaillant sur son lit dans les nuits d'hiver, ce qui faillit lui coûter la vie; elle apprenait à fond la langue russe, lisait les *Vies* de Plutarque, *la Grandeur et la Décadence des Romains* et tous les livres curieux sur lesquels elle tombait; mais quand elle eut rencontré l'*Essai sur l'histoire universelle* de Voltaire, elle chercha, comme elle dit, des livres avec plus de choix, elle dévora Brantôme, *la Vie d'Henri IV* de Péréfixe, une volumineuse *Histoire d'Allemagne*, une traduction russe de Baronius, Bayle, Platon, les *Annales* de Tacite, les *Lettres* de Mme de Sévigné, qui l'amusaient, l'*Esprit des Lois*, où elle prit une grande partie de son *Instruction pour le nouveau Code*.

Quel étrange personnage que ce Pierre III, composé de vices et de ridicules! Il était ivrogne, adorait les poupées et les marionnettes, qu'il cachait sous le lit de sa femme et avec lesquelles il jouait jusqu'à une ou deux heures du matin; il faisait solennellement des revues de soldats de plomb; une fois, il condamna à être pendu et à être exposé trois jours, pour l'exemple, un rat qui avait mangé deux sentinelles en amadou; pris d'une passion subite pour les chiens, il en logea une dizaine derrière l'alcôve de sa femme, qui, à travers la cloison en planches, entendait le bruit et sentait l'odeur; à cela il joignait des exercices furieux de violon ; si l'envie d'un bal masqué le prenait, il faisait déguiser les gens de sa maison et les faisait danser dans la chambre à coucher de sa femme, ou bien il les habillait en soldats et commandait la manœuvre dans son appartement, voisin de celui de Catherine. Il fallait aussi jouer aux cartes avec lui et supporter, quand il perdait, ses bouderies ou ses colères ; il fallait même, un soir où elle s'était couchée épuisée de fatigue, se relever pour manger des huîtres en sa compagnie, sauf à être ensuite malade à mourir. A tous ces agréments, Catherine joignait celui d'être la confidente des amours de son mari, qui adorait successivement toutes les dames d'honneur de sa femme ; une nuit, rentrant en état d'ivresse, il la réveilla pour lui raconter les perfections de sa maîtresse du moment, et, comme elle fit semblant de dormir, il lui donna deux ou trois bons coups de poing dans les côtes, en grommelant : « Elle dort trop fort. » Catherine pleura toute la nuit et parut oublier. Elle avait trouvé un moyen de ne pas être jalouse, c'était « de ne pas l'aimer. » A quoi elle ajouta d'en aimer d'autres. Elle hésitait beaucoup à contracter une première liaison ; on l'y poussa, dans un intérêt politique, dans l'espérance d'avoir un héritier du trône ; les autres liaisons suivirent d'elles-mêmes.

Ainsi se formait, dans l'épreuve et le silence, celle qui devait être Catherine II, apprenant la politique à une rude école, exerçant sur elle-même l'empire qu'elle devait un jour exercer sur les autres. Elisabeth meurt le 5 janvier 1762, Pierre III lui succède et commence par annoncer publiquement que le fils de Catherine ne lui succédera pas. Tout ce commencement de règne est impolitique et insensé ; au bout de quelques jours, l'empereur avait mis contre lui le clergé et l'armée et tout le monde, en rappelant de plus en plus son origine allemande et protestante, et en parlant et agissant comme l'eût fait un sergent de Frédéric. Catherine prend la conduite contraire et tourne vers elle les espérances des mécontents. Une vaste conspiration se noue. Grégoire Orlof, aidé de ses quatre frères, travaille l'esprit des troupes; la princesse Daschkof, jeune femme de dix-huit ans, passionnée et énergique, intime amie de Catherine, agit dans un monde plus élevé, gagne les évêques et les hommes politiques; des bruits habilement répandus parmi le peuple y sèment le mécontentement; Catherine elle-même, par le moyen de son secrétaire Odart, sonde les dispositions des ministres des cours étrangères, fait des ouvertures au comte de Breteuil pour obtenir des subsides, et, repoussée par lui, est mieux accueillie par un négociant anglais, qui lui fait prêter cent mille roubles. Ainsi conduite, la conspiration marche, mais en même temps il en transpire quelque chose, et le succès était compromis, si l'empereur, incrédule à toutes les révélations, n'avait défendu qu'on le fatiguât davantage de ces sornettes. Un événement imprévu force les conjurés d'agir promptement. Un des leurs est arrêté; ils craignent l'effet de cette arrestation sur l'esprit des autres, et déterminés par la princesse Daschkof, résolvent de brusquer l'affaire. La princesse, enveloppée dans un manteau d'homme, se rend à la maison des conjurés et emporte toutes les hésitations; on envoie Alexis Orlof, le balafré, à l'impératrice, pour la presser de se rendre à Pétersbourg. Elle était à huit lieues de la capitale, au château de Péterhof, dans un pavillon isolé qui communiquait par un canal à la Newa, prête à partir pour Pétersbourg ou à fuir, si ses desseins échouaient. Alexis Orlof arrive au milieu de la nuit, l'éveille et lui dit : « Levez-vous, madame, et venez, car le temps presse. » Une voiture attendait ; elle y monte gaiement avec sa femme de chambre, et arrive à la ville entre sept et huit heures du matin. Deux régiments préparés à la recevoir sont électrisés par ses paroles, elle reçoit leur serment sur le crucifix ; ils se forment en bataillon carré autour d'elle, elle marche ainsi, gagnant d'autres régiments sur sa route. On était inquiet d'un régiment d'artillerie, que commandait le Français Villebois. Quand on lui apporte l'ordre de la tsarine, il demande si l'empereur est mort ; puis, le messager ayant répété son injonction, il ajoute en se tournant vers ses officiers : « Au fait, messieurs, tout homme est mortel. » Escortée d'une dizaine de mille hommes de troupes, Catherine se rend à l'église de Kasan, pour rendre grâces au ciel ; l'archevêque de Novogorod, revêtu des habits pontificaux, l'attendait à l'autel ; le clergé suit l'exemple de l'archevêque, et le peuple est entraîné ; ivre d'enthousiasme, il se presse sur les pas de Catherine, acclamant le pouvoir nouveau ; un manifeste imprimé annonce que l'impératrice, cédant à la prière de ses peuples, a pris le gouvernement, pour les sauver de la ruine, et une Note rassurante est remise aux ministres des cours étrangères. Revêtue de l'uniforme des gardes, que Pierre III avait proscrit, accompagnée de la princesse Daschkof dans le même costume, Catherine monte à cheval et déclare aux troupes qu'elle-même les conduira à l'ennemi ; elle sort de la ville à leur tête.

Pendant ce temps l'empereur est à Oranienbaum, en face de Cronstadt, entouré de trois mille soldats du Holstein. Ému enfin par les bruits qui courent, il part pour Péterhof, qu'il trouve désert, et comprend alors ce qui se passe. Un billet d'un serviteur fidèle, écrit de Pétersbourg, confirme ses craintes. Incertain de ce qu'il fera, donnant des ordres contradictoires, il perd son temps à dicter un manifeste contre sa femme, résiste à Munich, qui lui conseile de se jeter avec ses Holsteinois dans Cronstadt, pour attendre les événements, et, apprenant l'arrivée de l'impératrice, s'enfuit dans cette place; mais Catherine avait pris les devants, la garnison de la place lui appartenait, et quand l'empereur se présente, on le menace de faire feu; il fallut gagner le large, et Pierre tomba anéanti. Munich conseille en vain de gagner Revel pour y organiser la guerre. Pierre ordonne de retourner à Oranienbaum; l'approche de l'impératrice lui fait perdre la tête; il lui écrit pour la prier de lui permettre de se retirer dans ses possessions du Holstein avec sa maîtresse et un favori; le général Ismaïlof porte le message, avec mission d'offrir la renonciation à l'empire. Catherine demande que l'empereur vienne à Péierhof, où on pourra traiter avec lui; il s'y rend sans suite et sans gardes; humilié par les soldats, il reste quelque temps nu-pieds et couvert seulement d'une mauvaise pelisse; le comte Panin, envoyé par Catherine, lui fait signer son abdication dans des termes qui le déshonorent. Cet acte décide en faveur de Catherine tous ceux qui hésitaient encore; Munich même ne combat plus et appartient désormais à l'impératrice, qui sut comprendre ce qu'un tel homme valait. Une fois maîtresse, Catherine s'applique à faire aimer son autorité, se montre clémente pour ses ennemis, comble de biens ceux qui l'ont aidée dans son entreprise, tout en arrêtant leur influence au point où il lui plaît; la princesse Daschkof, d'abord blessée de cette réserve, part pour un long voyage, au retour duquel elle retrouve sa souveraine toujours reconnaissante des services rendus.

Il y a avait six jours que la révolution était accomplie; Pierre s'était retiré à Ropcha, près de Pétersbourg; à peine arrivé là, il avait demandé son violon, son chien et son nègre, sans paraître affecté du changement de sa fortune ; mais il n'était oublié ni des mécontents qu'avait faits le pouvoir, ni des amis de Catherine, qui craignaient de fâcheux retours. Alexis Orlof était, avec quelques fidèles, chargé de veiller sur lui. Pierre s'enivrait avec ses gardiens et se disputait avec eux ; une nuit, la dispute fut plus vive, une lutte s'établit entre Orlof et l'empereur; aux cris d'Orlof, les autres accoururent, et Pierre fut étranglé. Orlof se présenta devant l'impératrice, les vêtements en désordre et les yeux hagards; elle fut vivement émue par cette scène et parla toujours de cette mort avec horreur; mais la politique ordonnait d'en prévenir promptement les effets. On publia que l'empereur avait succombé à une colique, et on ordonna de prier pour le salut de son âme; le corps fut porté à Pétersbourg et exposé trois jours aux yeux du peuple dans une église; une Note aux puissances étrangères les fixa sur le caractère de l'événement. Les soldats holsteinois furent embarqués pour leur pays et périrent presque tous dans la traversée; les parents de l'empereur furent, quelque temps après, renvoyés dans le Holstein; l'impératrice se fit sacrer à Moscou ; quelques conspirations qui se formèrent dans les premières années de son règne furent déjouées, et les coupables traités avec douceur.

Une seule menace existait encore, qui disparut. Le

jeune Ivan, détrôné par Élisabeth, à l'âge de cinq mois, était depuis lors transféré de prison en prison, pour que la nation le perdît de vue ; ses gardiens avaient reçu l'ordre d'empêcher par tous les moyens sa délivrance. Il était tombé dans une sorte d'imbécillité ; Pierre l'avait visité, peut-être dans l'intention de le choisir pour successeur ; Catherine, dès qu'elle régna, le vit et donna des ordres pour adoucir sa captivité. Il était, en 1764, enfermé dans la forteresse de Schlusselbourg, située dans une île du lac Ladoga. Le régiment de Smolensko tenait garnison dans la ville ; un officier nommé Wassili Mirowitsch, dont la famille avait vu autrefois ses biens confisqués et n'avait pu se les faire rendre, désireux de se venger, choisit pour instrument de sa vengeance le jeune Ivan, qu'il voulut délivrer. Une nuit qu'il était de garde, il tenta de pénétrer avec des soldats dans la chambre du prince. Au bruit qu'il fit, deux officiers qui couchaient dans cette chambre mirent leurs hommes sur pied. Mirowitsch, en pourparler avec ces hommes, leur cita un faux décret du Sénat, qui appelait Ivan au trône, et s'apprêtait à forcer la porte, lorsqu'elle s'ouvrit et laissa voir le cadavre du jeune homme assassiné par ses deux gardiens. Mirowitsch fut saisi et exécuté. Désormais, à part la révolte de Pougatschef, qui prétendit être Pierre III, trouva des populations nombreuses pour le croire, et reforma sans cesse des armées sans cesse dissipées, à part, dis-je, la révolte de ce Pougatschef, qui, à la fin, fut pris, Catherine jouit paisiblement de l'empire ; en 1792, elle fut frappée d'apoplexie et mourut.

Son historien, M. Jauffret, est naturellement bien disposé pour elle. Il l'absout de la mort d'Ivan, de la conjuration contre Pierre III et du meurtre de cet empereur. De la mort d'Ivan, soit; rien n'autorise à y voir autre chose que le fait de deux gardiens, fidèles à une ancienne consigne qui n'a pas été levée. Du meurtre de Pierre III, soit encore; rien non plus ne témoigne qu'elle l'ait commandé ou qu'elle en ait été complice; elle s'est contentée de récompenser les meurtriers, après le crime commis; mais quant à la conjuration, c'est autre chose. Elle paraît avoir eu l'habileté rare de faire conspirer la princesse Daschkof et Orlof, chacun de leur côté, chacun dans le monde où ils pouvaient la servir, et de réunir dans ses mains les fils des deux conspirations. Toute sa conduite, à partir de l'avénement de Pierre III, est visiblement inspirée par une profonde politique, pour intéresser en sa faveur, pour recueillir les mécontentements, exciter les espérances; et le succès de cette politique ne fut que l'accomplissement de la prophétie qu'elle se faisait dès sa seizième année : « Un je ne sais quoi qui ne m'a jamais laissé douter que tôt ou tard je parviendrais à être, de mon chef, impératrice de Russie. » Naturellement, elle travaillait à accomplir la prophétie. La révolution ne la surprit donc pas; seulement, cette révolution fut précipitée par un accident imprévu, par l'arrestation du capitaine Passek, et à ce moment la décision de la princesse Daschkof et des Orlof fut très-utile. Catherine se montra sur leur signal; dès qu'elle fut parue, elle conduisit tout avec audace, jusqu'à ce qu'elle fût impératrice *de son chef*. Elle ne pouvait manquer de l'être; grâce à ses amis, elle le fut quelques heures plus tôt. J'oubliais, parmi les auxiliaires de Catherine, la Providence, envers laquelle, en ces affaires, on ne manque jamais d'être poli. Une fois sur le trône, revenant sur les événements qui l'avaient conduite là, elle écrivait. « Tant de combinaisons heureuses ne peuvent se rencontrer que par les ordres du Tout-Puissant. »

Ces révolutions de palais n'étonnent plus quand on a lu un peu de l'histoire de Russie et ne scandalisent plus. Elles sont de l'usage ordinaire là et en Turquie, dans tous les pays de régime absolu ; cette étrange loi de succession achève ce régime, afin que tout y soit pareil, le commencement, le milieu et la fin. A considérer le fait en lui-même, quel triste spectacle que le spectacle de tant de milliers ou de millions d'hommes passant d'un maître à un autre maître, comme un troupeau ; il y a quelque chose de plus triste encore, c'est le rôle que l'on donne à ces hommes : on a l'air de les consulter, ils ont l'air de répondre, ils finissent par croire qu'ils ont choisi ; ils ne sont que les comparses éternels d'une comédie où on les joue, et, pour comble de dérision, quand ils souffrent, ils jettent leur espoir dans le nom de quelque prince indigne, comme il arriva pour ce monstrueux imbécile, Pierre III. Révolutions de palais, violences d'en haut et violences d'en bas, politique barbare, qui chasse quelquefois une maladie locale, mais en mettant un vice dans le sang, en sorte qu'après s'être guéri du mal, il faut se guérir du remède.

M. Jauffret n'a pas prétendu justifier les amours de Catherine, ses douze favoris, tous gorgés de biens, et personne ne l'a essayé. En voyant cette liberté étrange, on ne peut s'empêcher de faire une réflexion. Sans doute une telle conduite n'est pas dans les règles ordinaires ; mais le despotisme non plus n'est pas dans les règles ordinaires : il s'élève au-dessus des idées communes, se crée un privilége dans la morale privée, comme il s'est créé un privilége dans le droit public; il fait plus, il crée autour de lui le préjugé par lequel cela est reconnu légitime. On a vu en France, sous Louis XIV, quelque chose de semblable. Je sais la différence que l'opinion admet entre les maîtresses d'un roi et les amants d'une reine, surtout lorsque ce roi est Louis XIV, la favorite, Mlle de La Vallière ou Mme de Montespan, et que le règne des favorites ajoute au charme d'une cour élégante; mais enfin la reine de France vivait, tandis que Catherine était libre, et on ne voit pas que dans l'un ni l'autre pays l'opinion ait réclamé. La plus grande partie du public s'intéressait à ces aventures comme à un roman; le reste s'y intéressait comme à sa fortune. Catherine se conduisit dans ces engagements avec beaucoup de dignité. Si elle prodigua à ses amants les distinctions et l'argent, si quelquefois, quand elle rencontra en eux de la capacité, elle leur donna une part de puissance, elle resta constamment la vraie souveraine, l'arbitre absolu de sa politique. Aucune de ces liaisons ne se rompit avec scandale. Une fut brisée par la mort et laissa à Catherine de longs regrets, plusieurs s'éteignirent d'elles-mêmes; il y en eut qui lui donnèrent de grandes amertumes; mais, au plus fort de la souffrance, elle demeura maîtresse d'elle-même et se montra forte jusqu'à marier un amant infidèle et insolent avec celle pour qui il la trahissait.

Mais il est temps d'aborder par de plus grands côtés la femme qui fait le sujet de cette histoire, et de rappeler ce qu'elle a fait pour la Russie.

La Russie, pour devenir puissance maritime, avait besoin de la mer Noire, dont elle était séparée par la Turquie et la Crimée : la Turquie, à laquelle la diplomatie lui défendait de toucher; la Crimée, à laquelle on songeait moins. Comme la politique de l'impératrice était d'être mécontente des Turcs, la politique des Turcs devait être d'être contents de l'impératrice, tout en fortifiant leur puissance militaire ; ils firent le contraire : ils laissèrent subsister tous les désordres de leur armée, et, au premier différend survenu, ils emprisonnèrent le ministre russe ; le khan de Tartarie se déclara pour la Porte ; ainsi les ennemis de Catherine lui offrirent tous les prétextes qu'elle cherchait (1769). En peu de temps la Moldavie, la Valachie se jettent dans ses bras, la Bessarabie succombe, plusieurs tribus de Tartares se placent sous sa protection, la Grèce se soulève, sur la foi d'une tradition qui assurait que sa délivrance viendrait du Nord et qu'elle serait l'œuvre d'un peuple aux cheveux blonds ; la flotte turque est brûlée à Tchesmé, dans la nuit du 6 au 7 juillet 1770 ; Constantinople fait des prières publiques ; mais tout à coup Dolgorouky se détourne vers la Crimée, qui est conquise en un mois. Tranquilles de ce côté, les Russes reviennent vers le Danube, et les Turcs signent le traité de Kaïnardji (21 juillet 1774). La Russie ne garde que quelques-unes des villes conquises ; son territoire ne s'accroît pas beaucoup ; mais, en abandonnant des provinces, elle stipule en leur faveur des garanties et des libertés considérables, et se réserve le droit de protection ; elle stipule aussi l'indépendance de la plus grande partie des tribus tartares et des garanties pour les Grecs ; elle obtient enfin la nomination de consuls et de vice-consuls dans tous les lieux de l'empire ottoman où elle jugera nécessaire, pour prévenir le retour de l'oppression. De plus, on déclara libre la navigation de la mer Noire. C'étaient là d'assez grands résultats et qui en préparaient de plus grands encore.

En ce qui regarde la Crimée, ils ne tardent pas à se découvrir. Profitant des discordes intérieures, Catherine intervient, et par un manifeste du 27 mars 1783, elle déclare, dans l'intérêt de la sûreté de ses États, la réunion de la Crimée ; le prestige de la Russie s'étend sur le Caucase, et la mer Caspienne s'ouvre à elle comme la mer Noire. Reste toujours la Turquie ; la Russie brûle de l'envie de la *réunir* et la couve avidement des yeux, surveillée elle-même par l'Europe ; de temps en temps la faim l'emporte, comme on l'a vu récemment.

Pour introduire la Russie au cœur de l'Europe, Catherine désirait une part de la Pologne. La première atteinte à l'indépendance des Polonais date de la première année de son règne, de 1762. Il n'est encore question que d'un fief polonais, de la Courlande, d'où elle chasse le fils du roi Auguste ; mais il s'agit d'entreprendre sur la Pologne elle-même. Ses divisions en fournissent le prétexte. On connaît la Constitution de ce pays, le *liberum veto*, la loi insensée qui permettait à un seul membre d'une Diète, par son *veto*, d'annuler une délibération, cette déplorable loi de l'unanimité rompant toutes les Diètes ou les changeant en champs de bataille ; on connaît aussi ce que produisait de discordes civiles et d'interventions étrangères, ouvertes ou déguisées, l'élection pour la couronne. Avec un seul de ces maux la perte de la Pologne était probable, avec les deux elle était certaine. Un parti éclairé, conduit par les princes Czartoryski, voulait changer cette constitution ; un autre parti, celui des vieux Polonais, voulait la maintenir. Par malheur pour le parti des Czartoryski, il s'appuyait sur l'étranger et appela les troupes russes en Pologne, ce qui souleva contre lui l'indignation des Polonais; par malheur aussi, ceux qu'il appelait devaient détruire son ouvrage. Auguste III meurt; il faut élire un nouveau roi; Catherine propose un Polonais, son ancien amant, Stanislas Poniatowski. Décidée à le faire prévaloir, elle fait passer des millions en Pologne pour y préparer les voies et y jette des soldats pour maintenir, à ce qu'elle annonce, la tranquillité publique et la liberté des élections. La Diète est le théâtre de grandes violences et se rompt; le parti le plus fort, resté maître de la salle, proclame pour maréchal ou directeur des travaux de l'Assemblée, le prince Adam Czartoryski, se forme en Confédération (dictature nationale où la majorité fait la loi, sauf ratification ultérieure), et nomme le prince Michel général des troupes de la couronne. Les Czartoryski créent une nouvelle Constitution où, entre autres mesures utiles, le *liberum veto* est supprimé; puis, sous la surveillance des troupes russes, les confédérés nomment unanimement Stanislas Poniatowski, qui prend le nom de Stanislas-Auguste; le parti ennemi, qui s'était retiré, rentre pour reconnaître le roi (1764).

Il semble que la Pologne va respirer; voilà pour le moment un roi accepté par tout le monde, et pour l'avenir, le vice principal de la Constitution signalé; mais ce n'est pas le compte des puissances qui convoitent leur proie. Il fallait, pour leur plaire, que ce funeste *liberum veto* fût rétabli. Il est redemandé au dedans par le parti des vieux Polonais, au dehors, par la Russie et la Prusse, dont les ministres représentent que supprimer le *liberum veto*, c'est changer le principe du gouvernement et renverser la liberté polonaise. Comme s'il n'y avait pas assez d'éléments de discorde, la question politique se complique d'une question religieuse, de celle des dissidents, qui, jouissant autrefois de droits étendus, en avaient été dépouillés. Ils réclament, appuyés par la Russie; la Diète, enflammée de toutes les passions, les condamne, et en même temps réprouve les réformes des Czartoryski. La Russie, irritée de son échec dans l'affaire des dissidents, pousse les Polonais à former une Confédération générale, la Confédération de Radom, qui, à la fois, réhabilite les dissidents et poursuit les dernières traces de la Constitution de 1764. Les confédérés réclament la convocation d'une Diète extraordinaire, sous la protection de la Russie, elle est convoquée, et l'ambassadeur russe lui apporte des propositions pour l'occuper. Il demande la faculté pour la Russie d'entretenir en Pologne un corps de troupes, à titre d'auxiliaires, destiné au maintien de la tranquillité publique; il demande aussi un droit absolu de garantie accordé à l'impératrice dans les affaires de Pologne. Un Polonais demande de plus, contre toutes les lois, que la Diète confère son pouvoir à des commissaires, pour régler avec l'ambassadeur russe les changements à apporter à la Constitution. Cette proposition soulève des tempêtes; pour les calmer, on enlève de nuit les membres les plus hostiles et on les conduit en Russie. Désormais la Diète est sans volonté; elle nomme soixante-dix commissaires, qui souscrivent à tout. La Constitution de 1764 est entièrement détruite et l'anarchie rétablie. La Diète consacre ces arrangements, et la Confédération de Radom est dissoute (1768).

Les Polonais comprennent enfin et forment la grande Confédération de Bar, *pour la religion et la liberté*, contre les dissidents et les Russes, mêlant leurs discordes jusque dans l'insurrection nationale; afin que rien ne manque, bientôt des ennemis de la propriété et de toute loi, sous le nom de *ravisseurs*, se joignent aux confédérés. Ceux-ci commettent l'injustice et la faute de déclarer la déchéance de Stanislas-Auguste, pour quoi ils sont blâmés universellement.

Pendant que l'on se bat en Pologne, un concert de trois puissances se forme contre elle. Dans un voyage (1770) à Saint-Pétersbourg, le prince Henri, frère de Frédéric, rompt la glace. L'impératrice se plaignait à lui d'une récente usurpation de l'Autriche; « Madame, répondit le prince, l'empereur vient de prendre, suivons son exemple et prenons aussi; c'est le moyen d'être d'accord. » Frédéric (1772) commence à prendre ce qui est à sa convenance, invitant l'impératrice à l'imiter. Il restait mieux à faire : c'était de faire approuver le partage par la Pologne elle-même. Stanislas-Auguste avait protesté. Les ministres des trois cours exigent la convocation du Sénat et de la Diète. Le Sénat, qui devait compter cent vingt-trois membres, se trouve réduit à vingt-sept, parce qu'on avait défendu aux sénateurs des provinces envahies, sous peine des plus sévères traitements, de se présenter. Ces membres proposent des mesures honorables, mais inutiles, lorsque tout était inutile. La Diète a bien de la peine à se recruter et se réunit enfin sous la forme de Confédération. Les trois cours lui demandent de nommer des délégués avec qui elles traiteront. Ce projet excite des oppositions violentes ; les troupes ennemies logées dans les hôtels des grands et les patrouilles circulant en ville ne réussissent pas à créer dans l'assemblée une majorité favorable; enfin, pour sortir d'embarras, on prend un moyen singulier : on convient qu'on délibérera si on doit aller aux voix, et que la négative entraînera l'adoption du projet. Cinquante députés sur cinquante et un ayant prononcé qu'on n'irait pas aux voix, le projet est adopté, et la Diète s'ajourne pour ratifier le travail de la délégation. La délégation accepte les trois traités des puissances, et, quoique avec beaucoup de peine, la Diète confirme. Une clause stipulait que les trois puissances renonçaient à perpétuité, sous quelque prétexte que ce fût, à toute autre prétention sur le reste des provinces polonaises.

Cela se passait en 1773 ; en 1791, la Pologne se donne une nouvelle Constitution qui abolit le *liberum veto* et déclare la couronne héréditaire ; on affecte de voir dans un certain nombre de ses articles un écho de la révolution française ; la Russie articule plusieurs griefs et déclare la guerre ; Kosciusko est vaincu et la Pologne reçoit l'ordre de la Russie et de la Prusse de nommer des délégués munis de pleins pouvoirs pour traiter d'un second partage ; l'artillerie ennemie entoure la Diète, qui vote (1793) en protestant contre la force. L'année suivante, Kosciusko est nommé dictateur jusqu'à la délivrance de la patrie ; le courage des Polonais ne peut rien contre la destinée : ils sont battus, le général tué, un dernier partage consommé (1795), et Stanislas-Auguste contraint d'abdiquer, le jour anniversaire de son couronnement.

Ainsi voilà une nation généreuse travaillée d'une maladie mortelle ; elle cherche à se guérir ; trois puissances étrangères la forcent de garder son mal, afin qu'elle en meure et afin d'en hériter ; elles viennent, disent-elles, pour sauver la liberté en péril, elles versent leur argent et leurs troupes sur le pays, elles corrompent, elles effrayent, elles forcent les députés de voter sous le canon, et, par une ironie cruelle, elles leur ordonnent de sanctionner les traités qui dépècent leur patrie. Presque un siècle entier a passé sur cet acte, mais l'acte reste ce qu'il est, et c'est un plaisir de voir que la politique et le temps, qui peuvent tout sur le monde, ne peuvent rien sur la vérité.

Je ne me suis pas étendu sur ces partages ; le premier a été raconté, d'après tous les documents dont l'histoire dispose aujourd'hui, par M. de Laboulaye[1]; le second le sera prochainement. Il faut citer après lui le *post-scriptum* prophétique que Marie-Thérèse ajouta à sa signature sur le décret du 4 mars 1772 : « *Placet*, puisque tant de grands et savants personnages veulent qu'il en soit ainsi ; mais longtemps après ma mort on verra ce qui résulte d'avoir ainsi foulé aux pieds tout ce que jusqu'à présent on a tenu pour juste et sacré. »

Suivons un moment Catherine dans une partie curieuse et moins sombre de sa politique, dans ses relations avec les philosophes français. Elle désirait les séduire. Elle proposa à d'Alembert l'éducation du grand-duc, avec de magnifiques appointements ; d'Alembert refusa, mais ne pouvait pas oublier ce qu'on lui avait proposé. Elle donna à Diderot seize mille francs, pour prix de sa bibliothèque, dont elle lui laissa la jouissance pendant sa vie, et mille francs pour première année du traitement de conservateur de cette bibliothèque ; plus tard, apprenant que cette première année de traitement n'avait pas été payée, elle lui en promit cinquante mille par avance et lui en envoya d'abord la moitié. Elle traduisit en russe, de sa main, un chapitre du *Bélisaire* de Marmontel, combla Buffon de témoignages d'estime, entretint

---

1. *Études contemporaines sur l'Allemagne*, etc; 1 v. in-18. Durand.

une perpétuelle correspondance avec Voltaire et le traita en égal; enfin elle rendait un grand hommage à la philosophie française du temps en inscrivant dans l'*Instruction* pour le nouveau code qu'elle méditait les principes libéraux de cette philosophie. Il est difficile de démêler ce qu'il y avait de sincère dans ces avances, car la philosophie était une puissance alors et on ne lui disait pas toujours la vérité. Je ne nie pas qu'il pût y avoir une arrière-pensée dans ces empressements; j'incline à croire que Catherine, du Nord et du fond de sa souveraineté absolue, ambitionnait de se recommander à l'opinion de la France, opinion que personne ne dédaigne jamais et qui avait dans ce moment une force singulière; ainsi elle fut très-inquiète du manuscrit de Rulhière sur la révolution de 1762 et réfuta elle-même le *Voyage* de l'abbé Chappe; Grimm la tenait au courant des nouvelles et des jugements de Paris; mais j'imagine aussi qu'avec son grand esprit elle pouvait comprendre une grande philosophie sociale et la désirer, comme elle désirait la civilisation pour son pays, sauf à en mesurer l'application suivant les nécessités de son gouvernement. Elle sentit de plus en plus ces nécessités, et, comme on la louait toujours d'un code dont elle n'avait donné encore que la préface, elle écrivait à Voltaire avec beaucoup de sens : « Ces lois dont on parle tant, au bout du compte, ne sont point faites encore. Eh! qui peut répondre de leur bonté? C'est la postérité, et non pas nous, en vérité, qui sera à portée de décider cette question. Imaginez, je vous prie, qu'elles doivent servir pour l'Europe et pour l'Asie : et quelle différence de climat, de génie, d'habitudes, d'idées même!

« Me voilà en Asie; j'ai voulu voir par mes yeux.

Il y a dans cette ville vingt peuples divers qui ne se ressemblent point du tout. Il faut pourtant leur faire un habit qui leur soit propre à tous. Ils peuvent se bien trouver des principes généraux; mais les détails! J'allais dire : c'est presque un monde à créer, à unir, à conserver. Je ne finirais pas, et en voilà beaucoup trop de toutes façons. » (1767.) Plusieurs des philosophes français s'étaient persuadé naïvement que l'impératrice se mettait à leur école, qu'on allait voir la philosophie régner en Russie, et que la Russie serait leur Salente. Diderot arriva à Pétersbourg, la tête échauffée de ces idées; il fut un peu détrompé. Catherine, dans ses conversations avec le comte de Ségur, racontait ainsi ses entrevues avec l'ardent encyclopédiste : « Je m'entretins longtemps avec lui, mais avec plus de curiosité que de profit. Si je l'avais cru, tout aurait été bouleversé dans mon empire ; législation, administration, politique, finances, j'aurais tout renversé pour y substituer d'impraticables théories. » Lorsque Diderot vit que rien ne changeait en Russie depuis son arrivée, il laissa percer une sorte de fierté mécontente; Catherine s'en aperçut et lui dit un jour: « Monsieur Diderot, j'ai entendu avec le plus grand plaisir tout ce que votre brillant esprit vous a inspiré; mais avec tous vos grands principes, que je comprends très-bien, on ferait de beaux livres et de mauvaise besogne. Vous oubliez dans tous vos plans de réforme la différence de nos deux positions; vous, vous ne travaillez que sur le papier, qui souffre tout; il est uni, souple et n'oppose d'obstacle ni à votre imagination ni à votre plume, tandis que moi, pauvre impératrice, je travaille sur la peau humaine, qui est tout autrement irritable et chatouilleuse. »

A partir de ce moment, Diderot, pensait-elle, la

prit pour un esprit étroit et ne lui parla plus que littérature. Un autre philosophe français, l'auteur de l'*Ordre essentiel des sociétés*, y fut pris comme Diderot, avec un surcroît de mésaventure pour sa vanité. Catherine racontait cela, et d'une façon bien piquante, pour charmer les longueurs du voyage de Crimée :

« M. de la Rivière se mit en route avec promptitude, et, dès qu'il fut arrivé, son premier soin fut de louer trois maisons contiguës, dont il changea précipitamment toutes les distributions, convertissant les salons en salles d'audiences et les chambres en bureaux.

« Le philosophe s'était mis dans la tête que je l'avais appelé pour m'aider à gouverner l'empire et pour nous tirer des ténèbres de la barbarie par l'expansion de ses lumières. Il avait écrit en gros caractères sur les portes de ses nombreux appartements : *Département de l'intérieur, Département du commerce, Département de la justice, Département des finances, Bureaux des impositions,* etc.; et en même temps il adressait à plusieurs habitants russes ou étrangers, qu'on lui indiquait comme doués de quelque instruction, l'invitation de lui apporter leurs titres pour obtenir les emplois dont il les croirait capables.

« Tout ceci faisait un grand bruit dans Moscou, et, comme on savait que c'était d'après mes ordres qu'il avait été mandé, il ne manqua pas de trouver bon nombre de gens crédules, qui d'avance lui faisaient leur cour.

« Sur ces entrefaites, j'arrivai, et cette comédie finit. Je tirai le législateur de ses rêves ; je m'entretins deux ou trois fois avec lui de son ouvrage, sur lequel j'avoue qu'il me parla fort bien, car ce n'était pas l'esprit qui lui manquait. Sa vanité seule avait immensément troublé son cerveau. Je le dédommageai convenablement de ses dépenses. Nous nous séparâmes contents; il oublia ses songes de premier ministre, et retourna dans son pays en auteur satisfait, mais en philosophe un peu honteux du faux pas que son orgueil lui avait fait faire. »

Plus tard, un avocat nommé Duménil donna dans la même illusion, et Catherine écrivait à Voltaire un billet charmant sur le compte de ces réformateurs : « Vous voyez, monsieur, que Duménil, avocat, dont je n'ai jamais entendu parler, est venu trop tard pour législater. M. de la Rivière même, qui nous supposait, il y a six ans, marcher à quatre pattes, et qui, très-poliment, s'était donné la peine de venir de la Martinique pour nous dresser sur nos pieds de derrière, n'était plus à temps. » (1774.)

Voltaire était plus discret avec les puissances, surtout depuis son voyage près de Frédéric. Il sentait tout ce que donnait de force à la philosophie l'adhésion des souverains, et, en récompense de cette adhésion, il était prêt à leur passer bien des choses. Il est curieux de l'écouter, quand il croit que ses disciples ont pris de trop grandes libertés. Il ne savait trop que penser de la mort du jeune Ivan, et il écrivait à diverses personnes : « Il me paraît que Catherine fournit de grands sujets de tragédie. Un faiseur de drames aurait beaucoup à apprendre chez Catherine et chez Frédéric; mais je ne veux pas croire tout ce qu'on dit.... Tout bon géomètre qu'est d'Alembert, il aurait eu de la peine à résoudre le problème de ce qui vient de se passer au bord de la mer Baltique.... Je crois qu'il faut un peu modérer notre enthousiasme pour le Nord; il produit d'étranges philosophes. » Mais, en définitive, il en revenait à sa maxime : « Il faut prendre les rois comme ils sont; » car il tenait

à les prendre. Il avait, comme il disait, brelan de rois quatrième (les souverains de Russie, de Prusse, de Danemark et de Suède), et il ne voulait rien déranger à son jeu. Ses lettres à Catherine sont pleines de cajoleries. Quelle jolie réponse à une lettre de l'impératrice lui annonçant tout un monde de conquêtes :
« Madame, est-il bien vrai? Suis-je assez heureux pour qu'on ne m'ait pas trompé? Quinze mille Turcs tués ou faits prisonniers auprès du Danube, et cela dans le même temps que les troupes de Votre Majesté impériale entrent dans le Pérécop!...

« Je veux aussi, Madame, vous vanter les exploits de ma patrie. Nous avons depuis quelque temps une danseuse excellente à l'Opéra de Paris. On dit qu'elle a de très-beaux bras. Le dernier opéra-comique n'a pas eu un grand succès, mais on en prépare un qui fera l'admiration de l'*univers*; il sera exécuté dans la première ville de l'*univers*, par les meilleurs acteurs de l'*univers*.

« Notre contrôleur général, qui n'a pas l'argent de l'*univers* dans ses coffres, fait des opérations qui lui attirent des remontrances et quelques malédictions. Notre flotte se prépare à voguer de Paris à Saint-Cloud.

« Nous avons un régiment dont on a fait la revue; les politiques en présagent un grand événement. On prétend qu'on a vu un détachement de jésuites à Avignon, mais qu'il a été dissipé par un corps de jansénistes qui était fort supérieur; il n'y a eu personne de tué; mais on dit qu'il y aura plus de quatre convulsionnaires excommuniés. » (1771.)

L'attraction entre eux était naturelle. Voltaire admirait dans Catherine le génie de la politique, Catherine admirait dans Voltaire le génie de la raison;

Catherine était passionnée pour la grandeur de la Russie, Voltaire pour la grandeur de la philosophie; ils flattèrent leur passion réciproque, ce qui rend les amitiés solides. Catherine n'oublia jamais que Voltaire lui avait appris à penser, elle l'appelait son bon protecteur et ne craignait pas de prouver ses sentiments pour lui par des démarches publiques. Voltaire la recommandait tout bas à ses amis et tout haut à l'Europe; il l'appelait, dans ses lettres aux philosophes, « la grande femme, » et, dans ses livres, la « Sémiramis du Nord, » attendu qu'il ne pouvait se défendre, même dans ses enthousiasmes, de quelque malice, et que si Catherine rappelait Sémiramis, Pierre III rappelait un peu Ninus.

J'ai donné ce petit chapitre de l'histoire des relations de la philosophie et de la politique, sans prétention de sacrifier l'une à l'autre. C'est une vieille querelle, celle des philosophes et des politiques. Si on écoutait les philosophes, il y aurait un seul code pour tout l'univers, si on écoutait les politiques, il n'y aurait rien de commun entre les codes des nations; là on n'admet que des principes absolus, ici que des mesures particulières; les uns ne voient que l'homme abstrait, constamment composé des mêmes facultés et des mêmes instincts, l'homme universel et éternel; les autres ne voient que l'infinie diversité des hommes, des divers temps et des divers pays. On se trompe des deux côtés. Certainement il y a une grande variété dans la nature humaine : la race, le lieu, l'âge, l'histoire, la changent de mille façons; mais certainement aussi sous cette variété il y a quelque chose de commun; pas plus au moral qu'au physique, les types nationaux n'effacent le type humain, dans tous les hommes il y a l'homme, par conséquent une nature, une raison, un droit ; et on n'est pas un utopiste, on ne prétend pas mettre le genre humain en uniforme, parce qu'on prétend que l'injuste n'est pas le juste, que certaines lois sont raisonnables, certaines lois déraisonnables ; que celles-là valent mieux que celles-ci, qu'il faut corriger le mauvais, améliorer le bon ; enfin fonder les rapports des hommes entre eux sur quelque chose d'humain, sur l'équité et la bienveillance, ce qui est proprement la civilisation. Les philosophes de tous les temps soutiennent cela ; ils sont quelquefois un peu mécontents, un peu impatients, un peu absolus, un peu incommodes, mais ils rendent service, ils interrompent la prescription de la coutume et empêchent le monde de s'endormir.

Pour finir sur Catherine, son caractère propre me semble être la grandeur ; le prince de Ligne l'a bien nommée *Catherine le Grand*. Soit qu'elle mûrisse en silence de vastes desseins pour élever sa fortune et celle de la Russie, soit qu'elle agisse pour les exécuter, au conseil et à l'action elle est sereine, elle est, dans les grandes choses, dans son élément. Et quand elle touche les petites, elle n'en prend pas les petitesses : elle vit sans s'abaisser parmi les misères de la cour d'Élisabeth et les misères de son propre ménage ; elle reste grande, nous l'avons vu, jusque dans les crises qui terminèrent ses liaisons avec quelques favoris. Si la vraie grandeur paraît telle de loin et paraît telle encore quand on l'approche, Catherine l'avait, car tous ceux qui ont vécu près d'elle ont reçu cette impression, jamais affaiblie. L'intimité d'un long voyage, comme celui de Crimée, ne lui faisait rien perdre : elle pouvait même s'amuser, comme elle le fit un jour à table, à bannir le *vous* de la conversation et à en donner franchement l'exemple ; le prince de

Ligne écrivait le lendemain : « La majesté tutoyante et tutoyée avait, malgré cela, toujours l'air de l'autocratrice de toutes les Russies et presque de toutes les parties du monde. » Sa grandeur familière éclate dans la légende qu'elle fit pour la médaille de Tchesmé, lorsque sa flotte eut incendié la flotte turque : d'un côté était écrit *Tchesmé*, de l'autre *J'y étais*.

Et maintenant, que reste-t-il du règne de Catherine? La Russie énormément étendue au dehors, dans le sens qu'avait fixé la politique de Pierre Ier, c'est-à-dire dans le sens de son ambition naturelle; voilà l'incontestable. Au dedans, une multitude de réformes annoncent un dessein suivi d'organiser la nation et de la civiliser; M. Jauffret en a tracé le tableau; mais ici on est moins assuré. Pour affirmer quelque chose, il faudrait voir sur les lieux ce que sont devenues les institutions décrétées, ce qui a vécu, ce qui a porté de bons ou de mauvais fruits; or, un livre considérable, récemment paru, par un ensemble de révélations curieuses, ouvre sur l'état du pays une enquête qui remonte jusqu'au règne de Catherine et jusqu'au principe même du gouvernement des tzars : je veux parler de la *Vérité sur la Russie*, par le prince Dolgoroukow.

1861.

M. MICHELET[1].

J'ai parcouru presque entièrement à pied l'admirable Corniche des Alpes maritimes, qui tantôt s'élève au-dessus de la Méditerranée et tantôt s'abaisse jusqu'au bord. Les journées d'hiver où je voyagais étaient de tièdes journées de printemps; le ciel était d'un bleu pur, que la mer reflétait avec des blancheurs par sillons; la verdure descendait jusque dans l'eau, dont l'écume légère dessinait les découpures infinies du rivage. Le charme me pénétrait. C'est bien de cette mer que Vénus est née, c'est bien cette mer qui a inspiré l'art des Grecs; la vie pleine, libre, harmonieuse, avec un mouvement doux, qui l'agite sans la troubler, respire ici, comme elle respire dans les chœurs de Sophocle et dans les corps d'une forme immortelle que la sculpture a créés. C'est ici qu'il faut être quand on est heureux.

L'Océan a le flux et le reflux : deux fois en vingt-quatre heures il monte et il descend; ce rhythme persiste inflexible depuis le commencement des temps; avant que la vie et le mouvement eussent paru, il divisait les journées vides de la création, et, si la vie et le mouvement disparaissaient, il n'en sentirait rien, et continuerait avec sa précision fatale. Que nous voilà loin de cette heure qui fait notre durée, et que sont

---

1. *La Mer*, par J. Michelet, 1 vol. in-18. Hachette.

auprès de cela les battements de notre sang dans ces artères qui se roidissent et dans ce cœur qui se rompt? Qu'on est accablé par le spectacle de cette force qui ne se fatigue jamais! Elle a des fureurs qui font trembler les plus fermes courages, et son calme est toujours douteux, parce que, touchant à toutes les extrémités du globe, elle s'ouvre à tous les vents, et sent la tempête qui se déchaîne à des milliers de lieues. Cette eau inquiète convient mieux que l'autre aux âmes inquiètes aussi qui se combattent elles-mêmes : elle en a le trouble. Du reste, Océan ou Méditerranée, c'est toujours la mer, c'est-à-dire l'infini.

J'espérais que le livre que je viens de lire me rendrait cette impression, j'ai été déçu; en relisant et réfléchissant, j'en ai compris la cause. L'œil de M. Michelet est un instrument grossissant, qui amplifie démesurément tout ce qu'il observe, et il observe tour à tour toutes les productions de la mer, dont chacune devient à son tour une mer, un monde; une méduse lui cache l'Océan. Comme il ne peut amplifier que les objets médiocres et ne peut rien pour les plus vastes, son effet est de créer une seule dimension uniforme pour toutes les choses et de détruire les proportions que la nature a mises entre elles; tout est égal, et comme rien n'est petit, rien non plus n'est grand. On a beau faire, jamais le grossissement ne sera la grandeur. On s'étonne du grossissement sans oublier qu'il est artificiel; tenant l'objet pour ce qu'il est, on calcule la puissance de l'instrument qui grossit; mais la grandeur est naturelle, elle est dans les choses, et on sent que c'est elle quand l'âme s'élève en la regardant.

Si au moins chacun des objets qui s'exagèrent ainsi laissait de lui-même une nette empreinte! Mais c'est le contraire. A mesure que M. Michelet le contemple, l'objet prend figure, mouvement et sentiment : figure bizarre, mouvement étrange, sentiment maladif; l'objet lui parle et l'attire, et l'observateur tombe en extase; il tombe en extase devant tout ce qu'il a écrit dans ce volume : devant les fleurs marines, devant les amphibies et les crustacés, et les mollusques, et les polypes, devant les perles, etc.; ce volume de quatre cents pages est une extase notée, et cette phrase convulsive n'est plus une langue, c'est un spasme. On pourrait citer cent exemples; prenons-en un, le récit d'une tempête : « La mer était laide, d'affreuse mine. Rien ne rappelait les vains tableaux des poëtes. Seulement, par un contraste étrange, moins je me sentais bien vivant, plus elle, elle avait l'air de vivre. Toutes ces vagues électrisées par un si furieux mouvement avaient pris une animation et comme une âme fantastique Dans la fureur générale, chacune avait sa fureur. Dans l'uniformité totale (chose vraie, quoique contradictoire), il y avait un diabolique fourmillement. Était-ce la fatigue de mes yeux et de mon cerveau fatigué? ou bien en était-il ainsi? Elles me faisaient l'effet d'un épouvantable *mob*, d'une horrible populace, non d'hommes, mais de chiens aboyant, un million, un milliard de dogues acharnés, ou plutôt fous.... Mais que dis-je? des chiens, des dogues? ce n'était pas cela encore. C'étaient des apparitions exécrables et innommées, des bêtes sans yeux ni oreilles, n'ayant que des gueules écumantes. Monstres, que voulez-vous donc? »

Dites si ce n'est pas ce qu'on nomme hallucination. Cela fait mal. Permis à ceux qui voudront de l'appeler de la poésie; oh! non; c'est la fantasmagorie du cerveau surexcité, du haschich et de l'opium; il n'y a pas là un grain de la poésie de l'âme, qui est la vraie. Voilà un homme d'une forte imagination devant une tempête; son imagination ne lui découvre pas la beauté de la nature, elle la lui dérobe, elle interpose entre ce spectacle et lui une scène fantastique, un rêve de la fièvre; ces aboiements de dogues l'empêchent d'entendre la voix de l'Océan.

Et quel cours cette imagination se donne à propos des choses les plus simples! Quels mystères il y entend! Par un effet de sa galanterie ordinaire, il met les femmes de moitié dans ses découvertes, ou plutôt il se borne, assure-t-il, à traduire leur pensée. Savez-vous pourquoi la femme aime le corail? Ce n'est pas à cause de ce que vous pourriez croire : elle a, par un sens supérieur, contre toutes les dénégations des hommes, senti que le corail est vivant, que c'est le fer qui fait le rouge du corail, comme il fait le rose de ses lèvres et de sa joue. Aussi la sympathie se déclare : « Dès que je l'ai dix minutes, dit une femme, c'est ma chair et c'est moi-même. Et je ne m'en distingue plus. »

J'espère bien, pour l'honneur de notre pays, que c'est une femme française qui a dit cela. M. Michelet regarde, pour la perception de certains rapports délicats, les femmes du Nord et de l'Orient comme supérieures aux nôtres. Celles-là ne portent que des perles et ne les quittent ni jour ni nuit; nos Françaises n'ont pas deviné que la perle « s'imprègne du plus intime et boit la vie; » elles n'ont pas deviné non plus que « l'éclair du diamant fait tort à l'éclair de l'amour; » même, si on le leur dit, il n'est pas sûr qu'elles le comprennent, et je ne saurais tout à fait les en blâmer,

Il y a, à la page 388, une énigme que je lis et relis sans y rien entendre. Je comprends qu'il y a une femme, un enfant et un annélide (un ver à sang rouge qui vit dans la mer), je saisis même assez bien l'annélide : d'une nuée de filets gris d'argent s'échappent cinq filets colorés de cerise, qui se nouent et se dénouent avec les filets gris d'argent ; mais, après, je suis complétement perdu. Je cite : « Ce n'est rien pour nos sens grossiers ; c'est beaucoup pour celle où la vie nerveuse, le fin génie maladif de la femme vibre à toute chose. A ces couleurs rougissantes, pâlissantes tour à tour, elle se sent et se reconnaît; elle sent la flamme de la vie qui flamboie, brille et s'éteint. Attendrissante vision! » Puis elle est rêveuse, oppressée, sur le point de pleurer; l'enfant le voit et se tait. « C'était l'aimable premier jour où, pour lui, elle commença à épeler avec son cœur la langue de la nature. Et cette langue, du premier coup, lui avait adressé des mots d'un mystère si émouvant, que le pauvre cœur fut atteint. » Hélas! je ne suis qu'un homme, et je le reconnais, quoiqu'on eût pu me le dire moins rudement. Il est dur d'être condamné par l'injustice de la nature à ne jamais comprendre toutes les belles choses qui doivent être cachées là ; l'innocent animal qui est ici en scène ne serait pas plus ébahi que je le suis, si on lui racontait les ravages qu'il a faits dans l'âme de cette femme. Il doit y avoir dans cette affaire un de ces phénomènes de seconde vue inaccessibles aux esprits communs qui n'ont que la première.

Avec cette disposition d'esprit, on comprend que M. Michelet est, quand il écrit, par delà les règles ordinaires. Il serait injuste de juger par ces règles les plaisanteries sur les atomes (pag. 131), et le crustacé qui rit (pag. 177), et la nature, qui, un matin, se frappe le front et dit : « J'ai fait un coup de tête. » (pag. 221.) On ne devra pas songer que tous ces jolis mots viennent à propos de l'Océan.

Tandis que le goût s'altère, la délicatesse même des sentiments devient problématique. J'ignore comment les femmes prendront le livre de M. Michelet. A force de les voir partout (je n'ose pas citer les preuves; enfin partout), il les voit où elles ne choisiraient pas d'être vues, par exemple dans la femelle d'une espèce de phoque. En décrivant cet animal, il a si bien mêlé les deux formes, qu'on ne sait plus au juste où la femme commence et où le phoque finit.

Enfin, il y a tels passages du nouveau livre où l'écrivain n'a pas réfléchi que des femmes un peu jalouses d'être respectées pourraient le rencontrer sous la main. Qu'il y prenne garde, il est en train de changer de public. On n'est plus au premier moment de la nouveauté, on a vu ce qu'il y a au fond, sous le vernis sentimental qui avait trompé d'abord les lecteurs et peut-être l'avait trompé lui-même. Il va jusqu'à un public qu'il n'avait pas ambitionné. La passion d'un jour éprouve le besoin de se faire illusion à elle-même, de relever le désir par quelque chose comme la poésie. Dans un certain monde de Paris, où tous les sentiments ont leur programme officiel, il y avait pour les amants poétiques un pèlerinage de rigueur à la tombe d'Abailard et d'Héloïse, qui méritaient mieux que cet hommage; ils déposaient sur cette tombe une couronne d'immortelles; aujourd'hui, ils achètent un volume de M. Michelet et le lisent ensemble. J'imagine que, comme dans le Cantique des Cantiques, à la fin de chaque chapitre la bergère s'évanouit.

Pour nous résumer, il n'y a dans ce livre qu'une seule image; il n'y a aussi qu'une seule idée, idée fixe que vous savez; ce sont, du commencement à la fin, des variations sur l'amour. Il n'y a encore que cinq volumes de ces variations; il y en aura d'autres, soyez-en sûrs; vous n'y échapperez point. Ah! qui nous délivrera des variations et nous rendra le thème simple et charmant? Je l'ai entendu près de la Mare au Diable; c'était lui que murmuraient des enfants dans les pamplemousses et qui a éveillé le cœur de l'homme et de la femme aux premiers jours du monde naissant.

On éprouve une véritable peine à mesurer la chute de plus en plus profonde d'un écrivain qui avait tant de qualités aimables et qui périt par le seul excès de ces qualités. M. Michelet est né avec une imagination et un sentiment exquis, auxquels il doit les meilleures parties de son talent d'historien; il leur a dû de voir revivre devant ses yeux, et de faire revivre devant les yeux des autres, des temps, des générations depuis longtemps disparus; il a justifié le nom qu'il donne à l'histoire : « résurrection; » on avait remarqué que, même dans ses moments les meilleurs, cette imagination tendait à tourner en hallucination, à substituer ses spectacles aux spectacles réels; que ce sentiment tendait à tourner en somnambulisme plus ou moins lucide; il y avait déjà en lui du voyant, qui tantôt pénètre la réalité cachée, tantôt donne dans les chimères. Il a porté ces tendances dans le genre d'études qu'il a abordées dans ces derniers temps; mais, s'il les a d'abord contenues, il s'y est ensuite abandonné, et maintenant il n'en est plus le maître; le livre de *la Mer* en porte un irrécusable témoignage : j'excepte, il le faut toujours avec M. Michelet, des détails heureux, comme dans la description de l'oursin et ailleurs, et des pages comme celle-ci sur les phares : « Pour le marin qui se dirige d'après les constellations, ce fut comme un ciel de plus que la civilisation fit descendre. Elle créa à la fois : planètes, étoiles fixes et satellites ; mit dans ces astres inventés les nuances et les caractères différents de ceux de là-haut. Elle varia la couleur, la durée, l'intensité de leur scintillation. Aux uns elle donna la lumière tranquille, qui suffit aux nuits sereines ; aux autres une lumière mobile, tournante, un regard de feu qui perce aux quatre coins de l'horizon. Ceux-ci, comme les mystérieux animaux qui illuminent les mers, ont la palpitation vivante d'une flamme qui flambloie et jaillit et qui se meurt. Dans les sombres nuits de tempêtes, ils s'émeuvent, semblent prendre part aux convulsions de l'Océan, et, sans s'étonner, ils rendent feu pour feu aux éclairs du ciel. »

Comme on regrette que M. Michelet ne soit pas resté dans cette mesure ! Il n'aurait pas repoussé des lecteurs estimables qui venaient à lui, et ce journal n'aurait pas été forcé, à plusieurs reprises[1], de lui adresser de sévères reproches.

Je voudrais avoir fini avec les critiques que son livre me suggère; mais il faut absolument poursuivre. J'aborde la partie que l'auteur regarde comme la partie pratique. Notre auteur a une grande idée de la vertu des bains de mer : il prophétise la renaissance de la beauté, la renaissance du cœur et de la fraternité, et le renouvellement de la vie des nations ; c'est fort beau ; ici, comme toujours, le salut du genre humain viendra d'où on ne l'attendait guère. En gé-

---

1. *V.* les articles de MM. Cuvillier-Fleury, John Lemoine et Prevost-Paradol.

néral, les voyants donnent peu de preuves; aussi, dans cette fin de volume, n'en trouve-t-on pas assez: il y en a pourtant. Pour ne parler que de la renaissance de la santé, qui est plus humble, pourquoi l'eau ne serait-elle pas notre salut? M. Michelet trouve cela tout naturel, puisque, selon Berzélius, notre corps n'est qu'eau (« aux quatre cinquièmes »). Pourquoi la femme particulièrement, ne serait-elle pas relevée par les bains de mer? puisque, selon M. Michelet, « la mer est une femme. » Et si on trouvait qu'il n'est pas bon que la mer soit une femme, il resterait, comme le dit maintes fois l'auteur, que l'Océan est un homme. Ainsi l'on se retrouverait toujours.

M. Michelet voudrait voir un hospice au bord de la mer pour les enfants malingres; c'est le vœu d'un bon cœur, auquel nous nous associons volontiers. Encore est-il à propos de savoir par qui cet hospice sera créé. Il a trouvé la fondatrice : ce sera une femme qui aura retrouvé là la santé. C'est bien encore; mais ce qu'il ajoute laisse des inquiétudes. Il a arrangé une petite scène. Une femme qui méprise les cachemires de l'Inde, sous prétexte qu'ils sont faits sur des dessins de Londres, et les diamants, sous prétexte que M. Berthelot en fera tout à l'heure tant qu'on voudra, cette femme, qui est jeune et belle, veut tout simplement une maison pour cinquante enfants, meublée sans luxe; elle ne demande pas ce présent, elle l'impose, car « la femme est une royauté; » elle l'impose à un homme qui la prie, dans un de ces moments où l'on veut absolument donner. Tout cela n'est pas très-rassurant. Qui donc cette dame peut-elle être? Mais il n'y a rien de tel que de l'entendre elle-même : « Si la mer m'a embellie, comme vous me le dites du matin au soir, vous lui devez de donner un souvenir à son rivage. Et si vous m'aimez, je suppose que vous devez être heureux d'être encore ici de moitié, de créer ensemble une chose, de commencer avec moi ce petit monde d'enfants près de la grande nourrice. Qu'elle garde un gage durable de tendresse et de pur amour! Qu'elle témoigne, par une œuvre vive, que nous fûmes devant l'infini unis d'une sainte pensée. » C'est bien maintenant : à ce style à double fond de sentimentalité et de sensualité, je vois à qui j'ai affaire; je crains seulement qu'une fois l'hospice bâti, quand viendra la dédicace, il ne soit assez difficile de trouver un saint. Quoi qu'il en soit, cela ne m'empêche pas de trouver que l'idée de cette maison est bonne; et si celui qui a promis d'en faire les frais ne tenait pas sa promesse, ce qui arrive quelquefois, il resterait à recommander cette œuvre charitable aux dons modestes des simples mères de famille qui n'ont pas de cachemires et de diamants ou qui n'en ont que le nécessaire, et qui, heureuses de la santé rendue à leurs enfants, désireraient en témoigner à Dieu leur reconnaissance.

Comme il convient que, dans la renaissance de la fraternité, tout le monde ait sa part, notre auteur réclame pour les poissons; il demande une loi pour interdire la pêche à de certaines époques. Nous serions avec lui s'il réclamait cette loi, comme plusieurs personnes, pour prévenir la destruction du poisson, la dépopulation de nos cours d'eau et la ruine future des pêcheurs eux-mêmes, qui gaspillent une fortune déjà très-diminuée; dans le cas où il recommanderait aux pêcheurs de garder les gros poissons, parce qu'ils sont gros, et de jeter les petits à l'eau, parce qu'ils sont petits, il leur demanderait de faire ce qu'ils font souvent d'eux-mêmes; mais ce n'est pas cela : il veut qu'on respecte dans toutes les créatures ce que j'appellerai le droit à l'amour, il s'écrie dans une invocation pathétique : « Qu'ils meurent après, à la bonne heure! S'il faut les tuer, tuez-les! Mais que d'abord ils aient vécu (page 341.) » Je ne demande pas mieux ; mais il faut être pratique. A-t-il bien songé à toutes les difficultés de cette loi? Si tous les poissons frayaient à la même époque, rien ne serait plus simple; mais les différentes espèces de poissons ne frayent pas dans la même saison, ni la même espèce ne fraye dans la même saison quand les lieux, la température diffèrent. Que d'embarras! Puis, par une fatalité déplorable, il se trouve que les poissons sont en chair excellente avant cette époque, et que beaucoup sont maigres et ne valent rien après. Que de peine on aura à persuader à ceux qui feront la loi, à ceux qui la feront appliquer et à ceux qui ne sont payés ni pour la faire ni pour la faire appliquer, qu'elle est salutaire! Trouvez-vous un homme, je dis même une femme, assez sensible pour se contenter de peau et d'arêtes, et se consoler d'une méchante alose par cette réflexion touchante : « Elle est maigre, mais elle a vécu ! »

Encore si M. Michelet, en nous rédimant sur les poissons, nous donnait licence sur le reste de la création! Mais il n'écoute rien, il décrète d'un trait de plume plus la grande révolution qui se puisse accomplir dans la cuisine; tandis que nous choisissons pour notre table volatiles et quadrupèdes au moment qu'ils sont tendres, avant l'âge des passions, il nous réduit tous les jours à la poule au pot, qu'un roi meilleur réservait pour le dimanche, et au coq rôti, avec le refrain mélancolique : « Il est dur, mais il a aimé. »

Par une contradiction frappante (quel homme n'a pas de contradiction!) il passe sur la pisciculture et les couveuses artificielles sans en dire un mot. On avait droit de s'attendre ici à un blâme énergique qu'on n'a pas trouvé. Un de mes amis, disciple fervent de M. Michelet, et qui va publier le mois prochain un beau livre contre la pisciculture, me communique ce fragment où respire un sentiment très-respectable. Le style est encore un peu indécis, mais le trait final est pénétrant : « Siècle matérialiste ! industrie barbare ! On prend ces libres enfants des fleuves et de la mer, on ouvre leurs entrailles palpitantes, non de désir, mais de douleur, on en tire les germes de vie, que l'on mêle comme le chimiste mêle des gaz ou des sels, et il sortira de ces laboratoires des créatures équivoques, qui ne connaîtront ni père ni mère, ni amour ni enfants. Il y a plus. Un animal, la poule, nous charmait par le soin de couver ses œufs et par sa passion pour ses petits ; on en a fait une machine à pondre, on lui a enlevé ses œufs, on les a entassés dans des fours qu'on a osé appeler couveuses, qui seront pour les petits la famille et la patrie ; enfin la pauvre volatile épuisée, toujours trompée dans son instinct, est sacrifiée : elle a été poule et elle n'a pas été mère ! »

La chasse et la pêche ont des dangers, si l'on peut dire, plus graves : elles ont jeté les oiseaux dans le désordre et démoralisé les poissons. Lisez plutôt, page 225 : « Ce que les animaux avaient de meilleur, et ce qu'on a presque détruit à force de persécutions, c'était le *mariage*. Isolés, fugitifs, ils n'ont maintenant que l'amour passager, ils sont tombés à l'état d'un misérable célibat, qui de plus en plus est stérile. » M. Michelet a écrit cela sans rire. Lui, à la bonne heure ; mais le lecteur ? Le lecteur ne rira pas, il ne rit plus, il est grave, il disserte ; nous aurons dans quelque *Revue* un article substantiel où l'auteur établira par la statistique qu'en dépit des persécutions des hommes, les animaux continuent à se marier, comme par le passé, qu'on n'a plus comme autrefois à déplorer le scandale d'oiseaux vivant irrégulièrement et de poissons célibataires, qu'il n'en est pas dans l'air et dans la mer comme à Paris, où les locataires se marient moins depuis que les propriétaires gagnent davantage; qu'on n'a pas constaté plus de naissances d'oiseaux illégitimes ou de poissons naturels.

Pour nous, il nous semble que les unions telles quelles de ces animaux ne sont pas encore tout à fait stériles, que les quelques millions d'œufs du saumon, du hareng et de la morue sont une assez jolie famille, et qu'il est heureux que tous les enfants ne viennent pas à bien.

Finissons-en avec ce livre. M. Michelet, préoccupé du progrès social, blâme ceux qui oublient d'y travailler, et il croit qu'il y travaille. Non pas du moins par des publications comme celles qu'il nous donne depuis quelques années, et dont le succès n'est possible qu'en de certains temps créés exprès. Je ne veux ni louer le succès en général ni en médire. J'avoue que je ne le crois pas aussi difficile qu'on l'imagine souvent. Un homme de quelque talent, pourvu qu'il soit bien déterminé, est à peu près sûr d'avoir son quart d'heure en France; il n'y a de malaisé à obtenir que le quart d'heure qui suit. Cette réflexion ne regarde pas M. Michelet, avec qui notre pays ne compte plus; toutefois, sur ce que son succès actuel a de légitime et de solide, je ne puis m'empêcher d'avoir des doutes, et lui-même doit en avoir. Il a pris la France dans un moment où, privée de l'action politique, elle retombait dans la vie privée et dans les tentations du loisir ; livrée à des romanciers complaisants, elle avait un peu de honte, un peu de dégoût et sentait le besoin de quelque chose qui honorât ses plaisirs ; M. Michelet lui a apporté la poésie de l'amour. Les oiseaux et les insectes nous ont invités à aimer ; voici les poissons qui viennent ; on attend les quadrupèdes. Comment résister ? Et naturellement les animaux nous enseignent ce qu'ils savent, l'amour dont ils nous donnent des leçons est leur amour ou ce qu'on appelle ainsi ; ce ne peut être le nôtre, ce sentiment vaillant qui se nourrit moins de joies que de sacrifices et nous prépare à lutter contre la mort et contre la vie. C'était pourtant là le sentiment qu'il fallait rapprendre à la France, si elle l'avait oublié ; il fallait l'associer à tout ce qu'il y a de fort dans nos cœurs, ressusciter par là les grandes ambitions, au lieu de plonger les âmes dans cette molle et équivoque sentimentalité où elles se détrempent.

M. Michelet est, j'ose le croire, dans l'illusion sur la valeur et la portée de son œuvre actuelle. Il y a entre la vérité et lui le respect dû à sa science, à son caractère, je n'ose plus dire à son âge, le souvenir d'un enseignement justement populaire et d'une histoire de France toute vivante de l'amour du pays, l'indulgence pour les poëtes, à qui on pardonne beaucoup, la croyance à une certaine naïveté, qui semble seule expliquer des audaces et des étrangetés inconcevables ; j'ajoute, en dernier lieu, le respect dû à sa situation. La disgrâce et l'exil (M. Michelet n'a heureusement que la première), la disgrâce et l'exil sont perfides : ils créent autour d'un homme une illusion qu'il a bien de la peine à percer, illusion formée de l'enthousiasme des amis restés fidèles et des ménagements que s'imposent les indifférents ou les ennemis. Oui, souvent, à tous les autres maux la disgrâce et l'exil en ajoutent un fatal : ils vous enferment dans un monde artificiel, où vous vous sauvez du monde réel qui vous échappe; ils vous ôtent la vue nette de ce qui est, la vraie mesure des choses et votre vraie mesure. Eh bien! plus cette illusion est forte, plus il faut se roidir contre elle, résister de tout son courage, et se conserver tel que le veut la cause à laquelle on s'est donné Sans doute on n'est pas libre de servir son pays où il plairait de le servir; mais on est toujours libre de fortifier en soi et autour de soi cette raison française, qui est aussi une patrie.

1861.

LE COMTE D'ESTOURMEL[1].

En juillet 1830, le comte d'Estourmel était préfet de la Manche ; c'est là qu'il reçut les ordonnances, et le 27 au soir il était en voiture, portant sa démission. Arrivé aux portes de Paris, il entendit le canon de la troisième journée, et, comprenant ce que la loyauté exigeait dans une telle circonstance, il retourna à son poste pour maintenir les esprits. Jusqu'au 6 août, où il apprit que le duc d'Orléans était nommé lieutenant général du royaume, il réclama la fidélité au roi, fit arborer le drapeau blanc à l'hôtel de la préfecture, en face du drapeau tricolore, ne céda que sur les instances du conseil municipal et des notables de la ville, pour éviter l'effusion du sang et en annonçant que dès ce moment il cessait ses fonctions. Cependant Charles X gagnait la frontière ; le comte d'Estourmel le rejoignit et ne le quitta qu'au moment de l'embarquement, serviteur estimé mais peu agréable au roi, qui ne pouvait oublier qu'il avait songé à offrir sa démission et appelé les ordonnances illégales et funestes. Le dernier mot pourtant était assez justifié. Il avait besoin de repos ; il était allé le chercher à la campagne, lorsqu'il fut frappé d'une attaque

---

1. *Souvenirs de France et d'Italie*, par le comte Joseph d'Estourmel, nouvelle édition, 1 vol. in-18. Dentu. — *Journal d'un voyage en Orient*, 2ᵉ édition, 2 vol. in-18, Paris, Caumont. — *Derniers Souvenirs*, 1 vol. in-18, Dentu.

de paralysie; il garda deux mois le lit sans pouvoir bouger, et recommença enfin à sortir, mais sa bouche était remontée vers son œil droit; le médecin lui ordonna un voyage et des orties pour fouetter la partie malade; comme voyage, il résolut d'aller en Italie; quant aux orties, il se trouva heureux qu'on n'eût pas pensé aux chardons. Il débuta heureusement dans son excursion; il rencontra à Montefiascone le souvenir de l'abbé Maury, qu'il avait jadis connu à Paris, prenant ce fameux tabac qu'il préparait lui-même, et auquel il devait sa fortune.

« En émigrant, il avait emporté à Rome deux pots qui lui restaient de ce précieux tabac. Le sort à venir de l'abbé Maury dépendait du pape, et le pape prenait du tabac. « Je me présentai plusieurs fois, nous
« dit-il (je rapporte ses propres expressions), devant
« Sa Sainteté, et toujours je tirais ma tabatière, je la
« tenais ouverte, je la refermais avec quelque bruit;
« c'était tout ce que je pouvais faire : le respect m'in-
« terdisait de hasarder davantage et d'aller offrir di-
« rectement une prise au saint-père. Enfin ma per-
« sévérance atteignit son but. Un jour je parvins à
« faire rencontrer ma tabatière sous sa main, et
« machinalement il prit de mon tabac. Vous pensez
« dès lors que je l'observais avec une grande atten-
« tion, et je vis tout de suite la surprise qui se pei-
« gnait sur ses traits tandis qu'il allongeait les doigts
« pour puiser de nouveau dans ma boîte. *Donde vi viene*
« *questo maraviglioso tabacco?* Je ne lui cachai pas que
« moi seul en possédais de semblable et que je n'en
« avais plus que deux pots ou plutôt que je n'en avais
« plus, parce que, dès ce moment, il appartenaient à
« Sa Sainteté Je crois que ce présent lui fut aussi
« agréable qu'il me fut utile. » A la suite de cette his-

toire, l'ancien évêque de Montefiascone nous parla de sa franchise; il en avait montré plus qu'il ne pensait dans le récit qu'il venait de faire. »

Arrivé à Rome, le comte s'y établit; il vit les monuments, mais il vit le monde, s'y reconnut tout de suite, en homme qui en était, s'amusa à observer, et recueillit, pour son plaisir et le nôtre, une provision de souvenirs. Sept ans après, il partait pour l'Orient. Le *Journal d'un voyage en Orient* ne me paraît pas avoir, à beaucoup près, le même mérite que *les Souvenirs d'Italie*; l'*Itinéraire* de Chateaubriand a épuisé les souvenirs de l'antiquité classique et chrétienne; quant à l'observation et à la peinture de l'Orient actuel, plusieurs voyageurs ont donné des livres plus précis ou plus éclatants que ce journal; pourtant il se lit, même après les autres. Sans parler d'une multitude de piquants détails, il séduit par la sincérité du sentiment. Admirateur du grand art des Grecs, à la vue des ravages que la barbarie a faits au Parthénon, le comte d'Estourmel passe une journée de désespoir et de fièvre; chrétien convaincu, il reste des semaines enfermé dans le Saint-Sépulcre, répétant avec saint Bernard : *O beata solitudo! ô sola beatitudo!* (O heureuse solitude! ô seul bonheur!) et chassé par la peste, il ne « remonte sur terre » qu'avec de profonds regrets. Cette fièvre au Parthénon et ce recueillement au Saint-Sépulcre valent bien des descriptions littéraires.

Je laisse les récits de voyage, pour m'occuper du voyageur, qui est un voyageur français, j'en avertis, assez médiocrement pourvu du confortable, mais l'âme toute prête pour jouir et profiter.

Comptons ces qualités de voyage, qu'il emporte et que nous ferons bien d'emporter, comme lui, à l'occasion Il en est une d'abord d'un prix inestimable : c'est la bonne humeur. On rencontre sur les grandes routes, comme dans sa maison, des contrariétés, des mécomptes, tout ne va pas comme on veut, et dans ce cas il s'offre deux partis à prendre : empêcher ce qu'on ne peut souffrir ou souffrir ce qu'on ne peut empêcher Le premier parti est plus héroïque, le comte d'Estourmel ne le cache pas; mais il avait choisi le second, car il connaissait la vie. Je sais bien que l'on part avec les plus beaux projets : on résout qu'on ne sera pas volé; on part aussi avec les plus belles espérances : il ne pleuvra point, les chemins seront bons, les vents favorables, les auberges propres et la cuisine à souhait; au bout de quelques jours, les espérances s'en vont, et on reconnaît combien il est difficile de maintenir ses projets. Beaucoup de voyageurs se roidissent, s'exaspèrent, ne jouissent plus de rien, et accablent leurs compagnons du poids de leur mauvaise humeur; quelques-uns, les sages, acceptent les misères de ce monde, pensent qu'il est également naturel d'être volé et d'être mouillé, qu'il est naturel aussi de chercher à l'être le moins possible; et, après qu'ils y ont tâché honnêtement, ils se résignent, décidés à jouir de leur voyage! Ah! la bonne chose que la bonne humeur! Elle n'est pas la gaieté, car n'est pas gai qui veut; elle n'est pas tout à fait la bonté, mais elle en a quelque chose : elle n'est pas toujours sans un certain effort contre soi-même, et elle n'est jamais sans un désir de soulager ses semblables, d'ôter quelques difficultés à la vie, qui n'a pas besoin qu'on en ajoute; elle maintient dans un petit monde un bien inestimable, la sérénité; enfin elle ne sera, s'il le faut, qu'une simple qualité, on ne la rangera pas parmi les vertus; mais si elle n'est pas parmi les vertus, du moins elle vient immédiatement après. Le comte d'Estourmel paraît avoir possédé à un haut degré cette bonne humeur; on le voit dans maintes circonstances, dans une, entre autres, où elle ne serait pas facile à tout le monde. Dans l'Anti-Liban, il tomba de cheval, et tomba malheureusement sur une pierre ; la tête fêlée, n'ayant plus que la jambe droite et la gauche, deux membres sur quatre, pour faire son service, sans tisane ni compresse possibles en pareil lieu, il fallut cont'nuer la route à cheval; il souffrait cruellement, mais sa gaieté ne l'abandonna pas. « Probablement, disais-je à ma caravane, je me suis cassé un os, mais il m'en reste encore deux cent trente-neuf, et à l'appui de ce chiffre je citais ce début d'un poëme sur l'anatomie qu'on me faisait apprendre étant enfant :

> Le corps est composé de deux cent quarante os,
> Les petits et les grands, les minces et les gros. »

Du reste, il n'eut pas trop de malheurs dans ses voyages : il ne fut jamais dévalisé, ou, comme il dit, volé officiellement, et sa vie ne fut jamais menacée. Je me trompe pourtant Il était sous les murs de Patras à dessiner paisiblement, lorsqu'il sentit le vent d'une balle qui frisait son oreille ; on le prévenait ainsi qu'on ne dessinait pas là : c'était un premier avertissement.

Il avait une maxime qui l'aidait beaucoup à garder sa bonne humeur. On connaît le joli vers de Voltaire, dans *le Mondain :*

> Le superflu, chose très-nécessaire.

Le comte d'Estourmel, une fois en voyage, retournait le vers; il disait : « Le nécessaire, chose très-superflue. » Il mettait dans ce superflu, avec la multitude des objets accessoires dont on s'embarrasse et dont on devient esclave, la multitude des besoins dont on s'imagine ne pouvoir pas se passer. Que faut-il à l'homme? se répétait-il. Peu de chose et pour peu de temps. Il souffrait moins de certaines privations qu'il ne jouissait du plaisir de se sentir plus libre, et il s'exerçait constamment à simplifier sa vie.

Quoique la bonne humeur soit beaucoup en voyage, elle n'est pas tout, elle n'apprend pas à bien voir; or, le comte d'Estourmel, qui entend mettre ses voyages à profit, a pour cela plusieurs maximes d'un excellent usage.

Il ne peut souffrir les cicerones, payés ou gratuits, ces derniers surtout, avec qui on est moins à l'aise, et qui lui font l'effet d'un livre qu'on ne ferme pas quand on veut. Il a raison; faisons comme lui, contentons-nous de lire à la maison des indications générales, puis allons seuls, allons aux objets et écoutons naïvement ce qu'ils nous diront.

Il ne regardait pas le voyage comme une espèce de course aux curiosités. Outre les monuments d'art, il y a les hommes à connaître, dans leur diversité merveilleuse, que toujours quelque fait caractérise. « L'en avant, *go a head*, » des Américains, dit leur esprit d'aventure; l'adage anglais : « Le temps est de l'argent, *time is money*, » indique un peuple affairé : Qui le sait? *chi lo sa?* » répètent les Italiens, nation politique. Et si on ignorait quel intérêt ils portent à la passion, comme c'est bien une histoire italienne, l'histoire de la *rabbiatura* de cette duchesse Torlonia, qui, dans un accès de colère, faillit étrangler son mari; le lendemain, toute la société romaine envoyait chercher des nouvelles de la duchesse, personne ne s'enquit du pauvre mari, à moitié étranglé. En Orient, chez les Turcs, un mot revient sans cesse aux oreilles de notre voyageur : « *Malesch*, qu'importe? qu'est-ce que cela fait? » Réflexion très-commode, applicable à toutes les circonstances de la vie, et qui délivre de bien des embarras. En conséquence, il ne les a jamais vus planter quelque chose, arbre ou arbuste. Planter un arbre! *Malesch!* Mais, comme on ne peut rester dans le repos absolu, ils ont cherché une action inutile et ils ont trouvé l'action de fumer, à laquelle ils s'emploient. Le comte d'Estourmel, qui les a admirés dans cet exercice, demande judicieusement à quoi ils pouvaient s'occuper quand ils ne fumaient pas. Le guide du comte d'Estourmel, Démétrius, après quelque temps de voyage en Turquie, tout plein de l'esprit du pays, trouva le plus beau mot turc qui ait peut-être été dit. Un soir qu'on avait dressé la tente pour la nuit, par un ouragan, comme on le pressait de la secourir, il répondit magnifiquement : « Le vent ou la tente tomberont. » Ainsi, chaque peuple a un trait saillant qui fait son originalité. Serions-nous seuls exceptés? Quoiqu'il soit plus difficile de se connaître soi-même, j'imagine qu'avec de la bonne volonté on y arriverait. N'y a-t-il pas, par exemple, une indication du génie national dans un mot qui reparaît plus fréquemment que les autres : « C'est nouveau; ce n'est pas nouveau, » avec l'accent particulier qui l'accompagne, expression d'une vive approbation ou d'un profond mépris, et dans le fameux : « Cela se fait, » règle absolue des mœurs?

En fait de curiosités, il n'est pas de ceux qui se croient tenus de ne rien passer. Qui n'a rencontré de ces malheureux qui vont comme des condamnés, en expiation de quelque grand crime, se présenter à chacun des monuments que leur Guide mentionne, les regardant tous du même œil affairé et mélancolique, et ne montrant un peu de soulagement que lorsqu'ils font une croix à un article du livre, à l'article de Saint-Pierre ou du Colisée, qui est vu et qui n'est plus à voir?

Il paraît aussi avoir pensé que si l'observation est, devant le commun des objets, une qualité très-utile et pour ainsi dire de ménage, quand on arrive devant les grandes choses, elle ne suffit plus, et que ces choses-là se voient avec l'imagination. Je partage son opinion; et on me permettra d'y insister un peu, parce qu'il s'est déclaré une réaction contre elle, et que plusieurs voyageurs, quand ils partent, de peur qu'elle ne les empêche de bien voir, la mettent soigneusement sous clef. S'ils rejetaient seulement cette imagination banale qui verse des larmes et des phrases sur toutes les beautés convenues, on les féliciterait; mais il est question ici de beauté vraie et d'imagination vraie; s'ils croient pouvoir se passer de celle-ci, il est bon de les détromper. Ils vont au bord de la mer, aux montagnes ou au Sahara; je veux qu'ils aient mesuré les surfaces et les hauteurs : ce qu'ils connaissent, c'est de la pierre, c'est l'eau, c'est de la poussière; ils ne connaissent pas l'Océan, la montagne et le désert; ce qui fait ces choses, c'est leur infinité, ou plutôt, car elles ne l'ont pas, celle qu'elles nous forcent de concevoir à leur aspect et que l'imagination saisit. Et il en est ainsi de toutes les grandes choses. Les forêts vierges nous transportent au commencement des temps; à leur tour, les villes bruyantes qui se pressent là où croissaient les forêts, nous représentent la lutte de deux puissances, de l'industrie contre la nature, et la loi fatale qui fait que la nature recule peu à peu. A Rome, ce sont deux mondes superposés ou peut-être écroulés l'un sur l'autre; et pour parler de notre France, de ce Paris où son cœur bat, Paris n'est pas dans l'étendue de terrain que couvrent ses places ou ses rues; il est dans l'élégance qu'imprime à tout son libre génie, il est dans l'air invisible où se forment les révolutions. Et les ouvrages d'art, que sont-ils et à qui parlent-ils? Combien d'heures j'ai passées à contempler, à la voûte de la chapelle Sixtine, les deux fresques de Michel-Ange, qui représentent la création d'Adam et d'Ève! Voici Adam endormi; l'Éternel, porté sur un nuage, touche du doigt son robuste enfant, qui s'éveille lentement, et ne se rendormira plus qu'il n'ait fait sa journée. A côté, voici la première femme; Dieu descend et l'appelle, elle accourt, et son premier mouvement est d'adorer. Raphaël peint la vision d'Ézéchiel; on sent le surnaturel à ce je ne sais quoi d'effaré qui paraît dans ce groupe sublime; et le vent qui hérisse les plumes de l'aigle, le poil des animaux et la barbe de l'homme, ce vent ne se lève pas de la terre, il souffle dans les grands espaces vides, qui n'ont vu passer que l'esprit de Dieu. Laissons des exemples sans nombre et hâtons-nous de conclure. Il y a une âme des choses et il y a en nous un sens pour communiquer avec cette âme; c'est l'imagination. Concluons aussi qu'il faut la mettre du voyage. Mais peut-être que notre époque lui est moins favorable. Autrefois, avant les progrès de l'industrie, qui ont rendu les transports si rapides, quand on partait pour visiter un lieu célèbre, il fallait subir une longue attente, et cette longue attente était une admirable préparation. Aujourd'hui on arrive aussitôt; on ne connaît pas le travail de l'imagination qui s'enfièvre à mesure qu'on approche, la force d'une pensée obstinément couvée, l'intensité d'un désir longtemps inassouvi.

Nous parlons toujours de parcourir les lieux ; ce n'est pas cela : il faut se familiariser, s'identifier avec eux ; il faut que leur puissance agisse sur nous et nous transforme ; car c'est là le plus profond effet des voyages. Ceux qui ont éprouvé cette impression s'en souviennent. Transporté hors de votre milieu, hors de vos habitudes et de la vie ordinaire, dans des pays inconnus, il se passe en vous quelque chose d'étrange : on n'est plus sûr de soi-même, on a comme le sentiment de deux existences, l'une que l'on a eue, l'autre que l'on a, sans savoir précisément où elles se rejoignent et comment on a passé de l'une dans l'autre ; puis peu à peu l'étonnement cesse, les idées, les instincts d'auparavant disparaissent et cèdent la place à des idées et à des instincts que tout autour de vous vous inspire ; voilà en vous un autre homme que vous n'aviez jamais soupçonné et qui vous inspire une curiosité singulière. Pour la nature humaine, si vivante, par conséquent si avide de changements, c'est un vif plaisir de ne pas se sentir prisonnier dans une forme, d'en essayer de nouvelles ; et la nature française, si humaine celle-là, n'a rien de plus cher que de telles métamorphoses. Quelque part qu'ils aillent, au bout de quelques jours, nos Français sont du pays ; aussi personne ne pénètre plus avant dans le caractère des lieux qu'ils visitent. Tel est notre aimable voyageur, M. Ampère ; on croit même que Rome, la grande magicienne, l'a enchanté, et qu'il ne peut plus rompre le charme ; et on verra, je l'espère, ce que la Syrie a fait de M. Renan, qu'elle a enfin rendu, après une rançon bien cruelle.

On reconnaît, par l'exemple du comte d'Estourmel, qu'il y a un certain nombre de conditions nécessaires pour voyager véritablement. Beaucoup de personnes courent le monde, qui ne soupçonnent pas ces conditions; elles ne voyagent pas, elles se remuent. La faute en est, en partie, à notre temps, qui connaît peu les longs loisirs et n'accorde que des intervalles entre deux travaux. Dans notre société occupée, la plupart des gens ne voyagent plus guère que dans les premiers mois de leur mariage; après, ils sont ressaisis par les affaires. Les nouveaux époux s'envolent donc vers le nord ou le midi, puis ils reviennent de beaux pays où ils n'ont vu qu'eux-mêmes; il est vrai qu'ils ont vu ce qu'il y a de plus beau au monde : des gens heureux.

On serait étonné si un homme qui entend si bien les voyages n'entendait pas un peu la vie; aussi il y excelle. J'ai relu bien des fois la page où il se demande ce que nous nous demandons tous à quelque moment, s'il voudrait recommencer de vivre; et, après un retour sur les déceptions inévitables, il conclut par ce mot : « Peut-être faudrait-il, pour bien faire, ne recommencer que les commencements. » Mot charmant et vrai! Ces commencements sont dans la vie ce que sont les esquisses dans le dessin. Quel mouvement! quel feu! que de choses dans ces traits inachevés! C'est un monde qui flotte en rêve. Mais, par malheur, l'art ne peut s'en tenir là : il faut que ces lignes s'arrêtent, que le sujet se limite, que chaque objet prenne sa forme; le vague disparaît, et avec lui l'infini qu'on a entrevu et que l'on va regretter. De même, quelle magie dans les affections naissantes! comme on tient pour perdu le temps qu'on n'a pas aimé ainsi! comme il semble que ce n'est pas assez de l'existence et de l'éternité entière pour épuiser notre bonheur! Hélas! souvent toutes ces joies sont un déjeuner de soleil!

Que la vie nous soit donnée bonne ou mauvaise, il était décidé, si elle était mauvaise, à ne pas la rendre pire, et, si elle était bonne, à ne pas la gâter par des soins inutiles; il avait toujours devant les yeux l'histoire de cet homme qui partit pour un beau voyage, emportant une douzaine de chemises, et qui, frappé de l'idée qu'il pourrait en perdre quelqu'une, promenait de ville en ville son idée fixe sans jouir de rien. Oui, nous sommes tous un peu comme ce pauvre voyageur; on se prend de pitié et quelquefois de colère contre les hommes, quand on les voit corrompre par quelque sotte fantaisie les plus grands biens que la Providence leur laisse, telle faculté d'un précieux usage, telle affection capable de combler un cœur; tandis qu'on devrait passer sa vie à remercier cette Providence de nous avoir laissé ces biens et à la prier de ne pas nous les prendre.

Le comte d'Estourmel, dans les résolutions qu'il forma de bonne heure pour conduire sa vie, ne voulut pas prévoir les fortes épreuves; il eut raison. Quelque situation qu'on imagine à l'avance, il ne sert de rien de s'y être préparé : nous arrivons nouveaux à tous les états de la vie; aux crises extraordinaires viennent les secours extraordinaires, et s'ils ne viennent pas, on meurt. Sans regarder si loin, content de pourvoir au plus pressé, pour l'usage de tous les jours, il avait adopté de sages maximes; et, en Français du bon temps, au lieu de s'appesantir sans fin sur la même idée fâcheuse, il comptait, pour s'en tirer, sur la distraction, la distraction selon ses goûts, la musique et la conversation. Il préférait encore cette dernière; et, puisqu'il ne s'agit pas ici de décider ce qui est plus estimable en soi, mais ce qui est plus efficace dans une circonstance, je suis de son avis. La bonne chose qu'une bonne conversation, quand nous avons une pensée triste qui nous obsède! La musique n'est pas pour ces états : si elle est trop étrangère au sentiment où vous êtes, elle n'est qu'un bruit vague et indifférent qui vous laisse à vos rêveries; si elle se rapporte à ce sentiment, elle vous remue jusqu'au fond de la façon la plus cruelle et exaspère vos douleurs. La conversation est meilleure : la variété des sujets, la rapidité des aperçus, l'imprévu des traits, la nécessité d'y être présent et d'y prendre part, tout cela donne à l'âme un mouvement doux, assez pour se sentir vivre, sans les anéantissements et les convulsions.

Des amis disaient au comte d'Estourmel qu'il écrivait comme il parlait; à quoi il répondait malicieusement : « C'est peut-être que je parle comme un livre. » Mais non; il parlait bien comme on parle. Voici une conversation prise sur le fait :

« Ce soir, j'étais encore tellement préoccupé de ma promenade du matin au milieu des ruines, que je me suis mis à en entretenir la vieille duchesse de T..., et je tirai mon à-propos d'une guirlande de lierre dont elle avait orné sa tête. Comme je m'engageais dans une phrase où le lierre et les ruines allaient se trouver en regard, je m'aperçus que le pied me glissait, et je m'arrêtai tout court en feignant de prendre la coiffure de la duchesse pour des feuilles d'acanthe. « Vous n'êtes pas maladroit, me dit tout bas de « Brosse, de vous être retenu à temps au chapiteau « corinthien. » Et comme il me voyait encore ému de mon danger, il ajouta pour me consoler qu'il ne connaissait personne à qui il ne fût arrivé de commettre en ce genre quelque lourde bêtise, ajoutant obligeamment que, lorsque les gens d'esprit s'en mêlaient, ils y réussissaient mieux que les autres. Il m'en cita plusieurs exemples, et nous tombâmes d'accord que ce dont il faut surtout se garder en pareil cas, c'est de vouloir réparer, car on ne manque jamais de faire la reprise à côté du trou.... Si vous vous retournez, faites-le tout d'une pièce. « Quel « est ce petit monstre? demandait le comte Louis de « Narbonne à son voisin. — Monsieur, c'est ma « femme. — Elle est charmante. » Et il passait à un autre sujet. »

Comme tout cela joue et rit! Oui, la conversation n'est qu'un souffle léger, mais il chasse les nuages. Elle veut un cercle assez étroit, et que l'on ne soit pas en scène et que l'on cause librement, pour s'amuser, car dès qu'on en fait un art, tout est perdu.

Les *Derniers Souvenirs* sont une histoire anecdotique de la république en 1848. Ce sont quelques feuillets détachés de cette histoire générale qui se fait chez nous un peu tous les jours, partout où il y a deux Français qui causent et qui s'entretiennent librement des puissances. Comme elle est faite de verve et de malice, il n'est pas sûr qu'elle soit impartiale, mais elle est toute vivante, et c'est vraiment un genre national. Elle ne manque pas d'avoir son utilité. On a dit que la France était une monarchie absolue tempérée par des chansons; on ne chante plus guère, mais on parle encore, et il se pourrait qu'elle fût une monarchie absolue tempérée par des bons mots. L'esprit est un pouvoir public qui ne figure pas dans les Constitutions et qu'on n'a pas organisé jusqu'ici, mais avec lequel les autres pouvoirs sont obligés de compter. En retour, il leur rend de grands services : il les avertit de l'état de l'opinion et il désarme les colères de l'opinion elle-même. A de certains mots bien trouvés, cette nation sent une si vive jouissance, qu'elle pardonne à un gouvernement qui lui fournit de tels plaisirs.

J'oserai recommander les *Souvenirs de France et d'Italie* avant les *Derniers Souvenirs*, et ceux-ci avant le troisième ouvrage ; mais partout le comte d'Estourmel est lui-même, un des hommes avec qui on aurait le plus aimé à s'entretenir. Ses descriptions sont rapides, précises, avec du relief, sans fausse recherche ; on peut voir, en ce genre, sa peinture de la caravane qui porte à Médine le tapis sacré, et si on veut quelque chose de plus court, voici, en quelques traits, un petit tableau achevé. Il s'agit d'un grand personnage, le ministre des finances du Caire : « Ce seigneur a de singulières habitudes ; on le trouve d'ordinaire établi sur son divan entre un tigre et un lion, ce qui a dégoûté les visiteurs ; d'autant plus qu'il a dressé le lion à s'avancer au-devant d'eux les bras ouverts, et le tigre à les reconduire jusqu'à l'escalier. » Les anecdotes de notre auteur sont abondantes comme les souvenirs d'un vieillard, mais elles ne fatiguent jamais, parce qu'elles sont admirablement racontées, et que, sous leur air agréable, elles cachent un grand sens : elles nous reviennent à tout moment, dans mille circonstances de la vie, et les traits qu'elles renferment volent et vont d'eux-mêmes se planter ailleurs. Ses réflexions, réflexions d'un très-libre esprit, sont pleines de ce bon sens incisif qui tranche dans le convenu ; je ne saurais, en cela, mieux le comparer qu'à Alphonse Karr, duquel il faisait d'ailleurs beaucoup de cas. Entre mille autres, comme voici un joli mot et qui tombe bien sur un usage de la société !

Quand il faisait des visites, toutes les fois que son domestique trouvait porte fermée et qu'il était obligé de lui dire : « On est sorti, » le pauvre homme avait un air profondément malheureux qui faisait rire son maître : « Il ne comprenait point qu'on allât chez les gens pour ne pas les rencontrer : il n'avait pas le sentiment vrai de la visite. » Et encore quelle bonne remarque sur l'habitude de corner les cartes. Il était à Rome lorsqu'elle s'introduisit en France; recevant de Paris tout un paquet de cartes ainsi cornées, il en demande l'explication à un des arrivants :

« Comprenez, me dit-il : si ma carte n'a point de marque, on peut croire qu'un domestique l'a apportée, tandis que si j'y fais une corne, c'est que je suis venu moi-même. — La corne serait donc, en ce cas, le signe de la présence réelle? — Mon Dieu, oui. — Mais si je commençais par en faire une à ma carte, puis que je l'envoyasse ensuite remettre par un domestique ? — C'est bien ce que l'on fait. — Mais alors à quoi sert une corne, je vous prie? — C'est vrai, il faudrait peut-être en faire deux. »

Ne dirait-on pas une boutade de l'auteur des *Guêpes?*

Le comte d'Estourmel paraît ici ce qu'il était, un causeur; il en a toutes les plus heureuses qualités. J'ai été charmé tout le temps que j'ai lu ses livres, et désire, en les indiquant au lecteur, lui procurer l'agrément que j'ai eu.

1862.

M. DELÉCLUZE [1].

M. Delécluze parle de lui sous le nom d'Étienne; il en parle avec beaucoup de discrétion et de modestie, et il a perdu là une excellente occasion de se faire valoir ; car, lorsqu'on parle de soi à la troisième personne, cela met à l'aise : il semble qu'il est question d'un autre et qu'on a toute liberté de dire le bien que l'on pense chrétiennement de ses semblables.

Etienne est né au commencement de 1781 ; en 1793, les colléges étant supprimés, son éducation, à peine commencée, fut interrompue, et il rentra dans sa famille, à Meudon. Dans les deux années qui suivirent, il fut livré à lui-même ; les parents, dans ces années, même ceux qui, comme les siens, jouissaient d'une honnête aisance, avaient assez de pourvoir à la subsistance de la communauté. Il accompagnait son père dans un voyage pour acheter à prix d'or un sac de farine, aidait sa mère à cuire le pain, et rentrait la moisson dans la grange. Lorsque la Terreur fut passée, on ne reprit pas immédiatement la vie régulière : « La certitude en quelque sorte nouvelle alors de ne pas avoir la tête tranchée le jour même ou le lendemain, la faculté que l'on avait recouvrée de faire un projet qui ne pouvait être réalisé qu'à

---

[1] *Souvenirs de soixante années*, avec cette épigraphe : *Dulces ante omnia Musæ*. 1 vol. in-18, Michel Lévy.

huit ou quinze jours de distance, et enfin le repos du corps et de l'esprit devenus indispensables, après les inquiétudes et les insomnies continuelles éprouvées pendant plus d'une année, avaient plongé tout le monde dans une espèce de somnolence qui avait son charme. » Un petit événement vint, au printemps de 1795, tirer Étienne de cette existence indolente; cet événement fut la visite d'une famille des environs, dans laquelle se trouvaient deux jeunes demoiselles. Étienne fut très-troublé de l'idée de cette visite; quand elle fut venue, obligé de présenter des bouquets, il arracha en furieux des branches de lilas et de chèvrefeuille et mit entre les mains des dames des paquets de fleurs. La plus âgée des demoiselles remercia gracieusement Étienne « avec ce sentiment de supériorité extrême qu'a une fille de quinze ans sur un garçon de quatorze; » un regard de la plus jeune dompta le jeune sauvage, qui ne songea plus qu'à se rendre digne de lui plaire. Il rougit de son ignorance, monta dans le grenier où étaient enfermés ses anciens livres de classe et les traduisit, en commençant par la première églogue de Virgile; il racontait le soir aux demoiselles l'histoire du *Cordonnier Mycile* et de son coq ou le *Songe de Scipion*, se laissait railler et sentait croître son énergie. Par bonheur, un ecclésiastique du voisinage, qui faisait l'éducation de son neveu, remarqua le désir d'instruction dont Étienne était possédé et lui proposa de l'associer aux études de son élève; Étienne fut saisi d'une joie si vive qu'il se jeta dans les bras de son nouveau maître en pleurant. On traduisit Virgile, Cicéron, Tite-Live, Térence, Horace; les plaisirs du Directoire n'interrompirent pas ces travaux; on prit sur le sommeil.

Cependant les deux demoiselles s'étant mariées, Étienne s'enfonça de plus en plus dans le travail. « La lutte entre ses travaux et ses souvenirs fut longue; mais en somme elle retrempa son âme et lui donna ce genre de satisfaction qu'éprouve tout homme quand il sent qu'il ne s'est pas laissé abattre. »

Entré à l'atelier de David, il y vit venir un Génevois, Lullin, avec qui il se lia d'une amitié solide. On donna les matinées à la peinture, les soirées à l'étude de l'antiquité grecque et latine, et ce plan fut suivi pendant trois ans, de 1797 à 1800, sans compter les leçons d'anatomie à l'amphithéâtre, à cinq heures du matin. L'amour de l'antiquité était alors dans l'air. Alfieri, à l'âge de quarante-sept ans, se mettait à apprendre le grec, Letronne et Burnouf s'y adonnaient avec ardeur; on suivait en France l'impulsion donnée par les savants d'Allemagne et d'Italie; et le mouvement des esprits dans ces deux centres venait de loin : il avait été provoqué par la découverte d'Herculanum et de Pompéi, par l'étude des ruines de Pœstum et d'Athènes. Un ami et contemporain de Lullin et d'Étienne, Maurice Quay, se promenait dans les rues de Paris vêtu en Agamemnon. Déjà pourtant un courant nouveau se déclarait : on recherchait les traductions des théâtres allemand, anglais, danois, italien et espagnol. Étienne dévora les vingt volumes de la traduction de Shakspeare par Letourneur; il lisait *Werther*, quoiqu'il en redoutât les effets sur la jeunesse et qu'il les combattît chez son ami Lullin. Ossian s'ajouta à *Werther* : la mélancolie fut de mode. Maurice Quay lui-même finit par avancer qu'il préférait le chantre de Fingal au chantre d'Achille, et que la lune était plus poétique que le soleil. Les romans noirs d'Anne Radcliffe achevèrent de troubler les esprits et jetèrent les imaginations dans un monde de spectres et de revenants. Étienne vécut au milieu de ces maladies sans les prendre.

Il fit son entrée dans le monde dans la maison de Lullin, et il remarque qu'à cette époque singulière l'aristocratie pour les hommes était le talent, pour les femmes la beauté; mais ses plaisirs furent interrompus : il soigna et perdit à un mois de distance son père et son ami. Ces chagrins lui donnèrent une gravité dont ses lectures se ressentirent. Il passa l'année 1806 entre la Bible et Homère, allant aisément de l'une à l'autre, parce qu'il retrouvait dans les deux la franchise et la grandeur. A la fin de cette année de deuil, un jeune homme qu'il rencontra, Viollet-Le-Duc, passionné pour nos anciens poëtes français, dont il formait peu à peu une riche bibliothèque, initia Étienne à la connaissance des origines de notre poésie. Ainsi se complétait cette éducation. La résolution qu'il prit en 1816 d'accepter les élèves d'un peintre de ses amis le fit présenter dans les familles Monod et Stapfer, où on parlait l'anglais, qu'il ne savait pas; c'était d'ailleurs le moment où l'enthousiasme était très-vif pour lord Byron et Walter Scott; ceux qui pouvaient les lire en anglais fanatisaient les autres. Etienne se mit avec ardeur à l'étude de cette langue qu'il poussa vite très-loin; il s'y perfectionna plus tard dans un voyage en Angleterre. Reçu dans l'intimité d'une famille anglaise, chaque matin, avant le lever de ses hôtes, il jouait avec les deux petites filles, qui reprenaient gravement les fautes de leur écolier. L'une des petites filles est devenue miss Nightingale, qui s'est faite la Sœur de charité des blessés de Crimée.

Étienne avait trente-six ans et n'avait pas encore

écrit; il n'était connu que comme peintre, surtout par la médaille d'or que lui valut son tableau à l'Exposition de 1808. Lorsque le *Lycée français* fut fondé en 1819, il accepta de faire le compte rendu de l'Exposition ; à partir de ce moment, sa carrière littéraire était commencée et en excellente compagnie : les deux Delavigne, Scribe, Brifaut, MM. de Rémusat, Victor Le Clerc, Patin, Viollet-Le-Duc, Théry et Avenel. « Tous les quinze jours, on se rassemblait chez un restaurateur, rue du Hasard, pour causer avant, pendant et après un modeste repas ; grâce à une précaution délicate, on avait eu soin de prendre pour règle de la dépense de ces piqueniques le niveau présumé de la bourse la plus humble. L'écot était de quatre francs pour chaque convive, prix obtenu à grand'peine du maître restaurateur qui, pour se dédommager du sacrifice qu'il prétendait faire, ne manquait pas, au moment du service, de crier à son chef de cuisine avec un dédain indicible : Le dîner des gens de lettres. » Au sortir du repas, quelques-uns des convives, amateurs de la belle musique, parmi lesquels MM. Patin et Étienne, allaient s'asseoir sur les bancs de l'école de Choron. Le *Lycée* dura peu : le gouvernement, irrité par l'opposition, décréta l'impôt du timbre sur tous les journaux sans exception, et le journal littéraire argua en vain de son innocence. Le *Moniteur universel* demanda à Etienne un compte rendu de l'Exposition. A la fin de l'année 1822 il écrivit son premier article dans le *Journal des Débats*. On lui proposa d'étudier les arts en Italie. Il savait la langue du pays et brûlait du désir de vivre au milieu de ses merveilles ; il partit avec une joie inexprimable.

Depuis son entrée au *Journal des Débats* jusqu'à ce

jour, Étienne a exercé la critique des arts du dessin, auxquels s'est ajoutée en 1832 la musique italienne. Ferme sur les principes, mais doux envers les personnes et encourageant pour tous les talents qui cherchent leur voie, lorsqu'il repasse sur cette carrière de quarante années, il n'y trouve pas une seule de ces injustices éclatantes qui, pour donner au critique un succès d'un jour, apportent à un malheureux artiste le désespoir et quelquefois la mort. Dans l'intervalle de ses articles de journal, il a donné, entre autres travaux, les fragments d'une *Histoire de la Renaissance*, qu'il prend dès le douzième siècle; en 1837, *Florence et ses vicissitudes;* en 1858, *Louis David, son école et son temps,* un livre qui a appris beaucoup de choses aux lecteurs, et que les jeunes historiens de la peinture mettent à profit[1]. Enfin il a publié les *Souvenirs de soixante années;* il a mis deux ans à composer deux volumes, et trois ans à réduire ces deux volumes en un seul. Au milieu de ces travaux sérieux, il faut mentionner un joli roman, très-estimé, *Mademoiselle de Liron;* quant à *Dona Olympia,* Étienne, qui, pendant son séjour à Rome, avait recueilli de nombreux documents sur cette belle-sœur célèbre du pape Innocent X, avait bien cru composer un livre d'histoire, mais son éditeur entendit que ce fût un roman, et le publia comme tel. L'édition fut épuisée en un mois; ce qui prouve une fois de plus que les libraires ont plus d'esprit que les auteurs. Les éditeurs d'alors donnaient les histoires pour des romans; ceux d'aujourd'hui, ceux d'Alexandre Dumas, connaissant bien ce temps-ci, qui aime la vérité, ont donné les romans pour des histoires; les uns et

---

1. *Voir les Chefs d'école de la peinture moderne,* par M. Ernest Chesneau, un vol. in-12. Didier.

les autres ont réussi, et servi à son goût le public français, qui se fait ainsi une provision d'idées justes.

Un des plus chers souvenirs d'Étienne est sa retraite à Fontenay-aux-Roses; il y trouva tout ce qu'il pouvait désirer : la solitude nécessaire au travail, le voisinage d'intelligences distinguées et des attachements solides, comme celui qui le lia avec Bourgery, l'auteur de l'*Anatomie de l'homme*, esprit ardent, à la fois positif et aventureux : positif lorsque, le matin, dans son cabinet, il travaillait pour le public, observant avec rigueur la structure du corps humain; aventureux le soir, ou dans ses promenades avec Étienne, lorsqu'il philosophait pour lui, et que, perdu dans la contemplation des infiniment petits ou des infiniment grands de la nature, il osait résoudre les problèmes éternels que cette vue fait naître. A la retraite de Fontenay se rattache un détail qui est bien un détail de mœurs françaises, je veux parler du salon de Mme Billiard. Billiard, son mari, avait commencé par être jardinier; alors elle allait vendre des fleurs à Paris; travailleurs et économes, ils mettaient le dimanche même à profit : Billiard, avec son violon, faisait danser les gens du village; sa femme, la soucoupe à la main, faisait la recette. Leur honnêteté les recommanda à plusieurs propriétaires du pays, entre autres Mme de Jussieu, qui leur avancèrent quelques fonds, avec lesquels ils achetèrent un terrain où ils créèrent une pépinière. L'industrie prospéra; ils parvinrent à se libérer, et, une fois libérés, ils essayèrent d'une nouvelle spéculation : ils bâtirent sur leurs terrains des corps de logis qu'ils louèrent. L'aisance vint, mais Mme Billiard ne quitta pas ses habits de paysanne, et quoiqu'elle aimât à entendre des discussions élevées et eût assez d'intelligence pour les suivre, elle resta femme simple et de bon sens naturel. Son salon, elle en avait un, devint un centre : on y trouvait avec Étienne, Jean Reynaud, Pierre Leroux, Gustave Drouineau, le prince et la princesse de Monaco et leur jeune fils. N'est-ce pas, comme je le disais, un détail de mœurs françaises que le salon de cette « Récamier villageoise ? »

Étienne goûtait ces distractions d'esprit, mais surtout son cœur était content, occupé par des affections profondes. Ce bonheur ne devait pas durer. Il se forme dans la vie, par je ne sais quel concours d'événements, un petit cercle où on se réfugie contre l'indifférence du reste du monde. Il y a là des cœurs qui s'aiment, et on sent partout un fonds de bienveillance, qui donne la sécurité, sans laquelle il n'y a pas de repos; on se retrouve toujours avec plaisir et on n'imagine pas que ce doux commerce finisse; mais on a compté sans la fortune, sans la mort, sans les puissances jalouses, qui envient à l'homme le peu de joie qu'il a ici : insensiblement une personne disparaît, puis une autre, puis une autre encore, et enfin la petite société se disperse, comme les feuilles qu'un souffle de vent fait tourbillonner ensemble et qu'un autre souffle éparpille aux quatre coins de l'horizon. Plus heureux que beaucoup d'entre nous, Étienne a sauvé de son séjour à Fontenay-aux-Roses deux fidèles amitiés, délicates amitiés de femmes, qui l'attendent chaque année à Versailles, avec les beaux jours.

Quelles qu'aient été les épreuves qu'Étienne a traversées, car, pour être heureux, il ne suffit pas d'être modéré dans ses désirs; quelles qu'aient été, dis-je, ces épreuves, Étienne avait un secours qui ne lui a jamais manqué. Quand on a un grand chagrin, on peut le prendre de haut et le vaincre par un principe supérieur de religion ou de philosophie; mais ce moyen est celui des plus fortes âmes, et il effraye la faiblesse commune. Un moyen moins héroïque, et qui n'est pas non plus sans dignité, est l'étude. Grâce à elle, l'esprit, accablé par le poids insupportable d'une idée fixe, respire un peu et cesse de se désespérer, en sentant qu'il possède un secours contre lui-même; il agit, il se reprend à vivre; il y retrouve même quelque plaisir, le plaisir que la vérité et la beauté nous donnent, et cet autre plaisir austère de se savoir maître de soi. Ainsi elle oppose des contentements passagers à notre chagrin, et elle fait mieux encore : elle atteint le fond de l'âme, elle le pacifie, elle y répand le calme que l'homme ne manque jamais d'éprouver quand il se range dans l'ordre où la Providence l'a mis.

L'étude n'était pas pour Étienne un remède accidentel aux chagrins qui ne manquent à personne; c'était sa vie même. On a vu l'épigraphe du livre : *Dulces ante omnia Musæ* (Muses, mon plus cher amour!). Jamais épigraphe ne mentit moins. Traduisez dans notre langage du jour *Muses* par *étude*, vous aurez l'unité d'une existence qui se poursuit à ce moment encore telle qu'elle a commencé. Non content du travail de la journée, Étienne a pris constamment sur son sommeil, et a ainsi, comme il dit, presque doublé son existence. Lorsqu'il habitait Fontenay-aux-Roses, à deux heures du matin, les maraîchers qui partaient pour Paris venaient allumer leur lanterne à sa lampe de travail. Deux heures après, à ce que l'on raconte, Daunou allumait sa lampe, et à cette lumière les paysans connaissaient l'heure qu'il était. Tous les deux appartenaient à cette forte génération qui a mûri sous l'orage et qui s'est fait dans l'épreuve une âme et un corps robuste. Nous en voyons encore quelques représentants; habituée à se maintenir, elle se défend contre la vieillesse et porte fièrement ses années.

Si quelqu'un de la jeunesse qui fleurit maintenant ouvre ces souvenirs d'un homme qui est né huit ans avant la Révolution, que la Terreur a jeté hors du collége dans une campagne où il fallait, si on voulait vivre, faire sa moisson et cuire son pain; s'il se représente cet enfant, rougissant tout à coup de son ignorance, tirant du grenier ses livres de classe, apprenant par lui-même le français, le latin et le grec, se jetant dans les bras de quelqu'un qui consent à être son maître, formant de vaillantes amitiés où l'on s'encourage à l'étude, devenant enfin ce qu'il est devenu; si notre jeune lecteur fait un retour sur lui-même et se demande où il en serait s'il s'était trouvé dans de pareilles circonstances, au lieu de rencontrer autour de lui une profusion de maîtres et de livres, qui rendent toutes les connaissances faciles, il concevra, je l'espère, une juste estime pour l'auteur de ces *Souvenirs,* et il verra que si la nature nous expose aux chances les plus inégales, elle a mis dans chacun de nous ce qu'il faut pour faire un homme, j'entends la volonté.

Étienne avait embrassé l'étude dès qu'il avait réfléchi, par un libre choix; toute sa vie a commenté cette page de la Bruyère, que l'on connaît : « Il faut en France beaucoup de fermeté pour se passer des charges et des emplois et consentir à demeurer chez soi à ne rien faire. Personne presque n'a assez de mérite pour jouer ce rôle avec dignité, ni assez de fonds pour remplir le vide du temps, sans ce que le vulgaire appelle des affaires. Il ne manque cependant à l'oisiveté du sage qu'un meilleur nom, et que méditer, parler, lire, et être tranquille, s'appelât travailler. » Étienne a choisi cette oisiveté du sage et a persisté : aussi il a eu une rare fortune. Assez souvent les hommes font de leurs principes ce que ceux qui vont en ballon font de leur lest : ils le jettent à mesure qu'ils veulent monter ; Étienne, qui ne voulait pas monter, n'avait pas besoin de ces sacrifices ; il n'avait qu'une ambition : profiter chaque jour et y aider les autres. Il a réussi ; sa vie a été ce qu'il avait résolu qu'elle serait.

Cette condition où il s'était placé donne aujourd'hui beaucoup de prix à ses souvenirs, car il a été pendant de longues années le témoin attentif des mouvements qui se sont accomplis dans l'esprit de la nation. Idées religieuses, philosophiques, politiques, littéraires, ont été renouvelées dans les premières années de ce siècle, notre auteur a noté, à mesure qu'elles agissaient, les causes qui ont produit ce renouvellement, les faits qui émeuvent si vivement une génération, et dont la plupart sont si parfaitement oubliés de la génération suivante.

Il est particulièrement un sujet sur lequel il nous a donné de curieuses révélations, c'est la grande guerre des classiques et des romantiques, si vive pendant les dix dernières années de la Restauration. On ne sait plus guère en France ce que c'était que des classiques et des romantiques ; d'autres querelles ont remplacé celle-là ; ceux qui se rappellent les discussions d'alors ne s'inquiètent plus guère de savoir au juste qui avait tort ou raison : on ne s'en occupe plus qu'à l'étranger, où cette étude produit même de bons livres[1] ; mais les lecteurs plus nouveaux, qui

---

[1]. Voir *Corneille, Racine et Molière*, par Eugène Rambert, professeur à Zurich. Un vol. in-8. Garnier frères.

voudront bien, en suivant l'auteur des *Souvenirs*, s'occuper un peu de cette histoire ancienne, qui date de trente ou quarante ans, ne manqueront pas de s'y intéresser. A ses matinées et aux matinées de Viollet Le Duc, son beau-frère, le père des deux Viollet Le Duc, Étienne a vu aux prises les deux partis ennemis. Il y a là de la raison, de la folie, mais bien du mouvement et de la vive jeunesse; le lecteur sourit en retrouvant dans cette mêlée les noms d'hommes qui, plus tard, dans les lettres et les affaires, ont été à la tête de la nation.

Il y a une autre partie des *Souvenirs* qui intéressera le lecteur, et surtout les lecteurs de cette feuille, c'est ce qui se rattache à l'histoire du *Journal des Débats*, à sa fondation, à ses vicissitudes et à quelques-uns de ceux qui y ont écrit. Comme j'aime ma maison, je remercie M. Delécluze de m'en avoir appris l'histoire et suis heureux d'avoir pu témoigner mon respect à un des hommes qui l'ont le plus honorée.

1862.

DE LA CRITIQUE BIOGRAPHIQUE[1].

I

Voici un volume de causeries, en attendant le reste, qui se fait chaque jour. M. Sainte-Beuve accomplit légèrement une tâche effrayante, que d'autres auront raison de ne pas essayer, s'ils n'ont un fonds énorme de lectures et de réflexions sur ces lectures, la main rompue à de pareils exercices, un esprit toujours prêt, et, avec tout cela, une bonne santé, que je leur souhaite. Les nouvelles causeries sont bien les sœurs de leurs aînées : c'est la même large information, la même observation pénétrante ; seulement, par le ton et l'allure, elles méritent encore mieux leur nom.

Plus je lis M. Sainte-Beuve, et je lis tout ce qu'il écrit, plus je crois découvrir chez lui une passion persistante, la passion de n'être dupe de personne ni de lui-même. Toujours en garde contre les autres, il revise tous leurs jugements ; en garde aussi contre lui-même, nul écrivain ne craint moins de revenir sur ses anciens jugements, pour les corriger, soit qu'il les contredise ou qu'il les ramène à la mesure ; pour tenir son esprit libre, il le tient ouvert, de manière que les idées vieillies en sortent et que les idées neuves y entrent. Il n'existe pas, je crois, de

1. *Nouveaux Lundis*, par M. Sainte-Beuve, 1 vol. in-18, Michel Lévy. Le second volume a paru depuis.

critique, en fin de compte, plus dépouillé ; aussi, s'il a été injuste, il n'y a qu'à attendre. Autant qu'il s'en garde, comment ne serait-il pas quelquefois injuste ? Il suffit d'être un peu irritable, et il a droit de l'être deux fois, comme poëte et comme critique. Ajoutez que le critique est toujours de semaine, et qu'avec ce travail de composition incessante, il y a des moments où l'humeur est excitée. Quelques noms ont eu du malheur de tomber sous sa plume dans ces moments-là, entre autres deux ou trois de nos collaborateurs les plus estimables ; mais ces accès d'humeur ne constituent pas le fond de ses jugements, Dieu merci ! « Mon désir, a-t-il dit, serait de parler d'un écrivain dans un parfait esprit d'impartialité ; car cette impartialité, cette neutralité même que M de Pontmartin m'a si souvent reprochée, devient, je l'avoue, un de mes derniers plaisirs intellectuels. Si c'est un dilettantisme, je confesse que j'en suis atteint. Ne rien dire sur les écrivains même qui nous sont opposés, rien que leurs amis judicieux ne pensent déjà et ne soient forcés d'avouer et d'admettre, ce serait mon ambition dernière » (3 février 1862).

On ne peut mieux ; mais dire la vérité n'est que la moitié de l'impartialité complète ; l'autre moitié est de la dire à ceux de son parti comme à ceux du parti contraire ; or, M. Sainte-Beuve avait commencé par ceux-ci naturellement. De là des inquiétudes dans le public. Il les a senties, et sans s'interdire aucun sujet pour l'avenir, il s'est détourné vers la critique des ouvrages les plus importants d'histoire et de littérature que notre temps produit, s'attachant à en dire la valeur exacte, le fort et le faible, et répondant à la question que nous faisons toujours, avant de lire ou d'acheter un livre : « Qu'est-ce que c'est que ce livre-là? » Il provoque les uns à travailler, les autres à lire, et qu'on soit de ses amis ou de ses adversaires, dès qu'on désire se tenir au courant de ce qui se fait de sérieux dans les lettres, on est tenu de connaître ce qu'il écrit. Cette attente des lecteurs lui est bonne à lui-même : il se surveille avec plus d'attention, afin d'y répondre, afin aussi de contenter ces autres lecteurs qui ne sont pas nés encore et qui nous jugeront un jour, et il me semble qu'il a de moins en moins à les craindre.

Entre les tyrannies qui enlèvent la liberté des jugements, il en est une que M. Sainte-Beuve paraît supporter avec une impatience particulière depuis plusieurs années : c'est la tyrannie des salons. Il a dû espérer s'en affranchir dès qu'il est entré dans un journal quotidien, qui s'adresse à un public de toutes les classes. Avait-il tort ? Les salons, qu'ils consentent ou non à le reconnaître, ont de certains défauts. Les convenances, qui y sont maîtresses, ne règlent pas seulement les manières, elles règlent aussi, dans chaque occasion, les opinions et les sentiments que l'on doit avoir; l'artificiel y règne, le bon ton amène le ton et la bonne grâce les grâces; dans leur demi-jour et leur lumière factices, les objets ne conservent plus leur forme, et, si on n'y prend garde, on finit par s'enfermer dans un monde faux. M. Sainte-Beuve s'y est laissé prendre, il l'avoue; on le savait d'ailleurs. Comme il avait un grand talent d'écrivain et qu'il était en pied dans des Revues, c'était sur lui que les salons comptaient pour communiquer au public leurs enthousiasmes ; ainsi se sont glissées, dans beaucoup de ses articles, des complaisances, autrement inexplicables, pour certains ouvrages; mais il est revenu à lui-même, il a racheté ces complaisances par des sévérités. et enfin, un beau matin, fatigué de la gêne et des contradictions que les salons lui imposaient, il a rompu avec eux. Il en est là anjourd'hui : il veut le grand jour, des objets vrais, des hommes vrais; la réalité lui plaît jusque dans son énergie sauvage, il ne se choque plus des rudes mouvements et des rudes paroles, lorsque l'âme s'y montre; il écrivait dernièrement : « Il y a aussi des indigestions d'esprit. »

Affranchi de la tyrannie des salons, il a désiré plus : journaliste et académicien, il aurait voulu qu'il fût permis de se critiquer réciproquement. « Jugeons-nous, a-t-il dit, entre vivants, entre confrères »; et il a essayé. A-t-il réussi à introduire dans ces pays du journalisme et de l'Académie cette nouvelle maxime de droit des gens? On peut encore en douter. Quant au public, qui cherche son plaisir, il serait heureux si la mode de se juger entre vivants s'établissait dans la littérature. Cette dissection sur le vif a un grand intérêt scientifique, auquel se joint un intérêt dramatique des plus puissants; car chaque incision est une douleur, souvent un supplice, hélas! trop souvent, pour les gens de lettres, qui ont, on le sait, la fibre très-sensible. Si donc un de nous se propose de ces opérations, pourvu qu'il ait la main habile, il est sûr d'avoir un nombreux public, le même qui serait encore là si quelqu'un de ses collègues entreprenait de le disséquer vif à son tour, toujours dans l'intérêt de la science. Et combien cette pratique, transportée dans l'Académie française, donnerait de piquant aux compliments officiels des séances de réception! Les deux orateurs auraient l'air de se dire : « Je vous loue, mais vous me le payerez »; le nouvel élu chanterait à l'Académie la sérénade que Don Juan chante à Elvire : les paroles et l'air les plus tendres sur un accompagnement moqueur; et à ceux qui lui reprocheraient d'avoir sollicité la voix de collègues, qu'il se proposait de maltraiter plus tard, il répondrait comme cette dame du dernier siècle, ennemie des philosophes, accusée pourtant d'avoir recherché J.-J. Rousseau : qu'elle avait désiré être aimée de lui, « pour voir son ridicule de plus près. »

C'est une belle chose d'être libre ; mais, hélas ! qui donc est libre en ce monde, en France surtout, où la société a mille lois impérieuses, lois salutaires, qui protégent chacun à son tour? Je demandais un jour à M. Saint-Marc Girardin ce qu'il pensait d'un exilé, à propos d'un livre nouveau, livre de talent, mais qui devait choquer son goût : « Rien, me répondit-il. J'attends qu'il soit rentré. » Les bonnes lois que ces lois tacites, qui rendent le commerce plus sûr et plus doux entre les hommes ! Plus il y a dans un pays de vivacité d'humeur, plus elles y sont utiles. Montaigne a écrit : « Mettez trois Français aux déserts de Libye, ils ne seront pas un mois ensemble sans se harceler et s'égratigner. » Ils sont quarante Français à l'Académie !

Ces lois règnent dans les salons. On n'y dit pas tout ce qu'on pense, quelquefois même on y dit ce qu'on ne pense pas; nous voilà bien loin de la liberté de la nature; mais il n'y a pas trop de mal à cela. Ce que vous vous retranchez de liberté, vous le retranchez aux autres; le droit que vous renoncez à exercer sur eux, ils renoncent à l'exercer sur vous; c'est une convention secrète de ne pas se blesser réciproquement ; une fois en paix là-dessus, on désire agréer, et on y va par la bonne grâce, dont il ne faut pas médire en France, car elle est un art français. Cet art est, comme ils le sont tous, un aimable mensonge, qui orne la vie et qui trompe si peu! Où sait-on cela mieux qu'à l'Académie?

Pour venir à la méthode de M. Sainte-Beuve, il pratique dans ce volume celle qu'il a pratiquée dans tous les autres, mais il en est de plus en plus maître. On sait comment il entend la critique littéraire. L'ancienne critique française, dogmatique, procède par règles générales, qui sont pour elle comme un code uniforme par lequel elle juge les ouvrages d'esprit. Une autre est venue plus récemment, la critique historique, qui ôte au type du beau son caractère abstrait et inflexible : elle le veut plus varié, elle le conçoit comme l'expression la plus forte du génie d'une époque ou d'un pays, se renouvelant avec le monde qui se renouvelle. Aussi elle est curieuse de connaître le rapport qui existe entre ces ouvrages et ces époques ou ces pays et donne en plein dans l'histoire, d'où son nom lui est venu.

Supposez maintenant que quelqu'un compare les ouvrages non plus aux civilisations qui les ont engendrés, mais à l'homme qui les a écrits, qu'il étudie cet homme à fond, ses facultés, ses instincts, sa vie, dans la dernière précision, avec la rigueur du savant qui étudie un animal ou une plante, vous aurez la critique biographique, celle de M. Sainte-Beuve; elle procédera par portraits, comme M. Sainte-Beuve : portraits aussi nombreux que les individus mêmes; car s'il n'y a pas, selon Leibnitz, deux feuilles qui soient absolument du même vert, à plus forte raison n'y a-t-il pas deux hommes qui se confondent.

L'école historique et l'école biographique nous ont rendu des services éminents. Nous leur devons la connaissance de plusieurs chefs-d'œuvre et l'admiration plus intelligente de ceux que nous connaissions;

elles nous ont appris cette vérité importante : c'est que l'esprit humain a des formes autrement variées qu'on n'imagine et qui naissent des temps et des lieux où il vit, qui naissent aussi de la combinaison des éléments dont les individus sont formés et des accidents par lesquels ils passent, éléments et accidents qui se rencontrent une fois pour ne plus se retrouver après.

Si l'on veut des noms, pour y rattacher ces écoles littéraires, et nous demandons la permission de les prendre uniquement autour de M. Sainte-Beuve à l'Académie française, il est facile de les fournir. M. Nisard représente avec fermeté et autorité l'école dogmatique. M. Villemain a créé chez nous l'école historique : il a replacé les productions littéraires dans le milieu où elles se sont produites ; celles qu'on admirait déjà dans les nomenclatures des rhétoriques et des poétiques ont paru rafraîchies par une nouvelle vie et une grâce naturelle, comme des fleurs sur leurs tiges, sur leur sol et sous leur ciel ; on a senti entre ces productions et leur pays ou leur siècle des harmonies qu'on ne soupçonnait pas ; la découverte d'harmonies pareilles a expliqué des créations qui auparavant n'avaient semblé qu'étranges et choquantes, et dont quelques-unes sont maintenant placées au premier rang.

La critique biographique sortait de là par un léger effort, car la biographie n'est que l'histoire individuelle. On peut dire d'une œuvre ce que Buffon disait du style : C'est l'homme même. Il s'agissait donc de connaître l'homme pour connaître l'œuvre. M. Sainte-Beuve a entrepris cela : il y a appliqué une observation d'une sûreté et d'une finesse merveilleuse et une merveilleuse pénétration ; il a fait de cette science quelque chose d'infiniment délicat, une sorte de tact, faute duquel elle sera, en d'autres mains, mesquine, lourde et arbitraire.

Les autres critiques littéraires se distinguent, ou par le caractère particulier de leur talent, ou par quelque excellente application d'une des méthodes en vigueur, comme M. Patin l'a fait pour les tragédies grecques, M. Guizot pour Shakspeare. M. Ampère a ajouté aux commentaires historiques sur les écrivains la vive impression des lieux où ils ont écrit.

Des critiques se distinguent aussi par l'heureuse conciliation de toutes les méthodes. Tel est M. Saint-Marc Girardin. Curieux de la vie morale, il en recherche, dans les œuvres des divers siècles et des divers pays, la plus fidèle expression; et quand il lui plaît de l'étudier dans un homme, il compose ces admirables études sur Jean-Jacques Rousseau, qu'il devrait bien achever.

Tel est aussi M. Cousin, qui a marqué son passage dans la critique littéraire, comme il le marque partout où il passe. Il croit à un bon et à un mauvais goût, mais le bon goût lui a semblé trop timide, et il l'a rendu plus hardi en le forçant d'admirer les beautés originales et fortes des maîtres. Lorsqu'il a restitué le texte authentique de Pascal, il a commencé une révolution qui n'est pas près de finir. Comme il n'aime que le grand dans les lettres et dans les âmes, il était attiré vers le dix-septième siècle, et il s'y est enfermé depuis plusieurs années : étudiant la société, étudiant les personnages, amassant une érudition immense et animant tout cela par cette imagination et cette ardeur sans lesquelles rien ne vit; impitoyable pour lui-même, se corrigeant sans cesse, pour mieux

unir deux qualités nécessaires à tout ouvrage d'art :
le sérieux et l'agrément.

M. de Sacy est d'avant les écoles; il n'a vécu qu'avec les anciens, chez qui il trouve ce qui le contente : la vérité et la simplicité. Il n'a appris que leur langue; il fait son étude unique de les mieux pénétrer; il ne se pique point d'histoire, mais il y a une histoire qu'il dit d'une manière incomparable : c'est la sienne, celle des différentes lectures qu'il a faites d'un même livre, à différents âges, et de ce qui l'a touché à chaque fois. Tandis qu'il croit exposer les perfections de ces auteurs, il se montre naïvement lui-même, et charme en se montrant. En même temps, cette passion, ces inquiétudes, ces repentirs, toute cette émotion à propos d'un peu plus ou d'un peu moins de justice rendue à des écrivains, donnent, plus que bien des dissertations, l'idée du véritable prix des choses littéraires, que beaucoup de personnes ne soupçonnent point.

Voilà, si je ne me trompe, l'état actuel de la critique littéraire, où M. Sainte-Beuve tient une place si considérable. M. Sainte-Beuve est un peintre exquis de portraits. Infiniment curieux, avide de savoir sur chacun ce que savent ou devinent le médecin et le confesseur; ne reculant devant aucune peine pour s'assurer du plus mince détail, qui peut fournir un indice; fuyant d'être trompé, et convaincu que tout homme risque de l'être; doué d'une sagacité singulière, il pénètre dans votre intimité, il vous observe à tous les moments, surtout quand vous ne vous observez pas, il note vos paroles involontaires, il épie vos rêves; il découvre les hommes divers, souvent inconnus les uns aux autres, qu'il y a dans chaque homme; puis il vous peint, non dans ces poses que l'on prend pour les tableaux d'histoire, mais dans votre habi-

tude même, ressemblant et vivant; et s'il croit s'être trompé, il retouche et retouche encore, serrant à chaque fois la vérité de plus près. Dans les innombrables portraits qu'il a donnés, je n'en connais pas un de fantaisie. Quoi de plus saisissant que cette peinture de Lamennais : « A tout ce qu'il aime et croit, comme à tout ce qu'il repousse, il attache involontairement une idée sacrée de sainteté ou de malédiction; il adore ou il déteste, il bénit ou il exècre. Il y a plus : il a besoin lui-même d'être *déserté*, d'être détesté; c'est pour lui un bon signe. « C'est à peu
« près, dit-il, la seule consolation de ce monde :
« quand les hommes vous maudissent, c'est alors que
« Dieu vous bénit. »

« Il a besoin, je l'ai dit, de sensations intellectuelles aiguës ; cette ardeur effrénée et cette surexcitation que d'autres, poëtes surtout et artistes, ont portée dans les jouissances sensuelles, il la porte, lui, dans les systèmes philosophiques et politiques. Tout ce qui est moyen et mitigé, il le rejette d'ennui et de dégoût; il vomit les tièdes. En un mot, il n'a pas de convictions proprement dites, comme tel ou tel philosophe; il n'a que des *croyances*. »

On trouverait dans la collection des études de M. Sainte-Beuve je ne sais combien de peintures pareilles, touchées avec la même fermeté, la même finesse et la même vérité. Ce n'est pas, qu'on le sache bien, un art décoratif, c'est certainement de la littérature, car nous ne pouvons connaître les œuvres d'un homme sans désirer de connaître cet homme, et l'analyse devrait toujours aboutir à ces vives représentations.

II

Toute école a ses dangers, c'est-à-dire ses pentes, sur lesquelles les esprits sages se retiennent et les autres se laissent glisser. M. Sainte-Beuve se retient avec sa circonspection ordinaire, mais d'autres sont ou seront moins prudents que lui. Il y a aussi un public disposé à encourager les témérités brillantes et qui ne demande que des étonnements. C'est à ces écrivains, c'est à ce public que je songe en proposant quelques réflexions sur l'école biographique. Plus l'instrument dont on se sert dans cette école est bon, plus il importe de ne point le forcer.

Voici une première réflexion. On cherche le rapport entre la vie d'un individu et ses œuvres, on explique ce qu'il a fait par ce qu'il est; c'est bien, pourvu qu'on se souvienne de qui l'on parle, d'un être qui a ce que tous les êtres n'ont pas, la raison et le libre arbitre. J'aime la chimie, qui étudie la nature des éléments, leurs combinaisons et les propriétés de ces combinaisons; j'aime la physiologie, qui décrit les organes et leur jeu; j'aime la mécanique, qui enseigne que tel ressort et tel poids produisent un mouvement de telle direction et de telle force. Chimie, physiologie et mécanique sont des sciences du monde physique et conviennent à ce monde-là; mais si, à la place des corps bruts, des plantes et des animaux, on mettait l'homme, si à la place des fleurs on mettait les pensées et les sentiments de l'homme, à la place des fruits les actions de l'homme, à la place des instincts et des mœurs de l'animal la vie morale, à la place des poids et des ressorts la volonté, alors il me paraîtrait que l'on se trompe, que l'on applique une science justement estimée à des objets auxquels elle ne s'applique pas. L'homme est un métal qui se change lui-même d'or en plomb ou de plomb en or; c'est une plante qui à son gré fleurit ou ne fleurit pas, donne à son gré un aliment, un baume ou un poison; c'est un animal qui, lorsqu'il le veut, se convertit de loup en agneau ou d'agneau en loup; c'est une force qui fait d'elle ce qu'il lui plaît. Laissez donc les mathématiques chez elles : elles n'ont rien à voir ici; elles ne possèdent que des certitudes, et c'est trop pour nous, qui avons à compter avec la complexité infinie d'une âme humaine et avec une force d'un genre qu'elles ne connaissent point, avec la liberté. Ces choses fuient votre grande précision, elles fuient vos nombres exacts, et quand on prétend les enfermer dans des formules, elles s'en échappent et se rient de celui qui croit les tenir.

Une fois qu'il sera bien entendu que nous ne sommes pas ici dans une science absolue, qu'il faut se borner à tirer des faits des inductions discrètes, il reste à examiner quels sont les faits qui s'y prêtent plus justement.

Dans sa passion de représenter les individus au naturel, la critique biographique, attentive à tous les faits, est disposée à donner à chacun d'eux une signification; à tort, je crois. Il y a des faits qui sont de purs accidents, qui ne tiennent vraiment pas à la personne, à son habitude, à son fond. On a dit qu'il en est de la sottise comme de la petite vérole : que chacun l'attrape au moins une fois en sa vie, que seulement tout le monde n'en reste pas marqué; il en est de beaucoup de choses comme de la sottise, et on fait bien de ne pas juger de la santé d'un homme par ces aventures, mais par son tempérament.

Une tendance manifeste de la critique littéraire de

notre temps est de recueillir sur un individu tous les genres d'information, de quelque nature qu'ils soient, si peu littéraires qu'ils puissent paraître. A l'heure qu'il est, nous connaissons tout de Louis XIV : son histoire extérieure, son histoire intérieure, intestine et intestinale; soit. Louis XIV n'était donc pas ce qu'on imaginait volontiers : un dieu exempt des infirmités humaines; et il en avait une assez forte part, quoique, en définitive, il ait eu aussi d'assez bons moments. On sait désormais qu'il mangeait beaucoup, ce qui semble être de sa race, et qu'il digérait moins en vieillissant, ce qui arrive à plusieurs d'entre nous; eh bien! qu'y a-t-il de sérieusement changé par ces révélations? Tout, si un lecteur mal avisé ne voit plus que ce qu'il vient d'apprendre et ne se représente plus qu'un roi toujours mangeant et toujours digérant ou s'indigérant, un roi lymphatique, toujours aux mains des chirurgiens, des médecins et des apothicaires. Un lecteur plus discret accepte ces renseignements; mais il songe que ces misères n'ont pas empêché Louis XIV de soutenir sa grande représentation, qu'elles ne l'ont pas empêché de faire courageusement son métier de roi, au conseil, au cabinet, à cheval; et, quand il le voit tenir la campagne, malgré la fièvre, au risque de sa vie, par sentiment d'honneur, il prend une autre idée de Louis XIV, cette fois plus haute et plus vraie; il dit comme M. Sainte-Beuve : « Si l'homme en réalité était si souvent malade, le roi parut toujours bien portant. »

Signalons à ces critiques une autre disposition, assez marquée chez eux et dont ils ne se rendent peut-être pas suffisamment compte. Ils viennent après une époque qui a été féconde en apothéoses. Sous l'inspiration du spiritualisme, par un certain tour d'imagination portée à idéaliser, par négligence ou mépris de l'histoire, par politique aussi, pour le besoin de la cause, on ne saurait dire combien de gens ont été divinisés, sur le compte desquels il a bien fallu revenir. Notre génération, plus positive, est en train de faire ce travail; il n'est pas étonnant qu'elle le fasse avec quelque rudesse, et aussi avec quelque excès dans le sens contraire, comme il arrive toujours aux réactions. Il nous semble bon de l'avertir de cet excès. D'ailleurs elle ne se borne pas à réviser les jugements trop favorables portés par nos prédécesseurs sur leurs contemporains, elle juge avec rigueur ceux-là même qui n'ont pas eu le plaisir d'être un peu surfaits de leur vivant. Comme elle croit peu aux dieux et aux héros, et qu'elle croit fermement que les hommes sont hommes, elle en cherche les preuves en vous, si elle traite de vous, ne s'arrête pas qu'elle ne les ait trouvées, et les expose avec un rare plaisir, d'autant plus à craindre qu'elle donne cela naïvement comme traits de l'humaine nature, et qu'elle parle de vos défauts avec bonhomie, comme Montaigne parlait des siens. On tremble quand on songe qu'on pourrait tomber en ses mains redoutables; on fait son examen de conscience en remontant au plus loin, et on se demande avec anxiété si on n'a pas, dans ses jeunes ans, battu sa bonne ou mordu sa nourrice. Nous assistons depuis quelque temps à un vrai massacre de grands écrivains, surtout de nos Français, dont nous pouvons dire plus de mal parce que nous les connaissons davantage. En vérité, on ne se doutait pas que la France contînt tant de scélérats. Et dire que c'est l'élite de la nation! A voir comme Voltaire, Rousseau, Lamennais, Béranger, Chateaubriand (pour ce dernier, M. Sainte-Beuve ne me paraît pas être sans reproche), à voir, dis-je, comme ils sortent des interrogatoires de la critique, la gloire n'est guère qu'une sorte de bagne, à l'usage de quelques grands malfaiteurs; Dieu les a marqués ineffaçablement, de peur qu'ils ne s'échappent; il n'y a plus d'immortalité, il n'y a plus que la perpétuité.

Ce temps-ci est dur au génie; nous n'aimons plus l'admiration. Au lieu d'aborder avec respect les écrivains éminents, de chercher à comprendre le don qui les a faits tels et de reconnaître l'empreinte divine, nous inclinant devant celui qui distribue ici-bas les talents comme il distribue le soleil et la pluie, nous recherchons curieusement leur défaut, et nous triomphons quand nous l'avons découvert, prêts à le supposer si nous ne le découvrons pas; nous triomphons en reconnaissant chez eux notre argile. Eh bien! oui, c'est notre argile, mais pétrie par la fantaisie de l'artiste, qui y a mis la pensée qui n'est qu'à lui. Notre temps, qui juge si âprement la vie des écrivains, s'honore sans aucun doute en faisant ainsi : ses jugements attesteront combien il a été sévère sur la morale, et il se recommandera par là à l'avenir; pourtant il y a lieu de défendre ces pauvres grands écrivains. Si la vérité veut que l'on montre leurs misères, la vérité veut aussi qu'elles ne soient pas données comme le principal et que la grandeur l'emporte. La grandeur couvre bien plus que des misères, plus que des vanités ou des faiblesses; le crime même ne peut l'effacer, le crime même de Bacon trahissant son protecteur et vendant la justice. Il n'y a ici-bas que des alliages, mélanges d'or, d'étain, de mille substances sans prix, et nous appelons or le mélange où l'or domine. Je ne reproche pas à la critique de voir le mal au milieu du bien; il y est; mais de s'acharner à voir le mal et de perdre le bien de vue. Les deux sont également naturels à l'homme ; on se trompe également quand on nie l'un ou l'autre, et l'illusion de la critique dont je parle est de croire qu'en insistant sur le mal, elle est plus près de la réalité. Presque tous les hommes ont deux existences : l'une est l'existence commune ; dans l'autre, ils portent un caractère : ils sont soldats, prêtres, magistrats, politiques, fonctionnaires ; ils sont savants ou artistes, architectes, sculpteurs, musiciens, peintres et écrivains. Vous recueillez ceux de leurs actes qui appartiennent à l'existence commune, et vous dites : « Les voilà ; » ils y sont sans doute, mais l'autre existence leur est-elle étrangère ? n'y a-t-il rien d'eux-mêmes dans ces pensées, dans ces sentiments, dans ces travaux qui les absorbent ? Se consacrer à la science, à la religion, au droit, à son pays, s'efforcer sans relâche de rendre plus parfaitement le beau que l'on conçoit, est-ce une chose indifférente dans la vie d'un homme, une chose qui ne compte pas ? et ne faut-il compter que ce qu'il donne à la vie ordinaire, à ses besoins, à ses plaisirs ? à travers les mille détails où nos journées se dissipent, ce ne serait donc rien que de poursuivre un ouvrage, de s'attacher à une idée qui élève notre intelligence et notre cœur, fortifie notre courage, nous donne un nom dans la foule, quelquefois un nom qui ne meurt plus ? Compter les fautes, c'est justice, car, dans la morale, nul n'est au-dessus de la loi ; elles ne sont pas abolies par les autres mérites ; mais elles ne sauraient non plus les abolir, et les mérites et les fautes subsistent comme des arguments de la nature humaine, de sa bassesse et de sa générosité. Soyez donc indulgens, soyez-le surtout pour ces créatures impressionnables, passionnées, songeuses, qui ne sont contentes ni de ce qui est, ni d'elles-mêmes, et sentent douloureusement la contradiction qui fait le fond de l'homme, créatures malades, qui font souvent pitié, mais qui ont parfois de ces accents et de ces cris qui n'ont pas été entendus.

Ai-je, en disant cela, l'idée de restaurer l'ancien régime de la critique littéraire? Assurément non. Il faut en prendre son parti, l'âge des apothéoses est passé ; les plus vifs admirateurs d'un homme n'osent plus aller jusqu'à l'invocation, l'analyse a remplacé l'apostrophe ; s'il y a encore des hommes supérieurs, il n'est plus permis de les placer dans une sorte de gloire de théâtre et de ciel banal ; on s'en approche pour les voir et pour les peindre exactement. Faisons donc comme on fait de notre temps ; mais, pour que nos peintures soient vraies, il ne suffit pas que tout y entre, il faut encore que tout y soit à sa place, que ce qui est grand reste grand, que ce qui est petit reste petit ; puisqu'on tient à représenter fidèlement la vie, il faut qu'il y ait dans ces représentations, comme dans la nature, un premier, un second et même un troisième plan ; des parties éclairées, des parties dans l'ombre, et qu'on ne fasse pas une peinture chinoise, sans proportions, sans perspective, sans espace et sans air.

Dans les lignes qui précèdent, j'ai désiré, en admettant la nécessité des études biographiques pour la critique littéraire, et d'une large information pour exécuter ces études, marquer aussi la nécessité de donner aux faits recueillis leur sens exact et leur importance relative ; maintenant j'avouerai ce que me laissent presque toujours de doute les études biographiques, même les plus achevées, par la difficulté d'obtenir les faits vraiment significatifs, qui éclaireraient tout un homme. Après avoir reconnu la race, l'éducation, les admirations ou confraternités littéraires, etc., qui ne voudrait savoir comment celui que l'on étudie s'est comporté dans les deux épreuves décisives de l'amitié et de l'amour? par quelle force ces liens se sont formés, ont subsisté ou se sont rompus, ce que chacun a donné de soi-même, ce qu'il a gardé, ce qu'il a emporté en se retirant? Qui saurait cela saurait beaucoup du cœur humain. Mais c'est justement ce qu'on ne sait jamais bien : la renommée est un bruit vague; les lettres, l'illusion de celui qui écrit, quand elles sont sincères; les Mémoires sont composés, les romans transfigurés, les révélations où l'on se dénonce l'un l'autre des témoignages indignes de foi, et où l'honneur des deux périt; car, lorsqu'on ne s'aime plus, il faut encore respecter son amour. On ne peut ni décider sûrement ces questions, ni parler de quelqu'un si on ne les décide.

Eût-on en main les informations les plus complètes, il y a une erreur qui gâte la plupart de nos jugements. On s'obstine à trouver de l'unité dans la vie, qui presque toujours n'en a point. Aussi, que de mal on se donne pour interpréter les paroles et les actes! avec quelle adresse on les rapporte à l'idée que l'on a conçue! comme les faits, suivant qu'ils sont favorables ou contraires à cette thèse, sont tout à coup mis en lumière ou rejetés dans l'obscurité, sans mensonge prémédité, de la meilleure foi du monde! En rencontre-t-on quelqu'un dont la belle unité que l'on a fabriquée ne s'arrange pas, on ne renonce pas à cette unité, mais on en fabrique une autre. Chacun le sait, on ne se fait pas faute de raisonner comme il suit : « Tel savant, tel religieux, tel artiste, tel patriote fait ceci ou cela, qui ne répond pas à l'idée qu'on avait de lui ; donc il n'est pas un vrai savant, un vrai religieux, un vrai artiste, un vrai patriote ; donc il ment. » Mon Dieu ! non, il se dément. Sans doute une grande passion devrait être comme une flamme, qui purifie tout, et il est déplorable qu'il reste des faiblesses dans une âme qu'elle occupe ; cela prouve que cette passion n'est pas assez forte, puisqu'elle n'a pas réussi à transformer entièrement un homme ; mais cela ne prouve pas qu'elle ne soit pas sincère, et démontre seulement une fois de plus l'éternelle contradiction que nous portons en nous.

Je sais deux classes de gens qui sont assez d'accord avec eux-mêmes. Dans la première se trouvent les gens qui s'appellent positifs. Ils posent d'aplomb sur terre, ils vont droit devant eux, à leur intérêt ; ils ne connaissent ni écart ni chute. Il en est d'autres, d'une autre classe, qui, tout en élevant leurs pensées plus haut, gardent aussi en marchant leur équilibre ; ceux-ci ont assez de raison pour ne poursuivre qu'une perfection humaine ou assez de force pour la dépasser ; ce sont les gens vertueux et les saints. L'espace entre ces deux classes extrêmes est peuplé d'une foule qui a deux existences en désaccord. Ils n'appartiennent entièrement ni à la terre ni au ciel, et la terre et le ciel se les disputent ; leur esprit atteint l'idéal, et, quand il faut descendre de là pour vivre de la vie ordinaire, ils n'en descendent pas, ils en tombent. Tel fut Jean-Jacques Rousseau. Nous sommes beaucoup qui tombons peut-être moins bas, peut-être aussi de moins haut, mais enfin qui ne savons pas nous tenir, parce que nous avons plus d'ardeur pour le bien que de courage constant.

Le nom de l'homme est contradiction. L'homme

est ainsi parce qu'il est formé de puissances contraires, et il n'est guère que le lieu où elles se rencontrent pour se combattre. L'âme et le corps sollicitent chacun en leurs sens; puis, dans l'âme, combien de passions diverses, chacune ne voyant que son objet! Ajoutez que dans l'âme et dans le corps plusieurs passions ont des intermittences : on n'a pas toujours faim ni toujours soif. Toutes les passions ne naissent pas non plus au même âge. Si la vanité, le goût de l'indépendance et du plaisir, etc., s'éveillent de bonne heure, l'amour, l'ambition, etc., ne s'éveillent que plus tard. Enfin chaque passion a sa loi par laquelle elle naît, elle croît, elle s'enflamme, elle s'apaise et s'éteint. Elle ne va pas uniformément, elle a des dégoûts subits, de violents retours; et ce cours, déjà si étrange, est encore troublé par le cours de toutes les autres passions, comme le cours d'un astre est dévié par le cours des autres astres. C'est là ce qu'on appelle le cœur humain, ce cœur si varié, si agité, que les philosophes s'efforcent de connaître et les poètes de peindre. Mais nous n'avons parlé que des passions de l'âme, nous n'avons rien dit de l'esprit, du combat entre la raison, qui nous attache à la réalité, et l'imagination, qui nous en détache. Mettez maintenant ces trois puissances, le corps, le cœur, l'esprit, en présence; étudiez leur influence réciproque; connaissez l'influence du corps sur nos idées et nos sentiments, non pas seulement ce qu'apportent les sens extérieurs, les oreilles et les yeux, mais ce qu'apportent les dispositions les plus cachées de la vie organique; connaissez l'influence des idées et des sentiments sur le corps, ce que l'âme a de force pour lui faire voir et entendre ce qu'elle veut, pour l'abattre et le relever, le faire mourir et vivre; connaissez l'influence des sentiments sur les idées, la façon dont elles les tournent et nous ouvrent et nous crèvent les yeux ; connaissez enfin l'influence des idées sur les sentiments, ce que peuvent et ce que ne peuvent pas nos croyances pour changer nos passions ; quand vous posséderez ainsi chaque partie et l'ensemble dans ce monde invisible où rien ne va seul, où tout va, comme dans le monde céleste, par action et réaction universelles, alors vous connaîtrez une grande chose, la nature humaine, l'homme. Muni de cette science, vous serez capable de prononcer si les personnages du roman et du théâtre sont vrais, s'ils parlent, s'ils agissent comme le fait la nature. Mais que l'on mette devant vos yeux un individu réel, vivant, serez-vous aussi assuré de le connaître ?

Remarquez-le bien en effet, il ne s'agit pas ici de savoir que cet être a un corps avec des organes, un esprit avec des pensées, un cœur avec des passions ; il s'agit de savoir quelle est la mesure de ces éléments, ce qui est fort, ce qui est faible, ce qui s'allie et ce qui se combat ; il s'agit de retrouver le fonds primitif, ce qu'y a mis l'influence cachée de la race, les germes que le sang y a déposés, celui des parents, celui des ancêtres, puis de deviner comment ce fonds primitif a été modifié par le travail des organes, par l'éducation et l'expérience, c'est-à-dire par les mille accidents de la vie. Quelle difficulté ! Pour un petit nombre de natures transparentes, où il est aisé de lire, soit qu'une foule de mouvements divers s'y succèdent, ou qu'elles soient tout entières à une passion qui a dévoré les autres ; pour quelques natures, disons-nous, comme celles-là, combien de natures complexes, secrètement disputées par toutes les puissances bonnes ou mauvaises qui se logent dans le cœur humain ! Combien, ouvertes d'abord, puis averties par l'épreuve, se sont fermées ! Combien se taisent sur leur vie intérieure, parce qu'on aime à avoir quelque chose à soi, une sorte de retraite où on s'appartient, où on se retrouve dans son être vrai, où on juge les jugements des autres, où on se relève de leur injustice et où on s'humilie de leur faveur. Voilà les natures que l'on voudrait pénétrer, non celles qui s'exposent au public, et qui le plus souvent le trompent ou se trompent.

Allons plus loin : même avec la plus grande sincérité, même au plus profond de votre conscience, que savez-vous, je ne dis pas de vos semblables, mais de vous-même ? Le passé, tel qu'il a été, et l'instant présent tel qu'il est ; mais savez-vous ce que vous auriez été, si le sort vous avait fait passer par d'autres circonstances, et savez-vous ce que l'avenir fera de vous ? On connaît l'homme certainement dans un grand nombre de relations extérieures : ami sûr, père tendre, époux fidèle, croyant ou savant, ou citoyen dévoué, etc., etc., mais possédât-on tout cela, le fond échappe, l'homme intérieur échappe, les puissances qui le travaillent et qui attendent le moment d'éclater par des coups imprévus ; en un mot, nul homme ne connaît entièrement un autre homme, ni ne se connaît lui-même.

On ne tient rien tant qu'on n'a pas pénétré jusque dans la vie intérieure. Là sont les aspirations, les craintes, les espérances, les enthousiasmes, les dégoûts, les remords et les regrets ; là sont les mauvaises pensées que l'on cache, mais là aussi sont les amours que l'on meurt sans avouer, les paroles qui oppressent et qui n'ont jamais été dites, les dévouements tout prêts qui n'ont pas été demandés et ceux qui seront toujours ignorés. Ce monde a son soleil, son ciel et ses étoiles ; il a ses nuages qui l'assombrissent, ses orages qui pèsent sur lui, ses vents qui le bouleversent, tandis que tout sourit au dehors ; et tandis qu'au dehors tout est troublé, il a des sérénités charmantes. Qui en dira les accidents infinis? Et pourtant c'est de tout cela que se forme notre génie ; il faudrait plonger jusque dans ces profondeurs pour découvrir ses sources et ses racines. On n'y pénètre pas plus qu'on ne pénètre dans les profondeurs de la terre ; mais là aussi il y a à la surface des signes de ce qui se passe au dedans ; il y a des murmures, des éclats, des mouvements soudains et des jets de flamme. C'est ainsi que les âmes se trahissent dans les écrits et que ces écrits en portent un fidèle témoignage, quand même il n'en subsisterait aucun autre. Eschyle vit dans *les Perses,* Molière dans *Tartuffe* et *le Misanthrope,* Pascal dans *les Provinciales* et *les Pensées,* comme l'auteur inconnu de *l'Imitation* vit dans *l'Imitation.*

Nous sommes donc amenés à cette conclusion que nous n'avons point cherchée. La biographie, quand elle est possible, est très-utile et désirable ; la connaissance de la vie d'un homme fournit des éléments extrêmement précieux pour juger les ouvrages ; mais la connaissance des ouvrages fournit des éléments autrement précieux pour juger l'homme, dans son intérieur, dans son fond. Il suffit de savoir lire dans ces ouvrages, je veux dire de comprendre les choses de l'esprit et du cœur humain, et, quand on les entend exprimer, de sentir, dans cette expression, ce qui est juste et ce qui est faux. Or, c'est le propre de la critique littéraire éternelle. M. Sainte-Beuve sait on ne peut mieux lire, et, quoiqu'il ne le dise pas, il conclut moins souvent de l'ouvrier à l'œuvre que de l'œuvre à l'ouvrier. Justement curieux de détails sur la vie d'un écrivain, il les prend comme d'utiles renseignements, mais il n'y demeure pas; il va aux ouvrages mêmes, sachant bien qu'il est plus près de l'écrivain là que partout ailleurs; il les interroge, il écoute ce qui sonne plein et ce qui sonne creux; il devine si sous les phrases il y a ou non un homme et quel homme c'est; un goût des plus exercés lui apprend cela.

Pour terminer sur l'usage de la biographie dans la critique littéraire, elle me paraît devoir observer les précautions suivantes : ne plus croire que tous les faits aient un sens; ne donner à ceux qui ont de la valeur que celle qu'ils ont et les mettre à leur place; ne pas donner au bien plus de valeur qu'au mal, par l'idée de prescrire contre des réputations établies; être très-réservée quand elle attribue des causes aux actions, par l'expérience des erreurs que nous voyons commettre autour de nous et à notre égard. Il serait bon aussi d'être convaincu des vérités suivantes : les circonstances les plus délicates et les plus caractéristiques de la vie, la formation et la rupture des liaisons de cœur, ne sont jamais bien connues; en général, la vie intérieure nous échappe; le plus clair témoignage de cette vie intérieure est dans les ouvrages, où elle perce et se découvre au goût; pour connaître la qualité même d'une âme, son énergie et sa vertu, ce qu'elle serait dans toutes les occasions, il faudrait la voir dans des épreuves où la plupart n'ont pas passé, et peu de gens, soit en bien, soit en mal, ont donné ici-bas leur mesure; enfin, s'il est injuste de traiter les hommes à outrance, il est plus injuste encore de traiter ainsi le génie et le talent, car, à l'exception de quelques natures admirablement équilibrées, partout égales à elles-mêmes et presque divines, le talent et le génie ne sont dans la plupart des hommes que des excès éclatants ou des fièvres sublimes.

On voit que ce n'est pas trop de toute l'habileté, l'expérience et la discrétion de M. Sainte-Beuve, pour passer à travers ces écueils. Sauf les réserves inévitables, je suis prêt, comme le public, à le suivre dans ses excursions biographiques ; mais je ne m'engage pas à suivre le premier venu qui s'embarquerait dans cette critique sans douter ni se douter de rien.

1863.

M. ERNEST RENAN [1].

Lorsque la *Vie de Jésus* a paru, le *Journal des Débats* a vivement exprimé le vœu que cet ouvrage pût être librement imprimé, et discuté, et livré à sa fortune. Il faut se féliciter que ce vœu ait été entendu : c'est un des meilleurs signes de notre temps, de l'état de la raison publique. Elle supporte sans danger cette épreuve et reconnaît tout ce qui aurait été perdu si, par l'effet d'une prudence étroite dont il y a de trop nombreux exemples, il lui avait été interdit de connaître ce livre et les discussions auxquelles il donne lieu chaque jour [2]. Voilà la controverse religieuse hautement introduite chez nous et un nouvel élément de vie dans notre nation.

Je parlerai de M. Renan sans aucune gêne, quoiqu'il soit mon collaborateur et mon ami, et qu'il ait soulevé des passions ardentes qui ne souffrent guère la modération dans les jugements. Je demande la permission d'y rester fidèle : si je l'abandonnais, je pourrais contenter des convictions exigeantes, mais je me mécontenterais moi-même et je perdrais le seul plaisir que me procurent mes travaux. Je me propose de chercher dans quelle situation ce livre

1. *Vie de Jésus.* 1 vol. in-8, Michel Lévy.
2. Voir dans la *Revue des Deux-Mondes* l'article de M. Havet, publié aussi à Paris chez Sartorius; les articles de M. Scherer, dans le *Temps*, et de M. Levallois dans l'*Opinion nationale*.

trouve les esprits et la nature de l'impression qu'il doit produire.

Le dix-huitième siècle a été injuste envers le christianisme et le Christ. Combattant contre l'intolérance, il s'efforçait de détruire les croyances pour lesquelles les hommes s'étaient persécutés. Voltaire fut terrible dans ce combat; il ruina du même coup l'intolérance et la foi, et le respect dû à la personne du Christ, qu'au fond de sa conscience il absolvait de la tyrannie exercée en son nom. Ainsi on répondait à une injustice par une injustice, ce qui se voit toujours et s'est vu au dix-huitième siècle, comme dans tous les siècles. Aujourd'hui, la liberté de conscience n'est plus inquiète; ses ennemis ne sont plus dangereux, ou du moins elle se sent assez forte pour ne plus les craindre, et elle ne permettrait plus à ses amis les violences qu'elle a encouragées autrefois.

A part cette tactique de combat, le dix-huitième siècle était, par suite d'une philosophie incomplète, mal disposé à comprendre la religion. Quand il lui est le plus favorable, il la fait naître de l'ignorance ou de la peur; quand il lui est le plus défavorable, il la fait naître de l'imposture; pour lui, la doctrine est une superstition, et les miracles une supercherie. Tel était l'esprit du dix-huitième siècle; l'esprit de notre siècle est différent.

Les religions nous paraissent répondre à ce qu'il y a de plus profond et de plus impérissable dans l'homme, à la foi naturelle de sa raison dans un être parfait, aux aspirations infinies de son cœur; elles résolvent à leur manière des problèmes qui sont aussi vieux que l'homme et dureront autant que lui : l'origine des choses, la lutte du bien et du mal dans le monde et dans notre âme, notre destinée aussi, ce que nous étions avant la naissance et ce que nous serons après la mort. Nous avons donc, sur la religion, une largeur d'idées auparavant inconnue.

Quant aux miracles, voici, ce me semble, où nous en sommes. Un siècle qui s'est appliqué aux sciences physiques, comme l'a fait celui-ci, et qui les a menées si loin, ne peut être disposé à croire aisément aux miracles; en étudiant la nature, il a vu partout ses lois constantes, et la constance de ces lois est perpétuellement confirmée par l'industrie, qui les applique. En même temps que l'on croit la nature uniforme, on est porté à admettre qu'elle est beaucoup plus variée qu'on ne la supposait, qu'elle possède bien d'autres forces que les forces reconnues, et que ces forces sont capables de produire une multitude d'effets extraordinaires, mal à propos rejetés comme impossibles. La confiance en ce genre n'a presque plus de bornes, et tous les jours on attribue à la nature quelque puissance nouvelle; on prétend la faire reconnaître par la science, et on s'indigne si la science ne la reconnaît pas sur-le-champ. On est fermé aux miracles, et tout ouvert aux merveilles. Auparavant, tout était surnaturel, tout est naturel aujourd'hui, et il n'y a pas de récit, aussi étrange qu'il soit, qui soit *a priori* rejeté comme impossible. La raison diminuera beaucoup de ces prétentions; toujours est-il qu'elle se fait une plus juste idée qu'autrefois du vrai pouvoir de la nature. La terre s'arrêtant dans son cours, au signe de Josué, continue de lui paraître un miracle; mais une guérison opérée par la parole du médecin lui paraît être simplement l'effet d'une cause puissante, encore imparfaitement connue, de l'imagination.

Pendant que la science réduit ainsi le merveilleux

et que l'imagination populaire en invente un nouveau, la critique historique accomplit, dans cet ordre de recherches, toute une révolution. Selon elle, un personnage paraît, parle, agit et frappe l'imagination de la foule; cette imagination frappée travaille, le transfigure, l'idéalise, crée un milieu extraordinaire où elle le fait mouvoir. Ainsi naissent les légendes. Quelquefois même, à la façon des individus qui, obsédés par une idée, finissent par voir au dehors l'objet qu'ils rêvent, l'imagination populaire invente avec l'événement le héros. La légende est trompeuse; elle est la poésie de l'histoire. Elle est difficile à critiquer, car d'abord elle se forme dans l'ombre, chacun y contribuant pour quelque chose, sans contrôle; puis quand, éparse et vague, elle vient à être recueillie et fixée, le temps est déjà loin où on pouvait la confronter avec la vérité. Enfin elle est toute naïve; ceux qui la créent ne pensent pas la créer; elle naît pour ainsi dire toute seule, dans des esprits fortement émus. La légende ainsi entendue n'a plus excité les colères de la critique, qui s'est prise, au contaire, pour elle d'une très-grande tendresse, la tendresse que l'on a pour les enfants et les poëtes. On comprend quelle révolution il y a là dans la science: au lieu d'expliquer comment le merveilleux s'est produit, on explique comment s'est produite la foi au merveilleux.

Dès lors l'argument de Pascal : « Je ne crois que les histoires dont les témoins se feraient égorger, » cet argument tombe, car il n'y a pas de croyance qui n'ait eu de tels témoins et par conséquent ne dût être admise. Il faudrait donc changer la pensée et dire : « Je crois à la foi de témoins qui se font égorger; « ces témoins ne prouveront pas ce qu'ils attestent, mais ils attestent un fait qui vaut la peine d'être prouvé, c'est que l'homme est capable d'aimer assez ce qu'il croit être la vérité pour lui sacrifier sa vie. Et que deviendrait la certitude de la légende, si, dans l'examen des documents, le témoin auquel ils sont attribués disparaissait et s'il ne restait qu'un témoignage anonyme, d'une autorité incertaine! La question primitive du merveilleux descendrait alors sur le terrain positif de l'érudition et de la grammaire.

J'ai essayé de représenter exactement où en est notre siècle à l'égard des religions et des miracles qui les entourent; il faut maintenant être plus précis et reconnaître quelle est en France, à l'égard du christianisme, la disposition générale des esprits.

Les Français lisent peu l'Ancien Testament, et lisent fort légèrement le Nouveau. La lecture de l'Ancien Testament n'est pas permise par le clergé à tout le monde; d'ailleurs le génie facile de notre nation n'est guère biblique. Elle goûte plus le Nouveau Testament : elle en aime beaucoup certaines parties, surtout le Sermon sur la montagne, et certaines paroles comme celles-ci : « Ne faites pas aux autres ce que vous ne voudriez pas qui vous fût fait. — Aimez-vous les uns les autres. — Aimez votre prochain comme vous-même. — Mon royaume n'est pas de ce monde. — Laissez venir à moi les petits enfants. — Que celui qui est sans péché lui jette la première pierre. » — La colère contre les marchands du temple, l'ironie contre les Pharisiens, les sépulcres blanchis, ceux qui mettent toute la piété dans les cérémonies extérieures, et contre la malignité du monde, qui voit la paille dans l'œil du voisin et ne voit pas la poutre dans le sien. Les enseignements les plus universellement populaires de l'Evangile sont ceux qui concernent nos devoirs envers le prochain et le libre culte en esprit et en vérité. On reconnaît là notre nation, qui met la plus grande partie de la religion dans la morale et la plus grande partie de la morale dans la morale sociale. Quant à la morale personnelle, à cet amour de la perfection qui est l'âme du christianisme, un petit livre, l'*Imitation*, a exprimé le suc de l'Évangile ; il fait la lecture assidue et les délices des âmes moins nombreuses, mais nombreuses encore, qui attachent du prix à la vie intérieure.

De plus, l'Évangile, en s'adressant aux petits et aux faibles, a rencontré notre passion pour l'égalité. Il proclame l'égalité des âmes devant Dieu ; il affirme, ce qui sera éternellement vrai, qu'une âme en vaut une autre, et qu'il n'y a de différence entre elles que par la vertu ; mais combien ont forcé le sens de cette égalité spirituelle et en ont tiré l'égalité sociale, celle des classes, à laquelle le Christ n'avait pas songé? Cette fausse interprétation lui a valu dans tous les temps, et surtout dans les temps de révolution, des disciples ridicules ou odieux, qu'il aurait désavoués s'ils avaient osé l'appeler leur maître, et réclamer en son nom, quelquefois par le fer et par le sang, des biens qu'il méprisait.

Enfin le christianisme, par la promesse du royaume de Dieu, répond aux mécontents de toutes les nations, toujours préoccupés de ramener les choses à la règle de la justice. Qu'est-ce que ce royaume de Dieu ? Est-ce l'avénement réel de Dieu sur terre ? Est-ce le ciel et la vie qui suivra cette vie ? Est-ce, sous une expression allégorique, l'avénement d'une société régie par l'équité ? C'est tout cela à la fois, l'une ou l'autre chose, selon les aspirations de celui qui l'invoque. Les chrétiens du premier âge attendaient tous les jours la résurrection et le retour du Messie dans sa gloire terrestre, que les millénaires n'attendent plus qu'à des époques déterminées par les nombres, et que d'autres, plus patients et moins précis, renvoient à l'époque indéterminée de la fin du monde et de la résurrection universelle. Les chrétiens de tous les siècles espèrent le ciel, le royaume spirituel. Une multitude d'hommes, chrétiens ou non, a confiance qu'il arrivera un moment où les iniquités qui abondent auront disparu, et ceux qui ne croient pas à la réalisation de cet idéal croient du moins que, par un lent progrès, on s'en rapproche.

Il est aisé de conaître le nombre officiel des chrétiens de France, mais il faudrait être bien hardi pour dresser une statistique des croyants et des incrédules et de ceux qui, après une adhésion générale au symbole de foi, se mettent à l'aise sur les articles. Quoique les partis ne cessent de faire et de refaire cette statistique en groupant les chiffres comme il leur plaît, je ne connais pas de pays où cette statistique soit plus difficile, car ici l'uniformité convenue trompe sur la diversité réelle. En France, généralement, on reste dans la religion où on est né. Les croyants y restent par divers motifs. Ils ont été instruits de cette religion et habitués à considérer les raisons qui l'appuient ; pour changer, il faudra t passer par des controverses d'histoire et de théologie qui exigeraient des études très-sévères et du temps que tout le monde n'a pas ; puis on n'aime pas les manifestations ; pour faire la part de la faiblesse humaine, on se sent assez libre dans une religion où on a toujours été ; tandis qu'une croyance prise après consultation solennelle et déclarée par une profession publique est toujours plus ou moins un sacerdoce, dont on a peur. A côté des croyants de tous les degrés, chacun sait combien est grand le nombre de ceux qui pensent que toutes les religions sont bonnes, qu'elles ne diffèrent que par des dogmes également incompréhensibles et s'entendent pour recommander d'être honnête, ce qui est clair et ce qui est l'essentiel. Lorsque Napoléon, mécontent du pape, méditait une église nationale, un de ses conseillers, le comte Louis de Narbonne, l'en détournait par ce mot d'une grande profondeur : « Il n'y a pas assez de religion en France pour en faire deux. »

Notre nation est ainsi disposée à l'égard du christianisme, pourvu qu'on ne la presse pas sur la question de la divinité de la révélation, question qu'elle laisse volontiers dans l'ombre quand elle ne la tranche pas d'un coup dans le sens du rationalisme. Elle sait qu'il y a des controverses sur les origines. En parcourant Voltaire, que tout le monde a sous la main, on a rencontré des pages de polémique historique qui ont soulevé la question, quoiqu'on sente bien qu'il faut davantage pour la résoudre; on a entendu dire que Fréret l'a traitée savamment, mais Fréret est difficile à rencontrer. On a été aussi dans le temps très-frappé du livre de Strauss et de la préface de M. Littré ; l'ampleur de ce travail, le sérieux et l'appareil de la discussion, le nom des personnes, le bruit qui s'est fait autour de l'ouvrage, l'idée que, dans un pays de grande érudition comme l'Allemagne, on contestait l'authenticité de documents admis ailleurs en pleine sécurité, toutes ces choses ont laissé une impression qui aurait été encore plus décisive, si dans ce livre la question historique n'avait été compliquée de métaphysique et s'il n'avait été discrédité par l'idée fausse qu'il niait l'existence de Jésus-Christ. Depuis lors, depuis une vingtaine d'années, des écrits du même genre, dans le même sens, empêchaient la question de se fermer et excitaient l'attente de quelque grand débat, lorsque survint la fameuse séance du Collége de France où M. Renan appelait Jésus-Christ « cet homme incomparable; » enfin on sait au milieu de quelle attente a paru le présent livre et ce qu'il excite d'émotion profonde et universelle.

Voilà la disposition de notre temps à l'égard des religions et de la religion chrétienne, la disposition que rencontre le livre de M. Renan. De quelle manière y répond-il?

Il n'y a pas à le dissimuler, l'apparition de ce livre est un grave événement. Quelle que soit sa valeur, il représente la libre critique appliquée au christianisme par un homme qui a une situation considérable dans la science. Il semblait que depuis longtemps il y eût un concordat entre la science et la religion, qu'elles fussent convenues de reconnaître leur existence et leurs droits respectifs, de supprimer les questions irritantes; ce concordat est rompu. Un écrit signé du nom de M. Renan est un écrit dont on parle, il a ouvert une question où le public se précipite; le débat ne fait que de naître; on peut être certain qu'il grandira. Les défenseurs de la foi auront à accepter bravement la lutte, à prendre la question comme une pure question d'histoire proposée à notre temps, à la traiter avec la plus grande rigueur, comme si leur foi, leur espérance, leur bonheur n'était pas en jeu. Espérons que l'on s'abstiendra des injures; elles seraient sans excuse avec un homme du talent et du caractère de M. Renan, à propos d'opinions évidemment sincères, exprimées d'ailleurs avec la plus constante élévation; on voudra sans doute opposer science contre science, à la connaissance des langues une connaissance plus ample, à l'érudition une érudition plus sûre, à la critique une plus saine critique. Mais qu'on soit parfaitement convaincu que le monde n'a pas de parti pris, qu'il est inquiet de la vérité uniquement et résolu à savoir où elle est.

Un autre fait augmente la gravité de cette publication. L'auteur n'est pas seulement un libre historien de la vie de Jésus, il est un historien attendri. Par là il rompt avec la tradition du dix-huitième siècle et marque l'esprit du dix-neuvième siècle dans la critique religieuse. L'hostilité cessée, l'admiration et la sympathie remplaçant l'hostilité, sans ombre d'un retour à la foi; il y a là quelque chose de bien nouveau et, à vrai dire, une révolution.

Mais ouvrons le livre. A la rigueur, la *Vie de Jésus* ne devait pas être le premier volume de ces origines du christianisme que M. Renan s'est proposé de publier. Voici comment on concevrait, ce me semble, l'ordre logique de pareils travaux. Une exposition des doctrines antérieures à celle de Jésus-Christ et qu'il a pu connaître, une exposition de l'état de la société que Jésus a prêchée, placerait sa doctrine dans le milieu où elle a paru, ferait voir ce qu'elle repousse du passé et ce qu'elle en accepte, permettrait d'en mesurer l'originalité et la grandeur de l'effort qu'il a fallu pour remuer un monde. Puis on examinerait les documents sur lesquels le christianisme se fonde, le caractère de chacun des Évangiles, leurs ressemblances, leurs différences et, s'il y en a, leurs oppositions; on discuterait s'ils appartiennent à l'époque et aux hommes auxquels ils sont attribués, le degré de confiance que chacun d'eux mérite. Alors viendrait la vie de Jésus extraite de ces documents.

M. Renan a suivi une autre marche, qui a ses avantages et ses inconvénients. D'abord, il est évidemment fâcheux de n'être pas en mesure de juger la nouveauté et la valeur historique de la doctrine du Christ, faute de comparaison avec les doctrines et les mœurs contemporaines, mais ce n'est rien auprès de l'inconvénient de supposer résolue la question principale, qui ne l'est pas, la question de l'authenticité des Évangiles. Si l'on accuse l'histoire de M. Renan d'être arbitraire, que pourra-t-il faire? que renvoyer à un livre qu'il publiera, mais qui n'existe pas encore.

M. Renan a dû se rendre compte de cette situation et peser mûrement les avantages qui la compensent. Peut-être, quand on connaît notre pays, valait-il mieux faire ce qu'il a fait. Un examen comparé des Évangiles venant de lui aurait eu certainement un grand nombre de lecteurs; mais cette longue enquête, cette minutieuse procédure n'aurait pu être suivie jusqu'au bout que par les esprits rompus à de semblables études. Or, il a paru songer à une classe plus nombreuse de lecteurs, à tout ce public qui n'est point érudit mais qui, intelligent et avide, juge par un sentiment prompt et fait l'opinion sur les ouvrages du jour. Au lieu d'une froide analyse, il lui a présenté une œuvre vivante, pleine de l'intérêt de la plus grande action qui se soit jouée ici-bas et éclatante de poésie. L'effet a été produit. Persistera-t-il? l'avenir le sait; mais il a été produit, et c'est un fait considérable dans la vie religieuse de ce siècle : il y a eu un éclat. Maintenant, il sera bien difficile que le calme complet revienne. Toutes les fois que l'âme a reçu un ébranlement, quand même cet ébranlement s'apaise, elle a beau faire, elle n'est plus ce qu'elle a été : il y a au fond d'elle-même une disposition à s'agiter qui, dans la première circonstance, reparaîtra. C'est une loi éprouvée que, plus ce premier trouble a été profond, plus il a de disposition à renaître; et chez une nation nerveuse comme celle-ci, il n'y a de troubles profonds que ceux où l'imagination est atteinte. Ainsi va, on le sait, la vie politique, par accès, sans repos que par moments, incapable d'oublier, toujours sourdement excitée par le souvenir de la Révolution et de l'Empire et leurs rêves de feu. Si je ne me trompe, la vie religieuse prend le même cours : la crise du dix-huitième siècle a suscité celle-ci, qu'une autre suivra à son heure. Esprits hardis et puissants, qui évoquez ces fantômes dont notre imagination est obsédée, que ce soit votre crime ou votre gloire, vous avez tué le sommeil !

Dans quel fonds M. Renan a-t-il pris les éléments dont il compose la *Vie de Jésus?* Il distingue entre les paroles de Jésus et les actions qui lui sont attribuées. Il croit retrouver dans l'Évangile de Matthieu l'enseignement même du maître. « Une espèce d'éclat à la fois doux et terrible, une force divine, si j'ose le dire, souligne ces paroles, les détache du contexte et les rend pour le critique facilement reconnaissables.... Les vraies paroles de Jésus se décèlent pour ainsi dire dès qu'on les touche dans ce chaos de traditions, d'authenticité inégale; on les sent vibrer, elles se traduisent comme spontanément et viennent d'elles-mêmes se placer dans le récit, où elles gardent un relief sans pareil. » Quant aux faits, sauf le récit de la Passion, la plupart, à son avis, fondent entre les mains. Que faire donc? S'en tenir à ce qui est matériellement certain? C'est supprimer l'histoire. Il y a quelque chose de mieux que la petite certitude des minuties, c'est la justesse du sentiment général, la vérité de la couleur. M. Renan expose ouvertement le procédé dont il s'est servi. « Dans un tel effort pour faire revivre les hautes âmes du passé, une part de divination et de conjecture doit être permise. Une grande vie est un tout organique qui ne peut se rendre par la simple agglomération de petits faits. Il faut qu'un sentiment profond embrasse l'ensemble et en fasse l'unité. La raison d'art en pareil sujet est un bon guide ; le tact exquis d'un Gœthe trouverait à s'y appliquer. La condition essentielle des créations de l'art est de former un système vivant dont toutes les parties s'appellent et se commandent. Dans les histoires du genre de celle-ci, le grand signe qu'on tient le vrai est d'avoir réussi à combiner les textes d'une façon qui constitue un récit logique, vraisemblable, où rien ne détonne. » Suivant ce procédé, il sollicite doucement les textes, comme il dit, jusqu'à ce qu'ils arrivent à former un ensemble où toutes les données soient harmonieusement fondues, et il a raconté ce qui s'est passé dans l'âme de Jésus, les révolutions qui s'y sont faites et les scènes de sa prédication.

Dans la vie de Jésus, telle que l'Évangile la donne, rien ne sent l'analyse intérieure, l'expérience réfléchie, le développement conscient, le retour sur soi-même et les mouvements contraires que ces retours impriment à l'âme ; il ne connaîtrait pas nos agitations humaines si, une seule fois, sur la croix, dans son agonie, au moment d'expirer, il ne disait cette parole déchirante : « Mon Dieu, mon Dieu, pourquoi m'as-tu abandonné ? » Sauf ce trouble du dernier moment, l'Évangile n'est que l'histoire d'une prédication et comme l'épanchement d'une source pure ; il n'y a de drame dans ce livre que le drame de la mort. M. Renan a créé le drame de la vie, le drame intérieur, qui a pour notre siècle un si vif intérêt, et, par un contraste d'un puissant effet, il a opposé à l'âpre ardeur des années sombres l'aimable fraîcheur des premières années, un printemps, un matin, l'idylle de Galilée. Il a pensé qu'on ne se trompe guère sur la vie humaine quand, avec la mort inévitable, on y met l'espérance, la lutte et l'amertume. Il a raconté les scènes qui se sont passées dans ce temps et ce pays. Peu de personnes étaient mieux en mesure de les retracer, car il a longuement étudié dans les monuments originaux les anciennes populations actuelles, et pouvait hardiment conclure du présent au passé, car il avait affaire à une race qui change peu; enfin il a vu, il a senti et aimé les lieux où a été prêché l'Evangile, et ils ont dû lui dire ce qu'ils apprennent à tout homme qui les consulte sur les choses dont ils ont été les témoins.

Toute cette histoire des sentiments tendres ou tragiques qui agitaient l'âme de Jésus, ces récits si animés, si variés, si touchants de sa prédication, ces descriptions ravissantes de la Judée, les discours du maître mêlés à ces récits et à ces descriptions, les beautés d'un style large et souple, pénétré de poésie, tout cela compose une lecture d'une grande séduction.

Deux choses pourtant détonnent dans cette composition : la première est la supposition qu'il a pu y avoir quelque supercherie dans la résurrection de Lazare, car, dans le reste de l'ouvrage, rien de ce qui est dit du caractère de Jésus ne laisse supposer rien de pareil; la seconde, ce sont certaines expressions appliquées à Jésus. M. Renan l'appelle un raffiné, un délicat, une personne exquise, un charmant docteur, un beau jeune homme; cela sent l'homme qui s'humanise avec les dieux; aussi je ne m'étonnerais pas si ces familiarités blessaient plus certains croyants que toutes les hardiesses de la critique, ou plutôt si elles n'étaient pas la plus grande de toutes ses hardiesses. Je ne pense pas que M. Renan les ait employées à dessein et ne vois là que l'effort d'un peintre qui, épris de son modèle, ajoute sans cesse quelques traits pour le rendre plus vivant et s'efforce de trouver les couleurs sous lesquelles il croit le rendre plus aimable; pourtant, même à ce point de vue de l'art, si on consent à s'y réduire sur un tel sujet, il me semble que l'art voulait moins de ces fins détails, car ils rapprochent trop de nous le personnage que l'on veut peindre et lui ôtent ce qu'il doit garder avant tout, la grandeur. J'avoue aussi que ces tons s'éloignent de la peinture sévère et sentent un peu le pastel.

Quand on se recueille pour juger la valeur du livre de M. Renan, il faut se reporter à ce que nous avons dit plus haut sur la manière dont il envisage l'histoire. Pour lui, elle est mieux qu'une collection de petits faits : elle a une âme, elle est, comme M. Michelet l'appelle, une résurrection ; cette opération s'accomplit par la conjecture, la divination, le goût, le tact, l'art, le sentiment de la vie, qui fait retrouver l'harmonie des parties, la justesse de la couleur et la gradation des nuances. Le livre est l'application de cette idée ; il est là tout entier dans sa force et dans sa faiblesse. Combien ces procédés sont puissants! mais combien ils sont délicats, et quelle part ils laissent à l'inspiration personnelle, au talent, à la fantaisie! Oui, les personnages et les temps qu'on nous représente ainsi semblent vivre devant nous ; mais vivent-ils d'une vie réelle ou d'une vie artificielle, de celle qu'ils ont eue autrefois ou de celle que le génie leur donne? Si je ne me trompe, la destinée de cette *Vie de Jésus* sera de flotter éternellement entre la science et l'art. Elle est vraie de la vérité de la peinture, qui représente avec ses couleurs et ses formes déterminées ce que l'œil extérieur n'a jamais vu, mais ce que voit l'œil intérieur de l'âme, par la force de l'imagination et du sentiment. Comme les maîtres de la peinture religieuse, comme son illustre allié Ary Scheffer, M. Renan, lui aussi, a fait son Christ. Et qui sait à quel point ces représentations sont éloignées de la réalité? Qui sait ce que peuvent la connaissance de la nature humaine, la connaissance des caractères des personnages, l'étude des temps et des pays, ce que peuvent la méditation et la passion? Quand il contemple un tableau d'un Pérugin, d'un Raphaël, d'un Angelico ou d'un Lesueur, qui sait s'il n'a pas devant les yeux la figure même du Christ, retrouvée par l'émotion d'un grand artiste?

Qui sait? Et incapable d'une assurance de plus, on répète ce mot en fermant le livre.

1863.

VERSAILLES[1].

Toutes les fois qu'un Parisien vous demande quelle ville vous habitez et que vous répondez : Versailles, il vous regarde avec une sympathie qui vous alarme. « Mais, s'écrie-t-il, c'est une ville morte! » sur quoi vous vous tâtez pour savoir si vous êtes encore en vie. M. Cousin se recueille et dit : « Versailles admirable sépulture! » Il n'y a plus de doute : vous étiez mort, vous voilà enterré. Mon Dieu! certainement, il y a du vrai là-dedans, mais on exagère, et on nous permettra d'en rabattre; car enfin, quand il s'agit d'être mort ou non, le plus ou le moins fait quelque chose, et, quand il s'agit de vous, vous êtes pardonnable de tenir à ces nuances. Eh bien donc, que les Parisiens nous accordent d'abord que nous existons, on verra à leur accorder que c'est d'une existence d'une autre sorte. On a parlé de *la Belle au bois dormant,* et certaines rues feraient songer aux *Mille et une Nuits,* à la ville de marbre sans habitants; toutes ces comparaisons sont forcées; pourtant il vous revient toujours des images d'un monde intermédiaire. Il y a dans cet admirable *Orphée* de Gluck une scène des Champs-Élysées; là, passent et repassent des ombres heureuses; on les distingue dans une demi-lumière; l'orchestre joue un air d'une harmonie voilée, qui se

---

1. *Voir*, pour la description et l'histoire de la ville, *Histoire des rues de Versailles*, par M. le Roi.

répète, et, comme une sorte de charme, peu à peu vous pénètre et vous apaise, jusqu'à ce qu'il vous plonge dans le vague sentiment d'une demi-existence, où on choisirait de rester toujours. De même, lorsqu'on se promène dans la ville ou dans le parc, sans rien apercevoir qu'au loin, dans les allées et les avenues silencieuses, quelques formes incertaines, qui traversent et disparaissent, on se prend à se demander ce qu'elles sont, ce que l'on est soi-même, et si on ne serait pas, les uns et les autres, des ombres heureuses dans les Champs-Élysées.

Quand on vient s'établir ici, il faut s'y acclimater, il faut que le corps et l'âme se fassent : le corps à cet air un peu vif, l'âme à cette existence un peu monotone. Une fois l'épreuve achevée, le séjour est bon. D'abord l'air est sain, puis, disons ce qui est vrai, on vit longtemps à Versailles, peut-être parce qu'on n'y vit pas beaucoup à la fois. On ne se dépense point en plaisirs sur plaisirs, on ne s'use point en émotions factices; on y va comme des gens qui ont un siècle à fournir. Si jamais ils se laissent prendre aux amusements extraordinaires, soyez certain que la vie moyenne diminuera; aussi ils résistent, et chaque fois que, par intérêt pour eux, on essaie de les lancer dans des fêtes, ils regardent un peu, puis ils reviennent à leur paix habituelle. Pourtant, ne vous y fiez pas. Du fond de ce silence où on est entré, on entend le grondement de la grand'ville, qui vous attire comme l'abîme; et tel qui se croit la tête bien forte, finit par s'y replonger.

Plusieurs, ce sont les habiles, combinent les deux existences, et Versailles se prête merveilleusement à cette combinaison. J'ai toujours remarqué que lorsqu'on arrive quelque part, ville, village ou campagne, après le plaisir d'être arrivé, la seconde pensée qui vous occupe sont les moyens d'en sortir. Versailles est à souhait pour cela : deux chemins de fer, un chemin de fer américain, des voitures particulières, vous portent à Paris dès que vous en formez le désir; on s'y sent point prisonnier. Ensuite, on use si on veut de sa liberté, et si on n'en usait pas, on aurait du moins le plaisir de savoir qu'on la possède; ce qui souvent suffit.

A peine a-t-on mis le pied à Versailles, qu'on le connaît. Il y a ici, comme à peu près partout, deux sociétés; elles s'ignorent, et, quand elles se rencontrent, elles ne mêlent pas leurs eaux.

Presque point de vie locale : la presse du lieu se compose de trois journaux qui paraissent deux fois la semaine; la littérature y dispute la place aux nouvelles du département, aux annonces judiciaires et aux logogriphes. Pourquoi donc y rencontre-t-on des articles où Louis XIV est appelé le grand monarque et Versailles la cité veuve de Louis XIV? On dit ordinairement Louis XIV et Versailles.

La ville a deux populations : l'une d'hiver, l'autre d'été; celle-ci, population volage et qui n'est fidèle qu'aux beaux jours. Elle nous vient au printemps, excédée de Paris, rêvant calme, grand air, jardin à soi; elle peuple les quartiers déserts; elle se répand dans les vallées, sur les coteaux des environs : Jouy, La Celle, les Bruyères, et si vous êtes en goût de causeries aimables, vous voisinez à travers les bois.

Sous un autre aspect, très-visible depuis dix ans, on dirait, Cythère, Paphos ou Amathonte. Calculez en effet ce que peut faire naître de sentiments tendres dans une population de simples filles, nouvelles venues des champs, une garnison de dix mille Français décidés à plaire. C'est là que la guerre est détestée! Aussi, lorsqu'elle éclate, lorsqu'il faut partir pour la Crimée ou l'Italie, quel cortège et que de larmes! comme on déplore les rigueurs de l'absence!

> Non pas pour vous, cruel!

« Ne pleurez pas, mesdemoiselles, disait un militaire
« plein de philosophie, nous reviendrons ; si nous ne
« revenons pas, il en reviendra d'autres, et je vous
« assure que c'est tout la même chose. »

Les Versaillais ont à leur disposition, à leur libre jouissance, deux choses qui ne sont pas partout : le palais et les bois. Voici l'énorme château ; tout Versailles en est comme une dépendance ; malgré cela, il y a des habitants de cette ville à qui il manque un monument : naturellement un curé choisirait une église; la municipalité rêve une mairie. Ceux qui se contentent de ce qu'ils ont se félicitent que le roi Louis-Philippe ait restauré ce château avant que les ruines fussent irréparables; maintenant il est sauvé. Le Musée n'est pas une galerie d'art, pas le palais Pitti; mais c'est notre histoire nationale illustrée, illustrée, pour des parties anciennes, par les artistes du temps, pour nos campagnes d'Afrique, par le pinceau tout français d'Horace Vernet. Le Musée eût été ce qu'il est, placé ailleurs; mais ce qui ne saurait être vu qu'ici, ce sont les grands appartements de Louis XIV. Ceux qui connaissent un peu le dix-septième siècle visitent avec une extrême curiosité les lieux où habita pendant cinquante ans la cour la plus spirituelle et la plus polie; et le premier venu qui entre dans ces appartements apprend d'eux quelque chose : les vastes proportions sur lesquelles ils ont été taillés lui donnent une idée de la royauté qui pouvait les remplir. Avec Louis XV, la royauté se restreint dans un moindre espace; mais quelle ravissante élégance dans les lignes, dans les guirlandes qui encadrent les glaces, dans les moulures des panneaux et des plafonds! Une admirable école pour nos ouvriers!

Quand on descend des appartements de Louis XIV dans le parc, on n'a pas changé : c'est toujours la grandeur qui se découvre tout d'un coup. Assurément je ne médirai pas du jardin anglais; il a d'ailleurs dans le petit Trianon un modèle achevé ; mais que l'on ne parle pas légèrement du parc français, quand il est dans cette mesure. La liberté y manque, il est vrai; mais quelle ordonnance! quelle harmonie! Ce plan simple qui se développe clairement, ces longues lignes toutes droites, ces perspectives lointaines, ces magnificences qui vous attendent, tout rappelle bien les belles compositions du siècle où écrivent Descartes, Racine et Bossuet. Vous pouvez aimer autre chose, mais il y a là un principe, une pensée, des lois, une organisation; cela, c'est un monde, et il ne s'en voit pas tous les jours : il faut des siècles pour les faire et d'autres siècles pour les défaire; ils subsistent par l'ensemble, ils se défendent par l'ensemble, qui couvre des misères de détail; on ne vous demande pas de vous extasier devant les ifs en pyramides et en boules, pas plus que devant les confidents de tragédies; il y a l'artifice et il y a l'art.

L'art qui a tracé le parc a aussi disposé les jets d'eau qui lui donnent de la vie. Lorsque par un jour d'été, charmilles et arbres sont tout en feuilles, et que le soleil rit dans la verdure, ces jets puissants qui jaillissent en poussière, ces nappes transparentes qui retombent, ces arcs-en-ciel qui les illuminent, toute cette fête de la lumière et des eaux est un éblouissement.

Versailles a une ceinture de forêts. Ceux qui ne tiennent pas au silence de la nature ont le plateau de Satory, le champ de manœuvres, les charges de cavalerie, les commandements à voix déployée, les exercices des clairons, des tambours et des canons; ils ignoreront toujours qu'il y a, loin du bruit, de petites allées, d'où l'œil aperçoit d'autres forêts et de superbes échancrures, et où on ne rencontre que des chevreuils, qui s'arrêtent un moment, regardent et s'enfuient. Quand on est là rêvant seul, quel plaisir il y a à se dire : Ce bois est à moi, cette vue est à moi, ce soleil ou cette ombre est à moi ! Mais si quelque autre promeneur survient, il est inconcevable quels sentiments de haine s'élèvent en vous contre cet étranger qui s'établit chez vous, contre ce partageux qui vous prend une moitié de votre bois, de votre vue, de votre ombre et de votre soleil. Que faire? Continuer sa promenade et sa méditation ? Cela n'est plus possible; adieu les rêves ! on n'a plus que de noires pensées. Fuir? On abandonne le terrain. Rester peut-être, avec le ferme dessein de tourmenter celui qui vous trouble, de passer sans fin autour de lui, comme l'hirondelle qui veut éloigner un chat de son nid, de lui rendre la vie dure et de le chasser de là? Que vaut-il mieux enfin, la fierté ou la ruse? Cependant le promeneur a disparu et le calme rentre dans votre cœur.

Comme le lecteur s'attend que celui qui parle de Versailles parlera de Paris et comparera l'un à l'autre, il faut bravement y venir. On ne le fera d'ailleurs que sur quelques points, en accordant préalablement à Paris sa prééminence naturelle, car, bien qu'on se souvienne d'avoir autrefois possédé la cour, on n'aspire point à devenir la capitale de la France. Après cet hommage voici nos réserves.

Paris est si grand et l'existence qu'on y mène est si occupée, qu'on y a le temps d'être malade et de mourir avant que vos amis le sachent; non point ici, et il y a quelque chose de singulièrement bon dans cette idée; on ne se sent point perdu dans le vide. Cette ville n'a pas seulement une inépuisable charité pour les pauvres, elle est charitable aux malades, aux vieillards, aux cœurs blessés; on la dédaigne quand on part pour la vie, mais quand on en revient on se repose là volontiers.

Paris ne peut pas nous disputer nos printemps embaumés, ni les ombrages de nos étés, ni les couleurs changeantes de nos automnes, il ne peut pas non plus nous disputer nos hivers. Il connaît le froid, il ne connaît pas la neige, qui, foulée par tant de pieds, se délaie tout de suite en boue; ici la neige tient, elle s'étale, elle s'empare des vides, elle isole les objets, elle étouffe le son des roues des voitures et des pieds des chevaux; le jour, on est oppressé par cette lumière crue, par cet isolement des objets, par cette vue étrange du mouvement sans bruit; mais la nuit vient, qui arrête le mouvement et fond toutes les choses dans sa vague clarté; alors on ne distingue plus qu'une nappe blanche qui couvre les vastes espaces de la place et des avenues; la masse du château s'en détache, et si, à ce moment, au fond de la longue avenue qui le regarde, la lune paraît parmi les arbres dans la brume neigeuse, c'est un spectacle plein de grandeur.

Les fêtes du monde parisien ne durent guère que trois mois de l'année; après quoi la société se cache ou se disperse; il y a ici aussi un moment d'extraordinaire, mais l'ordinaire ne cesse pas. Un coup de cloche suffit pour convoquer ses amis, et chaque jour toute la société de loisir se distribue dans une multitude de petites soirées, défrayées par le jeu, la musique, la conversation, par la danse, qui vient partout avec la jeunesse; elles finissent à peu près à l'heure où celles de Paris commencent, en se disant : Au revoir. Le whist est en honneur, et je n'ai jamais bien deviné dans quelle intention on peut venir à Versailles quand on ne sait pas le whist. Après cela, il n'est pas nécessaire de le savoir, pourvu qu'on le joue, et c'est le parti qu'ont pris un certain nombre de personnes, les plus honnêtes du monde, incapables de compter sciemment des points qu'elles n'ont pas ou de regarder dans le jeu de leurs adversaires.

En fait de musique, il y a en première ligne, ici comme partout, la musique des familles, celle que les enfants exécutent et qui charme toujours les parents; puis il en vient de toute sorte, depuis la musique de soirée, composée de morceaux assortis, jusqu'à la musique des maîtres, qui ne se comprend ni ne se joue sans un sentiment profond.

Quant à la conversation, elle ne risque pas de manquer, car nous recevons les bons mots de Paris un peu après la cote de la Bourse; mais, même sans cela, pourvu que l'on se donne la peine de chercher, et il en vaut la peine, on trouve de quoi se contenter parfaitement. Je note seulement une différence : tandis que l'air de Paris donne de l'esprit à tout le monde, ici chacun reste ce qu'il est : celui qui a de l'esprit en a, et celui qui n'en a pas n'en a pas. J'ai rencontré les deux, je vous assure.

Et ne dites pas esprit de province, je vous prie. L'esprit de province consiste en ce que l'on s'occupe des autres, dans les moindres détails de leur vie, pour les critiquer et se préférer à eux ; partout où cela est, là est la province. Elle est donc aussi à Paris, ou plutôt il y a à Paris cinquante mille provinces, cinquante mille sociétés particulières dont les membres se surveillent et se jugent âprement. Il va sans dire que Versailles a ses provinces, moins que Paris, parce qu'il est moins grand ; s'il n'en avait pas, ce serait une ville à mettre sous verre, comme la plus rare curiosité ; mais ici, du moins, par le commerce perpétuel avec la capitale, l'arrivée des revues, des journaux et des nouvelles, l'esprit reçoit un aliment meilleur que les commérages. Versailles n'a pas la prétention d'être, comme Paris, l'Océan : ce n'est qu'un filet d'eau qui va s'y perdre ; mais la marée remonte jusqu'ici. Au surplus, il devient difficile de dire avec précision à quelle latitude la province commence et à quelle latitude elle finit, quand il n'y a plus qu'une vingtaine d'heures du centre aux plus longues extrémités. Paris est partout où, au lieu de s'acharner sur la vie intime de ses voisins, on s'intéresse aux choses de l'esprit et de l'âme, à la vie générale, j'entends la science, l'art, la morale et la politique, où on en parle sans prétention et où on en dispute avec politesse.

Je lis volontiers tous les éloges que l'on fait de Paris, car je l'aime : il plaît aux yeux par sa suprême élégance, il anime l'intelligence par cette active circulation d'idées qui s'y croisent en tous sens. Si la vie est le mouvement, aucun esprit n'est plus vivant que celui-ci.

> L'âme est un feu qu'il faut nourrir,

a dit Voltaire. Il n'y a pas, à Paris, de danger qu'il

s'éteigne, avec ce renouvellement perpétuel des spectacles, cette rapidité des impressions et cette impatience de les communiquer. Qui oserait mépriser cela? Et pourtant, si on veut s'appartenir, Versailles est bon après Paris. L'opinion parisienne va par violents courants. C'est un amusant spectacle de les regarder passer, avec quelle grâce une vive population s'y précipite et s'y joue, et c'est merveille si on résiste à l'entraînement universel. Attendez un peu, il se déclarera un courant contraire, où on se jettera avec la même ardeur. Résisterez-vous encore? Ce monde est bien fou, mais leur folie est si charmante qu'elle dégoûte de la raison des autres. Malgré tout, c'est une bonne chose que la raison. A mesure qu'on s'éloigne, elle revient; une fois rentré dans la solitude, l'esprit reprend la possession de lui-même, on éprouve le besoin de se reconnaître, de se rendre compte, on résout d'étudier sincèrement les questions, pour séparer le vrai du faux; la brillante fantaisie des causeurs parisiens n'est plus là pour vous séduire, et on échappe à son prestige quand on marche seul sous les ombrages ou sous le givre des bois.

Si on faisait sagement, on ne prendrait de Paris que l'excitation qu'il donne; encore, si on écrit, serait-il bon d'en user sagement, pour ne pas fatiguer l'intelligence en la forçant de produire. Pour quelques esprits d'une fécondité inépuisable, qui se renouvellent en produisant, il y en a une infinité incapables de suffire à ce travail et qui s'y dépensent et qui s'y ruinent. Au cas où on serait de ceux-ci et non de ceux-là, il pourrait être prudent de se ménager davantage. Il faut laisser quelquefois agir la nature : l'esprit, comme la terre, se refait au soleil, à l'air, à la pluie, par la libre action des forces qui travaillent incessamment.

Je finis sur Versailles. On dira de lui tout ce qu'on voudra, il donne un bien inestimable : la solitude sans l'isolement; on y a l'indépendance, et en même temps, à portée de la main, les douces intimités. J'en parle pour le savoir depuis longues années, et ce n'est pas moi qui dirai jamais, comme cet ancien philosophe : « O mes amis, il n'y a plus d'amis. »

1863.

ARCACHON.

Je suis tout disposé à croire à l'efficacité des bains de mer et de toutes les eaux qui sont courues dans tout l'univers; surtout, je ne contesterai aucune des maladies qu'on y prétend guérir, maladies qui tourmentent l'espèce humaine et principalement les femmes, dès qu'arrivent les beaux jours; je supposerai que nul ne va aux bains par genre, pour faire dire qu'il y est, et, plus tard, qu'il y a été, ou par un certain besoin de quitter ses amis, pour voir un monde nouveau lorsque le sien est un peu épuisé par les rencontres de l'hiver et figurer devant un autre public; je constate seulement que l'émigration d'été pour les eaux, émigration jadis assez restreinte, a pris des proportions énormes. Autrefois, la noblesse et les propriétaires de châteaux allaient, au beau temps, dans leurs terres, les malades allaient aux eaux, le reste demeurait à la ville; maintenant, à un moment donné, tout le monde part, et, pour qui sait vivre, il serait souverainement inconvenant de rester chez soi. Un des amusements les meilleurs et les plus honnêtes serait de connaître, un peu avant cette époque, l'intérieur des maisons, d'observer les petites pièces qui s'y jouent, les indispositions qui se préparent de longue main, les maladies soudaines qui éclatent, les redoublements de soins, de prévenances, d'amour, de celui qui demande le congé désiré et l'importance de celui qui l'accorde. On verrait cela dans sa maison si on y voyait; on l'entrevoit dans la maison des autres avec un singulier plaisir.

Les Parisiens portent Paris partout avec eux. A Biarritz, on tient salon, le jour, dans la couche du Port-Vieux; le soir, sur l'Atalaye. Un des lieux où la mode domine le moins est Arcachon assurément : il y a là un reste de vie sauvage qui résiste obstinément à la civilisation. La ville s'étend sur une lieue de longueur, chaque famille habite une maison, se baigne devant cette maison, visite quelque autre famille, se réunit avec elle pour une partie de promenade dans la forêt, une partie de cheval ou de bateau, ou pour passer les soirées; nul endroit où le beau monde se rassemble, pas de casino, pas de bal; on ne fait que passer sur la route, et, soit dans les broussailles des dunes, soit sur le sable humide et le varech de la plage, il n'y a pas de toilette possible.

Le bassin a une vingtaine de lieues de tour, et du nord au midi, dans la plus grande largeur, environ trois lieues; le fond est vers l'embouchure de la Leyre; une pointe va au sud, l'autre à l'ouest; la première, avant de tourner, s'étend en face du nord (c'est là que la ville est bâtie); la seconde longe les marais salants de Certes et les réservoirs de poissons où se font des essais de pisciculture, la belle garenne d'Arès, et se termine au cap Ferret, éclairé par un grand phare. Sur l'extrémité de cette langue les dunes sont nues, librement travaillées par le vent, on respire l'âpre odeur des immortelles de mer, et on n'aperçoit plus que des cabanes de pêcheurs, qui passent là des hivers. Au milieu du bassin est une île dite l'Ile des Oiseaux, peut-être parce que, au commencement de l'hiver, les canards sauvages, fatigués de la traversée, s'abattent là et s'y prennent, par bandes énormes, dans les filets préparés. Des deux côtés du bassin, surtout vers le sud, la mer ronge les dunes: elle mine le pied, et la dune descend; les pins qui la couronnent descendent avec elle ou se renversent les uns sur les autres, dressant en l'air leurs longues racines.

Arcachon est à quatorze lieues de Bordeaux; on y arrive à travers les landes. Autrefois, c'était le voyage d'une journée; la voiture s'enfonçait dans le sable, les voyageurs descendaient et la poussaient à leur tour; à mi-chemin, aux Argentières, on faisait station dans l'hôtel du lieu, une cabane de paille; on ne trouvait jamais que des œufs, et il n'était pas mal de se mettre soi-même à la cuisine si on voulait manger; plus tard vint le chemin de fer de la Teste, qui, longtemps languissant, mais jamais fermé, est maintenant la tête de la ligne d'Espagne. Arcachon est resté des années sans autres bâtiments que la chapelle et le presbytère. On venait en pèlerinage à cette chapelle, consacrée à une Vierge miraculeuse, patronne des pêcheurs; au plafond et au mur pendent des œufs d'autruche, des navires, des barils, des peintures d'un caractère primitif. Plus tard fut construit l'hôtel Legallais; quelques maisons isolées s'élevèrent. Il y a une dizaine d'années, on commença à se douter qu'il y avait là une ville naissante, on acheta, on bâtit un peu, puis ce fut une fureur; les terrains qui avaient valu dix centimes le mètre carré montèrent à dix francs: il y avait de l'or dans ce sable. Tout est changé: l'antique cabane de pêcheur, en forme de barque renversée, construite avec des pieux couverts de paille, le foyer au milieu, les deux portes opposées dans la largeur pour laisser passage à la fumée, les lits autour, dans des espèces de huches, tout a disparu; les maisons élégantes sont venues, puis les maisons considérables, on a bâti sur la plage, on a bâti dans la forêt, qui peu à peu recule; il y a à cette heure cinq cents maisons et un beau château. Pauvres rêveurs qui avaient élu domicile là pour être en lieu désert! Il n'y a plus de solitude nulle part; il n'y en a plus que pour les millionnaires, qui achètent tout autour d'eux. Les constructions sont presque toutes en forme de chalet; il y a des reproductions et des imitations de chalets suisses, mais le chalet d'Arcachon se compose d'une maison d'un étage, avec trois ou quatre ouvertures de face, et une galerie sur colonnes qui en fait le tour; devant sont des plates-bandes où viennent avec beaucoup de soins quelques fleurs disputées au hâle de la mer. Je ne connais rien de plus pittoresque que ces maisons légères perchées sur les dunes, bâties comme des nids dans les pins.

La forêt est celle qui s'étend à travers cinquante lieues jusqu'à Bayonne. Le pin porte ses touffes d'aiguilles déliées et sème une ombre rare; parmi les pins jeunes, forts et droits, quelques-uns s'élèvent vieillis, découronnés, le tronc nu, ouvert par les blessures que les résiniers lui ont faites; le feuillage change de couleur à toutes les heures du jour, prend successivement toutes les teintes du vert, à mesure que le soleil monte, et finit dans les tons rougeâtres de l'astre couchant. Ici le sol, couvert de brunes aiguilles, s'étend uniforme à travers les ondulations des dunes, là les bruyères sont chez elles : perçant à travers les mousses, elles font de ce pays aride quelque chose de charmant. Il n'y a pas de vilaines fleurs; une des plus aimables est la bruyère, simple, délicate et sauvage. Les divers soleils la colorent diversement : le premier, le soleil d'été, ardent, la teint d'un rose foncé, solide; quand il s'affaiblit, paraît la bruyère au rose pâle; enfin les bruyères blanches naissent sous le soleil d'hiver. Là poussent aussi les chênes, qui se dépouillent et revivent; les arbousiers toujours verts, qui se couvrent en même temps de fleurs et de fruits, de fleurs blanches semblables au muguet, de fruits rouges semblables à des fraises; le tamaris pousse presque dans la mer ses grappes violettes et son feuillage découpé, le houx piquant ses baies de pourpre lisse, le genêt et l'ajonc leurs papillons dorés. L'air qui passe par-dessus cette forêt arrive embaumé de résine et d'odeurs pénétrantes, et, quand le vent s'engouffre dans les pins, il produit un bruit pareil à celui de la mer; on s'arrête et on écoute indécis.

Le bassin n'est pas deux jours, presque pas deux heures le même : tantôt il est calme et bleu comme le ciel qu'il reflète, les barques y font une image aussi nette qu'elles-mêmes : tantôt sur cette surface polie court une *risée* qui la ride légèrement; tantôt tout se trouble, l'eau noircit en des endroits, en d'autres se teint d'un vert glauque sinistre, et les vagues, contrariées par le vent, forment les *moutons* qui courent sur le bassin. Il faut avoir vu, par un beau temps, l'eau transparente prendre tous les tons des nuages qui passent au-dessus d'elle, l'azur, le feu, la feuille de pêcher, deux mers l'une au-dessus de l'autre, sans pouvoir quelquefois marquer sûrement la ligne qui les sépare. Là le soleil se couche vraiment dans l'Océan, et la lune qui en sort y jette une longue trace de lumière, tandis que le sable du rivage, sous ses pâles rayons, s'étend en un champ de neige.

On a un regret : ce bassin n'est pas la grande mer.

Quand vient un gros temps et que l'abîme gronde, on écoute le bruit lointain qui vous attire. Mais les tempêtes sont rares, les jours calmes abondent dans la belle saison, et c'est un charme de voir cette mer animée, traversée par une multitude d'embarcations, par toutes sortes de voiles, en nageoire de poisson, en aile d'oiseau ; on suit involontairement de l'œil ces embarcations ; si plusieurs naviguent ensemble, on s'intéresse à l'une d'elles, on prend, je ne sais pourquoi, parti. Quand le vent est modéré, toutes les voiles sont dehors dans toute leur étendue ; quand le vent fraîchit, les unes sont pliées, les autres diminuées, et quelquefois la toile rase la barque qui fuit ; par le vent contraire, des barques volent sur les avirons, qu'on voit plonger dans l'eau et se relever ensemble avec un rhythme secret.

· Il y a, ce me semble, une harmonie entre la mer et la forêt. Quelle que soit la mer, le cadre qui la borde n'est pas indifférent. Des rochers sont majestueux, des dunes sont sévères, des dunes semées de pins donnent à la mer un aspect à la fois sauvage et charmant : le vert des arbres ceint le bleu des eaux. Où il y a des rochers, la vague accourt, bouillonne, monte, se brise ; parfois elle se précipite dans quelque caverne avec le bruit du canon, et en sort élancée en pluie où se joue l'arc-en-ciel ; sur les plages de sable où quelque banc se rencontre, la vague se dresse contre le banc, formée en longue muraille verte, puis cette muraille blanchit et s'abat, et derrière aussitôt une autre se reforme ; l'oreille approchée du sable entend un mugissement confus de toutes les vagues brisées où le bruit des plus fortes se distingue encore.

Je ne médirai pas de la Méditerranée : elle a des

beautés qui ont enchanté les Grecs et leur ont inspiré leur adorable poésie ; mais l'Océan, « le père des fleuves, » a les grandes tempêtes, puis on pense que cette eau qui baigne vos pieds baigne aussi les côtes de l'Amérique et de la Chine, entoure les îles de l'Océanie et se glace aux deux pôles; enfin le flux et le reflux sont comme la respiration d'un être immense. Assis sur le rivage, on suit du regard cette eau qui monte ou qui baisse, le sable qu'elle emporte en fuyant, et on songe à la vie, à son mouvement qui emporte chaque jour quelque chose de nous-mêmes que le flot ne rapportera pas.

L'entrée du bassin est dangereuse, défendue par des bancs nombreux ; il faut y pénétrer par un passage étroit entre deux écueils ; si on donne à droite ou à gauche, le navire entre dans le sable, et les vagues, qui de tous côtés l'attaquent, l'ont vite dépecé. Il n'y a guère d'années sans quelque naufrage ; une entre autres, l'année 1836, fut funeste : une tempête engloutit soixante-dix pêcheurs, faisant bien des veuves et des orphelins et des mères sans enfants. Des travaux gigantesques vont transformer ce port dangereux en un port de refuge.

Arcachon a pour les malades ce que tous les lieux de bains n'ont pas : la mer au pied de la maison, à la fois l'air vif du bassin et l'air doux des pins, où MM. Pereire vont abriter une ville d'hiver. Pour les malades et pour les bien portants il a ses plaisirs. On se promène dans la forêt, de dune en dune, rencontrant parfois quelque crête d'où se découvrent ensemble la mer et une grande étendue de forêt, où les dunes qui s'élèvent et s'abaissent semblent les vagues d'un autre océan ; de la forêt on descend sur la grève, et les chevaux appuient le pied sur la plage plus solide que la vague vient de tremper. Ces chevaux sont de petite taille, sobres et courageux, galopant des jours entiers sur le sable mouvant. Il y a aussi la pêche, et diverses pêches. Tous les jours quatre-vingts barques légères vont à la pêche d'une petite sardine appelée *royan*; elles partent du fond du bassin avec le descendant, jettent l'ancre sur un banc, à l'entrée de la passe, souvent restent là la moitié de la nuit, pour être au descendant prochain; et, sur le signal d'un patron, qui juge du temps, s'élancent ensemble. Arrivé au large, on tend le filet, qui est tout droit, on jette au royan une pâture mêlée de sable pour la rendre visible; il la sent et l'aperçoit au travers du filet, et, en voulant l'atteindre, entre dans les mailles, qui le retiennent par les ouies. On les emporte par milliers. De plus grandes barques, des chaloupes, font la grande pêche : elles passent d'ordinaire une nuit dehors, au besoin plusieurs, quand la rentrée serait dangereuse. On pêche aussi dans l'intérieur du bassin avec le filet ordinaire, et c'est un coup d'œil charmant de voir l'équipage de la barque, aux chemises blanches, aux vareuses bleues et rouges, tirant le filet, dans l'eau jusqu'à mi-corps, poursuivant le poisson qui s'échappe. Une pêche curieuse est la pêche au flambeau. Le soir, une tillole glisse silencieusement le long du rivage, les rames entrent et sortent sans bruit; sur un gril à l'arrière, une torche de pin brûle avec un éclat rougeâtre; un homme armé d'une longue fourchette, les yeux fixés sur le fond du sable éclairé par le feu, surveille le poisson qui dort, et le pique. Lorsque la nuit est noire et que la mer est phosphorescente, que chaque coup de rame fait, en plongeant dans l'eau, une trouée de feu, et, en se relevant, laisse tomber une pluie d'étincelles, il y a dans ce silence, dans cette obscurité, dans cette lumière résineuse, dans ce feu inconnu de la mer, dans cette attitude et dans ce geste du marin qui tient la fourche, quelque chose de fantastique qui frappe vivement l'imagination. On a les promenades en bateau, le long des chalets, qu'il est intéressant de voir avec leurs formes diverses, et le long de la grande côte, qui semble un pays perdu au bout du monde. A mesure que la barque avance sur cette eau transparente, on voit passer les grandes méduses, aux bras de cristal, les anémones élégantes, les crabes qui se meuvent avec violence et se livrent des combats féroces, les seiches, avec leur tête armée de bras, jetant leur encre pour troubler l'eau et se cacher à leurs ennemis. Dans les mauvais temps, les marsouins arrivent par compagnies, pour se reposer dans des parages plus tranquilles : ils s'élèvent au-dessus de l'eau en soufflant bruyamment et plongent pour reparaître à des distances prodigieuses; des plongeons, des canards, des oies sauvages nagent paisiblement; sur le rivage, les mouettes s'avancent et se retirent avec chaque vague pour saisir la proie qu'elle apporte; au-dessus de la barque passent les courlis, aux ailes arquées, et les goëlands qui vagissent, s'abattant en troupes sur les vagues qui les bercent, ou, sur la plus haute partie de quelque banc de sable parmi les brisants. Il y a les embarcations communes, longues, assez étroites, sans quille, portatives, faites pour le lieu, et les embarcations, boots ou canots de plaisance, qui sont bien une quinzaine. Elles ont des noms significatifs : les unes prétendent à la rapidité : *Alcyon*, *Sylphe*, *Papillon*, qui porte léger équipage; d'autres ont des noms coquets : *Blanche*, *Fée aux Roses;* une autre, fièrement montée, a pris le nom indigène de *Marsouin*.

Voilà naïvement Arcachon, un lieu de repos et de plaisir; pour le bonheur il faut, là comme partout, l'y apporter.

Septembre 1856.

FIN.

TABLE DES MATIÈRES.

De l'enseignement.
Lettres sur l'enseignement.
Première lettre. — État des études.............................. 3
Deuxième lettre. — Histoire du baccalauréat.............. 25
Troisième lettre. — Histoire des plans d'études........... 39
Quatrième lettre. — Les réformes................................ 68
Du rôle de la famille dans l'éducation............................ 76
De l'instruction primaire... 99
Discours... 119
Correspondance de Voltaire... 136
Du réalisme... 169
Le P. Ventura de Raulica... 181
Voyages en Afrique... 208
M. l'abbé Bautain. — La chrétienne de nos jours......... 235
M. Ernest Renan. — Essais de morale et de critique.... 265
M. Baudrillart. — Des rapports de la morale et de l'économie politique.. 281
De la médecine en littérature...................................... 290
Béranger. — Correspondance....................................... 315
M. de Montalembert. — Œuvres complètes.................. 353
De la décentralisation.. 384
Catherine II... 414
M. Michelet. — La mer.. 441

Le comte d'Estourmel. — Souvenirs............ 456
M. Delécluze. — Souvenirs.................... 472
De la critique biographique. — M. Sainte-Beuve...... 484
M. Ernest Renan. — Vie de Jésus............... 509
Versailles.................................... 525
Arcachon..................................... 536

FIN DE LA TABLE.

Paris. — Imprimerie Ch. Lahure, rue de Fleurus, 9.

www.ingramcontent.com/pod-product-compliance
Lightning Source LLC
Chambersburg PA
CBHW070840230426
43667CB00011B/1870